本書出版得到國家古籍整理出版專項經費資助

中國古代地理總志叢刊

太平寰宇記

一

〔宋〕樂史撰
王文楚等點校

中華書局

圖書在版編目(CIP)數據

太平寰宇記/(宋)樂史撰;王文楚等點校.—北京:中華書局,2007.11(2025.2 重印)
(中國古代地理總志叢刊)
ISBN 978-7-101-03838-5

Ⅰ.太… Ⅱ.①樂…②王… Ⅲ.地理志-中國-宋代 Ⅳ.K928.644

中國版本圖書館 CIP 數據核字(2003)第 016956 號

特約編輯:柳 憲
責任編輯:胡 珂
責任印製:陳麗娜

中國古代地理總志叢刊
太平寰宇記
(全九册)
〔宋〕樂 史 撰
王文楚等 點校
*
中華書局出版發行
(北京市豐臺區太平橋西里 38 號 100073)
http://www.zhbc.com.cn
E-mail:zhbc@zhbc.com.cn
河北博文科技印務有限公司印刷

850×1168 毫米 1/32 · 137⅜印張 · 18 插頁 · 3062 千字
2007 年 11 月第 1 版 2025 年 2 月第 9 次印刷
印數:9201-10000 册 定價:460.00 元

ISBN 978-7-101-03838-5

前言

太平寰宇記是北宋初期一部著名的地理總志，樂史撰。

樂史，字子正，撫州宜黄縣（今屬江西）人，生於五代後唐長興元年（九三〇年），仕南唐秘書郎。入宋爲平原主簿，太平興國五年（九八〇年）舉進士，擢爲著作佐郎、知陵州（今四川仁壽縣），召爲三館編修。雍熙三年（九八六年），遷著作郎、直史館，轉太常博士，後出知舒州（今安徽潛山縣）。淳化四年（九九三年），改知黄州（今湖北黄岡市）。咸平（九九八——一〇〇三年）初，遷職方，出知商州（今陝西商州市），五年，宋太宗以其篤學博問，復授舊職，與其子黄目同在文館。後出掌西京磨勘司，改判留守御史臺。景德四年（一〇〇七年）卒，終年七十八歲。

樂史知識淵博，著述豐碩，著有貢舉事、登科記、題解、唐登科文選、孝弟録、續卓異記、廣卓異記、廣孝傳、廣孝新傳、上清文苑、總記傳、商顔雜録、宋齊丘文集、杏園集、李白別集等；他篤信神仙，著有諸仙傳、神仙宫殿窟宅記、仙洞集等；他還擅長地理之學，撰成坐知天下記四十卷，掌上華夷圖一卷、太平寰宇記二百卷；其子黄目所著聖朝郡國志二十卷，殆即太平寰宇記與坐知天下記之節略。樂史所有的著作大都散佚了，惟太平寰宇記及廣卓異記流傳至今。

太平寰宇記是樂史盡心刻意之傑作。他感於宋太祖平定荆南、後蜀、南漢、南唐，宋太宗稟承大業，相繼平息漳泉、吴越、北漢後，天下一統，皇朝興盛，「其如圖籍之府未修郡縣之書，何以頌萬國之一君，表千年之一聖？」爲表彰顯揚宋太宗的豐功偉績，遂以編修一部統一全國後的地理總志爲己任。又鑑於唐賈耽十道志、李吉甫元和郡國志，「不獨編修太簡，抑且朝代不同」，加以經歷唐末、五代藩鎮割據，「更名易地，暮四朝三」，政區屢經變遷更改，舊有的地理著作已不適用，在治國致用的思想指引下，樂史以其淵博精湛的歷史地理知識，傾注了全部心力，編纂了這部卷帙浩繁的地理總志，「起自河南，周于海外。至若賈耽之漏落，吉甫之闕遺，此盡收焉。萬里山河，四方險阻，攻守利害，沿襲根源，伸紙未窮，森然在目。不下堂而知五土，不出户而觀萬邦。圖籍機權，莫先於此。」從樂史的表白中，可以清楚地看出他的編纂用意：鞏固政權，維護統治。

樂史撰成書後，進呈宋太宗，書序簽署官職是「朝奉郎、太常博士、直史館」，但未志年月。據宋史傳記，樂史於雍熙三年遷著作佐郎、直史館，轉太常博士，書序所謂「職居館殿」。又本書大寧監原附南宋人所作校勘記云：「按今圖經，開寶六年置監，端拱二年以大昌縣來屬。詳此，則置監時，縣猶屬夔州，而今記作於大昌縣未來屬之前也。」則書撰成於雍熙末至端拱初之間。

就書中所載内容考躊，政區建置主要以太平興國（九七六——九八三年）後期，即太平興國四年滅北漢後的簿籍爲主要根據，又修改補充了雍熙（九八四——九八七年）、端拱（九八八——九八九年）時期的政區建置，書載袁州分宜縣於雍熙元年置，建安軍領永貞縣於雍熙三年由揚州割屬，寧邊軍置於雍熙四年，通利軍建於端拱元年，凡此皆是。但雍熙、端拱時期改置的政區，不僅極少數，並未都予入載，據宋會要方域、元豐九域志諸書記載，雍熙四年改下博縣爲静安縣，廢陸澤縣，深州治由陸澤縣移治静安縣；端拱二年以鎮州鼓城縣改隸祁州，太平寰宇記並未及載，仍沿襲太平興國之制。其後淳化（九九〇——九九四年）時又經過修改，據元豐九域志記載，太平寰宇記潭州所領衡山縣、湘陰縣，衡山縣是淳化四年由衡州割屬，湘陰縣亦在同年由岳州割屬。但淳化時期更置的州縣，亦並未都記録入内，據元豐九域志、輿地紀勝諸書記載，淳化元年以虔州大庾縣置南安軍，淳化五年升建州崇安場爲崇安縣，升汀州上杭、武平二場爲上杭縣、武平縣，太平寰宇記亦都未改，仍沿太平興國時期之制。至於至道（九九五——九九七年）以後政區更改，一概未及，可證所載政區主要是太平興國後期制度。至於書載惠州，據宋會要方域、元豐九域志諸書記載，是爲真宗天禧五年（一〇二一年）改禎州置；書載通州「天聖元年（一〇二三年）改曰崇州，明道二年（一〇三三年）復故」，二者政區改置年代，天禧離樂史去世已有十四年，明道已達二十六年，實出於後人改補。

太平寰宇記繼承了唐李吉甫元和郡縣圖志的體裁，記述宋初十三道範圍的全國政區建置，附以「四夷」。北宋所修地理總志除太平寰宇記外，尚有元豐九域志、輿地廣記，前書所載政區爲北宋中期元豐之制，後書所載政區爲北宋後期政和之制，太平寰宇記所載政區取制於太平興國後期，時值北宋初期，正補二書所不及載，是考察北宋初期政區建置變遷的主要資料。府州、縣沿革多上溯周、秦、漢，以迄五代、宋初，其中關於東晉南北朝，尤其五代十國的政區建制，比之其它志書，較爲詳悉，甚爲可貴，可補史籍之缺，是研究這兩個歷史時期政區建置變遷的重要資料。府州下備載領縣、距東京開封府、西京河南府里程、至鄰州的四至八到、土産，縣下記録距府州方位里數、管鄉及境内山川、湖澤、城邑、鄉聚、關塞、亭障、名勝、古迹、祠廟、陵墓等，篇帙浩繁，内容詳贍，是研究歷史人文、自然地理的寶貴資料。

此書在李書的基礎上有所發展，擴充編入了姓氏、人物、風俗等門類，内容更爲充實，體裁進一步完善，增補了許多關於各地社會歷史、政治及風土習俗的重要資料，爲研究歷史人文地理增益了内容。記録宋初絶大多數州郡的主户、客户數，于研究宋初人口、户籍狀况，至爲珍貴。又記載各少數民族聚居區的户口，邊地區分漢人與蕃人，于研究宋初少數民族的人口分佈、經濟概况，也有參考價值。其編修體裁，爲後世纂撰地理總志所遵循，影響所及，直至近代地理學興起之前，不僅承先，而且啓後，故能成爲一代名著。是書彙集了大量可觀的宋代以前的資料，廣稽博採前人著作，上自尚書禹貢、周禮職方，旁及山海經、水經注、先秦諸子、前朝史籍、歷代總志、各地方志、名人詩賦、書箋、表疏、碑記、文集等，以及稗官野乘之説，採擷繁富，惟取賅博，徵引的歷代總志和各地地志、圖經、舊記以及山水圖記，極其宏富，今多失傳，皆賴是書的徵引而得以保存下來，頗爲可貴。總之，太平寰宇記是一部承先啓後、繼往開來的劃時代巨著，在我國地理學發展史上，佔有特出的地位，成爲現今研究歷史地理的珍貴文獻。樂史以一人之力完成這部巨著，實是一項卓越的貢獻。

太平寰宇記初刻本極少，流傳不廣，到明代海内宋版已無踪影。明末清初刊本不一，已殘缺不全，無足本。曾釗面城樓集鈔舊鈔本太平寰宇記跋稱明末汲古閣藏本，每帙有毛子晉及其子扆印，内缺第四、八十二、一百十一至一百十九，凡十一卷。朱彝尊曝書亭集太平寰宇記跋云：「康熙癸亥抄自濟南王祭酒池北書庫，闕七十餘卷。後二年，復借崑山徐學士傳是樓本繕寫補之，尚缺河南道第四卷、江南西道第十一至十七卷。聞黄岡王少詹購得上元焦氏所藏足本，及詢之，則卷數殘缺同焉。」即崑山徐學士、上元焦氏所藏本都缺八卷。錢大昕所藏太平寰宇記，「寶山朱寄園所贈，其闕卷與曝書亭殘本同。」可見明末至清代中，著名學者所見本皆非全本。乾隆中纂修四庫全書時，以政府之力，未見宋本，亦未搜到足本，「諸家藏本並多殘闕，惟浙江汪氏（啓淑）進本所闕自一百十三卷至一百十九卷，僅佚七卷，又每卷末附校正一頁，不知何人所作，辨析頗詳，較諸本最爲精善，今據以著録。」實際上汪啓淑家藏本除缺此七卷外，亦缺第四卷，即亦共缺八卷。

乾隆五十八年（一七九三年），樂氏後裔之篪、蕤賓刻印崇仁樂氏祠堂本，缺卷相同。同年，江西萬廷蘭據廬陵徐午園所藏之玉溪活字板，予以參覈釐正，雕刻問世，並將桂林陳蘭森輯補之卷四、卷一百十三至一百十九凡八卷，依次補入書中，以足全數。

光緒八年（一八八二年），金陵書局以崇仁樂氏祠堂本爲本，參正萬廷蘭本及清初朱彝尊所見之仁和朱氏影鈔舊本，詳加校勘，刊印於世。

光緒六年（一八八〇年），著名歷史地理學家楊守敬去日本，在出使日本大臣黎庶昌屬下供職，在日本發現大量在國内已經亡佚的古籍，其中有宋槧殘本太平寰宇記，藏於楓山官庫，告知黎庶昌，行咨於太政大臣兼修史館總裁三條實美，借之以出，「計原書凡二十五册，爲蝴蝶裝，其存者不及半焉，乃以近刻本校一過，其一百十三至一百十八，一百十四尾缺湘鄉以下五（應爲七）縣，則重刊之古逸叢書中。」時光緒九年。但尚佚河南道第四、江南西道第一百十九二卷，及一百十四卷尾數葉，共缺二卷半。楊守敬是我國在日本最早發現尚存於世的宋版太平寰宇記殘本的學者，在學術史上是件不朽盛事和業績，並爲國内各本所缺五卷半重以刊行，公佈於世，廣爲流傳，這對恢復太平寰宇記原貌，作出了重大貢獻，引起了學術界的廣泛重視和讚賞，遺憾的是楊氏僅將所缺的五卷半重刊，而未能將宋版殘本全部重刊。惟獨善化陳運溶詆楊氏輯回之卷爲譌作，撰太平寰宇記辨僞六卷，又别據諸書所引寰宇記逸文撰拾遺七卷，刻入所著麓山精舍叢書中，葉德輝從而附和之，著其説於書林清話。按宋版太平寰宇記今尚存日本東京宫内廳書陵部，爲大殘本，凡曾寓目的中、日學者和專家，都一致認定爲南宋刻本，陳運溶之説，實無根據，不足信焉。二〇〇〇年一月由中華書局覆攝膠卷影印。

南宋王象之撰修輿地紀勝，大量徵引了太平寰宇記文，許多引文亦見存於南宋殘本。輿地紀勝撰作於南宋嘉定（一二〇八——一二二四年）末至寶慶（一二二五——一二二七年）末，付梓於紹定（一二二八——一二三三年）初年，由此推知，太平寰宇記南宋版本應早在嘉定末以前。

南宋版殘缺過多，存者不及半，但爲太平寰宇記一書最早最善之本，世間孤本，彌足珍貴。宋版極大多卷數殘缺不全，惟序、目録及有三十一卷完整無缺，是唯獨核實金陵書局、萬廷蘭本除原缺五卷外的所有同卷内容是否完整的憑證。其中卷一百十三、卷一百十五至一百十八，即江南西道十一、十三至十六，凡五卷，正爲金陵書局本所缺，可據以補入。宋版卷一百十四江南西道十二僅存半卷，亦爲金陵書局本所缺，據以增補。這樣，該書雖尚佚卷四河南道四、卷一百十九江南西道十七及卷一百十四江南西道十二凡二卷半，未能齊全，但使明清以後六百二十多年來缺卷較多之書，大爲改觀，終於大體完備，庶幾全璧。宋版其它殘卷支離破碎部分，亦成爲核證金陵書局本、萬廷蘭本相同部分是否正誤的主要依據。

太平寰宇記每卷之末，多附校勘，考證精覈，辨析詳審，至於何時何人所作，以往難以知曉，金陵書局本校例云：「卷末間附校勘，不著撰人姓名，考辨頗有心得，且能知樂氏作書本旨，遇有疑竇，不以臆改，深得闕如之義。」周中孚鄭堂讀書記亦云：「每卷之末，多附有校勘語，辨證精詳，不知出自誰手。」楊守敬從日本輯回宋殘本的五卷半中，僅一百十七之末附有校勘一，已可推知爲宋人所作，但只一例，難以概全，今宋殘本的全部得見，爲宋人所作，可視爲定論。由上論述既知宋版刊印於南宋嘉定末之前，則每卷末所附校勘，亦應早於嘉定末以前所作，確實無疑。

金陵書局本是以樂氏祠堂本爲本，樂氏後裔「家祠藏本，世不甚重之，然視他刻差爲完善，故今刻一用此本。」參正萬廷蘭刻本及清初朱彝尊所見之仁和朱氏影鈔舊本，詳加校勘，以萬廷蘭本陳蘭森所補缺的七卷，爲「己意補之，今並不取」，學風甚是嚴謹。楊守敬推崇備至，大加讚賞，稱譽爲「校訂頗審」，是清代以來流傳較好的版本，不僅優勝於萬廷蘭本，極少有優於宋版者，但錯誤難免，其最嚴重的弊端莫過於參糅混雜了數量可觀的非樂史原作，而是後世，可能多爲明清人補易竄入的僞文，幾乎以假亂真，如不校覈，難以識別。無論其舛誤、僞文，極大多數可據宋版，參考它本或其它史籍，予以辨識校正。

萬廷蘭本是據玉溪活字板刻印，並予考正，「拔圖經，考正史、逸書、外傳、廣雅、博物，舉蠹帙之高閣而封識者，朝夕檢校，旁搜遠紹，悉心釐訂」，用力較深，但譌舛謬誤較多，而最犯大忌者輕於改删，隨意增補，失樂氏之旨，失此書之真，這是該本的一大弊端。

萬廷蘭本補入陳蘭森補缺的卷四、卷一百十三至一百十九凡八卷，陳氏序云：「大要以大清一統志爲宗，而參之元和、九域諸志，中有引寰宇記者，一字必存，以無忘所本。」萬本太平寰宇記凡例亦稱陳氏補缺之卷，「即於近代地理志各編所引寰宇記者，一一採入，參用元和、九域諸志及漢唐各史、玉海、通典、通考，徵引確鑿，居然完備，誠無異於原本。」萬氏推重備至。但其補缺各卷的州縣序文，大多没有注明出之何書，怎以取信？且以宋版尚存的卷一百十三、卷一百十五至一百十八凡五卷，及卷一百十四半卷，與之相互校覈，就可發現陳氏補缺之卷：一是極大部分與宋版不合，乃以自己意度補之；二是以宋版及其它史籍證之，陳氏補缺之卷誤竄入北宋中期、晚期及南宋時期政區建置。可見陳氏所補之卷，乃臆補之卷，無稽之説，杜撰之作，失實失真，誠不足取。

今中山大學善本室藏有太平寰宇記鈔本，有毛子晉及曾釗面城樓等藏印，亦非足本，殘缺不全，是否曾釗所説的明末毛子晉鈔本，尚難斷言，筆者没有進行全書的勘覈考證，究爲何本，難下結論，存疑俟考。手鈔譌舛、謬誤、重覆、脱漏頗多，但終有佳處。

四庫全書收録乾隆中汪啓淑藏本，多有脱文，原各卷末間附校勘全缺，譌誤不少。但亦有優長可取之處，尤其宋版缺佚部分，與它本相校，頗可參考。

現代著名校勘學家傅增湘以鈔本校勘金陵書局本，未説明其所據鈔本爲何本，鈔本也不是足本，撰成太平寰宇記校本，所校有得有失。

這次整理點校以金陵書局本爲底本，原缺卷一百十三至一百十八凡五卷半，以宋版補入，取宋版殘存部分及萬廷蘭本通校，以中山大學藏本、文淵閣四庫全書本、傅增湘太平寰宇記校本參校，並參校輿地紀勝、宋本方輿勝覽、永樂大典、嘉慶重修一統志引太平寰宇記，參考唐宋總志、宋元方志及宋代以前史籍，予以校勘。凡底本譌舛衍脱，據它本或史籍，予以改正删補。底本誤竄入的僞文，仍舊不删，據它本和史籍，在校勘記中説明。諸本有誤者，一般不予著録。諸本字句多有異同，字異而義通，一般不校。各府州所列四至八到、姓氏、人物、土産排列次序先後，諸本異者不校，只校其舛誤及衍脱。原各卷之末，多附有校勘，一併改移入今校勘記中，善者從之，不足者補之，誤者指明。在校勘記中，宋槧殘本簡稱「宋版」，萬廷蘭本簡稱「萬本」，中山大學藏本簡稱「中大本」，文淵閣四庫全書本簡稱「庫本」，傅增湘太平寰宇記校本簡稱「傅校」。凡避諱字，一律回改。金陵書局本校例載該本校勘規則極爲詳贍，足資參考，今依舊列於卷首。局本目録分上下兩卷，只收至府州一級，似嫌簡略。爲便于讀者翻檢，今重新編製目録，不分卷，凡宋版、萬本有目而局本原無目者，於校勘記中説明，局本有目宋版、萬本無目則不再出校。

清光緒二十五年（一八九九年），陳運溶以「輿地紀勝一書中引樂史寰宇記最詳，間爲印證，删節無多，是則寰宇記所缺卷目，惟紀勝可以補之。」據輿地紀勝輯補一百十三至一百十九卷，即江南西道十一至十七，撰成太平寰宇記拾遺七卷。陳氏輯逸，多有譌誤，不再注明，原缺以宋版補入外，尚缺卷一百十九，即江南西道十七，今據輿地紀勝、方輿勝覽二書所引寰宇記逸文補之，再參考陳氏拾遺，作爲附録，列在全書之後。

本書各卷點校初稿者是：關西道十五卷、隴右道七卷，錢林書點校；江南東道十四卷、嶺南道十五卷，胡菊興點校；山南西道九卷、山南東道八卷，祝培坤點校；河南道二十三卷、河東道十二卷、河北道二十卷、劍南西道十卷、劍南東道七卷、江南西道十九卷、淮南道十卷、四夷二十九卷及底本序、凡例，王文楚點校。全書的覆校定稿、編輯整理、校樣審定，均由王文楚擔任。

我受中華書局委托，化費數年時期，從事於本書的整理點校，希望能出版質量較高的點校本，惟限於學力和精力，錯誤和不妥之處，懇請讀者和專家們指正。

本書在整理點校過程中，承中華書局張忱石先生給予熱情幫助，諸如底本選擇和宋版膠卷、永樂大典所引本書卷數目録、傅增湘太平寰宇記校本的提供等；中山大學歷史系黄永祥先生代爲校對該校善本室所藏太平寰宇記鈔本，一併在此予以致謝。本書整理工作承全國高校古籍整理委員會資助，特予致謝。

王文楚　二〇〇二年十二月

總録

太平寰宇記序〔一〕

朝奉郎太常博士直史館賜緋魚袋臣樂史〔二〕

臣聞四海同風，九州共貫，若非聖人握機蹈杼，織成天下，何以逮此？自唐之季，率土纏兵，裂水界山，竊王盜帝。〔三〕至于五代，環五十年，雖奄有中原，而未家六合。不有所廢，其何以興？祖龍爲炎漢之梯，獨夫啟成周之路。皇天駿命，開我宋朝，太祖以握斗步天，掃荆蠻而幹吴蜀；陛下以呵雷叱電，蕩閩越而縛并汾。自是五帝之封區，三皇之文軌，重歸正朔，不亦盛乎！有以見皇王之道全，開闢之功大，其如圖籍之府未修，郡縣之書罔備，〔四〕何以頌萬國之一君，表千年之一聖？眷言闕典，過在史官。雖則賈耽有十道述，元和有郡國志，不獨編修太簡，抑且朝代不同。加以從梁至周，郡邑割據，〔五〕更名易地，暮四朝三。臣今沿波討源，窮本知末，不量淺學，撰成太平寰宇記二百卷，并目録二卷，起自河南，〔六〕周於海外。至若賈耽之漏落，吉甫之闕遺，此盡收焉。萬里山河，四方險阻，攻守利害，沿襲根源，伸紙未窮，森然在目。不下堂而知五土，不出户而觀萬邦。〔七〕圖籍機權，莫先於此。臣職居館殿，志在坤輿，輒撰此書，冀聞天聽，誠慙淺畧，仰冒宸嚴，謹上。

序校勘記

〔一〕太平寰宇記序　原作「表」，萬本同，據宋版改補。

〔二〕朝奉郎太常博士直史館賜緋魚袋臣樂史　此一七字原脱，萬本同，據宋版補。

〔三〕竊王盜帝　「王」原作「玉」、「帝」原作「席」，並據宋版、萬本改。

〔四〕其如圖籍之府未修郡縣之書罔備　「罔備」，宋版、萬本皆無，疑此衍。

〔五〕郡邑割據　「邑」，底本作「縣」，萬本作「國」。據宋版改。

〔六〕起自河南　「起」，底本脱，萬本同，據宋版補。

〔七〕不出户而觀萬邦　「觀」，底本作「覩」，據宋版、萬本改。

金陵書局本校例

一、是書今所見者三本：一崇仁樂氏祠堂本，其裔孫之篪、蕤賓刻於乾隆癸丑，内闕河南道第四卷，江南西道第十一至十七卷，與他本闕卷相同。聞永樂大典有足本，惜不可求得矣。家祠藏本，世不甚重之，然視他刻，差爲完善，故今刻一用此本。又所闕第四卷之河南道四西京二，是刻誤進下河南道五西京三爲第四卷，而離下第六卷之河南道六陜州虢州爲五、六二卷，以足其數，致與總目、子目不合，今從萬本、鈔本改正。

一、南昌萬氏廷蘭本，與樂刻相先後，前有洪氏亮吉序，推許甚至，故世稱爲善本。然萬氏所據爲玉溪活字本，譌脱至多，且書成之後，始見樂本，故有萬氏校改而樂本本不誤者；萬氏校補而樂本本不脱者；亦有活字板本脱一行，而萬氏未審，轉以他書遷就傅合下行者。蓋樂本脱誤猶可尋究，萬氏改後幾失樂氏之真。如第六十五卷滄州總序内東光縣，萬云脱「光」字，而樂本不脱；千童故城，萬云「千」譌「于」，而樂本正作「千」；又清池縣序廢乾符縣節，「屬渤海郡，今縣東南鹽山縣西北章武故城是也」一行，萬氏未及校補，而樂本不脱；又無棣縣序「漢陽信縣地」，萬云脱「信」字，而樂本不脱；又饒安縣無棣河節，萬所據本脱「赤河在縣北二十五里」至次節「在今縣」一行，萬氏以下文有「東南四十里」，乃據一統志補「赤河在縣」四字，又以末「廢城」二字於義無歸，斷爲衍文删之，不知無棣河自有方向、里數，而「東南四十里廢城」則屬故定城，於赤河無涉也。舉此一卷爲例，他多類此。萬氏序於樂本頗有微辭，蓋亦未及審也；樂本闕卷，萬氏以己意補之，附于編末，今並不取。

一、仁和朱氏影鈔舊本，前有朱氏彝尊跋云：「太平寰宇記二百卷，目録二卷，宋朝奉郎、太常博士樂史撰，康熙癸亥抄自濟南王祭酒池北書庫，闕七十餘卷，後二年復借崑山徐學士傳是樓本繕寫補之，尚闕河南道第四卷、江南西道第十一至十七卷。聞黄岡王少詹購得上元焦氏所藏足本，及詢之，則卷數殘缺同焉。」案，是鈔略同萬本，而實爲萬所不逮，異同損益，頗多可從。且第八十八卷瀘州合江縣序樂溪水節「八十里與汶江水合」以下兩行有奇，至江安縣序「納溪水源從牂柯生獠界流來」以上三行有奇，樂、萬並脱，致混兩縣爲一，萬氏未及詳攷，徑於縣目江安下注「缺」字，尤誤，獨鈔本完備，足訂樂、萬兩本之失。然鈔時雜出衆手，形近之譌及脱落處亦多，故不能據以付刻。

一、卷末間附校勘，不著撰人姓名，攷辨頗有心得，且能知樂氏作書本旨；遇有疑竇，不以臆改，深得闕如之義。今凡見後校勘及本字下有注者，雖誤不改，以存舊本之真。至卷百七十五校勘，謂「通典有扶桑女國，無葱嶺女國」。今攷通典西戎五載女國云：「在葱嶺之南」，正其所謂葱嶺女國者。校語似未詳核；又謂東女國「從通典移入西南蠻中」，通典無東女國，僅於附國篇内附見「西有女國」句，與本書所載詳略不符，校語亦未盡確。其他譌舛，時或不免，固無俟曲爲之諱。提要云：「每卷末附校正一頁」，今所見本則或存或否矣。

一、卷首樂氏上書，表前題名，樂作「朝散大夫、行尚書職方員外郎、直史館、上柱國、賜緋魚袋臣樂史」，萬鈔作「朝奉郎、太常博士、直史館、賜緋魚袋臣樂史」；卷一下題名，樂作「宋兵部侍郎、崇仁樂史」，萬作「宜黄樂史子正」，鈔本無。三本既殊，樂本又前後兩歧。宋史附載其子黄目傳前所敘歷官亦與三本互有出入。今用鈔本之例，不列題名，而録四庫全書提要於卷首，庶讀者有攷焉。

一、領縣子目，樂本次第間有淩躐，萬鈔亦未盡合，今從下縣序一一釐定。其有與縣序不合而未敢臆改者。如卷三十三原州下領縣子目云「三縣落蕃，平高、百泉、平涼」，而下縣文有「平高、百泉」，無「平涼」，萬氏於平涼下注「闕」字，此與卷八十八瀘州下缺江安一縣同，江安賴鈔本而存，則此平涼一縣或亦散見他書，萬氏徑注爲「闕」，非也；又卷七十八翼州下領縣四：衛山、翼水、雞川、昭德，萬作「元領縣五，今三」，又補峩和於翼水後，而別出雞川、昭德，標目爲「二縣廢」，與下文似合，惟州目既注「廢」字，則衛山等三縣不得稱今，至雞川、昭德以天寶五載入真州，即廢亦在割出之後，不得徑謂「二縣廢」。此皆原書脱誤，今一仍其舊。

一、四至八到及每縣下方向里數，其顯相逕庭者，以今圖正之，亦有疑未能決，及樂本不誤，萬氏肊改者，今一仍其舊。如卷八十五陵州始建縣下「南北五十五里」、「南北」，鈔同，萬作「西北」，元和志謂「北至州五十五里」，則是縣在州南，不得云「西北」；又卷百三十二安州汊川縣下「南北二百三十里」、「南北」，鈔同，萬作「西北」，安州，今安陸縣治，汊川，今漢川縣北汊川，似在州南，亦不得云「西北」，並存疑，以俟攷。又卷二十四密州至到云「西至沂州三百七十里，北至青州三百三十里，東南至海一百六十里，西南至沂州同上，西北至青州同上」，萬本兩「同上」並作「一百六十里」，不知此承元和志之文。沂州之「同上」者，上之西至沂州三百七十里也，青州之「同上」者，上之北至青州三百三十里也，萬並蒙上「東南至海之一百六十里」改之，疏矣。

一、領鄉及户口之數，因時損益，即一時記載，亦有不齊，萬氏有以他書校改者，今一仍其舊。

一、人物，萬、鈔略同，樂較兩本爲備，時代先後，互有乖舛，既不能據萬、鈔以删樂本，其小有升降，則亦不得據之乙正。如卷九十一蘇州人物下，陸績及顧雍父子爲吴臣，而列孫堅之上，萬、鈔以顧雍次朱桓，而陸績則仍在前，或是或否，無可依據；又卷二十一兖州人物，樂、鈔有至聖孔子，卷七十涿州人物，樂有劉先主備，鈔同，惟無「先主」二字，萬並删之；於兖州下云人物内列孔子、顔子、孟子，非是；於涿州下云「昭烈承漢正朔，不宜與王商並列」；地産聖賢帝王，如舜之諸馮，文王之岐周，正足增重，以興後人景仰之思，今反不著於録，傎矣。至謂賢奸不並列，則班氏九等人表，又將一一削正耶？又卷八十八瀘州人物載漢光武帝，光武偶過江陽，不得遂爲本州人物，且已見總序，亦爲複文，然三本皆同，未敢臆删。

一、土産，三本互殊，元和志、新唐志、元豐志亦有出入，今一仍其舊。如卷三十七夏州土産苣霜齏，萬據新唐志改拒霜薺，元和志又析苣與霜薺爲二，未可執一以繩之也；又卷二十五雍州土産葛粉、藕粉，萬據新唐志改藕粉、櫻桃，然新志成於歐公，非樂氏所及見矣。

一、州縣及四夷總序，承舊唐志者十之六七，承通典、元和志者十之三四，所據爲宋初舊本，較今本爲善。如卷三十五丹州總序「領義川樂川郡」，元和志「郡」作「縣」，後魏置州，皆領郡，不當云縣，隋志義川下「西魏置汾州義川郡」，即此義川郡也，「又廢樂川郡入焉」，即此樂川郡也；又卷三十八勝州總序「十年，郡人郭子和以城入突厥」，元和志作「十五年」，大業終于十三年，不當云「十五」，舊唐書李子和傳武德元年即遣使歸附，則元和志誤也；又卷四十并州總序「貞觀元年省烏河、羅陰二縣」，舊唐志「河」作「可」，上序領縣作「河」，新志盂縣下亦云「省并州之烏河入焉」，則舊志誤也。凡此例者，皆足以證今本之非，萬反從誤文改舊本，其亦未之審矣。至樂氏所述建置沿革，閒有未覈者。如卷百四十六荆州松滋縣總序云：「漢屬江陵郡，後漢省，魏復立之，以屬安豐及廬江等郡。」廬江，即廬州是也。案，松滋，晉始立縣，非漢舊，且漢志無江陵郡。松滋，古凡四：一西漢松兹，侯國，屬廬江郡，今宿松地；一晉豫州安豐郡所屬，南宋、齊、北魏因之，今霍丘；一南宋江州尋陽郡所屬，今德化；一晉荆州南郡所屬，即此縣也，今松滋。此四縣相去甚遠，樂氏合廬江、安豐、南郡之松滋爲一，誤矣。其他譌舛，頗亦不免，然此特千慮之失，未足爲全書病也。

一、三本文異而義通者，一仍樂本。樂本閒敚國號，如開皇上之「隋」，武德上之「唐」，並從萬、鈔補，其樂氏引書既不知所據之本，則未敢曾益。紀元及郡縣名有異同者，各以正史定之，亦有先後同名而文小異者，如尋陽潯陽、故安固安之類，各因其時，不嫌歧出。其樂氏本用一名者，亦不一一追改。名字、爵里及所引書目，如無確證，皆存而不改。前史中紀、傳、志、表即有相歧者，如卷六十三冀州總序「立乎曾孫祐爲王」「祐」，鈔及晉書本傳同，萬作「祜」，而晉太康五年紀又作「玷」；又卷九十昇州總序「又虞博江表傳云」「博」，萬、鈔作「溥」，舊唐志載虞溥江表傳五卷，與晉書本傳合，新志雜傳記類亦載虞溥江表傳三卷，而雜史類又載虞博江表傳五卷，並歧出不一，今一仍其舊。

一、羈縻州縣及外夷記載，無義可徵，且譯無定字。如卷百五十三伊州伊吾縣天山節「今名折羅漫山」，「折」，鈔同，萬及舊唐志作「析」，元和志、通典作「時」，其上至、到兩見，亦作「時」，後漢明帝紀注、新唐志、廣記則仍作「折」；又卷百九十八鐵勒種類諸姓，是書與隋書、北史、通典所載，並差池不一，今各仍其舊。又羈縻州有先後兩見者，如卷百七十一之粵州，即卷百六十八之宜州屬縣亦同；又芝州，即宜州下羈縻之芝忻州，但彼領五縣，此祇芝忻一縣；又環州即宜州下羈縻之環州，但彼祇二縣，此領八縣。凡此例者，一承舊志，一本當時記載，皆樂氏作記時原編而未及删正也。

一、樂本編次先後互異，淩雜無序，萬氏雖重爲釐正，亦未盡合。今檢覈全書，擇善而從，斠若畫一，其原編閒有變例，義存區別，則仍守其舊，亦不强以就我。至三本錯簡之大不可通者，並爲排比。如卷百九十三托跋氏敍所引何承天論中，「梁用武卒」至「諸所課仗，並加雕鐫」，共二十三行有奇，三本自「武卒」至「並」字，均舛入蠕蠕敘内，今據宋書本傳、通典移正，其無確證可據者，則闕疑以俟攷。

一、樂本敚誤，據萬、鈔改者，其文義顯然，徑從訂正。若有關攷證，則必旁檢他書，不敢墨守萬、鈔。至三本皆誤，則大率存疑，或顯爲當時寫刻之誤，及有確證可信者，間爲改正，今舉一二以見例。有從正史改者，如卷二十五雍州長安縣九市下「長安大俠萬子夏居柳市」，「萬」，樂、鈔作「萬」，萬據黄圖改「黄」，案漢游俠傳：「萬章，字子夏，長安人，在城西柳市。」與此文正合，「萬」爲「萬」形近而譌，萬又改作「黄」，則去之益遠矣；又卷百四十六荆州總序「自後桓沖爲大將軍，屯上明，使劉波守江陵是也」，「桓沖」，三本並作「植中」，案晉書桓沖有屯上明事，晉志亦云桓沖治上明，下松滋縣序及通典並有桓沖屯上明，使劉波守江陵之文，則「植中」爲「桓沖」形近之譌，此從正史改也。有從避諱字改者，如承匡縣之「匡」作「厈」，公孫弘、宋弘之「弘」作「弘」，並以避宋諱缺筆而譌，今悉爲更正，此從避諱字改也。有從上下文改者，如卷二十七雍州武功縣「雍水，亦曰圍川水」，「圍」，三本並作「圍」，下扶風縣序云「于圍川城置圍川縣」，又云「圍川字作湋，近代譌舛，故爲圍」，此水即湋水也，新志亦有置圍川之文，「圍」字明爲形近之譌；又卷九鄭州滎澤縣廣武澗「廣」，三本並作「漢」，下引西征記「有二城，東曰東廣武，西曰西廣武」，水經注亦云「廣武澗夾東西廣武二城」，與此文正合，此從上下文改也。其他參攷有得，或補，或删，正史而外，如水經注、通典、元和志、元豐志、輿地廣記、輿地紀勝、方輿勝覽之屬，並有采擇。其雖有確證而不改者，如卷二十五雍州總序「景帝分置左、右内史」，攷漢志，分左、右内史在武帝建元六年，此承元和志，與史不合；下長安縣左馮翊、右扶風，則一作景帝，一作武帝，萬並改從漢志，而州序仍爲景帝，且下同州、鳳翔府二序亦有「景帝初分爲左、右内史」之文，樂氏作記時或别有所承，不敢從史改也；又卷四十并州文水縣沁水，三本同，水經沁水入河不入文水，亦不出大陵下，所引之文見水經文水篇中，「沁」爲「泌」之譌，萬僅從水經注改下「平流」爲「平地」，而「沁」反仍之，是遺大而得細也，惟隋志、通典並作「沁」，則承謬久矣。有歧出不改者，如卷六十三冀州信都縣降水，「降」，萬作「絳」，與水經注、元和志同，下引禹貢文，而今夏書及史記、漢書並作「降」，且下南宮縣降水故瀆，萬又改作「絳」，亦自不一，蓋降水，水經注作「絳」，通典作「洚」，史記、漢書作「降」，古書歧出，當仍之，以存異文；又卷三河南府河南縣白君祠，「白」，萬從水經注作「帛」，下薊州亦有白仲理，上扶溝縣下白亭引風俗傳云「扶溝有帛鄉、帛亭」，又引輿地志云「白公因居焉」，則「白」、「帛」，本相通，不必定改從「帛」，且水經蒗蕩渠篇中白亭一段亦「白」、「帛」互出，況此引郡國志，不引水經注邪！有無證不改者，如卷百六十南雄州始興縣總序「南接安熙初亭」，「安」，樂、鈔同，萬作「永」，「安熙」不見前志，齊志廣熙郡下有永熙，然下云「北接始興中宿」，此本始興不得云接，當爲始興郡之中宿縣耳，以此例之，安熙初亭，亦當爲一郡一縣名，宋志廣州宋熙郡下有初寧縣，「安」之爲「宋」，「亭」之爲「寧」，皆形近之譌，初寧，今高明，正在始興南，若永熙，則今羅定，在始興西南，方向既小差，且初亭，又安屬邪？又卷百六十五鬱林州興業縣廢鬱平縣下「在興業」，「在」，萬脱，此文不可通，上領縣目云鬱平、興德二縣新廢，下亦云以上二縣併入興業，而祇鬱平一縣，此句當爲「廢興德縣」，兩唐志興德並云「武德四年分鬱林置」，與此正合。凡此例者，雖確知其失，而無他本可證，亦存而不敢改也。

一、萬氏於是書參覈釐定，用力頗深，惟輕於删改，得失相半。又樂氏生於宋初，所引諸書，與今本不同，後人方借以求古本之真，且或有樂氏作記時，自爲删節，故卷四十一校勘云：「按今水經及注，與此皆小異，大抵今記所引古書，但取其意，而增損其文，務要通俗，不盡與古書合，他皆類此。」又卷四十八校勘云：「按此非史記全文，但今記以史記所載大意爲之辭耳，他如此類者甚衆，今一見之。」是校勘者深得樂氏之旨。萬一以今本繩之，轉失其舊，今亦舉一二以見例。有未及詳攷而誤改者，如卷二十一兗州龔丘縣總序「後魏移置平原縣于寧陽城北」，後魏，萬從元和志改「高齊文宣帝」，不知地形志兗州東陽平郡有平原縣，正漢寧陽縣地也；又卷六十二定州曲陽縣北岳恒山下有卒然蛇，「卒然」，萬從孫子改常山，不知孫子云「善用兵者，譬如卒然，卒然者，常山之蛇也」，卒然正不誤。有因誤文而删之者，如卷百四十四復州總序「以其地置城復二州」，萬删「城」、「二」兩字，不知通典文與此同，惟「城」作「郢」，「郢」形近譌「程」，「程」又音近譌「城」，下云「於舊郢州置竟陵郡，於舊復州卻立沔陽郡」，並與隋志合，萬以「城」不可通刪之，非也。有非樂氏所引之書而以他書改者，如卷百四十五襄州穀城縣酇城下「按說文酇作管，作旦二切」，萬作「音贊」，與通典同，然說文正同樂本，此以通典改說文也；又卷三十一耀州雲陽縣鉤弋陵云「追尊爲皇太后，發卒二萬人起雲陵」，萬從黃圖「后」下補「更葬之」，「卒」下補「六十」，然漢本傳正同樂本，此以黃圖改漢書也；又卷九十七衢州西安縣石室山「晉中朝時」上，萬補「任昉述異記」，云「事本出述異記，以下並據改正」，然樂氏所記與水經注引東陽記文略同，萬氏他處多宗水經注，此反據述異記改之，爲可異也。有以今本改古本者，如卷六陝州靈寶縣柏谷水下「水經云河水又東，合柏谷水。注云水出弘農縣南石堤山」，萬據戴本水經並改爲注；又卷二十五雍州萬年縣沈水，萬據戴本水經改「泬水」，然水經注云左馮翊有泬陽縣，漢志仍作「沈」，「沈」、「泬」形近，舊本水經皆作「沈」，至戴氏始改爲「泬」，不當以此繩樂氏也；又卷四十六解州安邑縣涑水下「水經云涑水出河東聞喜縣界黎葭谷，謂之葦谷」，校勘云「按水經作『黍薜谷』、『華谷』，今『黍』作『黎』，『薜』作『葭』，『華』作『葦』，未知孰是。」而今本水經又作「黍葭谷」、「華谷」，可見水經一書古今文不同如此，不容執一，萬又改「黎」作「藜」，改「薜」作「薛」，益不知所據矣。他書亦多是今非古，而水經爲甚，有改補至數十字、百字者，如卷三十一耀州美原縣獲鼎一段，本刪節郊祀志，萬從郊祀志改補至百餘字，似非樂氏本旨。有云據某書改而與今本不合者，如卷五十四魏州經城縣總序「分前漢堂陽縣于今縣西北二十里置經縣」，「經」下萬據後漢書補「城」，今續志安平國亦作經縣，無「城」字。有據今通志及府州縣志改者，如卷二十萊州即墨縣不其山下「堅刃異常」，「刃」，萬從山東通志改「韌」，然此引三齊記與續漢志不期侯國注所引略同。有因其事相類而羼入者，如卷九十五睦州壽昌縣天井山下，萬補遂安縣志一段云：「原本不載，據縣志補入，爲其與天井相類也。」凡此類者，今並不從。至百卷以後，並不註明所出，則且無從辨析矣。

一、是書之刻，始於壬午春二月，迄於秋七月，五閱月而卒業，見聞孤陋，日力又迫，樂氏所引諸書，未及偏檢，且有今已亡佚者，管窺所及，無可取徵，別爲校勘記如干卷，其寫官之失，鋟木時未暇覆訂，紕漏亦多，大雅君子庶匡正之。

太平寰宇記目録一

第一册

第二册

第三册

卷之五十七 河北道六

卷之五十八 河北道七

卷之五十九 河北道八

卷之六十 河北道九

第四册

第六册

第七册

卷之一百六十七　嶺南道十一

卷之一百六十八　嶺南道十二

卷之一百六十九　嶺南道十三

第八册

骨利幹〔三八三七〕　駮馬〔三八三八〕　鬼國〔三八三九〕——突越失〔三八三九〕　雜説并論〔三八四〇〕

目録校勘記

一　諸本目録均分作上下二卷。宋版、萬本卷上之下有「朝奉郎太常博士直史館賜緋魚袋樂史撰」十七字。金陵書局本無。庫本無目録。

二　淮陽軍　宋版無。按本書卷一七淮陽軍：「本下邳縣也。皇朝太平興國七年於縣理置淮陽軍，仍割下邳、宿遷二縣屬焉。」元豐九域志卷一、宋史卷八五地理志一同。

三　魏州大名府　「大名府」，底本缺，萬本、庫本同，據宋版補。本書卷五四魏州總序：「後唐同光元年升爲興唐府，晉天福初改爲廣晉府，漢乾祐元年改爲大名府，周顯德元年依舊爲天雄軍節度使，其大名府額仍列在京兆府之下。」則其魏州名下，同此應有「大名府」三字，然各本皆無，宋版該卷已缺，不可得知，姑附記於此，以備考。

四　荆州　宋版作「荆南府」。按舊唐書地理志二荆州江陵府：「乾元元年改江陵郡爲荆州，至德後乃置荆南節度使，上元元年九月，置南都，以荆州爲江陵府。」本書卷一四六荆州同。輿地紀勝卷六四江陵府：南宋淳熙元年改江陵府爲荆南府，四年復名江陵府。是此處作江陵府才合。

五　湞州　萬本同，宋版目録作「禎州」，輿地紀勝卷九五同。按宋真宗天禧五年以州名犯「禎」，改爲

「惠州」，此處「滇」乃「禎」之誤。卷一百六十滇州及別卷所見滇州亦同。參見卷一百六十校勘記〔一〕。

六 湯州　宋版、萬本皆作「温泉州」。按通典卷一八四州郡一四作「湯州湯泉郡」，新唐書卷四三上地理志七同。舊唐書卷四一地理志四作湯州，郡名温泉。太平御覽卷一七二引方輿志曰湯州，「或爲湯泉州」。均不作「温泉州」。

七 女國　宋版、萬本皆作「東女」。參見本書卷一七五校勘記〔一八〕。

八 毗騫　宋版作「騫毗」。按梁書卷五四諸夷傳、北史卷七八夷貊傳上、通典卷一八八邊防四、太平御覽卷七八八四夷部九均作「毗騫」。

九 東女　萬本同，宋版無。見本書卷一七九校勘記〔二九〕。

一〇 鄧至羌　宋版此下有「白蘭」。按本書卷一八四已列白蘭。

一一 徒何段　宋版此下列「務勿塵」。按本書卷一九四徒何段叙及務勿塵，不專列目。

太平寰宇記卷之一

河南道一

東京上

開封府

開封府，今理開封、浚儀兩縣。禹貢爲兖、豫二州之域。星分房宿。在春秋時爲鄭地，戰國時爲魏都。史記云魏惠王自安邑徙都大梁，即今西面浚儀縣故城是也。後秦始皇二十二年攻魏，因引河水灌城而拔之，即以爲三川郡地。漢祖起沛，酈生説曰：「陳留爲天下衝，四通五達之郊，無名山大川之阻。」即謂此地也。〔一〕後定天下爲陳留郡之浚儀縣。至文帝封皇子武爲梁王，都大梁；後以其地卑濕，東徙睢陽，即今宋州也。晉武改爲陳留國。東魏孝靜帝廢國爲梁州，〔二〕分爲陳留、開封二郡。北齊廢開封郡併入陳留郡。〔三〕至後周改梁州爲汴州，以城臨汴水，因以爲名。隋初州如故，大業初州廢，又爲郡，二年廢郡，以其地併入滎陽、潁川、濟陰、東萊等四郡。〔四〕有通濟渠，即煬帝所開，以通江、淮漕運，經中而過。唐武德四年平王世充，置汴州總管府，管汴、洧、杞、陳四州，汴州領浚儀、新里、小黄、開封、封丘等五縣；七年改爲都督府，廢開封、小黄、新里三縣入浚儀縣，復以廢杞州之雍丘、陳留，管州之中牟，洧州之尉氏來屬。龍朔二年以中牟隸鄭州。延和元年復置開封縣。天寶元年改汴州爲陳留郡。乾元元年復爲汴州。建中二年築羅城。〔五〕梁開平元年升爲東京，置開封府。後唐同光元年復爲汴州，以宣武軍爲額。晉天福三年又升爲東京，置開封府。漢、周至皇朝並因之。

元領縣六。今十六：開封，浚儀，封丘，陳留，尉氏，雍丘，襄邑，宋州割到。考城，曹州割到。陽武，鄭州割到。中牟，鄭州割到。太康，陳州割到。長垣，滑州割到。酸棗，滑州割到。扶溝，許州割到。鄢陵，許州割到。東明。新置。

府境：東西三百里。南北三百五十里。

四至八到：西至西京四百二十里。西至長安一千二百五十里。東至宋州三百里。西至鄭州一百四十里。南至蔡州五百里。北至滑州二百二十里。東南至宋州三百一十八里。又東南至陳州三百一十里。西南至許州二百一十五里。東北至曹州二百二十里。西北至孟州三百五十里。

户：唐開元領縣六，户八萬二千一百。皇朝管縣一十六，户主九萬二百三十二，客八萬八千三百九十九。

風俗：漢書：「河南之氣，厥性安舒。」今汴地涉鄭、衛之境，梁魏之墟，人多髦俊，好儒術，雜以遊豫，有魏公子之遺風，難動以非，易感以義。

姓氏：陳留郡五姓：防、謝、何、虞、蔡。

人物：伊尹，名摯，陳留人。 甯越，中牟人。苦耕力學，周威公師之。〔六〕 陳平，陽武户牖鄉人。〔七〕 酈食其，音歷異基。〔八〕 申屠蟠，字子龍，陳留人。九歲喪父，廬于墓，致甘露、白雉之祥，伯喈稱爲大孝。〔九〕 董宣，字少平，陳留人。年七十四卒于官，上遣使臨視，見布被覆尸，大麥數斛而已。上嘆曰：「董宣廉潔，死乃知之。」官其子並爲郎中。〔一〇〕 蔡邕，陳留人。 茅容，陳留人。與郭泰善。〔一一〕 邊韶， 百里嵩， 潘勖， 李充，〔一二〕 毛玠，陳留平丘人。拜吏部尚書，無敢鮮衣、張宴者。魏武嘆曰：「孤之法，不如毛尚書令。」〔一三〕 典韋， 阮瑀，尉氏人。 阮籍，瑀子。 阮咸，籍兄子。 阮修，咸從子。 謝鯤，字幼輿，陽夏人。帝重其風節，問：「方庾亮，何如？」對曰：「一丘一壑，自謂過之。」 庾亮，鄢陵人。官太尉，督軍平蘇峻亂。 庾翼，亮弟。工書法。 謝尚，鯤子。少時鯤嘗攜之送客，或曰：「此兒一坐顏子也。」尚曰：「坐無尼父，焉别顏回！」 謝安，鯤從子。 謝奕，安兄。 阮孝緒，尉氏人。鄱陽王嘗命駕造訪，鑿垣而遁。〔一四〕 江偉， 江式， 唐劉仁軌。

尉氏人。與子姪三人並授上柱國，州黨榮之，號所居爲樂城鄉三柱里。

土産：絹，綿，穀子，紅花，〔一五〕麻黄，酸棗。

開封縣，舊二十鄉，今十八鄉。八坊。本漢縣，屬河南郡。今縣南五十里開封故城，是漢理所。〔一六〕後魏天平元年于此置開封郡。高齊天保七年郡與縣俱廢。隋開皇六年復置，屬鄭州。唐武德四年自鄭州來屬，貞觀元年併入浚儀，延和元年又析浚儀于州城内别置。今縣管東界。

逢澤，在縣東北十四里。〔一七〕今名蓬池。史記：「秦孝公二十年，使公子少官率師會諸侯逢澤。」又爲衞國之匡地。唐天寶六年改爲福源池。〔一八〕

夷門。史記：「大梁城有十二門，東曰夷門。隱士侯嬴年七十，家貧，爲夷門門吏，魏公子無忌厚遺之，不受。」

吹臺，在縣南五里。陳留風俗傳：「縣有蒼頡師曠城，其城上有列仙吹臺，梁孝王亦增築焉。」朱梁開平二年改繁臺爲講武臺，此即吹臺也。其後有繁氏居其側，里人乃以姓呼之。

沙海，在縣西北十二里。戰國策曰：「齊欲發卒取周九鼎。顔率説曰：夫梁之君臣欲得九鼎，謀于沙海之上，爲日久矣。」即謂此也。至隋文疏鑿舊跡，引汴水注之，習舟師，以伐陳。陳平之後，立碑其側，以紀功焉。今無水。

蓼隄，在縣東北六里。高六尺，廣四丈。梁孝王都大梁，以其地卑濕，東徙睢陽，乃築此隄。至宋州三百里。

蔡水，在縣南。

梁溝。始皇二十二年王賁引水攻大梁，是此。

通濟渠，在縣南三里。〔九〕隋大業元年以汴水迂曲，迴復稍難，自大梁城西南鑿渠引汴水入，號通濟渠。

開封故城，在縣南五十里。鄭莊公所築。陳留風俗傳曰：「阮簡爲開封令，有刧賊外白甚急。簡方圍棋，長嘯曰：『局上有刧，亦甚急。』」

高陽故城。

甘城，即秦太師甘公所居之地。〔一〇〕因星文説張耳，令背項羽以依高祖，即于此城。

信陵亭，在城内，臨河，當相國寺前。即魏公子無忌勝槩之地。

琵琶溝，在縣南十一里，〔一一〕西從中牟縣界流入通濟渠。隋煬帝欲幸江都，自大梁城西南鑿渠，引汴水入，即蒗蕩音宕。渠也。〔一二〕舊圖經云：「形似琵琶，故名。」

倉垣城，在縣東北二十里。水經注云：「濟水東經倉垣城。」輿地志云：「倉垣城，南臨汴水，西北有蒼頡墳，城有列仙臺。」

棘城，在縣西南三十里。左傳云：「晉荀吴涉自棘津。」

新里縣故城，在縣東三十里。隋高祖開皇十六年分浚儀縣置，因新里爲名，煬帝大業二年廢。唐武德四年復置，貞觀元年又廢。

蒼頡墓，在縣東北二十里。輿地志云：「倉垣城西北有蒼頡冢。」

樊於期墓，在縣南一十三里。史記云：「樊於期逃秦罪，入燕。燕荆軻謂之曰：『須君首可以謀秦王。』于是自殺，函封送秦。」魏人葬于此。

張儀墓，在縣東北七里。史記云：「儀，魏人。相秦十一年。」卒，葬于此。俗以墳形似硯，因名硯子臺。與張耳墓南北相對，因謂張耳墓爲南硯臺，此爲北硯臺。

張耳墓，在縣東七里。漢書：「耳，大梁人。高祖布衣時，嘗從耳遊，後破趙有功受封。」卒，葬于此。

蔡伯喈墓，在縣東北四十五里。後漢書：「蔡邕，字伯喈，陳留圉人。漢靈帝時坐收廷尉，死獄中。」葬于此。

荆軻墓，在縣東四十里。史記云：「軻，衛人也。遊燕，爲丹入秦刺秦王，不中而死。」舊圖經云：「招魂葬于此。」

浚儀縣，舊二十五鄉，今十二鄉。八坊。漢武帝元年廢新里城而立浚儀縣，屬陳留郡。輿地志云：「夷門之下，新里之東，浚水之北，象而儀之，以爲邑名。」後魏以縣隸梁州。後周改梁州爲汴，縣亦隸焉。隋廢汴，改屬鄭州。唐初置汴州，縣復歸焉。今居郭内開封故城，即今爲理之所也。

寒泉陂，在縣西六十里。〔三〕詩云：「爰有寒泉，在浚之下。」其水冬夏常冷，因曰寒泉。

酺池，在縣西北七里古大梁城内。〔四〕梁孝王作。

博浪城，在縣西北三十里。史記：「張良報韓讎，伏處于博浪，俟秦始皇。」

古浚儀城二：一在縣東三十里，一在縣北四里。

赤城，在縣西南二十五里。〔五〕水經注云：「蒗蕩渠東南逕赤城至浚儀。」

信陵君墓，在縣南十二里。史記：「魏公子無忌，昭王少子，安釐王弟，封爲信陵君。」

侯嬴墓，在縣南十二里。史記：「魏公子無忌謀救趙，詢于夷門監者侯嬴，爲之謀，辭老不能往。公子行，嬴向北面，自刎而死。」遂葬于此。

段干木墓，在縣西北二十里。風俗傳云：「浚儀有段干木祠，能興雲致雨。干木死西土，魏王遷都之日，子孫改葬于此。」

陸雲祠，在縣東北三里。晉書：「陸雲嘗爲浚儀令。」民爲立祠。

青丘，亦曰玄池。女娀簡狄浴于青丘之水，〔三六〕有玄鳥遺卵，吞之生契，即此水也。

鴻池，即衛獻公射鴻于此。

望京樓，城西門樓。本無名，唐文宗太和二年節度使令狐綯重修，因登臨賦詩曰：「夷門一鎮五經秋，未得朝天未免愁；因上此樓望京國，便名樓作望京樓。」

封丘縣，北六十里。舊二十鄉，今七鄉。古封國之地。左氏傳謂「賜封父之繁弱」是也。魯國都記云：「衛地之延鄉，漢高祖與項籍戰敗遇翟母免難之處。〔三七〕後以延鄉爲封丘縣，以封翟母。」即此地也。隸陳留郡。後魏道武帝併入酸棗，宣武帝復置。隋開皇三年隸汴。

黑山，在縣北三里。魏志：「初平四年春，太祖軍鄄城，荆州牧劉表斷袁術糧道，術引軍入陳留，屯封丘黑山，餘賊佐之。」

黄池，在縣西南七里，東西三里。按春秋哀公十三年，「公會晉侯及吴子于黄池，吴、晉争長」。杜預注云：「陳留封丘縣南有黄亭，近濟水。」

雲響城，在縣南十里。按史記云：「吴、晉率諸侯會于黄池，莫不雲集響應，共築此城，因以爲名。」

期城，在縣西南七里。按城冢記云：「期城者，夏禹理水時所築。」今呼爲簸箕城。

廢守節縣，在縣西北三十里。唐武德三年李勣于酸棗縣置梁州，〔二八〕乃分胙城、酸棗二縣以屬焉。于時東州未平，人思効節，縣新創立，故以守節爲名。至四年廢。

封丘臺，在縣東五里。按世本：「東郡燕國侯伯儵子卒，葬此，遂于城内作地道向子墓，〔二九〕亦名向子臺。」

桐牢亭，在縣北二里。〔三〇〕按春秋「魯成公會晉侯等，同盟于蟲牢」。杜預注云：「鄭地，陳留封丘縣北有桐牢亭。」襄公十八年傳云：「楚侵鄭東北，至于蟲牢而反。」續漢記云：「封丘有桐牢亭。」韋昭云：「古蟲牢地也。今俗謂之桐渦。」

朱亥墓，在縣西三十里。按史記：「秦攻趙，趙請救于魏，安釐王遣將晉鄙將兵救趙，懼秦不進。魏公子無忌使朱亥賫鐵鎚殺晉鄙，而統其軍以救趙。」卒，葬于此。

翟母墓，在縣西南七里。按陳留風俗傳云：「漢高祖與楚項羽戰，〔三一〕敗于延鄉，有翟母者，免其難也。」

百里嵩墓，在縣東七里。後漢書：「嵩，字景山，陳留封丘人。爲徐州刺史，時旱，嵩乃傳車巡部，〔三二〕所到屬縣，膏雨隨車。」卒，葬于此。

程徵君墓，在縣南四里。魏書：「程仲，字孔禮，陳留封丘人。有志行。明帝青龍三年徵，不就；景初二年、正始五年徵，又不就。晉武帝泰始二年卒，封元鄉亭侯。」

陳留縣，東三十五里。舊二十五鄉，今七鄉。本古有莘城，國語謂之莘墟。史記云：「鄭桓公友以周衰，徙都于留。」即此地。後爲陳所并，故曰陳留。秦始皇二十六年置陳留縣。漢爲陳留郡，縣隸焉。西晉末郡、縣並廢。後魏復置。隋廢。唐武德四年置縣，隸杞州；貞觀元年州廢，移隸汴州，其後因之。魏書謂「四戰之地」是也。乃漢高祖兵敗，母死之處。〔三三〕

阿谷水，在縣北五十八里。家語曰：「孔子南遊于楚，至阿谷之隧，〔三四〕使子貢奉觴，從女子乞飲。」即此也。

小黄城，漢縣名，屬陳留，故城在今縣東北三十三里。亦曰小黄園。

昭靈夫人陵廟，在縣北三十七里。風俗傳云：「沛公起兵，野戰，喪皇妣于黄鄉。天下平定，乃命使以梓宫招魂幽野，有丹蛇在水，自洒濯入梓宫。其浴處仍有遺髮。今廟號昭靈焉。」

睢溝，在縣東南五里。輿地志云：「汴水自滎陽受睢水，東至陳留、彭城，南入泗水，經縣界入雍丘界。」自後開通濟渠，此渠廢。今無水。

漢武帝宮，在縣羅城内。風俗傳：「孝武帝元狩元年置行宫。」今廢爲倉。

逍遥宫，在縣南六里餘。隋大業六年置。今廢。

陳陵，在縣北二十里。按城冢記云：「大梁城東三十里、汴水北五里有黄柏山，陳元方祖父墓二十區，有碑存。」

故莘城，在縣東北三十五里。古莘國。國語：「湯伐桀，桀與韋、顧之君等拒湯于莘之墟，遂戰于鳴條之野。」

老丘城，在縣北四十五里。按春秋傳云：定公十五年，「鄭罕達敗宋師于老丘」。杜預注云：「老丘，宋地。」

平丘城，在縣北九十里。陳留風俗傳云：「平丘城，衛靈公邑。」春秋昭公十三年：「公會劉子、晉侯等于平丘。」杜預注云：「平丘，在陳留長垣縣西南。」

斗城，在縣南三十五里。按左傳襄公三十年：「子産葬伯有于斗城。」杜預注云：「斗城，鄭地名。」

裘氏城，在縣南六十里。風俗傳云：「陳留有裘氏鄉。」城冢記云：「秦時故縣也。」

小陳留城，在縣南三里。晉太康地道記云：「陳留，先有陳留縣，以北有大城，故此號小陳留縣城。」〔三五〕今無城壁。

牛首城，在縣西南十一里。左傳桓公十四年冬：「宋人伐鄭東郊，取牛首。」杜預注云：「東郊，鄭郊；牛首，鄭邑。」

小黄縣，在縣西南四十里。唐武德四年大使任瓌于此置縣，以小黄爲名；貞觀中省入陳留、浚儀二縣。

石倉城，〔三六〕在縣西南七十里。按酈善長注水經云：「八里溝南經石倉城西。」城冢記：「鄭莊公理開封，東南築此城，積倉粟，因名盛倉城；『盛』與『石』音相近，〔三七〕故號石倉城。」

李壽九子墓，在縣西南三里。風俗傳云：「李壽，字長孟，爲太守。九子並葬于此。」

陳司農墓，在縣北二十八里。有碑，篆文「大司農陳羣墓」也。〔三八〕

澹臺子羽墓，在縣南六十里。風俗傳：「子羽冢在陳留縣裘氏鄉。」

張良城，在縣東六十里。按城冢記云：「張城，漢高祖爲張良築，亦名張良城。〔三九〕良十三世孫名德，〔四〇〕爲兗州刺史，襲封陳留侯，食小黄萬户。至殤帝時，葬張城西南三百步。」今呼爲張光墓者是也。

尉氏縣，南一百里。元十鄉。本春秋鄭大夫尉氏之邑，即獄官也。魏徙都于梁，遂屬魏。秦始皇二年置尉氏縣。〔四一〕漢以縣隸梁國，武帝分梁國置陳留郡，因屬焉。東魏隸開封郡。隋開皇三年罷郡，隸汴州；十六年屬洧州，州廢入許。唐武德四年復置洧州，貞觀元年州廢，復歸汴。即南阮所居之所。

三亭岡，在縣西南三十七里。史記：「秦昭王使謁者王稽于魏，夜與范雎言：『先生待我于三亭之南。』」即此岡之南也。

長明溝，在縣西南四十五里。源出許州長葛縣界，與大溝合流。〔四二〕司馬彪郡國志云：「苑陵縣有白鴈陂，引濱南流，謂之長明溝。」

筆溝，在縣東北四十里。與康溝相合，端直如筆。

蓬池，在縣北五里。〔四三〕按述征記云：「大梁西南九十里尉氏有蓬池。」阮籍有詩云：「徘徊蓬池上，回首望大梁。」即此是也。

向城，在縣西南五十里。〔四四〕左傳襄公十一年：「諸侯伐鄭，會于北林，師于向。」杜預注云：「向地在潁川長社縣東北。」〔四五〕

菟氏城，在縣西北四十里。按左傳昭公五年：「鄭伯勞楚屈生于菟氏。」杜預注云：「菟氏，鄭地。」

雞鳴城，在縣西南三十里。按酈道元注水經云：〔四六〕「魏惠王元年，韓懿侯會伐魏于皛澤，〔四七〕陂北對雞鳴城。」

故鍾城，在縣西北三十五里。〔四八〕按續述征記云：「鍾城，魏太傅鍾繇故里。」城南三里有鍾繇碑。

蔣城，在縣西五十里。其城以西半屬新鄭縣界。左傳僖公二十四年：「凡、蔣、邢、茅、胙、祭，音瘵。〔四九〕周公之胤也。」杜預注云：「蔣在弋陽。」

廢苑陵縣城，在縣南四十八里。按續述征記：〔五〇〕「成皋東南一百三十里有苑陵城，鄭國之所都。」其城今見在鄭州新鄭縣。唐武德四年安撫使任瓌移苑陵于尉氏縣界古山氏城置苑陵縣，屬洧州，貞觀元年廢。

廢康陰縣城，〔五一〕在縣東南四十里。唐武德四年安撫使任瓌于古亭城置，〔五二〕縣在康溝南，因名，屬洧州。貞觀元年廢。

廢蔡陂縣城，在縣西南三十里。〔五三〕隋開皇十六年分長葛、許昌、鄢陵三縣別置，大業二年廢。

宿蒼舒墓，在縣東四十五里。按孝子傳云：「宿蒼舒，〔五四〕陳留尉氏人。少有至性。七歲，遭饑荒，賣身爲奴，以供父母。後起家爲上黨太守。」

杜元凱墓，在縣西南五十里。晉封當陽縣侯，累遷司徒。

阮籍墓，在縣東四十五里。〔五五〕籍，陳留尉氏人。即竹林七賢。有碑在。

阮籍臺，在縣東南二十步。籍每邀名賢，〔五六〕攜酌長嘯，登此也。

雍丘縣，東八十七里。舊二十八鄉，今八鄉。古雍國，黄帝之後，姞姓。殷湯封夏後于杞。周武王克殷，封夏後東樓公于杞，是爲杞國，即此地也。漢爲雍丘縣，隸陳留郡。魏爲雍丘國，封鄄城王植爲雍丘王；又國廢復爲縣，歸陳留。晉不改。後魏于縣置陽夏郡。隋開皇三年郡廢爲縣，至十七年置杞州；大業三年州罷。唐初復置杞州，貞觀元年州廢，縣皆歸汴。〔五七〕晉避諱改爲杞。漢初復故。

圉城，在縣南五十里。左傳昭公五年：「晉韓起如楚送女，還過鄭，鄭伯勞諸圉。」風俗傳云：「舊陳地，苦楚之難，修干戈于境，以虞其患，故曰圉。」輿地志：「漢高祖使樊噲下之，爲縣。」屬宋州。今故城存。

外黄城。左傳謂「惠公敗宋師于黄」。杜注：「黄，宋邑。漢縣，屬陳留。以魏郡有内黄，此故加『外』焉。」今境内有山號黄柏山，故城在今縣東六十里。漢書：「外黄縣即繁陽城，六國時爲魏地，趙廉頗攻取之。」即此也。

雍丘故城，今縣城是也。春秋時杞國城也，杞爲宋滅。城北臨汴河。晉永嘉末，鎮西將軍祖逖爲豫州刺史，理于此。逖累破石勒軍〔五八〕，由是黄河以南皆爲晉土，人皆感悦。逖卒，百姓立祠焉。

鳴鴈亭，在縣北四十里。左氏傳：「衛侯伐鄭，至鳴鴈。」杜注：「在雍丘。鳴鴈亭也。」

夏后祠。祠中有井，能興雲雨，祈禱甚應。

空桑城，在縣西二十里。按帝王世紀云：「伊尹生于空桑。」此是伊尹生處。

祺城，在縣西北一十八里。按陳思王襲封雍丘王，表云：「禹祠原在此城，漢光武迎其神移在雍丘城内。植城于雍丘，作宫，請遷其神于舊館。」其讃曰：「懸仰聖業，功濟唐虞，微君之勤，〔五九〕吾其爲魚。」爾雅云：「祺者，吉祥名。」

婦姑城，在縣東十里。按戴延之西征記云：「梁東百里，古有婦人寡居，養姑孝謹，鄉人義之，爲築此城，故曰婦姑城。」後人音訛呼爲婦固城。〔六〇〕

肥陽城，在縣東北二十里。按城冢記云：「禹治洪水時，在肥澤之陽所築。」

高陽城，在縣西二十九里。顓頊高陽氏佐少昊有功，受封此邑。

范睢墓，在縣北六十八里。史記：「睢先事魏中大夫須賈，後入秦爲相，〔六一〕號曰應侯。」卒，葬于此。

酈食其墓，在縣西南二十八里。漢書：「食其，陳留高陽人。好讀書，家貧爲里監門，賢豪謂之狂生。」後爲齊所烹，乃葬于此。陳思王集云：「植獵于高陽之下，過食其墓，以斗水束藻薦于座，〔六二〕讃曰：『野無巵酒，惟兹行潦；食無嘉殽，宴用蘋藻。』」

酈商墓，在縣西南二十八里。漢書：「商，食其之弟也。陳勝起兵，商乃聚少年得數千人，屬高祖。從征伐有功，封曲周侯。」葬于此。白虎墓。王業，字子香，雍丘人。爲荆州刺史，有惠化。卒于枝江，有白虎夾柩送歸，因此號之。今子孫號爲白虎王氏。

卷一校勘記

〔一〕即謂此地也　「謂此地」，底本作「此謂」，據宋版、萬本、庫本及傅校改補。

〔二〕東魏孝靜帝廢國爲梁州　按宋書卷三六州郡志二列有陳留太守，魏書卷一〇六地形志中：「梁州，天平初置，治大梁城。」領有陳留郡。隋書卷三〇地理志中滎陽郡浚儀縣：「東魏置梁州，陳留郡，……開皇初郡廢。」則南朝宋改陳留國爲郡，東魏天平初置梁州，而陳留郡如故。太平御覽卷一五八引郡國志曰：「東魏孝靜帝以此置梁州。」此處所述不確。

〔三〕北齊廢開封郡併入陳留郡　「開封郡」，底本作「開封」，宋版、萬本、庫本皆作「開封郡」。隋書地理志中滎陽郡浚儀：「東魏置梁州、陳留郡，後齊廢開封郡入。」據宋版補。

〔四〕以其地併入滎陽潁川濟陰東萊等四郡　按隋東萊郡治掖縣，即今山東掖縣，轄區有今山東半島東部，西距滎陽等郡地里殊遠，中間隔其它數郡，魏書地形志中，陳留郡領有封丘縣，隋書地理志中屬東郡，爲大業時政制，東郡正與滎陽郡毗鄰，此「東萊」當爲「東郡」之誤。

〔五〕建中二年築羅城　「二年」，底本作「時」，萬本同，據宋版及舊唐書卷三八地理志一改。宋東京考卷一引侯鯖録亦云：「唐建中二年，節度使李勉重築。」

〔六〕伊尹名摯陳留人甯越中牟人苦耕力學周威公師之　宋版、萬本、庫本皆無伊尹、甯越，蓋非樂史原文。

〔七〕陳平陽武户牖鄉人　底本脱，宋版、萬本、庫本人物下首列，中大本亦列，據補。

〔八〕音歷異基　宋版、萬本、庫本無。

〔九〕字子龍至稱爲大孝　此二十六字宋版、萬本、庫本皆無。

〔一〇〕董宣至並爲郎中　宋版、萬本、庫本皆無董宣傳略。

〔一一〕茅容陳留人與郭泰善　宋版、萬本、庫本皆無茅容傳略。

〔一二〕李充　宋版、萬本、庫本無。

〔一三〕陳留平丘人至毛尚書令　「陳留」，底本脱；「平」，底本作「封」，皆據宋版、萬本、庫本、中大本及三國志卷一二魏書毛玠傳改補。又「拜吏部尚書」以下二十五字，宋版、萬本、庫本皆無。

〔一四〕阮咸至鑿坦而遁　阮咸、阮修、謝鯤、庾亮、庾翼、謝尚、謝安、謝奕、阮孝緒，宋版、萬本、庫本皆無。

〔一五〕紅花　宋版、萬本皆無。

〔一六〕今縣南五十里開封故城是漢理所　「南五十」，底本作「西十五」，萬本同，宋版、中大本作「南五十」。舊唐書卷三八地理志一汴州開封縣：「漢縣，在今縣南五十里。」則此「西十五」爲「南五十」之誤。又本書下文：「開封故城，在縣西十五里」，宋版、萬本皆同，「西十五」亦爲「南五十」之誤，並據宋版改。

〔一七〕逢澤在縣東北十四里　元和郡縣圖志卷七汴州開封縣同。史記卷五秦本紀正義引括地志：「逢澤，亦名逢池，在汴州浚儀縣東南十四里。」按唐、宋開封縣與浚儀縣同治，此「東北」當爲「東南」之誤。

〔一八〕唐天寶六年改爲福源池　「池」，底本作「地」，萬本同，宋版、中大本、庫本作「池」。新唐書卷三八地理志二汴州開封縣：「有福源池，本逢池，天寶六載更名。」據宋版改。

〔一九〕在縣南二里　「二」，底本作「三」，據宋版、萬本、庫本及傅校改。

〔二〇〕即秦太師甘公所居之地　「太師」，萬本同，宋版、庫本作「太史」。

〔二一〕在縣南十一里　「十一」，底本作「一十」，據宋版、萬本、庫本及傅校乙正。

〔二二〕蒗蕩音宕渠　「蒗蕩」，宋版、庫本作「莨宕」，本書卷二陽武縣蒗蕩渠同。按漢書卷二地理志上作「狼湯」，水經河水注、潁水注、陰溝水注等作「蒗蕩」，水經濟水注、陰溝水注又作「蒗蕩」，通典卷一七七州郡七引坤元録作「莨蕩」，又作「浪宕」，云「浪宕與莨蕩同」，元和郡縣圖志卷八鄭州作「浪宕」，皆音近通借。又「音宕」，宋版、萬本、庫本皆無，蓋非樂史原注。

〔二三〕在縣西六十里　「六十」，底本作「十六」，據宋版、萬本、中大本、庫本及傳校乙正。

〔二四〕在縣西北七里古大梁城内　「七」，底本作「六」，據宋版、萬本、中大本、庫本及傳校改。

〔二五〕在縣西南二十五里　「二」，底本作「一」，據宋版、萬本、中大本、庫本及傳校改。

〔二六〕青丘亦曰玄池女娀簡狄浴于青丘之水　前「青丘」，宋版作「清丘」；「娀」，宋版作「娥」。按史記卷三殷本紀：「殷契，母曰簡狄，有娀氏之女。」則作「娀」是。又後「青丘」，宋版、萬本、庫本作「晉丘」，恐非。

〔二七〕漢高祖與項籍戰敗遇翟母免難之處　「遇」，宋版作「爲」，萬本、中大本、庫本作「于」。

〔二八〕唐武德三年李勣于酸棗縣置梁州　按新唐書地理志二滑州酸棗縣：「本隸東梁州，武德三年析酸棗、胙城置守節縣，四年省。貞觀八年州廢，來屬。」舊唐地理志一同，此「梁州」上疑脱「東」字。

〔二九〕遂于城内作地道向子墓　底本「向」上空闕一格，萬本、庫本同，不可解，宋版無空闕，據改。

〔三〇〕桐牢亭在縣北二里　「二」，底本作「三」，據宋版、萬本、中大本、庫本改。

〔三一〕漢高祖與楚項羽戰　「楚」，底本無，據宋版、萬本、庫本及傳校補。

〔三二〕嵩乃傳車巡部　「乃」，底本脱，據宋版、萬本、中大本、庫本及傳校補。

〔三三〕乃漢高祖兵敗母死之處　「乃」，底本脱，據宋版、萬本、中大本補。

〔三四〕至阿谷之墬　「墬」，宋版作「隧」，萬本作「陸」，中大本作「地」。按「墬」即「地」古體字。

〔三五〕故此號小陳留縣城　萬本同，宋版作「故此城號小城陳留」，中大本同。

〔三六〕石倉城　原校：「按城冢記：『開封城，鄭邴所築。』莫詳鄭邴爲何如人，恐舛誤。今記開封縣開封古城云：『鄭莊公所築』，今石倉城亦云。未詳所據。」按「鄭邴」，萬本同，宋版作「鄭郦」，中大本同，傅校改「邴」爲「郦」，當是。

〔三七〕盛與石音相近　「近」，底本作「似」，據宋版、萬本、中大本及傅校改。

〔三八〕大司農陳羣墓也　「農」，底本作「馬」，據宋版、萬本、中大本及本書本條列目改。

〔三九〕張城漢高祖爲張良築亦名張良城　「張城」，底本作「此城」；「張良城」，底本作「張城」，皆據宋版、萬本、中大本、庫本及傅校改。

〔四〇〕良十三世孫名德　「十三」，萬本同，宋版空缺。原校：「舊文訛舛不可讀，今按城冢記改正。然城冢記亦云『良十三世孫德』，皆誤。自高祖至殤帝時豈十三世耶？」「名」，底本脱，據宋版、萬本、中大本、庫本及傅校補。

〔四一〕秦始皇二年置尉氏縣　按其地戰國時屬魏，秦始皇二十二年滅魏，此前秦始皇二年不得于此置尉氏縣，此處有誤，或「二」下脱「十二」二字。

〔四二〕與大溝合流　「大」，萬本同，宋版、中大本、庫本皆作「太」。

〔四三〕蓬池在縣北五里　「北」，萬本、中大本、庫本同，宋版作「東北」，當是。

〔四四〕向城在縣西南五十里　「五」，原作「四」，據宋版、萬本、中大本、庫本改。

〔四五〕向地在潁川長社縣東北　「地」，底本作「城」，據宋版、萬本、中大本、庫本及左傳襄公十一年杜預注改。

〔四六〕按酈道元注水經云　「云」，底本脱，據宋版、萬本、中大本、庫本及傳校補。

〔四七〕韓懿侯會伐魏于蒕澤　「蒕」，宋版、萬本、中大本、庫本同。史記魏世家：惠王元年，韓懿侯與趙成侯合軍伐魏，「戰于濁澤」。

〔四八〕在縣西北三十五里　「五」，底本脱，據宋版、萬本、庫本及傳校補。

〔四九〕音瘵　宋版、萬本、庫本皆無。

〔五〇〕續述征記　宋版作「述征記」。

〔五一〕廢康陰縣城　「城」，底本脱，據宋版、萬本、中大本補。

〔五二〕唐武德四年安撫使任瓌于古亭城置　「安」，底本作「綏」，宋版、萬本、中大本同。按唐無「綏撫使」官，有安撫使，見新唐書卷四九下百官志四下。舊唐書卷五九任瓌傳：「關東初定，持節爲河南道安撫大使。」本書上文「廢陵縣城」條亦作「安撫使」，今據改。

〔五三〕廢蔡陂縣城在縣西南三十里　「城」，底本脱，據宋版、萬本補。「三」，底本作「六」，據宋版、萬本、中大本及傳校改。

〔五四〕宿蒼舒　「宿」原脱，據宋版、萬本、中大本、庫本補。

〔五五〕在縣東四十五里　「五」原脱，據宋版、萬本、中大本、庫本補。

〔五六〕籍每邀名賢　「邀」，宋版、萬本、庫本皆作「追」，中大本作「與」。

〔五七〕貞觀元年州廢縣皆歸汴　按元和郡縣圖志卷七汴州雍丘縣：「武德四年於此置杞州，貞觀元年廢，以縣屬汴州。」此「皆」字不確，或衍。

〔五八〕逖累破石勒軍　「逖」，底本脱，據宋版、萬本、庫本及元和郡縣圖志卷七補。

〔五九〕微君之勤　「勤」，宋版同，萬本、庫本作「勳」，中大本作「績」，傳校改作「勳」。

〔六〇〕後人音訛呼爲婦固城　「婦固城」，萬本、庫本同，宋版作「輔固城」，不合上述文義。

〔六一〕後入秦爲相　「入」，底本作「仕」，據宋版、萬本、中大本、庫本及史記卷七范雎列傳改。

〔六二〕以斗水束藻薦于座　底本「以」上衍「傾」字，據宋版、萬本、中大本、庫本删。

太平寰宇記卷之二

河南道二

東京下〔一〕

襄邑縣，東一百四十五里。依舊七鄉。春秋時宋襄牛地也。宋襄公葬焉，故曰襄陵。今墓在縣西北隅。秦始皇以承匡縣卑濕，遂徙縣于襄陵，改爲襄邑縣。漢以縣隸陳留郡。宋移屬譙郡。北齊廢縣入雍丘。隋置杞州于杞縣，襄邑復屬焉；大業三年州廢，縣入梁郡。唐初復置杞州，貞觀元年州廢，縣入宋州。自朱梁與晉改屬開封。

服官。漢地理志：「襄邑有服官。」故魏都賦云：「錦繡襄邑。」

睢水，在縣北三十里，西自雍丘界入寧陵。水經注云：「睢水出陳留縣西蒗蕩渠。」

古汴渠，在縣北四十五里，西從雍丘入考城界。史記：「秦始皇二十二年伐魏，引河灌大梁。」即此也。又宋書：「高祖開此河以征姚泓。」

古匡城，在縣西三十里。地理志云：秦以承匡之地卑濕，故徙縣于襄陵。其城遂廢。昔仲尼遊此城，匡人誤圍夫子，夫子由城東南角空而出。其跡猶存。

巢亭，〔二〕在縣南二十里。左傳哀公十一年冬：「衛太叔疾奔宋，疾臣向魋及桓氏得罪，衛莊公復之，使處巢。」

蛟龍池，在縣北七十五里。左傳：「鄭大水，龍鬭于時門之外洧淵，國人請禜焉。子產不許，曰：『我鬭，龍不我覿也；龍鬭，我獨何覿焉？我無求于龍，龍亦無求于我。』」即此也。

鼠怪。搜神記：「中山王周南，正始中爲襄邑長，有鼠從穴出廳事上，語周南曰：爾以某月日死。周南不應。鼠還穴。至期日，更冠幘絳衣語周南曰：日中死。復不應。鼠入穴。斯須，復出語如初。出入數轉，日過中，鼠曰：汝不應，我復何道？言訖，顛蹶而死，即失衣冠。視之，乃常鼠也。」

宋襄公墓，在縣城中東北隅。

考城縣，東一百五十里。舊十四鄉，今七鄉。古戴國地。春秋隱公十年，「鄭伐取之」。〔三〕後改名曰穀。秦滅六國，爲甾縣。漢隸梁國。後漢章帝東巡，改爲考城，仍隸陳留郡。後魏爲城安縣，仍于縣置北梁郡，隸南兖州。北齊郡廢，縣歸濟陰郡。隋復爲考城，移屬宋州。唐初于縣置梁州，武德五年州廢，縣入曹州。梁改爲戴邑縣，後唐復舊；自梁至晉、漢屬開封府。

葵丘，在縣東一里。春秋：「齊桓公會諸侯于葵丘。」杜預注云：「陳留外黄縣東有葵丘。」

黄溝，在縣西三十六里。國語云：「吴子會諸侯于黄池。」今陳留有外黄縣古城，即黄溝是也。又漢地理志云：「考城有黄溝。」

北亳城，在縣東北五十三里。自契至湯九遷，湯始居亳，與葛伯爲隣。按葛國今在宋州寧陵縣界，去亳百里。都城記：「湯居亳，今濟陰東南亳城是也。」十三州志：「梁國有二亳，南亳在穀熟，北亳在蒙。湯會諸侯于景亳，即蒙之北亳也。」

簸箕城，在縣北四十六里。按城冢記：「禹治水時所築。」

龍門臺，在縣西南十五里。戴延之西征記云：「龍門，水名也。臺南渠岸有門，與臺下水相連。」高齊時于此置倉，至後周廢。

黄霸墓，在縣東北十里。漢循吏傳：「霸，字次公，淮陽人。」卒，葬于此。有碑在。

陽武縣，西北七十五里。舊四鄉，今八鄉。春秋時棣城。楚伐陳，諸侯會于城棣。漢爲陽武縣，屬河南郡。按晉地道記：「陽武、滎陽有博浪沙，張良爲韓刺秦始皇處。」即此縣地。按郡國縣道記云：「陽武縣所理，晉廢。後魏孝昌中復置。高齊又省。隋開皇六年移理于陽池城，〔四〕即今原武縣是也。唐武德四年于漢原武故城復置陽武縣，即今理也。」朱梁與晉隸開封府。

黄河，在縣北二十五里。

蒗蕩渠，即汴河之别名，一名通濟渠。

陽武故城，在縣東南二十八里。高齊文宣天保七年移理汴水南一里，今無遺址。隋開皇五年復理此城。唐武德四年又移理漢原武故城，即今城是也。

博浪沙亭，在縣東南五里。即張良爲韓報仇擊秦始皇之所。

南棣城、北棣城，二城並在縣北十里。左傳：「楚伐陳，諸侯會于城棣以救之。」北城也。〔五〕

陳平墓，在縣東三十里户牖鄉陳相村。兼有廟存。

黑陽山，在縣西七里。

中牟縣，西五十里。依舊五鄉。春秋時鄭邑，又屬趙。史記：「趙獻侯自耿徙此。」又襄子時，佛肸以中牟叛，置鼎于庭下，不與己者烹之，田英將褰裳赴鼎。是此也。漢爲中牟縣，隸河南郡。後漢至魏，所屬不改。宋隸滎陽。後魏太武真君八年省，景明元年復置。東魏孝靜帝天平初于此置廣武郡。後周武帝保定五年，郡、中牟並移于今縣西三十里圃田城置。隋避諱改爲内牟，開皇十六年于中牟舊城置郟城縣，十八年又于圃田城中爲圃田縣，以界内澤爲名；大業二年廢郟城縣，又移圃田縣于中牟城置。唐武德初復改爲中牟，貞觀元年隸汴州。龍朔二年又隸鄭州。按郡國縣道記云：「春秋所説中牟在趙地，非此也。後漢和帝時，魯恭爲中牟宰，有善政。即此縣。」朱梁與晉隸開封。

中牟臺，在縣北十二里。一名官渡臺，又名曹公臺。故基在河南，是爲官渡城。即曹公與袁紹相持于此。

箜篌城，在縣東南二十里。昔師延在此造箜篌，〔六〕以悦靈公。

圃田澤，一名原圃，在縣西北七里。其澤東西五十里，南北二十六里，西限長城，東極官渡，上承鄭州管城縣界曹家陂，又益西北流爲二十四陂，〔七〕小鵠、大鵠、小漸、大漸、小灰、大灰之類是也。

佛肹墓有二：一在縣南一里，一在縣北一里。

潘岳廟，在縣北十里。

魯恭墓，〔八〕在縣城内。

太康縣，東南二百五十里。〔九〕舊五鄉，今八鄉。夏后氏太康所築城。漢爲陽夏縣，隸淮陽國。隋開皇七年改陽夏縣爲太康，取古太康之名，隸淮陽郡，十五年復置陽夏郡，縣廢，十八年改爲匡城縣。〔一〇〕大業十三年李密舉兵于此，遂廢。唐初復置，隸淮陽郡。朱梁與晉屬開封府。昔濟北戴封，字平仲，爲令，苦旱，積薪自焚，火起雨澍。〔一一〕

蔡水，西北自尉氏縣界流入。

渦水，首受蔡水，東流經縣北。

縣理城，即漢陽夏縣城，夏后氏太康所築。

扶樂故城，〔一二〕在縣西北四十里。地理志云：〔一三〕「扶樂，屬陳國。」隋開皇六年分太康置。大扶縣，酈善長注水經云：「即扶樂古城也」。〔一四〕

牛頭城，在縣西五十里。按隋淮陽郡圖云：「牛頭城，在扶樂西二十里。水經注云：『沙水又東南經牛首亭一作「城」。〔一五〕』是也。」

南拒臺，在縣南二十里；北拒臺，在縣南二十里。〔一六〕漢書：「漢王追項羽，至陽夏南止軍。」今此南、北二臺相去一里，是楚、漢相拒之處。

何曾墓，在縣西北二十里。晉書：「曾，字穎考，陳國陽夏人也。」

長垣縣，東北一百里。舊二十鄉，今七鄉。本漢長垣縣地。隋開皇十六年于婦姑城置匡城縣，隸滑州，以縣南有古匡城爲名。孔子所畏之所。又春秋「遂次于匡」，即此地也。又名蒲邑。家語云：「仲由爲蒲宰，人爲立祠焉。子路隨夫子于此問津。」即蒲邑之津也。朱梁與晉割屬開封。至皇朝爲長垣縣。

長羅縣城，在縣東北四十里。漢書：「宣帝封常惠爲長羅侯。」至光武時國絶，併入長垣縣。後謂之長羅亭。

長垣城，在縣東北二十五里。地理志：「秦滅衛，以爲長垣縣。」〔一七〕又武帝立兖州於滑臺，置長垣縣。〔一八〕隋開皇九年隸杞州。唐初復置，至貞觀八年廢。

匡邑城，在縣西南十里。春秋僖公十五年，「諸侯盟于牡丘，遂次于匡」。杜預注云：「匡，衛地，在陳留長垣縣西南。」論語云：「子畏于匡。」蓋此邑也。

呰樓城，在縣西北十六里。左傳：「邢、狄伐衛，衛侯師于呰婁。」杜預注云：「呰婁，衛邑。」陳留風俗傳云「長垣西北有呰樓」是也。

蒲城，在縣東北十里。春秋云：「齊侯、衛侯胥命于蒲。」杜預注云：「蒲，衛地，在陳留長垣縣西南。」家語云：「子路治蒲三年，孔子過之，三稱仲由之善。」即此也。今城内有子路祠。

龍城，在縣東南二十里。昔夏桀臣龍逢所居，因以爲名。今城東有關龍逢墓，墓側有祠。

漆城，在縣西二十里。左傳云：「寧武子與衛人盟于宛濮。」杜預注云：「陳留長垣

縣西南有宛亭，近濮水。」竹書紀年「邯鄲伐衛，取漆」者也。〔一九〕

故鶴城，在縣南十七里。左傳云：「狄人伐衛。衛懿公好鶴，鶴有乘軒者。國人曰：鶴實有禄位，余焉能戰！」此即養鶴城也。又城冢記云：「昔夏累養鶴于此，遂號鶴城。」

衛靈公祠，在縣東北二十七里長垣城内。

蘧伯玉祠，在縣東七里。祠在墓側。

酸棗縣，西北百里。舊二十三鄉，〔二〇〕今六鄉。漢地理志云：「秦拔魏，置酸棗縣。〔二一〕」漢因之，以屬陳留郡。故風俗通謂豫章以樹稱郡，酸棗以棘名邦。蓋以地多棘而立名也。今有故城，即六國時韓王所理。〔二二〕今縣東北有延津，袁紹渡處，津南立壁以拒曹公，紹將淳于瓊宿烏巢，爲曹公所襲破之，〔二三〕即此地也。魏、晉不改。後魏并入小黄，又復置，隸東郡。北齊并入南燕縣，即今胙城也。隋開皇三年從南燕析置酸棗縣，〔二四〕入汴州，又屬滑州；大業三年隸滎陽郡。唐初復還滑州。朱梁、晉、漢隸開封府。

土山，在縣東南二里。舊記云：「酸棗縣北有土山。」

古酸棗城，在縣西南十五里。按韓世家：「哀侯即位，滅鄭，遂都酸棗。」舊宫餘址猶存。又城冢記：「韓襄子所築。」

廢酸棗縣，在縣北十五里。後魏孝文太和十八年置。

韓王臺二，並在縣南一十六里。按孫楚韓王臺賦云：「酸棗縣門外，左右有兩故臺，訪古老云：韓王聽政之觀也。」

望氣臺，在縣西南十五里。輿地志云：「酸棗縣西有韓王望氣臺。」

冰井，在縣西南二十里。韓襄王藏冰之所。

金堤，在縣西南二十三里。從陽武縣東北五十八里入縣西南界，入滑州靈昌縣界。按漢書溝洫志：「漢興三十有九年，孝文時河決酸棗，東潰金堤。」

聶政冢，在縣西北二十里。爲嚴仲子報讎者。有祠存。

張平墓，在縣東南十五里。良之父也。

七女冢。郡國志云：「昔盧氏居此，無男，惟有七女。父亡，家有寶物，相讓不取，自投水中，不沈。」七女皆葬于此。

汝池，在縣東南十五里。爾雅：「沮洳也。」其地下濕，水潦沮洳，後人音訛呼爲汝溝。

扶溝縣，南一百八十里。舊六鄉，今十一鄉。漢縣，屬淮陽國。陳留風俗傳云：「小扶亭有洧水之溝，因以名縣。」後漢屬陳留郡。魏隸許昌郡。唐武德四年置北陳州，縣屬焉；是年置洧州，縣又屬焉。洧州，今尉氏也。貞觀元年州廢，縣歸許州。朱梁與晉割入開封。

祈耶山，在天寶鄉刁陵村鄭莊公廟側，去縣二十里。

洧水，在縣西二十二里。〔二五〕

古扶溝城，在縣東北二十里。

四角冢，在縣西南三十五里角冢村，故老所傳。

新汲故城，漢縣名，在今縣西。左傳云：「公會尹武公、單襄公及諸侯伐鄭，自戲童至于曲洧。」杜注：「今新汲縣治曲洧城。」漢志以河内有汲，故加「新」字。

桐丘城。左傳莊公二十八年，「楚子元伐鄭，鄭人將奔桐丘」。杜注「許昌縣東北有桐丘城」是也。

白亭。陳留風俗傳云：「扶溝縣有帛鄉帛亭。」輿地志：「鄢陵，楚之邊邑，平王封太子建之子勝白公，因居焉。」

雕陵亭。莊子謂「遊乎雕陵之樊，覩一異鵲」，是此地也。

鄢陵縣，東一百五十里。舊八鄉，今七鄉。春秋時鄭邑。隱公元年「鄭伯克段于鄢」是也。漢爲鄢陵縣，隸潁川郡。魏、晉因之。後魏移屬許昌郡。北齊縣廢，以其地入許昌縣。隋開皇初郡廢，七年復置鄢陵，屬許州，〔二六〕至十六年又于縣置洧州，縣隸焉；大業二年州廢，縣歸許州。朱梁與晉割屬開封。

洧水，在縣西二十二里。從許昌縣界東南流，散漫。

潩水，在縣西南四十里。從臨潁界入，東南出扶溝縣界。

古鄢陵城，在縣西北一十八里。

太丘城，在縣東百步。漢陳寔爲太丘長。

故陶城，在縣南五十里。傳云晉陶侃征杜弢音叨。〔二七〕所築也。

陳太丘廟，在縣西十里。

魏燕王臺。魏文帝封弟燕王宇于鄢陵，居此城，築臺于城中。今呼爲燕王臺。

東明縣，東九十里。六鄉。即府界靜戎鎮之地，尋爲東明鎮，西南去陳留縣八十里，在東昏城之東。至皇朝建隆四年七月于本鎮城置縣，仍以東明爲名。

儀城，在縣西北二十里。論語云：「儀封人請見。」鄭注云：「儀，蓋衛邑也。」

東昏故城，在今縣西北。本漢縣，王莽曰東明，即陽武之户牖鄉，陳平之故里也。

新祠城，在縣西北二十里。城冢記：「新祠者，吴王孫休相虞翻。〔二八〕至晉伐孫皓時，憐翻忠節，設少牢以祭，築城於亭上，〔二九〕因以名之。」

虞翻墓，在縣西北二十里。城冢記：「新祠城南有太尉虞翻墓。」〔三〇〕

陳伯先墓，在縣西三十里。城冢記：「漢宣帝時，中郎將、濟陽侯、荆州刺史伯先，即陳平之子孫也。」

虞延墓，在縣西北二十里。後漢書：「延，字子大，陳留東昏人也。初生，其上有物如一匹練，升天，占者以爲吉。及長，長八尺六寸，腰十圍。遷洛陽令，官至司徒。」葬于此。又地理志云：「延初爲封丘督郵，光武東巡，延對俎豆之義。帝善之。」〔三二〕

五丈河，在縣南十二里。從陳留界來，入冤句音劬。界。〔三三〕

豹陵山，在縣東南二十里。皇覽古冢記云：「蘭陽城西有土山，名豹陵。」

卷二校勘記

〔一〕東京下　萬本同。宋版卷首此下有「襄邑考城陽武中牟太康長垣酸棗扶溝鄢陵東明」，傅校同。因均係縣名，與各卷體例不合，今仍舊不改。

〔二〕巢亭　「亭」，底本作「城」，據宋版、萬本、中大本、庫本及傅校本改。

〔三〕鄭伐取之　原作「伐鄭取之」，宋版、萬本、中大本、庫本皆作「鄭伐取之」。春秋隱公十年秋，「宋人、蔡人、衛人伐戴。鄭伯伐取之。」據以乙正。

〔四〕隋開皇六年移理于陽池城　「陽池城」，底本作「黄池陽武」，萬本、庫本同，宋版、中大本皆作「池陽城」。按元和郡縣圖志卷八鄭州原武縣：「古陽池城，竹書紀年曰：『惠王十五年，遣將龍賈築陽池以備秦。』即此也。隋開皇六年於此置縣，今縣理。」則隋開皇六年移陽武縣於陽池城，即唐、宋原武縣，「黄池陽武」誤，「池陽」爲「陽池」之倒文，據改。

〔五〕北城也　「北」，萬本、庫本同，宋版作「此」。

〔六〕昔師延在此造箜篌　「在此」，底本脱，據宋版、萬本、庫本補。

〔七〕又益西北流爲二十四陂　「西北流」，原作「西流」，宋版、庫本作「西北流」，萬本作「而北流」，「而」爲「西」字之誤。今據宋版、庫本補「北」字。

〔八〕魯恭墓　「墓」，底本作「臺」，據宋版、萬本、庫本改。嘉慶重修一統志卷一八七開封府：魯恭墓，「按寰宇記，在(中牟)縣治内。」

〔九〕東南二百五十里　「五」，宋版、萬本、中大本、庫本皆作「一」，按元豐九域志卷一東京作「二百三十里」，此「五」爲「一」，或爲「三」字之誤。

〔一〇〕隸淮陽郡十五年復置陽夏郡縣廢十八年改爲匡城縣　「縣廢」，萬本、庫本同，宋版、中大本作「郡廢」。按隋開皇三年十一月罷郡爲州，大業三年罷州爲郡，則開皇三年以後至大業三年以前不得有「淮陽郡」和「陽夏郡」。按隋書卷三〇地理志中淮陽郡太康縣：「舊曰陽夏，并置淮陽郡。開皇初郡廢，七年更名太康。」又東郡匡城縣：「後齊曰長垣，開皇十六年改焉。」則匡城縣別有其地，與太康縣無涉，此處有誤。

〔一一〕昔濟北戴封字平仲爲令苦旱積薪自焚火起雨澍　按後漢書卷八一戴封傳：「遷西華令，「其年大旱，封禱請無獲，乃積薪坐其上以自焚，火起而大雨暴至。」則戴封爲西華令，非「太康令」。

〔一二〕扶樂故城　「故」，底本脱，據宋版、萬本、庫本補。

〔一三〕地理志　按扶樂，始置於東漢，後漢書郡國志二列屬於陳國，此云「地理志」，乃誤。

〔一四〕大扶縣酈善長注水經云即扶樂古城也　按水經渠水注：「沙水又東南逕大扶城西，城即扶樂故城也。」則此「大扶縣」之「縣」爲「城」字之誤。

〔一五〕一作城　宋版、萬本皆無此三字，蓋非樂史原文。

〔一六〕北拒臺在縣南二十里　「南」，底本作「北」，庫本同，宋版、萬本皆作「南」。按本書本條上文：「南拒臺，在縣南二十里。」下文又云：「今此南、北二臺相去一里。」則北拒臺應在縣南，南拒臺之北，不在縣北。讀史方輿紀要卷四七開封府太康縣：「縣南二十里又有南拒臺、北拒臺，相傳楚、漢相拒處，相去各一里。」此「北」爲「南」字之誤，據改。

〔一七〕秦滅衛以爲長垣縣　「衛」原作「魏」，萬本同，宋版、庫本作「衛」。按水經濟水注：濮渠「東逕長垣縣故城北，衛地也，故首垣矣，秦更從今名。」史記卷七八春申君列傳索隱云「衛之長垣」。元和郡縣圖志卷八滑州匡城縣：「古衛之匡邑，論語『子畏於匡』，至漢爲長垣縣地。」今據宋版改。

〔一八〕地理志至置長垣縣　按漢書地理志無此文，此當别有所據。

〔一九〕漆城至取漆者也　原校：按左傳：「庶其以漆來奔。」蓋邾邑，非衛地。又杜注宛濮事與竹書紀年取漆似不相涉，不知今記何以合而爲一，或誤書「濮」爲「漆」，當考。

〔二〇〕舊三十三鄉　宋版同，萬本、中大本、庫本皆作「舊三十鄉」，蓋誤。

〔二一〕漢地理志云秦拔魏置酸棗縣　按漢書地理志無此文，此當别有所據。

〔二二〕即六國時韓王所理　「即」，底本脱，庫本同，據宋版、萬本補。

〔二三〕爲曹公所襲破之　「公」，底本脱，據宋版、中大本補。萬本、庫本作「公」，無「曹」字。

〔二四〕北齊并入南燕縣即今胙城也隋開皇三年從南燕析置酸棗縣　魏書卷一〇六地形志上東郡東燕：「二漢屬，晉屬濮陽，後屬。」元和郡縣圖志滑州胙城縣：「漢爲南燕縣。其後慕容德都之，復號東燕縣。隋開皇三年廢東郡，以縣屬汴州；十八年，文帝因覽奏狀，見東燕縣名，曰：『今天下一統，何東燕之有？』遂改爲胙城。」則此「南燕縣」當作「東燕縣」。

〔二五〕洧水在縣西二十二里　底本「西」下衍「北」字，據宋版、萬本、中大本、庫本及傅校删。元和郡縣圖志卷八許州扶溝縣：「洧水，在縣西二十二里。」

〔二六〕屬許州　「州」，底本作「昌」，萬本、庫本同，宋版作「州」。按元和郡縣圖志卷八許州鄢陵縣：「隋開皇三年復置，屬許州。」此「昌」爲「州」字之誤，據宋版改。

〔二七〕音叨　宋版、萬本、庫本皆無，蓋非樂史原文。

〔二八〕新祠城至吴王孫休相虞飜　原校：按城冢記：「新祀城者，衛靈公枉殺大夫虞飜也，遂築此城于杞。」則虞飜乃衛靈公之臣，非吴虞翻也，翻未嘗相孫休，必有舛誤。又城冢記：「新杞城，後改爲新祭。」今記云新祠，亦未知孰是。

〔二九〕設少牢以祭築城於亭上　「設」、「於」，底本脱，皆據宋版、萬本、中大本、庫本及傅校補。

〔三〇〕城冢記新祠城南有太尉虞飜墓　原校：今記引城冢記云：「新祠城南有太尉虞飜墓。」檢城冢記無此文，吴虞翻亦不爲太尉，皆恐舛誤。

〔三一〕又地理志云至帝善之　按虞延爲東漢人，其對俎豆事見於後漢書卷三三虞延傳，不載於漢書地理志，此云「地理志」，誤。

〔三二〕從陳留界來入寃句音劬界　「來」，底本脱，萬本、庫本同，據宋版、中大本及傅校補。又「音劬」，宋版、萬本無，傅校删。

太平寰宇記卷之三

河南道三

西京一

河南府

河南府，古洛州。今理河南、洛陽二縣。禹貢豫州之域。星分柳宿。爲周之始都。按博物志云：「周在中樞，三河之分，風雲所起，〔一〕四險之國也。昔周武王克殷還，顧瞻河、洛而嘆曰：『我南望三塗，北望嶽鄙，顧瞻有河，粤瞻雒、伊，毋遠天室。』遂定鼎郟鄏，以爲東都。」周書又曰：「周公將致政，乃作大邑，南繫于洛水，北因于郟山，以爲天下之大湊也。」皇甫謐帝王世紀云：「周公相成王，以豐、鎬偏在西方，職貢不均，乃使召公卜居瀍水東、瀍水之陽，以即中土。而爲洛邑，而爲成周王都。」今苑内王城是也。又按孝經援神契云：「八方之廣，周洛爲中，于是遂築新邑，營定九鼎，以爲王之東都。」又云：「成王營洛邑，建明堂，朝諸侯，復還豐、鎬。故書序曰：「成王既黜殷命，還歸在豐。周公往營之，後始遷殷頑民居之。」河南府東，故洛城是也。自成王後十世，幽王爲犬戎所殺，其子平王居洛邑，所謂新邑也。平王後十三葉，敬王避王子朝之亂，東居成周。成周城小，不受王都，故壞翟泉而廣焉。敬王後十一葉，赧王又徙居于西周，即王城，今苑城内是也。皇甫謐帝王世紀云：「赧王盡獻其邑三十六于秦。秦昭襄王納其獻，立爲三川郡。」初理洛陽，後徙滎陽。自平王東遷，至赧王凡二十四葉，而周氏滅矣。漢書地理志云：「初洛邑與宗周通封畿，東西長而南北短，短長相覆爲千里。至襄王以河内賜晉文公，又爲諸侯所侵，故其分地小。」徐廣注史記云「周比亡，凡七縣，河南、洛陽、穀城、平陰、偃師、鞏、緱氏」是也。楚、漢之初，立韓公子成爲韓王，其地屬韓。漢元年，項羽立楚將瑕丘公申陽爲河南王，都洛陽；二年，陽降漢，漢于其地置河南郡，領縣二十二，理洛陽。漢高祖五年即位定陶，自洛陽徙都長安。後漢建武元年幸南宫，遂定都焉；至五年，改河南郡爲河南尹，領二十一縣，屬司隸校尉。獻帝即位，關東兵起，相國董卓遂逼遷西都長安，盡燒洛陽宫廟，曹子建詩云：「步登北邙坂，遥望洛陽山；洛陽何寂寞，宫室盡燒燔。」後卓死，又都焉；至建安元年曹公進兵詣京師，帝遂南都于許。魏受禪，都洛陽。陳留王奂合河南等五郡置司州。十三州志云：「京師之州，司隸校尉掌焉，故曰司州。」晉受禪，又都洛陽，司州不改。永嘉五年，劉曜、王彌入京師，于是司州没胡。劉聰以洛陽爲荆州，石季龍又改爲司州。建武元年，分司州之河南等七郡爲洛州。東晉永和五年，桓元子入洛陽，復置河南郡，屬司州。苻堅使王猛克洛陽，改司州爲豫州。後秦不改。宋武帝入洛，更置東垣、西垣二縣，仍于虎牢置司州。後魏神䴥音嘉。〔二〕三年，遣將安頡攻洛陽，拔之，復爲洛州；太和十七年又改洛州爲司州，十九年改河南郡爲河南尹。孝武帝自洛陽遷都長安，是爲西魏；孝静帝自洛陽徙都鄴，是爲東魏。按郡國縣道記云：東魏天平元年又改司州爲洛州，改河南尹爲河南郡。西魏大統三年復收洛陽，又改洛陽爲司州，仍置牧。司州尋陷入高齊，司州不改，又移河南郡于澠池縣大塢城置；尋又改司州爲洛州，河南郡唯領宜遷一縣。後周建德六年平鄴之後，于河陽置洛州總管，仍省東魏及高齊兩河南郡，改宜遷爲河南縣，仍于洛陽置洛陽郡；大象元年移相州六府于洛州，以爲東京，仍廢河陽總管。隋初仍舊置總管，二年廢總管，置河南道行臺省，并罷洛陽郡置洛州，以郡舊領縣屬焉。大業元年，煬帝命僕射楊素等營構宫室，大業二年，遂成新都而徙居之，今洛陽宫是也。其宫北據邙山，南直伊闕之口，洛水貫都，有河漢之象，東去故城一十八里。初，煬帝嘗登邙山觀伊闕，顧曰：「此非龍門耶？自古何因不建都于此？」僕射蘇威對曰：「自古非不知，以俟陛下。」帝大悦，遂定議建都焉。其宫室臺殿，〔三〕宇文愷所創也。愷巧思絶倫，因此制造頗窮奢麗，前代都邑莫之與比。仍以洛州移入新都，廢州在宮城南，又改爲豫州，置牧。三年罷州爲河南郡，仍置尹；四年改東京爲東都；十二年煬帝幸江都，留越王侗留守；十四年煬帝崩，立越王侗于洛，復置洛州；侗尋爲王世充所害，充改洛州爲司州。唐武德四年討平王世充，復爲洛州，置總管府，領洛、鄭、熊、穀、嵩、管、伊、汝、魯九州；洛州領河南、洛陽、偃師、鞏、陽城、緱氏、嵩陽、陸渾、伊闕等九縣；其年罷總管府，置陝東道大行臺。九年，罷行臺，置洛州都督府，領洛、懷、鄭、汝四州，權于府置尚書省。貞觀元年割穀州之新安來屬，七年又割穀州之壽安來屬。八年移理所于河南縣之宣範坊，十八年廢都督府，省緱氏、嵩陽二縣。顯慶二年置東都，官員一準雍州；是歲廢穀州，以福昌、永寧、長水、澠池等四縣，〔四〕懷州之河陽、濟源、温、王屋，鄭州之汜水來屬。龍朔二年又以許州之陽翟、鄭州之密縣、絳州之垣縣來屬。〔五〕乾封元年以垣縣隸絳州。咸亨四年又置柏崖、大基二縣；其年省柏崖縣。上元二年復置緱氏縣。永淳元年復置嵩陽縣。光宅元年改東都爲神都。垂拱四年置永昌縣。載初元年置武臨縣。天授元年置武泰縣，尋廢，仍改鄭州之滎陽爲武泰來屬；三年置來庭縣。神龍元年改神都復爲東都，廢永昌、來庭二縣，改武泰爲滎陽，還鄭州。先天元年置伊闕縣。開元元年改洛州爲河南府，二十二年置河陰縣。天寶元年改東都爲東京。朱梁開平初都汴州，廢西京爲雍州，仍改東京爲西京。後唐同光元年復爲東都。晉高祖天福三年又都汴州，此爲西京。自漢、周至于皇朝皆因之。

元領縣二十六。今十八：河南，洛陽，登封，缺。壽安，缺。伊闕，缺。永寧，缺。長水，缺。新安，缺。福昌，缺。伊陽，鞏縣，密縣，澠池，緱氏，潁陽，王屋，河清，偃師。六縣割出：陽翟，入許州。河陰，已下五縣入孟州。河陽，温縣，濟源，汜水。二縣廢：陸渾，併入伊陽。告成。併入登封。

府境：東西三百四十里。南北三百四十里。

四至八到：東至東京四百二十里。〔六〕西至長安八百六十里。東至鄭州二百七十里。南至汝州一百八十里。西至陝州二百五十里。〔七〕北至澤州二百八十里。〔八〕東南至許州三百二十里。西南至虢州四百六十五里。西北至絳州五百里。東北至懷州一百四十里。

户：唐開元領縣二十六，户十九萬四千七百四十六。皇朝領縣十八，户主四萬二千八百一十八，客三萬九千一百三十九。

風俗：周禮職方氏：「河南曰豫州。」豫者，逸也，言常安逸也。李巡曰：「豫者，舒也，言稟中和之氣，性理安舒。」又漢書地理志：「周人巧僞趨利，貴財賤氣，高富下貧，憙爲商賈。」九州記云：「洛陽轉轂百數。」賈耽郡國志云：「無所不至。」

姓氏：河南郡九姓：賀、丘、褚、祝、蘭、竇、南宫、穆、獨孤。

人物：許由，字武仲，登封人。　中伯，洛陽人。詩：「惟嶽降神，生甫及申。」即申伯也。　仲山甫，洛陽人。詩：「保茲天子，生仲山甫。」又：「袞職有闕，仲山甫補之。」　蘇秦，洛陽人。讀陰符經，欲睡，引錐刺股。後遊趙，説六國，受相印。〔九〕　賈誼，洛陽人。遷大中大夫，出爲長沙王傅。〔一〇〕　司馬遷，劇孟，洛陽人。以俠顯。文帝時，〔一一〕吴、楚告變，周亞夫乘傳至洛得孟，喜曰：「吴、楚舉大事而不求劇孟，吾知其無能爲已。」　卜式，河南人。拜緱氏令，賜爵關内侯。　郭賀，字喬卿，洛陽人。　杜密，字周甫，登封人。北海相。罷歸，每謁守令，多所陳託。與李膺同坐黨事。　吴雄，字季高，河南人。官廷尉。少貧，死喪事，促辦葬人所不封之地，不卜日。術者皆言其後必滅。而子訢、〔一二〕孫恭，並三世爲廷尉。　胡昭，居陸渾山，躬耕力學，閭里嚴事之。時孫狼作亂，至陸渾，相戒曰：「胡居士賢者，不得犯其境。」合邑賴昭以安。　韓擒虎，平陳有功，進上柱國。疾篤，時有人詣其家曰：「我欲見閻羅王。」虎聞之曰：「生爲上柱國，死作閻羅王，足矣。」〔一三〕　唐長孫無忌，洛陽人。佐太宗定天下，與褚遂良同受顧命。〔一四〕　賈曾，洛陽人。爲秘書郎，掌制誥。〔一五〕于志寧，河南人。　張説，字道濟。策賢良第一，封燕國公。〔一六〕其先范陽人，代居河東，又徙家爲河南之洛陽人。　賈至，曾子。玄宗傳位，至撰册，帝曰：「兩朝盛典，出卿父子，可謂繼美乎。」〔一七〕　元德秀，字紫芝，河南人。少孤，事母孝。嘗隱居陸渾山中，無墻垣扃鑰，歲饑或不爨，以彈琴自娱。房琯每謂見紫芝眉宇，使人名利之心都盡。〔一八〕　房琯，字次律，洛陽人。長才博學，風度修整，與韋見素同平章事。〔一九〕　武元衡，緱氏人。韋應物，河南人。性高潔，能詩。爲蘇州刺史，多惠政，世號韋蘇州。〔二〇〕　元稹，字微之，河南人。官拜御史，長于詩，與白居易齊名，世稱元、白。〔二一〕　畢諴，字存之，偃師人。燃薪夜讀達旦。官學士，進大司馬。〔二二〕　蕭昕，　賈餗，河南人。　裴休，濟源人。　曹確。河南人。

土産：桑白皮，桔梗，玄參，丹參，旋覆花，大戟，白蠟，半夏，芫花，峭粉，已上並入貢。瓷，鍾乳。〔二三〕賦：綾，絹。九州記云：「金門之竹，可以爲笙管。」金門，山名，在福昌縣。

河南縣，舊四十鄉，今四鄉。五十坊。漢書地理志：河南，「故郟鄏地」。郟，山名；鄏，邑名。今邑西南之地，謂之郟鄏中。按周平王避犬戎亂，自宗周徙居于此，歷十三世，至敬王乃遷都成周，即此也。秦滅。漢爲縣，屬河南郡。後漢亦爲河南縣。歷魏、晉及後魏皆理于今苑城東北隅。後周大象二年移于故洛城西。隋大業二年又移于今洛城内寬政坊，即今理所也，尋又改洛州爲豫州；三年罷州爲河南郡，縣屬不改。唐永昌元年改爲合宫縣，至神龍元年復舊；二年十一月又改爲合宫縣。唐隆元年仍舊爲河南縣。

洛水，在縣北四里。

伊水，在縣東南十八里。

瀍水，在縣西北六十里。禹貢曰：「伊、洛、瀍、澗，既入于河。」孔安國注云：「瀍水出河南北山。」水經云：「瀍水出河南穀城縣北山。」今驗水西從新安縣東入縣界。〔二四〕

天津橋，在縣北四里。隋煬帝大業元年初造此橋，以架洛水，用大纜維舟，〔二五〕皆以鐵鎖鈎連之。南北夾路，對起四樓，爲日月表勝之象。然洛水溢，浮橋輒壞。唐貞觀十四年更令石工累方石爲脚。爾雅：「箕、斗之閒，天漢之津梁。」故取名焉。

中橋，唐咸通三年造，累石爲脚，如天津之制。

通津渠，在縣南三里。隋大業元年分洛水西北名千步磧渠，又東北流入洛水，謂之洛口。〔二六〕

金谷。郭緣生述征記云：「金谷，谷也。地有金水，自太白原南流經此谷。」晉衛尉石崇因即川阜而造制園館。〔二七〕崇金谷詩序云：「余以元康六年從太僕卿出爲征虜將軍，有別廬在河南縣界金谷澗中，有清泉茂樹，〔二八〕衆果、竹柏、藥物備具，又有水碓、魚池焉。〔二九〕時與諸賢登高臨下，列坐水湄，遂各賦詩，感性命之不永，懼凋落之無期云。」

芒山，一作邙山，在縣北十里；一名平逢山，亦郟山之別名也。都城所枕。又有光武陵，魏明帝欲平北邙山，令登臺便觀，見孟津。廷尉辛毗諫曰：「天地之性，高高下下，今而反之，既非其理。若九河盛溢，洪水爲害，丘陵皆夷，何以禦之？」帝乃止。又楊佺期洛城記曰：〔三〇〕「北山連嶺修亘四百餘里，〔三一〕實古今東洛九原之地也。」又戴延之西征記云：〔三二〕「邙山西岸東垣亘阜相屬，其下有張母祠，即永嘉中此母。有神術，能愈病，故元帝渡江時，延聖火于丹陽，即此母，今祠存。」伊尹、蘇秦、張儀、扁鵲、田横、劉寬、楊修、孔融、吴後主、蜀後主、張華、嵇康、石崇、何晏、陸倕、阮籍、羊祜皆有冢在此山。後漢梁鴻登芒山，作五噫之歌曰：「陟彼北芒兮，噫！顧覽帝京兮，噫！宫室崔巍兮，〔三三〕噫！人之劬勞兮，噫！遼遼未央兮，噫！」

周山，今在苑中，當縣之西也。皇覽云：「河南城内有周山，一名小亭山。」周地記云：「周山下有周谷，即本周之采地也。」

穀城山，瀍水所出。〔三四〕

太白原。其原邙山之異阜也，在縣西北六十八里。輿地志云：「金水始自太白原，東南經金谷。」即此原也。

佩印山。曹、魏諸陵並在此山上，〔三五〕即芒山之别阜也。

闕塞山。左氏傳：「晉趙鞅納王，使女寬守闕塞。」服虔謂「南山伊闕」是也。杜預注：「洛陽西南伊闕口也。」俗名龍門。

孝水。山海經謂廆音瑰。〔三六〕山，「俞隨之水出于其陰，北流注于穀水。」水經注云：「世謂之孝水，在河南城西十餘里。故潘安仁西征賦云：『澡孝水而濯纓，嘉美名之在兹。』」

月陂。洛水自苑内上陽宫南瀰漫東注，當宇文愷版築之時，因築斜堤束令東北流，當水衡，作堰九所，〔三七〕形如偃月，謂之月陂。

千金堰。戴延之西征記云：「金、瀍、穀三水合處有千金堰，即魏陳思王所立，引水東灌，民今賴之。」又九州要記云：「洛陽千金堰傍有九龍祠。」

濛汜池。魏書云：「明帝于宮西鑿濛汜池，以通御溝，義取日入濛汜以爲名。」

瓊華池。洛陽宮殿簿云：「西宮臨章殿有瓊華池。」

皋門橋。穀水上有皋門橋，即晉惠帝所造。故潘岳西征賦云：「秣馬皋門。」

銅井。陸機洛陽記云：「宮墻西有二銅井。」〔三八〕

甘城。左傳謂「甘昭公有寵于惠后」。杜預注云：「河南縣西南有甘水。昭公，王子帶，食邑于甘。」故漢書郡國志云：〔三九〕「河南有甘城。」

故穀城，在縣西北。古穀城即周所置，在穀水之東岸，西晉省併入河南，故有城存。北齊天保中常山王演使裨將嚴略增築以拒周，俗亦謂之嚴城。〔四〇〕後周拒齊又築孝水戍，亦在今縣西北。隋大業二年又于此置青城宮，北隔苑城，〔四一〕與榆林店相對。

萇弘祠。郡國志云：「弘，周人，無辜見殺。今洛中有祠存，謂撞鍾祠是也，即後人訛爾。」

白君祠。〔四二〕郡國志云：「瀍水西南有白仲理墓，前有祠堂，石碑題曰『真人白君之表』，即晉永寧二年誌之。」

許由廟，在邑界。

石虎。郡國志云：「在洛陽西。秦末嘗鳴，應三十里。今人鐵釘釘兩足，兼截雙耳。」

金埒，在北邙山下。按劉義慶世説：「王濟，字武子，被責，〔四三〕移第于此。時人多地貴，濟好走馬，因布錢爲埒以示之，故號爲金埒。」

鴻都門，洛陽北宫門也。

百尺樓，在金墉城内。

金墉城，在故城西北角。魏明帝所築。洛陽地圖云：「金墉城内有百尺樓。」

棠棣碑，在縣西四里修行寺東街。永徽初，賈敦頤、弟敦實前後爲洛州長史，並有惠政，百姓立二碑于此。時人號爲棠棣碑。

白居易影堂，在縣南二十里。唐會昌元年置。

玉泉山，在縣東南四十里。山内有玉泉寺。

唐明宗五廟，在縣西北六里福善坊。

晉朝五廟，在縣西北八里恭安坊。天福八年置。

漢朝七廟，在縣西北八里旌善坊。〔四四〕

周朝六廟，在縣西南三里彰善坊。建隆元年置。〔四五〕

唐李靖廟，在縣西七里精善坊。〔四六〕

洛陽縣，舊三十鄉，今三鄉。四十三坊。本成周之地。〔四七〕周鎬京爲西都，王城爲東都；敬王以後，〔四八〕王城爲西周，成周爲東周。至秦莊襄王以爲洛陽縣，〔四九〕屬三川。自漢以後，縣恒屬河南，〔五〇〕故太史公云「留滯周南」，即今邑也。朱超石與兄書曰：「洛下道路本好，青槐蔭映可愛。」隋煬帝遷都，自今縣東三十里移于今德懋坊西南隅，有故城存。〔五一〕唐垂拱四年七月析置永昌縣，長安二年六月廢永昌，神龍二年冬改洛陽爲永昌縣，唐隆元年復爲洛陽縣。至皇朝移于小清化坊。

洛水，在縣西南三里。西自苑内上陽之南瀰漫東流，宇文愷築斜堤束令東北流，當水衝湊堰九所，形如偃月，謂之月陂。今雖漸壞，尚有存者。

北邙山，在縣北二里。

委粟山，在縣東南三十五里。〔五二〕魏明帝景初元年十月營洛陽委粟山爲圜丘。今形制猶存。

大石山，一名萬安山，在縣西南四十五里。九州要記云：「晉惠帝于此山請雨，七日大霖。魏孝文帝測之，高二百丈。魏武樂府有南山篇，〔五三〕云南上大石山。」即此山也。

大谷，在縣東南五十里。〔五四〕後漢書云：「孫堅進軍大谷，距洛九十里。」張衡東京賦曰「盟津達其後，大谷通其前」，陳思王洛神賦云「經通谷」，潘岳閑居賦云「張公大谷之梨」，皆謂此。

翟泉。左傳云：「王子虎會諸侯之大夫于翟泉。」今城中太倉之西南池水是也。晉永嘉元年有蒼鳥起步廣里，地陷，竟有劉曜篡逼之辱。又帝王紀云：「景王葬于翟泉。」今東陽門內有大街，北有太倉，中有景王陵，西南望步廣里，北眺翟泉，二處相距遠近略均之也。又戴延之西征記云：「太子宮東有翟泉。」今乾無水。

洛子神。郡國志：「後魏虎賁中郎將洛子淵者，洛陽人，鎮防彭城，因同營人樊元寶歸，附書至洛下，云：『宅在靈臺南。』元寶至，忽見一老翁云：『是吾兒書。』引入。屋宇顯敞，飲食非常。久之，送元寶出，唯見高崖對水，方知是洛水之神，因立祠。迄今人祀，以祈水旱。」

玉井。魏略云：「明帝引穀水過九龍祠前，〔五五〕爲玉井綺欄。」又洛陽記云「璇華宮有玉井，皆以白玉壘飾」是也。

阮曲。水經注云：「穀水又東南轉曲而東注，謂之阮曲，蓋嗣宗所居之地。」

七里澗。陸機洛陽記云：「城東有石橋，以跨七里澗。」

九觀。陸機洛陽記云：「臨商、陵雲等八觀在宮之西，惟絶頂一觀在東，是號曰九觀。」

平陰故城，漢爲縣，廢城在今縣北五十里是。按此城東有平川，謂之河陰川；城北枕黄河，西抵邙山北趾。曹魏文帝改平陰爲河陰。〔五六〕後魏移縣理于故洛城西皇女臺側。隋開皇三年又移縣于壽安縣東北二十五里嚴明城是也；大業元年廢，併入洛陽。

峻陽陵，晉武帝陵。

漢明、章二帝陵，明帝在今縣西北，章帝在今縣東南。

白社里，在故城建春門東。即董威輦舊居之地。

迴洛倉，隋大業三年十二月置迴洛倉。南去洛陽縣七里，倉城周十里，開三百窖，米百萬斛。〔五七〕至十三年李密叛，頻攻此倉，多爲洛人所據，後竟爲密陷。還復奪得，後運米入洛，終爲亂兵所掠。

宣武場，魏明帝鬬猛獸處。

銅駞街。陸機洛陽記云：「漢鑄銅駞二枚，在宮南四會道頭，〔五八〕夾路相對。俗語云：『金馬門外聚羣賢，銅駞陌上集少年。』」言人物之盛也。風土記云：「石季龍取之，向鄴。」

三市。洛陽記云：「大市名金市，在大城西南，市在大城南，〔五九〕馬市在大城東。按金市在臨商觀西，兑爲金，故曰金市；馬市在東，舊置丞焉。」又酈道元注水經云：「馬市即嵇康爲司馬昭所害之處。」

蘇秦宅。郡國志云：「在利仁里，後爲後魏尚書高顯業宅。每夜顯業見赤光，于光處掘得金百斤，銘曰『蘇秦金』。顯業因爲之造寺。」

董卓宅。又郡國志云：「在永和里，掘地輒得金玉寶玩。後魏邢巒掘得丹砂及錢，銘曰『董太師之物』。後夢卓索，巒悋同「吝」。〔六〇〕不還，經年，無疾而卒。」

石崇宅。有緑珠樓，今謂之狄泉是也。

夕陽亭。晉賈充出鎮長安，百僚餞送，自旦及暮，故曰夕陽亭。

故洛陽城，在縣東二十里。按洛陽記：「洛陽城東西七里，南北九里，城内宫殿、臺觀、府藏、寺舍，晉、魏之代，凡有一萬一千二百一十九門。」自永嘉之亂，劉曜入洛陽，元帝渡江，官署里閭，鞠爲茂草。至後魏孝文帝幸洛陽，巡故宫，遂咏黍離之詩，羣臣侍從無不感愴。又至隋煬帝因校獵登北邙山，觀伊闕，顧謂侍臣曰：「得非龍門耶？自古何不建都于此？」侍臣蘇威對曰：「以俟陛下耳。」遂議建都焉。因詔楊素營之。大業元年成，徙都之。〔六一〕其宫北據邙山，南值伊闕，以洛水貫都，有天漢之象。其宫室臺殿，皆宇文愷所創，巧思營布，前代都邑莫與比焉。

十二門。陸機洛陽記云：「洛城十二門，南北九里。〔六二〕城内宫殿、臺觀，有闔闓，左右出入城内皆三道，公卿、尚書從中道。凡人左右出入，不得相逢。夾道中植榆柳，以蔭行人。」又晉書云：「洛陽御道築墻高丈餘。」又云：「洛陽十二門皆有雙闕、石橋，橋跨陽渠水。」又按輿地志：「洛陽城外四面有陽渠水，即周公所制。池上源注函谷，〔六三〕東流注城西北角，仍分流，繞城至建春門外合流，又折而東流注于池」是也。

上東門，洛陽東面門也，在寅地，晉改爲昌門。一作「建春門」。東觀漢記云：「郅惲爲上東門候，光武夜還，惲不納。」又後漢書：「袁紹横刀揖董卓曰：『天下健者，豈惟董公乎！』乃懸節于上東門而去。」又漢公卿餞二疏于上東門。漢舊儀云：「册皇子爲諸侯王，皆于上東門中，以東門在卯故也。」晉書：「十二門東面最北曰上東門，後又改爲東陽門。」即阮籍詩步出上東門也。」又晉書：「王衍見石勒，倚嘯于上東門，〔六四〕徐使召之，已去。」

開陽門。南面有四門，東曰開陽，在巳上。應劭漢官儀曰：「此門始成未有名，夜有一柱飛來在樓上。後琅邪開陽縣上言：『南門一柱忽然飛去，莫知所在。』光武使視，則是也。遂刻記年月日，因以名門。」上有九子母像，國家常往祈焉。次西，漢曰平城門，在丙上，晉改曰平昌門。郊祀法駕由此門。次西，漢曰小苑門，在午上，晉改曰宣陽門。門内有冰井。故述征記曰：「冰井在陵雲臺北，〔六五〕古藏冰處也。」又云：「謻音移。〔六六〕門即宣陽門也。」按薛綜注東京賦曰：「謻門，冰室門也。冰室門及榭，皆屈邪行，依城池爲道也。」華延儁洛陽記云：〔六七〕「即漢之宫門。」次西，漢曰津門，在未上，當洛水浮橋下。按後漢書：「陳宣爲諫議大夫，建武十年洛水泛長至津門，門司欲築堤遏水，宣止之曰：王尊正己，〔六八〕水絶其足。朝廷中興，必不入矣。水果止。」

廣陽門。西面有三門，門在申上。述征記云：「廣陽門西南有劉曜壘、試弩棚，西北有鬬雞臺、射雉觀。」又按河南十二縣境簿云：「繭觀在廣陽門。」次北，漢曰雍門，在西上，晉改曰西明門。又次北曰上西門，在戌上，晉改曰閶闔門。按漢官儀云：「上西門所以不純白者，漢家厄于戌，故以丹漆鏤之。」

夏門。北面有二門，其西，漢曰夏門，晉改爲大夏門，正在亥上。魏略云：「董卓燒南北二宫。魏武帝更于夏門内立北宫，至明帝又造三層樓，高十丈。」陸機與弟書云：「大夏門有三層樓，高百尺。」又按晉宫闕簿云：「宣武觀在大夏門内東北上。故云南望天淵池，北矚宣武場」是也。次東者，漢曰穀門，晉改爲廣莫門，正在丑上。

九龍祠，在履順坊。按東都記：「後魏孝文遷都洛陽，于此修千金堨，渠成而水不流。常見有龍扼之，水不得下，于是祭之，龍退而水行。」

王戎墓，在殖業坊，高四丈。故老傳云：「隋大業遷都之始，人爲酒窖，得銘曰：『晉司徒、尚書令、安豐元侯王君之墓銘。』」

裴楷墓，在修義坊十字街北。有碑存。

高貴鄉公陵，在縣西北三十里屈澗之濱。

卷三校勘記

〔一〕風雲所起　「風雲」，萬本、庫本同，宋版作「風雷」。博物志卷一作「雷風」。

〔二〕音嘉　宋版、萬本、庫本皆無，蓋非樂史原注。

〔三〕宮室臺殿　「殿」，底本作「榭」，據宋版、萬本、中大本、庫本及元和郡縣圖志卷五河南府總序改。

〔四〕以福昌永寧長水澠池等四縣　「等」，底本無，萬本、庫本同，據宋版、舊唐書卷三八地理志一及傳校補。

〔五〕龍朔二年又以許州之陽翟鄭州之密縣絳州之垣縣來屬　三「州」字，底本皆脱，據宋版、萬本、中大本及舊唐書地理志一補。

〔六〕東至東京四百二十里 「二」，底本作「六」，據宋版、萬本、中大本、庫本改。

〔七〕西至陜州二百五十里 底本「十」下衍「五」字，據宋版、萬本、中大本、庫本删。

〔八〕北至澤州二百八十里 「二百八十里」，底本作「二百里」，注「一作八十」。宋版、萬本、中大本、庫本皆作「二百八十里」。按本卷下文載「東北至懷州一百四十里」，本書卷五三懷州：「北至澤州一百四十里。」從河南府北至澤州必經懷州，二地距里正爲二百八十里，此誤。據改。

〔九〕許由至受相印 宋版、萬本皆無許由、申伯、仲山甫、蘇秦傳略，蓋非樂史原文。

〔一〇〕遷大中大夫出爲長沙王傅 宋版、萬本、庫本皆無此十一字，非樂史原文。

〔一一〕文帝時 據漢書卷五景帝紀、卷四〇周亞夫傳，吴、楚舉兵在景帝三年，此「文帝」應作「景帝」。

〔一二〕訢 底本作「祈」，按後漢書卷四六吴雄傳作「訢」，此誤，據改。

〔一三〕司馬遷至死作閻羅王足矣 宋版、萬本、中大本、庫本皆作「司馬遷；卜式；韓擒虎，平陳有功。已上並河南人」，皆無劇孟、卜式、郭賀、杜密、吴雄、胡昭、韓擒虎等人傳略，萬本在「並河南人」下加注云：「按史記太史公自序曰：『有子曰遷，遷生龍門。』徐廣曰：『在馮翊夏陽縣。』蘇林曰：『禹所鑿龍門也。』水經注曰：『陶水又東南逕司馬子長墓。』據此，則太史公乃蒲州之龍門人，非河南人明矣。樂氏移列於此，或别有據，仍之，以俟博訪。」

〔一四〕唐長孫無忌洛陽人佐太宗定天下與褚遂良同受顧命 宋版、萬本、庫本皆無「唐」字及「佐太宗定天下與褚遂良同受顧命」十四字，蓋非樂史原文。

〔一五〕爲秘書郎掌制誥　宋版、萬本、庫本皆無此七字，非樂史原文。

〔一六〕張説字道濟策賢良第一封燕國公　「張説」，萬本同，宋版「張」上有「唐」字，此脱。「字道濟策賢良第一封燕國公」十二字，宋版、萬本、四庫本皆無，非樂史原文。

〔一七〕賈至至可謂繼美乎　宋版、萬本、中大本、四庫本皆無賈至傳略，非樂史原文。

〔一八〕字紫芝至使人名利之心都盡　宋版、萬本、庫本在上列賈曾後列「房琯、蕭昕、元德秀，並河南人」，中大本則在下列畢諴後列「蕭昕、元德秀，並河南人」，皆無此五十字，非樂史原文。

〔一九〕字次律洛陽人長才博學風度修整與韋見素同平章事　宋版、萬本、庫本皆無此二十二字，非樂史原文。

〔二〇〕韋應物至世號韋蘇州　宋版、萬本、庫本皆無韋應物傳略，非樂史原文。

〔二一〕字微之至世稱元白　宋版、萬本、庫本皆無此二十三字，非樂史原文。

〔二二〕畢諴至進大司馬　宋版、萬本、庫本皆無畢諴傳略，非樂史原文。

〔二三〕瓷鍾乳　宋版、萬本、庫本皆無，非樂史原文。

〔二四〕今驗水西從新安縣東入縣界　「新安縣」，底本作「新安界」，據宋版、萬本、庫本及元和郡縣圖志河南府河南縣改。

〔二五〕用大纜維舟　「纜」，萬本、庫本同，宋版作「船」。

〔二六〕通津渠至謂之洛口　「津」，底本作「濟」，宋版、庫本同，萬本作「津」，注曰：「按玉海通津渠云，通濟渠自洛陽西苑引穀、洛水達於河，自板渚引河入汴口；又從大梁之東引汴水入於泗，達於淮，自江都宫入於海。亦謂御河，築御道，植以柳。兩處迥然不同，原本『通津渠』訛爲『通濟渠』，『東北流入洛水』訛爲『又東北流入水謂之洛』，俱依玉海改正。」按元和郡縣圖志河南縣下亦作「通津渠」，據改。又「洛口」，底本作「洛」，宋版、萬本、四庫本同，元和郡縣圖志河南縣：「通津渠，又東北流入洛水，謂之洛口。」據補「口」字。

〔二七〕晉衛尉石崇因即川阜而造制園館　「制」，底本作「爲」，據宋版、萬本、中大本、四庫本及傅校改。

〔二八〕有別廬在河南縣界金谷澗中有清泉茂樹　宋版、萬本、四庫本作「有別廬在河南縣界金谷澗，澗中有清泉茂樹」，按此同水經穀水注引石崇金谷詩集叙。

〔二九〕又有水碓魚池焉　「有」，底本脱，據宋版、萬本、四庫本及世説新語品藻第九注引石崇金谷詩敍補。

〔三〇〕楊佺期　「佺」，底本作「銓」，據宋版、萬本、四庫本及太平御覽卷四二改。

〔三一〕北山連嶺修亙四百餘里　「嶺」，底本作「岸」，據宋版、萬本、中大本、四庫本及太平御覽引楊佺期洛城記改。

〔三二〕又戴延之西征記云　「云」，底本脱，據宋版、萬本、四庫本及太平御覽卷四二引戴延之西征記補。

〔三三〕宫室崔巍兮　「巍」，宋版、萬本、庫本及後漢書卷八三梁鴻傳皆作「嵬」。

〔三四〕周山今在苑中至穀城山瀍水所出　宋版、萬本、庫本皆無此五十字，非樂史原文。

〔三五〕曹魏諸陵並在此山上　「曹魏」，宋版作「漢家」，萬本、庫本作「晉趙」，其上有「左氏傳」三字。按嘉慶重修一統志卷二〇五河南府北邙山下引本書云：「别阜曰佩印山，漢諸陵並在此。」則宋版是。

〔三六〕音瑰　宋版、萬本、庫本皆無此二字，蓋非樂史原注。

〔三七〕因築斜堤束令東北流當水衝作堰九所　宋版、庫本無「束」、「當」二字；「作偃九所」，萬本作「捺堰九折」，同元和郡縣圖志河南府洛陽縣洛水；「作」，本卷下文洛陽縣洛水作「湊」。

〔三八〕宫墻西有二銅井　「墻」，底本作「殿」，據宋版、萬本、中大本、庫本及傳校改。

〔三九〕漢書郡國志　按漢書稱「地理志」，無「郡國志」，河南縣有甘城，載於後漢書郡國志一，此「漢書」上當脱「後」字。

〔四〇〕俗亦謂之嚴城　「亦」，底本脱，據宋版、萬本、中大本、庫本及嘉慶重修一統志卷二〇六河南府引本書補。

〔四一〕北隔苑城　「北」，底本脱，據宋版、萬本、中大本、庫本及嘉慶重修一統志卷二〇六河南府引本書補。

〔四二〕白君祠　「白」，宋版、庫本同，萬本作「帛」，注：「原本訛白，據水經注改正。」按水經瀷水注記有帛仲理墓，墓前碑題云：「真人帛君之表。」又水經渠水注記扶溝縣白亭，引陳留風俗傳云：「扶溝縣有帛鄉、帛亭。」史記卷六六伍子胥列傳正義引括地志云：「許州扶溝縣北四十五里又有白亭也。」則「白」、「帛」字通，不必定改「帛」。

〔四三〕被責　「責」，底本作「謫」，萬本同，宋版、中大本、庫本作「責」。世説新語汰侈第三〇：「王武子被責，移第北邙下。」據改。

〔四四〕旌善坊　「旌」，萬本同，宋版、庫本作「精」。

〔四五〕在縣西南三里彰善坊建隆元年置　萬本同。宋版作「在縣西南三里，建隆元年置在彰善坊」，傅校同。又「善」原作「義」，據宋版、萬本、庫本改。

〔四六〕精善坊　「精」，宋版、庫本同，萬本作「旌」。

〔四七〕本成周之地　「地」原作「城」，據宋版、萬本、庫本改。

〔四八〕敬王以後　「以」，底本無，據宋版、萬本、庫本及傅校補。

〔四九〕至秦莊襄王以爲洛陽縣　「莊襄王」，底本作「襄王」，宋版、萬本、庫本同，中大本作「莊襄王」。

按史記卷五秦本紀：莊襄王元年滅東周，「初置三川郡」。史記卷八五呂不韋列傳：「莊襄王元年，以呂不韋爲丞相，封爲文信侯，食河南雒陽十萬户。」索隱：「秦本紀莊襄王元年初置三川郡，地理志高祖更名河南，此秦代而曰『河南』者，史記後作，據漢郡而言之耳。」又史記卷七項羽本紀正義引括地志：輿地志云：「秦莊襄王以爲洛陽縣，三川守理之。」則莊襄王元年初置三川郡，並設洛陽縣爲郡理，此「襄王」脱「莊」字，中大本是，據補。

〔五〇〕自漢以後縣恒屬河南　「恒」，底本脱，據宋版、萬本、中大本、庫本及傳校補。

〔五一〕自今縣東三十里移于今德懋坊西南隅有故城存　宋版、庫本作「自今縣東三十里有故城存，移於今德懋坊西南隅」，傳校同，萬本作「移于今德懋坊西南隅，今縣東三十里有故城存」。按宋版、庫本是。

〔五二〕在縣東南三十五里　「三十五」，宋版同，中大本、庫本作「三十」；萬本作「二十」，注：「原本訛在縣東南三十里，據通鑑改正。」按資治通鑑卷七三：魏明帝景初元年十月，「營洛陽南委粟山爲圜丘」，胡三省注引孔穎達曰：「委粟山在洛陽南二十里。」萬本據此而改。嘉慶重修一統志卷二〇五河南府引本書同宋版、底本，當是。

〔五三〕魏武樂府有南山篇　「山」，底本脱，萬本同，據宋版、庫本及傳校補。

〔五四〕在縣東南五十里　「東南五十」，底本作「東五」，宋版、萬本、庫本同。按嘉慶重修一統志卷二〇五河南府引本書作「東南五十里」，讀史方輿紀要卷四八河南府大谷：「府東南五十里。」此「東五」爲「東南五十」之脱誤，據改。

〔五五〕九龍祠　「祠」，宋版、庫本同，萬本作「殿」，注：「原本訛『祠』，據通鑑改正。」按資治通鑑卷七二：魏明帝青龍二年四月，「崇華殿災」。胡三省注：「是歲，復修崇華曰九龍殿，引穀水過九龍前，爲玉井綺欄。」萬本據此而改。

〔五六〕曹魏文帝改平陰爲河陰　「平陰爲」，原脱，萬本同，據宋版補。

〔五七〕米百萬斛　「米百」二字，宋版空缺，庫本無「米」字萬本作「窖容八百石」，注：「原本脱『窖容』二字，『八百石』訛『百萬斛』，據玉海改正。」

〔五八〕在宫南四會道頭　「頭」，底本脱，據宋版、中大本補。藝文類聚卷九四引洛中記：銅駝二枚，「在宫之南四會道頭。」按洛中記當即洛陽記之異文。

〔五九〕市在大城南　「市」，宋版、庫本及宋本太平御覽卷一九一引洛陽記同，萬本作「羊市」。

〔六〇〕同各　萬本、庫本無此二字。

〔六一〕大業元年成徙都之　「元」，底本作「九」，萬本、庫本同。太平御覽卷一五六引兩京記云：「東都城，隋大業元年，自故都移於今所。」同書卷一五八引隋書曰：煬帝命僕射楊素等營構宫室，大業元年遂成新都而徙居之，今洛陽宫是也。」此「九」乃「元」字之訛，據改。又「之」，底本作「於」，據萬本、中大本、庫本及傳校改。

〔六二〕南北九里　「南」，底本脱，庫本同。據萬本及本卷上文故洛陽城條引洛陽記補。

〔六三〕池上源注函谷　「注」，萬本同，庫本、傳校改爲「出」。

〔六四〕倚嘯于上東門　「倚」，萬本、庫本作「停」。

〔六五〕冰井在陵雲臺北　「陵」，萬本、中大本及水經穀水注同，庫本及太平御覽卷六八引述征記、西征記作「淩」。

〔六六〕音移　萬本、庫本無此二字。

〔六七〕華延儁　「儁」，底本作「雋」，萬本、庫本同，按元和郡縣圖志河南府、太平御覽所引皆作「儁」，據改。

〔六八〕正己　萬本作「臣也」，注：「原本作『已止』，據水經注改正。」按水經穀水注：「諫議大夫陳宣止之曰：『王尊，臣也，水絶其足』。」萬本依此改。按後漢書志一五五行志三注引謝承書曰：「昔東郡金堤大決，水欲没郡，令、吏、民散走；太守王尊亡身勑以住立不動，水應時自消。」所載王尊事蹟正合本書「正己」之意。

太平寰宇記卷之五

河南道五

西京三

伊陽縣，南二百六十里。舊三鄉，今四鄉。本陸渾地。唐先天元年十二月割陸渾縣置伊陽縣，在伊水之陽，去伊水一里。

女几廟，在縣西三十里。

鳴皋山，在縣東三十里。

鳴皋廟，則天立。

石扇山，在縣南三百里。〔一〕有石如扇。

龍駒澗，在縣北一十二里。

王母澗，在縣西南六里。〔二〕

蠻王城，在縣南五十里。

新羅王子陵，在縣東北七十里。高二百丈。〔三〕

元魯山墓，有碑見存，在縣北二十五里。李華文，李陽冰篆額，顏真卿書，魯山有德行，呼爲「四絶碑」。

湯泉，在縣南一百三十里。即四眼湯。

鞏縣，東一百三十里。〔四〕舊四鄉，今三鄉。郭緣生述征記云：「鞏縣，周之鞏伯邑。」春秋左氏傳：「晉師克鞏，逐王子朝。」杜預注云：「周地，河南鞏縣也。」史記：「周顯王二年，西周惠公封少子班于鞏，以奉王，號東周。」皇甫謐曰：「以王城爲東周，以鞏爲西周。」其子武公爲秦所滅。〔五〕秦莊襄王元年，韓獻成皋、鞏，秦界至大梁。漢以爲縣，屬河南郡。晉、宋不改。李密自潁川率羣盜十餘萬襲破洛口倉，因據鞏縣，仍築城，斷洛川，包南北山，周迴三十里，〔六〕屯營其中。後爲王世充所破。縣本與成皋中分洛水，西則鞏，東則成皋，後魏始併焉。

黄河，西自偃師縣界流入。河于此有五社渡，又爲五社津，後漢朱鮪遣賈强從五社津渡是也。

天陵山，在縣南六十里。潘岳家風詩所云天陵巖，謂此也。

侯山，在縣南二十五里。盧元明嵩山記云：「漢有王彦者，隱于此山，景帝累徵不出，遂就而封侯，山因爲名。後學道得成，至今指所住爲王彦崖。」

九山，在縣西南五十五里。水經注：「白桐澗水北流經九山東。〔七〕仲長統云：『昔密有卜成者，身遊九山之上，放心不拘之鄉。』謂此山也。山際有九山廟碑，晉永康二年立，文曰『九山府君』，太華元子之稱也。」

岑原丘，〔八〕在縣西北三十五里。水經注云：「鞏縣北有山，臨河，謂之岑原丘。下有穴，謂之鞏穴，言山潛通淮、濟，〔九〕北達于河，直穴有渚，謂之鮪渚。成公子安大河賦云：『鱣、鱧、王鮪，暮春來遊。』」即此也。

洛汭，洛水入河之處。水經注云：「洛水東經洛汭，北對琅邪渚，入于河，謂之洛口。清濁異流，皦焉殊别。」亦名什谷。史記：「張儀説秦王，下兵三川，塞什谷之口。」是此也。一云鞏縣鄩谷，皆是也。京相璠曰：「今鞏洛渡北有鄩谷水，〔一〇〕東入洛，謂之下鄩，故有上鄩、下鄩之名；亦謂之北鄩，于是有南鄩、北鄩之稱也。」

明谿水。左傳昭公二十二年，「晉軍于谿泉」。杜預注：「鞏縣有明谿泉。」又水經注云：「明樂泉，今俗爲五道泉。」〔一一〕

小平縣城，漢縣，廢城在今縣西北。有河津，曰小平津，即城之隅也。

周王廟，在縣界。

鞏王廟，在縣西二十里。孝義鎮西山立。〔一三〕

大刀山神廟，在縣北八里。

青龍山，在縣西南十里。

安陵與永昌陵，並在縣西南四十里。

岐王墳，在縣西南四十里。

嵩山，在縣西南六十里。

密縣，東南二百里。〔一三〕元四鄉。〔一四〕古密國也，亦鄶國之地。左傳僖公六年：「諸侯伐鄭，圍新密。」漢爲縣，屬河南郡。後漢卓茂理此。今縣東南三十里有古密城，即漢理所，兼有卓茂祠尚存。晉泰始二年分河南置陽翟郡，〔一五〕以密縣屬焉。高齊文宣移理于今縣東四十里故密縣城爲理。後周屬滎州。隋屬鄭州，大業十二年又移于今理，即古法橋堡城。唐武德三年于此置密州，四年州廢，以縣屬鄭州，卻隸河南府。爾雅曰：「山如堂者密。」因以爲名。

方山。山海經云：「浮戲之山，汜水出焉。」水經注云：「汜水出浮戲山，世謂之方山也。」

大騩山，在縣東南五十里。水經注云：「大騩山即具茨山也。黄帝登具茨之山，升于洪堤之上，受神芝圖于黄蓋童子，即是山也。」莊子謂之具茨之山。潩水源出于此。

馬嶺山，在縣南十五里。洧水源出于此山，有洧水在縣西南流，合汜水入河。〔一六〕

鄶水。水經注云：「澮水出鄶城西北雞絡塢下，東南流。」世亦謂之鄶水。

瀝滴泉。水經注云：「瀝滴泉出密縣深溪之側，懸水散注，故世以『瀝滴』稱。」

承雲水。水經注云：「出承雲山，一源雙導，世謂之東、西承雲。」

澠池縣，西一百五十里。舊三鄉，今四鄉。即古池名，〔一七〕秦、趙所會之地。漢爲縣，屬弘農郡。今縣西十三里即秦、趙所會城猶存。漢爲縣理于此城西三里，今無基迹。高帝八年復澠池中鄉民。景帝中二年初城，徙萬家爲縣。莽曰陜亭。周地圖記曰：「魏賈逵爲令時，縣理蠡城。」按四夷郡國縣道記云：「漢澠池城，當與澠池水源南北相對。曹魏移于今福昌縣西六十五里蠡城。後魏初猶屬弘農郡。」大統十一年又移于今縣西十三里故澠池縣爲理，改屬河南郡。周改屬同軌郡。隋大業元年又移于今縣東二十五里新安驛置，屬熊州；十二年復移理大塢城。唐貞觀三年自大塢城移于今理，兼立穀州。後州廢爲縣，今屬洛。

澠池。史記：「張儀説趙王曰：『莫如與秦王遇于澠池，面相見，請按兵無攻。』于是趙惠文王、秦昭王相會澠池，秦王飲酒酣，曰：『寡人竊聞趙王好音，請奏瑟。』趙王鼓瑟。秦御史書『某年月日，秦王與趙王會飲，令趙王鼓瑟。』藺相如前曰：『趙王竊聞秦王善爲秦聲，請奏盆缶。秦王怒，不許。相如前進缶，因跪請秦王。秦王不肯擊。相如曰：『五步之内，相如請得以頸血濺大王。』左右欲刃相如，相如張目叱之。秦王不懌，爲一擊缶。相如顧趙御史書曰『某年月日，秦王爲趙王擊缶』。秦羣臣請以趙十五城爲秦王壽。相如亦請以秦咸陽爲趙王壽。秦王竟酒，終不能加勝于趙。趙亦設兵以待秦。秦不敢動。」

穀水，在縣南二百步。

俱利城，秦、趙二君會處。今縣西有俱利城，一名秦趙城，〔一八〕東城在縣西十三里，西城在縣西十四里。水經注：「穀水東經秦、趙二城南。續漢書云赤眉從澠池自利陽南欲赴宜陽。」〔一九〕是此地。今俗謂之俱利城，以秦、趙各據一城，秦王擊缶，趙王鼓瑟，俱稱有利名之。

千秋亭，在縣東二十里。潘岳喪子之處，西征賦云：「夭赤子于新安，坎路側而瘞之。亭有千秋之號，子無七旬之期。」又有水曰千秋澗。

天壇山，在縣東北十八里。高五百丈，四絶如壇。〔二〇〕後魏孝文帝西巡至此。有天壇神。〔二一〕

廣陽山，在縣東北二十里。亦名澠池山。

桓王山，在縣東北一百二十里。

大媚山，在縣東一百三十里。有大媚洞。〔三〕

穀山，在縣南八十步。

馬蹄泉，在縣界。

伍户神，〔三〕在縣北一百二十里。

禹廟，在縣西二十里。

周桓王陵，在縣東北一百二十里。

緱氏縣，東南六十里。舊三鄉，今一鄉。古滑國也。春秋云「滑伯同盟于幽，鄭人入滑」，即此也。〔四〕秦滅之後，屬晉。漢以爲縣。輿地志云：「因山以名縣。」漢屬河南。莽曰中亭。至宋猶屬河南。按此前緱氏縣在今縣東南二十五里緱氏故城。〔五〕後魏太和十七年省併入洛陽。東魏天平元年復以洛陽城中置緱氏縣。後周建德六年又自洛陽城移于今縣北七里鉤鎖故壘置。隋開皇四年又移于今縣北十里洛陽故郡城，大業元年復移于今縣東南十里置，十年又移縣據公路澗西，憑岸爲城。唐貞觀十八年省，上元二年又置。今迴向南近孝敬陵西置，屬洛陽不改。

洛水，西自洛陽縣界流入。

緱氏山，在縣東南二十里。列仙傳：「王子晉見桓良曰：『告我家，七月七日待我于緱氏山頭。』果乘白鶴駐山巔，望之不得到，拱手謝時人而去。」山上有石室、飲鶴池。按盧氏嵩山記云：「覆釜堆，亦名赴父堆，即緱嶺也。」

玉女山，在縣東北三十五里。〔二六〕

轘轅山，在縣東南四十六里。左傳謂「欒盈過周，王使候出諸轘轅」。杜注：「關名。」按轘轅道十二曲，今置關焉。又按薛綜注東京賦云：「轘轅坂十二曲道，將去復還，故曰轘轅。」漢河南尹何進所置八關，此其一也。

半石山，在縣南十五里。按山海經云：「半石之山，其上有草焉，生而秀，其高丈餘，赤莖赤華，華而不實，其名曰嘉榮，服之不畏雷霆。」〔二七〕

景山，在縣東北八里。曹子建洛神賦云：「經通谷，陵景山。」即此也。

鄂嶺坂，在縣東南三十七里。晉八王故事云：「范陽王保于鄂坂。」後于其上置關，即此地也。

黄馬坂，在縣西北十里。戴氏西征記云：「次前至黄馬坂，去計索渚十里。」即此地也。

半馬澗。按盧元明嵩山記云：「半馬澗，人或云百馬澗，〔二八〕亦曰拜馬澗。古老傳王子晉得仙而馬還，國人思之不見，乃拜其馬于此也。」上接佛光谷，〔二九〕下徹公路澗。

靈星塢，〔三〇〕一名延壽城。盧氏嵩山記云：「此塢有道士浮丘公，接太子晉登仙之所也。」

袁術固，一名袁術塢〔三一〕，在縣西南十五里。四周絶澗，甚險。宋武北征記云：「少室山西有袁術固，可容十萬人。一夫守險，千人莫當。」

柏谷塢。戴延之西征記云：「塢在川南，因原爲塢，高數丈。」〔三二〕在縣東北。姚洸部將趙玄所守，爲檀、王所破。塢西有二寺，亦在原上。入谷數百步，又有二佛，精巧美麗，有牛春、馬簸、水碓之利。

古緱氏縣城，在縣西北六里。

鉤鎖壘，在今縣北七里。按宋書：「武帝西征，營于柏谷塢西。」即此壘也。有三壘相連如鎖，因以爲名。

公路壘、公路澗，在縣西南三里。有壘，以袁術字公路而稱。

少林寺。後魏孝文太和十九年立。西域沙門號跋陁，有道業，深爲高祖所敬信，故制于少室山陰立少林寺以居之，〔三三〕公給衣供食。

曹城，在縣東十里。〔三四〕曹操與袁術相拒，築城于此。

古滑城，在縣東一十八里。城東南角有招提寺。〔三五〕

唐昭宗陵，在縣東北五里。

百生墓，在縣東十里。後漢書獨行傳云：「周暢，字伯持，性仁慈，爲河南尹。永初二年，夏旱，久禱無應，暢因收葬洛城傍客死骸骨萬餘人于洛水北，〔三六〕應時澍雨，歲乃登。」今墓有千數，皆相類，對列成行，在洛城之東而北近洛水，即周暢之遺址也，今號百生墓。

芝田鄉，在縣北。

啓母少姨廟，在縣東門外。

王仙君廟，在縣東八十里。

百工神廟，〔三七〕在縣南八里岡上。

九江娘子廟，在縣南八十里。

王子喬壇，在縣東南五里。〔三八〕

則天行宮，在縣北十里。

仙鶴觀，在縣東三里。

賀蘭溪，在縣南八里。

雙泉，在縣南十里。

恭陵，唐孝敬陵，〔三九〕在縣東北五里。

古灰城，在縣西北八里。

鳳凰臺，在縣南三十里佛光谷内。

武三思冢，在縣西南十五里。

潁陽縣，東南九十里。〔四〇〕元一鄉。本夏之綸國，竹書紀年云：「楚及秦伐鄭，圍綸氏。」是也。漢置縣，屬潁川。後魏太和十三年于綸氏城置潁陽縣，屬河南郡。後周省入堙陽縣。隋開皇六年改爲武林縣，十八年改爲綸氏；大業元年改爲嵩陽。唐貞觀十七年廢。咸亨四年分河南、洛陽、伊闕、嵩陽等縣又置武林縣，〔四一〕開元十五年九月改爲潁陽縣。

大訾山。〔四二〕山海經云：「其陽狂水出焉，水多三足龜，食之無大疾，可以已腫。」

箕山，連亙郡界。

陽乾山，在縣東二十五里。按說文云：「潁水出陽乾山。」

八風溪，溪水南流合三交水。此岸有沙，細潤，可以澡濯。隋代常進，〔四三〕後宮雜以香藥，以當豆屑，號曰「玉女沙」。

三交水。按水經注云：「三交水石上菖蒲，一寸九節，爲藥最妙，服久化仙。」〔四四〕

古武林亭。按水經注云：「湮水西南流經武林亭。」

倚箔山，在縣北十五里。望之如立箔。山西北崖下有鍾乳，隋時充貢。

太谷口，在縣西北三十五里。孫堅停兵太谷，距洛陽九十里，即此谷。

太谷故關，在縣西北四十五里。何進八關，此其一也。

一斗泉，在縣西南十五里。汲與不汲，長有一斗。

勾龍本廟，在縣北十三里。

醴泉，在縣西十步。〔四五〕源出嶽廟下。

七姑冢，在縣西三十里。

鑾王冢，在縣南二十里。

王屋縣，西北一百里。舊二鄉，今三鄉。本周畿内地召公之邑。平王東遷，亦爲采地。今縣西有康公祠。六國屬魏。漢爲河東郡垣縣地。後魏皇興四年于此分置長平縣，屬邵州。北齊置懷州。後周武成元年州廢，改爲王屋縣，因縣北十里山爲名，仍于縣理置王屋郡。天和六年又于郡理立西懷州，建德六年州省，又爲王屋郡。隋開皇三年罷郡，以縣屬邵州；大業三年省州，以縣入河内郡。唐武德元年改爲邵伯縣，後建都河洛，顯慶二年復爲王屋，隸河南。

王屋山，在縣北十五里。尚書：「底柱、析城，至于王屋。」山在河東垣縣之北。古今地名云：「王屋山狀如垣形，故以名縣。」列子：「太行、王屋二山，方七百里，高萬仞，本在冀州之南，河陽之北。北山愚公者，年且九十，面山而居。懲山北之塞，叩石墾壤，箕畚運于渤海之尾。操蛇之神聞其不已也，告之于帝，帝感其誠，命夸娥氏負二山，〔四六〕一措朔東，一措雍南。」神仙傳：「甘始，太原人，善行氣，不食，服天門冬療病，不用鍼灸。在人間三百歲，乃入王屋山。」茅君内傳曰：「王屋山之洞，周圍萬里，名曰『小有清靈之天』。」

清靈洞，有垂簪峯。

天壇山。此山高登之，可以望海。

陽臺觀，在縣西北八十里。

靈都觀，在縣東三十里。

齊子嶺，在縣東十二里。即宇文周與齊分境之所也。

黄河，在縣南五十里。

野王城。光武時寇恂所築。

石室，在縣西南七十里。有石室，即夫子昔與門徒講論之所。〔四七〕臨大河，水勢湍急，至此室五里之間，寂無水聲，如似聽義之處。〔四八〕

邵原，在縣西四十里。〔四九〕即康公之采地也。

析城山，在縣西北六十里。峯四面，其形如城，有南門焉，故曰析城。

中條山。魏王泰地志云：「在縣西北九十里，東接王屋山，西入絳州垣縣界。」

邵康公廟，在縣西十五里。輿地志云：「垣縣，邵康公之邑。」春秋注云：「邵康公，周太保邵公奭也。」

河清縣，北六十里。元三鄉。本左氏所謂晉陰地。漢爲平陰縣，屬河南郡。按郡國縣道記云：「唐武德二年，黄君漢鎮柏崖，遂于柏崖東置大基縣，八年省。先天元年以諱改名河清縣，〔五〇〕貞觀中縣界黄河清，因以爲名。後廢。」至咸通中，考功郎中王本立奏再置，復隸河南府。大順元年因干戈毁壞，移在柏崖隙地權置。皇朝開寶元年移在白波。

河陰故城，在縣東南三十五里。地理志云：「即漢平陰縣。」左傳云：「晉師在平陰。」杜預注云：「今河陰縣是也。」

宋東垣縣，在縣西南二十五里。地理志云：「東垣縣，〔五一〕宋屬河南郡。」

柏崖城，在縣西三里，臨黄河。侯景所築。唐高祖武德二年，滑州人黄君漢以城歸，〔五二〕乃屬懷州；四年移懷州於河内縣。乾元中，太尉李光弼重修，以拒史思明。

冉耕墓，在縣東南十七里。孔子弟子也。

後漢靈帝陵，在縣東南三十里，高十二丈。

晉景帝陵，在縣南三十里，高六丈四尺。

湯王廟，在縣南三十里。

柏崖廟，在縣西北三十二里。

堯廟，在縣西南八十五里。

後漢光武廟，在縣東南七里。

猫兒山，在縣西十里。

吉水，在縣西南六十里。

滽滽水，在縣西南六十里。

金谷水，在縣西南六十里。

迷仙崖，〔五三〕在縣五十里。

歇鶴臺，在縣西北三十里。王子喬、浮丘公遊王屋，歇鶴于此。

小郎水，在縣西四里。

偃師縣，東北七十里。元三鄉。本漢舊縣。帝嚳及湯、盤庚並都之。商有三亳，成湯居南亳，〔五四〕即此也。至盤庚又自河北徙理于亳，商家從此改號曰殷，〔五五〕故殷有天下，此爲新都。故城在今縣西十里。周武王伐紂回，息偃戎師，〔五六〕遂名偃師。周爲畿内之邑。秦屬三川。漢屬河南。即今縣理是也。晉併入洛陽。隋開皇十六年復置。

北邙山，在縣北二里。

首陽山，在縣西北三十五里。阮籍詩云：「步出上東門，北望首陽岑；下有採薇士，上有嘉樹林。」山上今有夷齊祠。按後魏正光元年夏，首陽山晚有虹飲于溪，樵人楊萬見之，良久化爲一美女，乃竊告蒲津戍將宇文顯。顯取之進明帝，帝見容貌姝美，掩于六宫，或問之曰：「我天女也，暫降人間。」帝欲逼幸，其色甚難，乃令左右擁抱，作異聲如鐘，復化爲虹，經天而去，後帝尋崩。

魏文帝廟，在縣西北十八里。

魏文帝陵，在首陽山南。

杜預墓，在首陽山南。

乾脯山。九州要記云周敬王于此曝乾脯，因以爲名。

覆舟山。九州要記云：「昔盧世明登嵩嶽，望覆舟如蟻垤，黄河如帶。」又陶季述京邦記云：〔五七〕「周迴二十里，下有林，號白水苑」是也。

尸鄉。劉澄之永初山川記云：「尸鄉有石室，有仇生者居焉。〔五八〕」又云：「祝雞翁者，洛陽人，居尸鄉山下，養雞百餘年。」

盟津，在縣西北三十一里。河東經小平縣，俗謂之小平津。河南岸有鉤陳壘，河于斯有盟津之目。昔武王伐紂，諸侯不期而會者八百，故曰盟津，亦曰富平津。

廢北陂義堂路。此古大驛路。唐天寶七年四月，河南尹韋濟奏于偃師縣東山下開驛路通孝義橋，故此路廢矣。

曲洛。穆天子傳云：「天子東遊于黄澤，宿于曲洛。」今縣東洛北有曲河驛，以洛水之曲爲名，洛經其南。續齊諧記云：晉武帝問尚書郎摯虞曰：「三日曲水，其義何指？」答曰：「漢章帝時，平原徐肇以三月初生三女，至三日俱亡，一村以爲怪，乃攜之水濱盥洗，遂因水以流觴，曲水之義起于此。」帝曰：「若如所談，便非好事。」尚書郎束皙曰：「摯虞小生，不足以知此。昔周公成洛邑，因流水以泛酒，故逸詩曰『羽觴隨波』。又秦昭王三日置酒河曲，見有金人出奉水心劍，曰：『令君制有西夏。』及秦霸諸侯，乃因此處立爲曲水祠。二漢相緣，皆爲盛集。」帝曰：「善。」賜金五十斤。左遷虞爲陽城令。

洛洞。劉義慶幽明録曰：「洛下有洞，昔有婦人推其夫下崖，乃得一穴，行百餘里，覺所踐如塵，噉之，裹以爲糧。行至交州，以問張華，華曰：『洛洞，仙人所處。』」在縣東南。

故平縣城，漢平縣故城也，在今縣西北二十五里。
湯王廟，在縣東三百四十八步。
湯王陵坑，在縣東北山上八里。
湯王聖母廟，在縣西三里。
舜王廟，在縣西北二十里。
周王廟，在縣西二十五里。
薄妃廟，在縣西十五里。
伊尹墓，在縣西北五里。
比干墓，在縣西北一十五里。
田横墓，在縣西十里。
王弼墓，在縣南三里。
鍾繇墓，在縣東八里。
啟母少姨行廟，在縣西南二十五里。
杜預墓，在縣西北山上二十里。
割乳冢，在縣西二十五里。

卷五校勘記

〔一〕在縣南三百里　「南」，萬本、庫本作「西」。

〔二〕在縣西南六里　萬本、庫本無「西」字。

〔三〕高二百丈　「丈」，萬本、庫本作「尺」。

〔四〕東一百三十里　底本作「東南三十里」，萬本、中大本、庫本同。元和郡縣圖志卷五河南府鞏縣：「西至府一百四十里。」讀史方輿紀要卷四八河南府鞏縣：「在府東一百三十里。」按唐宋至明清河南府治即今洛陽市，鞏縣在今鞏縣東北老城，其地實在河南府東偏北，此「南」字誤，脱「一百」二字，據删改。

〔五〕史記周顯王二年至其子武公爲秦所滅　原校：「按史記，周惠公封少子於鞏，無歲月，無名，今所載，蓋參以皇甫謐帝王世紀而言之。又云：皇甫謐云：『以王城爲東周，以鞏爲西周。』今世紀無此文，考之帝王世紀前後所載，當云：皇甫謐以王城爲西周，鞏爲東周。今記恐舛誤。又云：『其子武公爲秦所滅。』按史記注，西周武公即惠公之長子，計其襲封，距周滅之年甚遠，今云武公爲秦所滅，史記、世紀皆不載，未知所本，恐亦誤書。」按：史記趙世家：成侯八年，「與韓分周以爲兩。」正義引括地志云：「史記周顯王二年，西周惠公封少子班於鞏，爲東周。其子武公爲秦所滅。」趙成侯八年，正是周顯王二年，樂史所記有據。又史記周本紀：「考王封其弟于河南，是爲桓公，以續周公之官職。桓公卒，子威公代立。威公卒，子惠公代立，乃封其少子於鞏以奉王，號東周惠公。」索隱：「考王封其弟于河南，爲桓公。卒，子威公立。卒，子惠公立。長子曰西周公。又封少子於鞏，仍襲父號曰東周惠公。於是有東西二周也。」原校謂當云「以王城爲西周，鞏爲東周，今記恐舛誤」，所言甚是。

〔六〕周迴三十里　傅校「十」下有「餘」字，與元和郡縣圖志河南府同。萬本、庫本作「三百餘里」，誤。

〔七〕白桐澗水北流經九山東　「白」，底本脱，庫本同，據萬本及水經洛水注補。

〔八〕岑原丘　「岑」，庫本及太平御覽卷五三引十道志同，萬本作「崟」，同水經河水注。

〔九〕言山潛通淮濟　「濟」，庫本及太平御覽卷五三同，萬本作「浦」，同水經河水注。

〔一〇〕鄩谷水　「鄩」，底本作「潯」。按本條上文云「鞏縣鄩谷」。水經洛水注：「京相璠曰，今鞏洛渡北，有鄩谷水，東入洛。」作「鄩」是。萬本、中大本、庫本正作「鄩」，據改。下諸「鄩」同。

〔一一〕明樂泉今俗爲五道泉　萬本據水經洛水注改爲「明樂泉出南原山下，三泉並導，世謂之五道泉。」按「三泉」，爲「五泉」之刊誤。

〔一二〕孝義鎮西山立　「立」，萬本同，庫本作「上」。

〔一三〕東南二百里　「二百」，底本作「一百」。按唐密縣即今密縣治，在河南府東南二百里，萬本、庫本正作「二」，據改。

〔一四〕四鄉　「四」，萬本、庫本皆作「九」。

〔一五〕晉泰始二年分河南置陽翟郡　「泰始」，底本作「太和」，據萬本、中大本、庫本及傅校改。方愷新校晉書地理志：「按寰宇記，晉泰始二年，分河南置陽翟郡，以密縣屬焉，未詳所本。」

〔一六〕有洧水在縣西南流合汜水入河　「有」，萬本、中大本、庫本皆作「故」。

〔一七〕即古池名　「池」，萬本、庫本作「地」。

〔一八〕一名秦趙城　「一」，萬本、庫本作「亦」。

〔一九〕續漢書　庫本同，萬本此上有「司馬彪」三字，同水經穀水注。

〔二〇〕四絶如壇　庫本同，萬本作「四面陡絶如壇」。

〔二一〕有天壇神　「有」，萬本、庫本作「祀」。

〔二二〕在縣東一百三十里有大媚洞　「東」，萬本、庫本作「東北」；「有大媚洞」四字，萬本、庫本無。

〔二三〕伍户神　「伍」，萬本、庫本及傅校本並作「五」；「神」，萬本同，庫本作「祠」。

〔二四〕即此也　「即」，萬本、庫本及傅校本並作「皆」。

〔二五〕按此前緱氏縣在今縣東南二十五里緱氏故城　「南」，底本脱，據萬本、中大本、庫本及嘉慶重修一統志卷二〇六河南府引本書補。

〔二六〕在縣東北三十五里　「北」，萬本、中大本、庫本及傅校本並作「南」，蓋此「北」爲「南」字之誤。

〔二七〕赤莖赤華華而不實其名曰嘉榮服之不畏雷霆　「莖」、「服之不畏雷霆」，萬本據山海經改爲「葉」、「服之者不霆」。

〔二八〕半馬澗人或云百馬澗　底本作「人或云半馬澗爲百馬澗」，據萬本、庫本及太平御覽卷六九引盧氏嵩山記乙正，並删「爲」字。

〔二九〕上接佛光谷　「上接」，萬本、庫本作「按」，嘉慶重修一統志卷二〇五河南府引本書作「接」，無「上」字。

〔三〇〕靈星塢　「星」，底本作「皇」。按水經洛水注作「零星塢」。據萬本、庫本及傅校、嘉慶重修一統志河南府引本書改。

〔三一〕一名袁術塢　「術」，萬本作「公」，同元和郡縣圖志河南府緱氏縣。

〔三二〕高數丈　水經洛水注、資治通鑑卷一一七晉義熙十二年胡注引戴延之西征記，並作「高一十餘丈」。

〔三三〕故制于少室山陰立少林寺以居之　「故」，萬本、庫本無，傅校删。

〔三四〕在縣東十里　「十」，元和郡縣圖志河南府緱氏縣作「一」。

〔三五〕城東南角有招提寺　「南」，萬本、庫本無此字。

〔三六〕洛水　萬本、庫本作「洛陽」，傳校改同。

〔三七〕百工神廟　「工」，萬本作「主」，傳校本改同，庫本作「生」。

〔三八〕在縣東南五里　「南」，底本脱，庫本同，據萬本、中大本、嘉慶重修一統志河南府引本書補。

〔三九〕唐孝敬陵　萬本、中大本、庫本皆作「唐孝敬皇帝陵」。

〔四〇〕東南九十里　「南」，底本作「北」，萬本、庫本同。按唐宋潁陽縣即今登封縣西南潁陽鎮，在唐宋河南府東南，此「北」爲「南」字之誤，據改。

〔四一〕咸亨四年分河南洛陽伊闕嵩陽等縣又置武林縣　「分」，底本作「入」，萬本、庫本同。新唐書卷三八地理志二河南府潁陽縣：「本武林，載初元年析河南、伊闕、嵩陽置。」所載武林縣設置年代雖然不同，實爲一事，則此「入」應爲「分」字之誤。據中大本、傳校改。

〔四二〕大訾山　「訾」，萬本同，中大本、庫本作「苦」。太平御覽卷九三一引山海經作「苦」，今本山海經作「訾」，郭璞注無音，知本爲「苦」字。

〔四三〕隋代常進　「代」，萬本作「時」，庫本作「大」。按「大」同「太」，疑指太常。

〔四四〕三交水石上菖蒲一寸九節爲藥最妙服久化仙　原校：「按水經洛水注有三交水，不見菖蒲事，今記引水經，而今水經無其文者非一，或恐近世水經本脱遺耳。」按水經伊水注記有三交水，載昌蒲事文同，原校誤。

〔四五〕在縣西十步　「十」，萬本、庫本作「四十」，此疑脱「四」字。

〔四六〕命夸娥氏負二山　列子卷五湯問、太平御覽卷四〇引列子並作「命夸娥氏二子負二山」，此蓋脱「二子」二字。

〔四七〕即夫子昔與門徒講論之所　「門徒」，底本誤作「及門」，據萬本、中大本、庫本及傅校改。

〔四八〕如似聽義之處　萬本、庫本作「似有聽講之意」。

〔四九〕在縣西四十里　「西」下底本衍「南」字，據萬本、中大本、庫本及嘉慶重修一統志卷二〇三懷慶府引本書删。

〔五〇〕先天元年以諱改名河清縣　據本書上文載，大基縣於武德八年已省，何能改縣名。考舊唐書卷三八地理志一：「咸亨四年分河南、洛陽、新安、王屋、濟源、河陽置大基縣，先天元年改爲河清。」新唐書卷三八地理志二載同。元和郡縣圖志河南府河清縣：「武德八年省大基縣，「咸亨四年重置。」本書「先天元年」前當脱「咸亨四年重置」之文。

〔五一〕東垣縣　「縣」，底本無，據萬本、中大本、庫本及傅校補。

〔五二〕滑州人黄君漢以城歸　「城」，底本作「地」，據萬本、中大本、庫本改。

〔五三〕迷仙崖　萬本作「述公崖」，庫本作「迷公崖」。

〔五四〕成湯居南亳　尚書立政：「三亳」。皇甫謐曰：「蒙爲北亳，穀熟爲南亳，偃師爲西亳。」史記殷本紀正義引括地志：「河南偃師爲西亳，帝嚳及湯所都，盤庚亦徙都之。」又載：「宋州穀熟縣西南三十五里南亳故城，即南亳，湯都也。」通典卷一七七州郡七河南府偃師縣：「帝嚳所都，亦古亳邑也。商有三亳，成湯居西亳，此即一也。」同書卷睢陽郡穀熟縣：「即殷之南亳，湯所都也。」元和郡縣圖志河南府偃師縣：「商有三亳，成湯居西亳，即此是也。」同書卷七宋州穀熟縣：「亦殷之所都，謂之南亳。」據此，「南亳」當爲「西亳」之誤，傅校改「西亳」，是。

〔五五〕商家從此改號曰殷　底本「商」上有「殷」字，庫本同，萬本無。尚書商書盤庚上：「盤庚五遷，將治亳殷。」孔穎達疏引鄭玄曰：「商家自徙此而號曰殷。」元和郡縣圖志偃師縣：「至盤庚又自河北徙理於亳，商家從此而改號曰殷。」並可證此「商」爲衍字，據删。

〔五六〕息偃戎師　「戎師」，底本作「師戎」，據萬本、庫本及元和郡縣圖志河南府乙正。

〔五七〕陶季述　「季」，底本作「李」，據萬本、庫本及傅校改。

〔五八〕仇生　「仇」，底本作「仉」，據萬本、中大本、庫本改。

太平寰宇記卷之六

河南道六

陝州　虢州

陝　州

陝州，陝郡。今理陝縣。禹貢爲冀豫二州之域。郡夾河，河南諸縣則豫州域，河北則冀州。在周即二伯分陝，是亦爲虢國之地。春秋時爲北虢上陽城，即今平陸縣是也。又有焦國，故七國時爲魏地。史記：魏襄王六年，「秦取我焦」是也。後屬韓。秦屬三川。〔一〕漢爲弘農郡之陝縣，自是至晉因之。後魏太和十一年置陝州及恒農郡于此，十八年又罷。孝武永熙中再置。大統三年又罷。後周明帝又置。武帝改弘農爲崤郡，州如故，兼屯兵于此以備北齊。隋初郡廢而州存，大業初又廢州，以其地併入河南郡，仍置弘農宫于此，以備巡幸。義寧元年又改爲弘農郡，領陝、崤、桃林、長水四縣，二年省崤縣。唐武德元年改爲陝州總管府，管陝、鼎、熊、函、穀五州，仍割長水屬虢州，其年復立崤縣；二年復割崤縣屬函州；三年又置南韓州、嵩州，並屬陝府；四年東都平，割熊、穀、嵩三州屬洛州總管，其年罷洛州總管，復以熊、穀、嵩三州來屬，仍省南韓州入洛州；八年廢函州，以崤縣來屬。貞觀元年罷都督府，又以廢芮州芮城、河北二縣來屬；十四年改崤縣爲硤石縣。大足元年割絳州之夏縣來屬，尋卻還絳州。天寶元年改爲陝郡，置軍。至德二年十月收兩京，乾元元年復爲陝州，因割蒲州之解安邑、絳州之夏縣來屬，仍改安邑爲虞邑。廣德元年十月吐蕃犯京師，車駕幸陝州，乃以陝爲大都督府。天祐初昭宗遷都洛陽，駐蹕陝州，改爲興德府，爲次畿、赤。〔二〕哀帝即位省，復爲大都督府。至皇朝爲保平軍節度。

元領縣六。今八：陝縣，芮城，平陸，靈寶，硤石，夏縣，閿鄉，虢州割到。湖城。虢州割到。

州境：東西二百七十一里。〔三〕南北二百六十五里。

四至八到：東至東京七百二里。東至西京三百五十里。西至長安四百六十九里。東至河南府永寧縣一百一十六里。南至虢州玉城縣一百四十里。西至華州華陰縣界二百二十五里。北至絳州二百二十里。西南至虢州九十六里。〔四〕東南至河南府永寧縣界一百六十里。東北至解州聞喜縣二百四十里。西北至絳州二百二十里。〔五〕

户：唐開元户四萬七千三百二十二。皇朝户主萬二千五百四十四，客四千八百九十九。

風俗：漢書地理志云：「韓地也。子男之國，虢、會爲大，恃埶與險，崇侈貪冒。」

人物：傅說，〔六〕 宫之奇， 段干木，皆陜人。 焦先，〔七〕 唐上官儀，陜州人。 姚崇。硤石人。爲開元名相。姪孫闇爲城父令，與張巡同守睢陽，官尚書郎。相高宗。

土産：柏子仁，貢。瓜蔞根，貢。絁，絹，麝香，蕤仁，石膽。

陜縣，舊六鄉，今五鄉。本漢縣，屬弘農郡。後魏初改爲陜中縣，屬弘農不改，至太和中立郡于此。

女几山。九州要記云：「富禄縣有女几，年八十，居陳留沽酒，得道後飛昇于此山，因名之。」

金門山。有竹，可爲律管。

温湯，在縣南十六里。後周太守元楷掘井得泉，極熱，遂修爲浴水。

黄河，自靈寶界流入。後漢書云：「獻帝東歸，〔八〕至陜，議者欲令天子浮河東下。太尉楊彪曰：『臣弘農人，從此以東有三十六灘，非萬乘所當從也。』乃止。」周地圖記云：「城西北角河水湧沸，方數十丈，聲聞數里。俗云石季龍載銅翁仲所没處。水雖漲滅，〔九〕翁仲頭髻，常與水齊。晉劉裕軍至，髻忽没，至今不復出。史記云秦始皇鑄金人十二，董卓毁其九爲錢，其在者三。魏明帝欲徙于洛陽，重不可勝，至灞水西停之。石虎取置鄴宫，〔一〇〕至苻堅又徙長安，其一未至而苻氏亂，百姓推至陝北河中，于是金狄滅矣。」

橐水，即魯水也。隋文帝遣蘇威引橐水西北入城，百姓至今賴之，呼爲利人渠。又按唐史云：「武德元年，陝東道行臺、金部郎中長孫操自郡東又引水入城，以代井汲，〔一一〕百姓賴之。」與上渠俱利于民。

曹陽墟，俗名七里澗，在縣西四十五里。後漢書：「獻帝東遷，李傕、郭汜等追乘輿，戰于弘農東澗，天子幸曹陽墟，次田中。」是此地也。今澗謂曹陽澗，〔一二〕魏武改爲好陽澗。

故虢焦二城，左傳謂虞、虢、焦、滑、霍、楊、韓、魏皆姬姓，此二城爲晉所滅，故城在今縣東北百步。

曲沃。左傳文公十三年：「晉侯使詹嘉處瑕，以守桃林之塞。」水經注云：「晉侯以曲沃之官守之，故有曲沃之名。」

太陽故關，〔一三〕在縣西北四里。後周大象元年置，即茅津也，一名太陽津。後漢書謂獻帝北渡太陽津，是此處。

河上公廟，在州西五里。唐神龍二年皇帝親謁，朝廷有麟跡見。

墨池。後漢書云：「張芝，字伯英，少好書，所居池水盡黑，〔一四〕迄今尚有遺跡。」

邵伯祠，在縣東三里。唐大曆七年重置。

虢山，在縣西三里。史記云：「魏文侯二十六年，虢山崩，壅河。」注云：「在陜。」

晉靈公臺，在縣西南三十二里。左傳：「晉靈公不君，厚斂雕墻，登臺彈人。」即此也。俗號女臺，高五十餘尺。

望仙臺，在縣西南十三里。漢文帝親謁河上公，公既上昇，故築此臺，以望祭之。

州理城，即古之虢國城。西征記：「陜縣，周、召分職處。城南倚山原，北臨黄河，懸水百餘仞，臨之者皆悚慄。〔一五〕」

太原倉，在縣西南四里。隋開皇二年置，以其北臨焦水，西倚大河，〔一六〕地勢高平，故謂之太原。周迴六里。

徽伯故壘，在縣南二里。高歡使李徽伯戍陜，周太祖攻之，徽伯築壘于此拒太祖。

太陽橋，在縣東北三里。〔一七〕唐貞觀十一年，太宗東巡，遣右武候將軍丘行恭營造。

芮城縣，西北九十五里。〔一八〕舊六鄉，今二鄉。古魏國附庸邑，今縣西二十里有芮城。按史記，〔一九〕芮國在馮翊界。魯桓公三年，芮伯萬爲母姜氏所逐，遂居于魏，爲晉所滅。今芮城是也。今縣北五里有魏城，即畢萬所封。漢以其地爲河北縣，屬河東郡。姚秦于此置河北郡。後魏太和十一年，自此移郡于太陽城。〔二〇〕後周明帝二年，自縣東十里移安戎縣于此置，尋改爲芮城縣，因古芮城爲名。唐武德二年于此置芮州。貞觀元年州廢，縣隸陝焉。

洹水津。〔二一〕水經注云：「河北縣有洹水、洹澤，其水南入于河，河水故有洹津之名。」穆天子傳云：「天子自竇軨次于洹水之陽。丁亥，入于南鄭。」

陳平祠，在縣東北二里。平葬中條山蒲陰縣城西門也，〔二二〕八世孫、漢魏郡太守陳康于此分居，乃立祖廟，令宗族祭祀。

陳平北廟，在縣北十五里。按碑文云：「二十六世孫陳處静以唐武德四年從故墓自南遷北。」〔二三〕此廟有碑二，古柏森然。

太公祠，在縣東南吕坂二十五里。〔二四〕周太師封于齊，三十君吕德仁，晉泰始元年出爲河北郡太守。〔二五〕今縣北有河北故城。至後秦弘始十六年，隴西太守吕憑創基立廟，有二碑見在。

芮王廟，在縣西二十里古芮城内。周司徒封于芮，爲附庸國也。〔二六〕梁開平初，感夢于天庭，再立祠廟。

中條山，在縣北十五里，高八里。自河中府東至當州靈寶縣界，次入平陸縣，南望太華，北瞻壺口。此山薄狹而延袤，故謂之中條，亦曰薄山。東至王屋，又至太行入于海。

薄山，在縣北十里。按山海經云：「蒲山之首，曰甘棗之山。共水出焉，西流注于河。」穆天子傳云：「登薄山寘軨之隥。」此乃起自薄坂。又名首陽山，邐池連延，東至太行入海，南北狹薄，謂之薄山。史記封禪書云：「自華以西，名山七，薄山即其一也。」

方山，一名雷首山，在縣西北二十七里。按地理志云：「河中府有地方名陰崖。」〔二七〕注云：「方山在其南。」即此。按尚書禹貢：「壺口、雷首，至于太華。」雷首，即此山也，與二華爭高，峰巒巉崒。

龍泉水，在縣北七里。水經注云：「古魏城内有龍泉，南流出城。」源闊五寸，深一寸。〔二八〕

古芮城，在縣西二十里。按泰誓注云：「周自虞、芮質厥成，〔二九〕諸侯並附。芮伯作旅巢命。」注云：「芮伯，周同姓圻内之國，爲卿大夫。」左傳注云：「芮國，在馮翊臨晉縣也。」

古魏城，縣北五里。按左傳云：「霍、楊、韓、魏，皆姬姓。」又毛詩國風云：「糾糾葛屨，可以履霜。摻摻女手，可以縫裳。」刺魏地狹隘，人多機巧，其君儉嗇而褊急，賣圃之菜，食園之桃，以理國人焉。省賦税，尚車甲，北瞰汾水，東臨晉境。至魯閔公元年，爲晉獻公所滅。晉作二軍，畢萬爲右，滅魏，遂以賜之。卜偃曰：「畢萬之後必大。萬，盈數；魏，大名也。」三卿分晉，萬之子孫復爲魏國，後爲强秦所逼，東遷于梁。魏有公子無忌，用侯嬴之計，使朱亥袖鎚殺晉鄙而奪其軍，北救趙。後秦伐魏，信陵自趙率五國之兵，大破秦軍，退至函谷。始皇二十二年，滅其國，以爲郡縣。其城周迴八里，年代綿遠，遺址猶存。

畢萬墓，在縣東北一十三里。按地理志云：「魏城東五里有魏之祖墓，〔三〇〕高一丈。」

段干木墓，在縣東北十五里。按史記：「魏文侯過段干木廬，必式。」卒，葬古魏城東，墳高三丈，有祠存。唐貞觀十年勑禁樵採。

郤芮墓，在縣西三里。按左傳僖公二十四年三月，〔三一〕晉侯潛會秦伯于王城。瑕甥、郤芮焚公宫，不獲公，乃如河上，秦伯誘而殺之。葬于此。子缺服喪，營墳三年。初臼季使過冀，見芮之子缺耨，其妻饁之，相敬如賓。與之歸，言諸晉文公曰：「能敬必有德。德能治民，請公用之。」公曰：「其父有罪，可乎？」對曰：「舜之罪也殛鯀，其舉也興禹，詩云：『采葑采菲，無以下體。』君取節焉，可也。」文公乃命缺爲下軍大夫，復與之冀，還其父故邑。今晉州冀氏縣是也。

平陸縣，北五十里。舊十二鄉，今五鄉。本漢大陽縣地，屬河東郡。後漢改爲河北縣，〔三二〕地屬亦不改。後魏太和十一年，自今芮城縣界故魏城移河北郡理于此。周武帝天和二年省大陽縣，仍自故魏城移河北縣于郡理。隋開皇三年罷郡，以縣屬陝州。唐天寶元年，陝郡太守李齊物鑿三門山路，〔三三〕所通深便于漕運，于所開瀆中得古鏵鉏甚大，〔三四〕上有古篆「平陸」二字，由是其年二月改爲平陸焉。

吴山，俗謂虞坂，自上及下，七山相重，〔三五〕在縣北五十里。漢地理志：「大陽縣西有吴山。」即吴坂也。楚客謂春申君曰：「昔騏驥駕鹽車上吴坂，遷延負轅而不能進，遇伯樂解而驟之，于是俯而噴沫，仰而鳴，以伯樂之知己也。今僕居軛之日久矣，君獨無意使僕爲君長鳴乎？」

閑原。詩云：「虞、芮質厥成，文王蹶厥生。」毛萇注云：「虞、芮之君，相與爭田，久而不平，乃相謂曰：『西伯，仁人，盍往質焉？』及境，見行讓路，耕讓畔，咸相謂曰：『我等小人，不可以履君子之庭。』乃相讓所爭之地，以爲閑田而返。天下聞之，歸周者四十餘國。」原在縣西六十里，東西七里，南北十三里。

顛軨坂，今謂之軨橋，在縣北四十里。即左氏「冀爲不道，入自顛軨。」

黄河，去縣二百步。

傅説祠，在縣東北二十里。尚書：「高宗夢得説，使百工營求諸野，得諸傅巖。」注云：「傅氏之巖，在虞、虢之界。」水經注云：「沙澗水北出虞山，東南經傅巖。」今穴在隱窟，即水西縣崖，去水一丈立祠焉。咸亨二年詔修傅説祠，〔三六〕以少牢致祭。

沙澗，在縣東三十里。水經注云：「沙澗水北出虞山，東南經傅巖，歷傅説隱室前，俗名聖人窟。」

故虞城，在縣東北六十里。按地理志，吴山有城。左傳：「晉荀息請以屈産之乘與垂棘之璧假道于虞以伐虢。」即此城也。

鄍城，鄍，音冥。〔三七〕在縣東北二十里。左傳僖公二年，晉荀息曰：「冀爲不道，入自顛軨，伐鄍三門。」杜注云：「河東大陽縣有顛軨坂。」又注云：「冀伐虞至鄍，〔三八〕鄍，虞邑也。」其城周四里。

瑟瑟窟，在縣西北四十里。

靈寶縣，西四十五里。舊八鄉，今三鄉。本秦桃林縣。漢爲弘農縣地。按漢縣在今縣西南二十里函谷故關城是也。隋開皇十六年于今所置桃林縣，屬陜州，取古桃林塞爲名。唐開元末，其地得天寶靈符，因改元天寶，兼改此縣爲靈寶焉。

門水，俗名鴻臚澗。

柏谷水，亦名磬澗。水經云：「河水又東，合柏谷水。」注云：「水出弘農縣南石堤山。」

桃林塞。山海經云：「夸父之山，其北有林，名曰桃林，廣員三百里，中多馬。〔三九〕湖水出焉，北流注于河，其中多珚玉。」造父于此得驊騮、騄耳之乘獻穆王。尚書謂放牛桃林之野，左傳謂以守桃林之塞。其地則自縣以西至潼關皆是也。三秦記：「桃林塞，在長安東四百里。若有軍馬經過，好行則牧華山，休息林下，惡行則決河漫延，馬不得過矣。」

曹陽城，在縣東南十四里。陳涉使周文西入秦，秦使章邯擊破之，殺文于曹陽城，即此。後曹公改爲好陽。

晉王斜路，即漢書地理志函谷關路也，西接湖城縣，東至此縣界六十一里，已廢。開皇九年，晉王自揚州回，復此路，因名晉王斜路。至今不絕。

黄河，在縣西北五里。

古函谷關，在縣南十里一百六十步。秦之舊關也。孟嘗君田文被逐，夜半關閉，下客爲雞鳴而得出之處也。漢高祖入武關，居灞上，閉函谷關不納，項王、亞父怒燒關門。又漢樓船將軍楊僕立大功，恥爲關外民，請以家僮七百人助築關城。武帝意好廣闊，遂東移于新安，以其故關爲弘農縣也。地理志云：「弘農，故秦函谷關也。」〔四〇〕崔浩注云：「東自崤山，西至潼津，通名函谷，號曰天險，所謂秦得百二。」戴延之西征記云：「舊函谷關帶函道。」漢書訓纂云：〔四一〕「道形如函也。」酈善長水經注云：「門水北經弘農縣故城東，城即故函谷關校尉舊治處，終軍棄繻之所。」老子西入關，尹喜望氣于此也。王元説隗囂「請以一丸泥東封函谷關」，〔四二〕亦此處也。三秦記云：「函谷關去長安四百里，日入則閉，雞鳴則開，秦法也。」又晉地道記云：「漢弘農，本函谷關，有桃林也。」潘岳西征賦云「躡函谷之重阻」，即此關也。其城北帶河，南依山，周迴五里餘四十步，高二丈。唐天寶元年于尹真人舊宅所掘得靈寶符，遂立靈寶縣于此。

稠桑澤，在縣西十八里。按山海經云桃林地方三百里，此澤即古之桃林也。春秋云：「虢公敗戎于桑田。」杜注云：「桑田，虢地，在弘農陝縣東北。」蓋此也。

細腰原，在州西南七十九里。東西闊三里，南北長十里，當中五十步。俗傳云中心狹細如束素之腰，故名。

尹喜臺，在縣南十二里。

關龍逢墳，在縣西南七里。城冢記云：「關龍逢葬在龜頭原左脇，高三丈。唐太宗東巡致祭。開元十三年立碑，舍人吴鞏之詞。

楊駿五公墓，在縣東南十里。晉陽秋云：「惠帝永平元年殺太傅楊駿并父及子孫九人，〔四三〕故吏潘岳等收葬之。」

硤石縣，東南五十里。舊六鄉，今三鄉。本漢陝縣地，屬弘農郡。周地圖記：「後魏太和十一年分陝縣東界于治盧置崤縣，在治之郊，〔四四〕屬弘農郡，取崤山爲名。」隋初改爲硤石縣，大業二年廢入陝縣。唐義寧元年再置崤縣，理硤石塢，二年省。武德元年再立，三年移理鴨橋故鎮。貞觀八年移于安陽城，十四年移于硤石塢西，即今縣是也。至皇朝乾德五年，割河南府永寧縣胡郭一邨屬焉。

底柱山，俗名三門，在縣東北五十里黄河中。禹貢：「導河積石，至于龍門，東至于底柱。」注云：「河水分流，包山而過，山見水中，若柱然也。」又以禹理洪水，山陵當水者，破之以通河。三穿既決，河出其間有似門，故俗號三門。漢成帝鴻嘉四年，楊焉上言：「底柱之隘，可鑴廣之。」上乃令鑴之。才没水中，不能復去，而令水益湍怒，爲害彌甚。隋開皇三年遣倉部侍郎韋瓚自蒲、陝以東，募人能于洛陽運米四十石，由砥柱之險，達于常平者，免其征戍。唐貞觀十二年，太宗東巡，臨幸于此。今有魏徵所勒碑銘在。

繡嶺宫，在縣東三里。

硤石水，在縣東二十里。水出土嶺，〔四五〕西經硤石山，因名。與槖水合流。

二陵，在縣東北四十六里。春秋云：「崤有二陵焉：南陵，夏后皋之墓；北陵，文王避風雨之所。」崤在弘農澠池縣西，北道在三崤之間，〔四六〕兩山相嶔，文王避風雨古道猶存。其地原屬河南永寧縣，乾德五年割屬當縣。

虢城，在縣西三十六里。左傳僖公五年「晉侯圍上陽」。杜注云：「上陽，虢國都，在弘農陜縣東南。」漢地理志：「陜縣，故虢國。北虢在大陽，東虢在滎陽，西虢在雍州。」今陜縣東，即北虢也。

安陽城，在縣西四十里。漢書：「上官桀，侯封之國。」潘岳西征賦云：「我徂安陽，言陟陜郛。」唐貞觀八年移崤縣在此城内置，十四年移治向南，改名硤石縣。城今廢。

神雀臺，在縣東北四十五里石壕鎮東路北。唐天寶二年，赤雀翔于臺上，因名。臺高五十尺，〔四七〕周半里。

莘原，在縣西十五里。左傳莊公三十二年，「有神降于莘」。杜注：「莘，虢地。」

廢陜内縣，〔四八〕在縣南四十里。廢入硤石縣。

夏縣，北九十九里。〔四九〕舊十一鄉，今七鄉。本漢安邑故地。魏孝文太和元年析安邑縣置夏縣，〔五〇〕以夏禹所都之地爲名，屬河東郡。後周建德七年移于此地。義寧初屬虞州。貞觀十七年隸絳州，乾元三年屬陜州。〔五一〕

巫咸山，一名覆奥山。水經注云：「鹽水西北流經巫咸山北。」山海經云：「巫咸國，在女丑北，右手操青蛇，〔五二〕左手操赤蛇，在登葆山，羣巫所從上下也。」又引大荒西經云：「大荒之中有靈山，巫咸、巫即、巫朌、〔五三〕巫彭、巫姑、巫真、巫孔、巫抵、巫謝、巫羅十巫，從此昇降，百藥爰在。」又引郭景純云：「羣巫上下靈山，採藥往來也。」蓋神巫所遊，故山得名矣。

夏宫。夏靜與洛下人書云：「安邑，禹舊宫，有石殿、金户、丹庭、紫宫，俗人名爲驪姬故房。」今無基址。

夏禹臺，在縣西北十五里。土地十三州志云：「禹娶塗山氏女，思本國，築臺以望。今城南門臺基猶存。」夏靜與洛下人書曰：「安邑塗山氏臺，俗謂之青臺，上有禹祠。」

巫咸祠，在縣東五里巫咸山下。即商臣也。

中條山，在縣界。東西一百二十里。

皇川，在縣東南五十五里中條山内。耆舊相傳夏后離宫避暑之所。

涑川，在縣北四十里。從聞喜縣界接河中猗氏縣。東北有青原，南距安邑，沃野彌望一百餘里。左傳成公十三年，「晉侯使吕相絶秦，曰：『伐我涑川。』」

古安邑城，在縣西北一十五里。按地理志云：「夏禹自平陽徙都安邑，後徙晉陽。」

皇甫謐曰：「禹受禪，都平陽，遷安邑也。」

閿鄉縣，西一百七十里。舊五鄉，今二鄉。〔五四〕本漢湖縣，屬京兆尹。因津以名邑焉。又爲戾園之地，有思子臺，太子園陵存焉。周明帝二年於湖城故地置閿鄉郡。隋開皇三年廢，十六年自湖城故城移于今理，仍改爲閿鄉縣。唐貞觀元年移鼎州于此，八年州廢爲縣，復屬虢。皇朝太平興國二年割閿鄉、湖城二縣隸陝州。

秦山，一名秦嶺山，在縣南五十里。山海經云：「華山之首，有錢來之山。又西四十五里，有松果山。又西六十里，有大華山。」郭氏注云：「即西嶽華陰山也。」又按夸父山，其北有桃林。郭注：「桃林，在今弘農湖縣閿鄉南谷中是也。」

黄河，在縣北三里。

閿鄉津，去縣三十里，即舊風陵關。

蒲城子路，爲孔子問津之所。

黄卷坂，即潼關路。述征記云「河自關東北流，水側有長坂，謂之黄卷坂」〔五五〕是也。按坂在縣西北二十五里。〔五六〕潘岳西征賦云「泝黄卷以濟潼」，謂此古道爲車轍所輾成。

玉澗。水經云：「河水又東北，〔五七〕玉澗水注之。」注云：「水南出玉溪，北流經皇天原。」

女媧墓，自秦、漢以來，皆係祀典。唐乾元二年，虢州刺史王奇光奏所部閿鄉縣界有女媧墓，〔五八〕於天寶末失其所在，今月一日夜，河上側近忽聞風雷聲，曉見墓踊出，〔五九〕上有雙柳樹，下有巨石，其柳各高丈餘。

戾太子陵，在縣南十六里，高百五十尺。

思子宮故城，在縣東北二十五里。漢武思戾太子所築。

全鳩水，〔六〇〕一名全節水，戾太子亡匿處。

宋武七營。宋高祖征姚泓于長安，其將檀道濟、王鎮惡濱河帶險大小七營，皆在縣西沿河。

赫連氏京觀，在縣西北二十三里。俗號平吴臺。赫連勃勃使太原公昌引兵攻宋將朱齡石于潼關，克之，乃築臺以表武功也。

湖城縣，西九十里。舊六鄉，今二鄉。漢縣，屬京兆尹。舊曰胡，建元元年更爲湖。即今縣西北二里古胡城也。按郊祀志：〔六一〕「黄帝以首山之銅，鑄鼎于荆山之下。」後名其地爲鼎湖，即此邑。後魏改爲湖城縣。隋開皇十六年廢，義寧元年于古上陽宫再立。乾元三年二月改爲天平縣，八年移于上陽宫東南一里，〔六二〕即今理。大曆四年復爲湖城縣。

荆山，在縣南。出美玉，即黄帝鑄鼎之所，故有鼎湖之稱。

颺堆。形如聚粟，故人呼爲颺堆。

鳳林泉。後漢辛繕，字公文，隱居華陰。有大鳥，雞首，燕鴿，魚尾，蛇頸，五色而多青，棲于門之槐上，因名鳳林泉。

周天子祠。四夷縣道記：「周天子故祠，在縣西南十里。即漢志注有二祠存。」

夸父山，在縣東南三十五里。

九龍廟，在縣南十九里。廟有九泉，大小相類，深淺無異，其色清澈，毛髮可鑑，若逢亢旱，祈禱此廟，應若影響。

虢州

虢州，弘農郡。今理弘農縣。〔六三〕禹貢當雍、豫二州之境。春秋爲虢國地。按帝王世紀云：「故虢有三焉，周興，封虢仲于西虢，此其地也。封虢叔于東虢，即今成皋也。〔六四〕今陝郡平陸縣是北虢。〔六五〕」此謂三虢焉。春秋魯僖公二年，爲晉所滅，即「荀息請以屈産之乘、垂棘之璧假道於虞以伐虢」者也。〔六六〕虢亡，〔六七〕地入晉。七國時，爲秦、韓之疆。秦併天下，爲三川郡，後立河南，南陽二郡。漢地理志：元鼎四年，丞相論廣關中地。〔六八〕又樓船將軍楊僕恥爲關外人，于是徙關于新安，割秦河南、南陽二郡之西境，于故函谷置弘農郡并弘農縣，義取弘大農桑爲名，以屬司隸。後魏避獻文諱，改爲恒農郡，至太和十一年，移郡理陝城。永熙三年，分恒農西界，又爲西恒農郡。後周明帝廢西郡，併入元郡，仍改恒農爲弘農。隋開皇三年廢郡，以所領縣並屬陜。大業二年廢陜州，又以弘農縣復立郡，即理于今州西古城；其年冬又移郡于鴻臚川，即今郡理也。義寧元年改爲鳳林郡；其年又于盧氏縣置虢郡。唐武德元年改虢郡爲虢州，仍改鳳林郡爲鼎州，乃自弘農移理閿鄉縣。貞觀八年廢鼎州，自盧氏縣移虢州于今理，屬河南道。開元初以巡按所便，屬河東道。天寶元年改爲弘農郡。乾元元年復爲虢州。今仍屬河東道。後漢劉昆爲太守，初多虎災，月餘皆負子過河而去。

元領縣六。今四：恒農，朱陽，盧氏，玉城。二縣割出：閿鄉，湖城。並入陜州。

州境：東西一百六十里。南北一百一十四里。

四至八到：東至東京七百六十里。東至西京四百五十三里。〔六九〕西北至長安四百三十里。南至鄧州七百里。西至華州二百三十五里。北至絳州三百四十里。東北至陜州一百三里。東南至汝州五百一十里。西南至商州三百七十里。西北至潼關一百三十里。自潼關至華州一百二十里，又至河中府一百八十三里。

户：唐開元户一萬七千七百四十三。皇朝管户主四千四百七十三，客四千六百七十九。

風俗：同陜州。

姓氏：恒農郡五姓：楊、劉、强、晉、奚。

人物：董遇，弘農人。自云讀書百遍，其義自見。爲大司農。　王濬，弘農人。爲晉龍驤將軍，平吴。　唐宋之問。弘農人。

土産：方紋綾，貢。花紗，絹，梨，棗，硯瓦，麝香，蜜，黄丹。

恒農縣，舊八鄉，今四鄉。本秦桃林縣地。漢武置弘農縣于秦故函谷關衙山嶺下，注云：「函谷者，謂道形如函。」孫卿子謂「秦有松柏之塞」，即此地也。隋大業二年省弘農縣，三年復于今湖城縣西南一里上陽宫南置，尋移縣就郡理；其年又與郡同移于鴻臚川，即今縣理是也。唐神龍元年改「弘」爲「恒」，開元初復爲「弘」。後漢公沙穆爲令，初多蟲災害稼，穆以身禱，一夕蟲爲暴雨所斃，歲成大稔。至皇朝建隆三年改爲恒農，避廟諱。

衙山嶺，在縣西南三十五里。漢地理志：弘農縣，「衙山嶺下谷，爉水所出。」

鹿蹄山。〔七〇〕九州要記云：「弘農縣有鹿山，山中石上有自然鹿跡，非人功所爲。」

石隄山，在縣西南十七里。水經注云：「柏谷水出弘農縣南石隄山，下有石隄祠焉。」西連華山。

伏犢山，在縣西南二十八里。東接崤函，西連仙掌。

扇子山。九州要記云：「山石壁中分其形似扇，故名之。」

黃河，在縣西四十五里。〔七一〕

鴻臚川，一名鴻臚澗，一名門水，在縣西一里。西南自朱陽縣界入，溉田四百餘頃。水經注云：「即山海經所謂『陽華之山，門水出焉』者也。又東北歷峽，〔七二〕謂之鴻關水，東有城，即關亭也。」

柏谷亭，漢文帝微時常遊于此。〔七三〕按九州要記云：「楊震宅，在柏谷亭。」

柏仁驛，漢高祖獲貫高之所。〔七四〕

楊震宅。按後漢書，震四世五公，爲關西大儒，即郡人也，號關西孔子。

王濬冢。仕晉，平吳有功。卒，葬于此，而冢尚存。

朱陽縣，西南七十里。舊五鄉，今四鄉。本漢盧氏縣地。按十三州記：〔七五〕「盧氏有朱陽山，因別立縣。」後魏太和十四年，蠻人樊磨背梁歸魏，魏于今盧氏縣南一百五十里立朱陽郡，以樊磨爲太守。孝昌二年省郡，大統二年又立，〔七六〕屬東義州，仍于理所置朱陽縣以屬焉。後周保定二年省郡。大象二年移縣于今盧氏縣西南隅一作堰渠谷中。〔七七〕隋開皇四年移理洛水北。大業二年移于芹池川，即今縣也。至皇朝乾德六年併入恒農縣。太平興國七年再置。

地肺山。〔七八〕山有神祠，即肺祠也。

柏谷。古有白石先生隱此山得仙，今有遺跡尚多焉。

鴻臚水，經縣南一百五十步。

盧氏縣，東南一百六十六里。依舊二鄉。漢縣，屬弘農郡。後屬虢，今不改。郡國縣道記云：「縣則西虢之别邑。」按遁甲開山圖云：「盧氏山宜五穀，可以避水災。」因山以名縣。後魏大統中于此立東義州。隋開皇三年改爲虢州，大業三年廢州。義寧元年又置虢郡。武德元年改爲虢州。貞觀八年州移理弘農，此爲屬邑。

熊耳山。按漢地理志：盧氏縣，「熊耳山，伊水出，東北入雒。」在今縣南五十里。按遁甲開山圖云：「熊耳山有金匱石室，夏禹藏圖書之所。」尚書「導洛自熊耳」，孔安國云「在宜陽之西」，乃樊崇積甲之所。是知有兩熊耳山，以其兩峰相對似熊耳故也。

洛水，經縣南。

兜鍪山，自商州洛南界邐迆向縣西卻入朱陽山，去縣一百四十里，形似兜鍪。

朱陽山，自兜鍪山邐迆向縣西南，經縣界入西石門山，去縣百里。出檀木，爲弓材。

西石門山，自朱陽邐迆向縣西界入熊耳山，去縣十里，山形似門。

玉城縣，東南六十里。舊五鄉，今三鄉。本盧氏縣地，後魏正始二年分盧氏縣地于今縣東南十五里立石城縣，屬安樂郡。〔七九〕廢帝元年改石城爲玉城縣，以隸虢，因荆山之石有玉而美，故以名之。後周天和六年廢。〔八〇〕義寧元年于今縣西北一百五十步再置，因後魏舊名。貞觀八年移于今理。

五陽水，在縣西十五里。北流與闕方水合。

鹿蹄山，在縣西南二里。

卷六校勘記

〔一〕秦屬三川 「三川」，傅校改爲「三川郡」。元和郡縣圖志卷六陝州：「秦併天下，屬三川郡。」則作「三川郡」是。

〔二〕爲次畿赤 新唐書卷三八地理志二作「縣次畿赤」，此「爲」蓋「縣」字之誤。

〔三〕東西二百七十一里 「七十一」底本作「七十」，萬本、中大本、庫本並作「七十一」，傅校改同。據改。

〔四〕西南至虢州九十六里 「六」，萬本、庫本作「三」，中大本作「二」。

〔五〕西北至絳州二百二十里 萬本、中大本同，庫本此下有「又西北至河中府二百四十五里」十三字，同元和郡縣圖志陝州。

〔六〕傅説　萬本、庫本「傅説」下有「在虞虢之界」，傅校同。史記殷本紀：「武丁夜夢得聖人，名曰説。以夢所見視羣臣百吏，皆非也。於是迺使百工營求之野，得説於傅險中。是時説爲胥靡，築於傅險。」正義引括地志云：「傅險即傅説版築之處，「在今陝州河北縣北七里，即虞國虢國之界」。集解引孔安國曰：「傅氏之巖在虞虢之界。」

〔七〕焦先　萬本、中大本、庫本「焦先」下有「大雪中卧」四字。傅校同。三國志卷一一魏書胡昭傳裴松之注引高士傳曰：「焦先，「遭冬雪大至，先袒卧不移。」

〔八〕獻帝東歸　「東」，底本脱，庫本同。太平御覽卷一五八引後漢書曰：「獻帝東歸，至陝。」正爲本書所引，此脱「東」字。據萬本補。

〔九〕水雖漲減　「雖」，萬本、庫本作「灘」。「減」，底本作「滅」，庫本同，萬本、中大本作「減」。水經河水注：「翁仲頭髻常出，水之漲減，恒與水齊。」作「減」是，據改。

〔一〇〕石虎　「虎」，底本作「氏」，萬本、庫本作「虎」，同水經河水注，據改。

〔一一〕以代井汲　「汲」，底本作「給」，萬本作「汲」。新唐書地理志二陝州：「有廣濟渠，武德元年，陝東道大行臺、金部郎中長孫操所開，引水入城，以代井汲。」作「汲」是，據萬本改。

〔一二〕今澗謂曹陽澗　「謂」，萬本、庫本作「爲」，傅校改同。

〔一三〕太陽故關　「太」，萬本、庫本作「大」，傅校同。本條下文云「太陽津」亦同。按「太陽」、「大陽」，並是，元和郡縣圖志陝州作「太陽」，通典卷一七七州郡七、新唐書地理志二陝州並作「大陽」。

〔一四〕所居池水盡黑　「盡黑」，底本、萬本、中大本並脱，據庫本補。嘉慶重修一統志卷二二〇陝州引名勝志：「墨池，「池水盡墨」。」是也。

〔一五〕臨之者皆悚慄　「皆」，底本脱，據萬本、庫本、傅校及元和郡縣圖志陝州補。

〔一六〕西倚大河　「倚」，庫本同，萬本作「俯」，同元和郡縣圖志陝州。

〔一七〕在縣東北三里　「北」，底本脱，庫本同，據萬本及元和郡縣圖志陝州補。

〔一八〕西北九十五里　「五」，底本作「三」，萬本、中大本、庫本並作「五」，傅校同。元豐九域志卷三陝州芮城縣：「西北五十九里。」按「五十九」實爲「九十五」之倒誤，此「三」當爲「五」字之誤，據改。

〔一九〕按史記　「按」，底本脱，據萬本、中大本、庫本補。史記卷五秦本紀正義云：「梁、芮國皆在同州。」按唐同州郡名馮翊，又治于馮翊縣，則此應作「史記秦本紀正義」。

〔二〇〕太陽城　「太」，萬本作「大」，庫本同。按大陽縣，漢置，屬河東郡。漢書卷二八地理志上、續漢書郡國志一、晉書卷一四地理志上並作「大陽」，水經河水注：「河水又東，逕大陽縣故城東。」又：「有小水，西南流注沙澗，亂流逕大陽城東，河北郡治也。」魏書卷一〇六地形志下作「太陽」。則「太」、「大」，並是。

〔二一〕洹水津　萬本、中大本、庫本並作「洹水」，無「津」字。

〔二二〕平葬中條山蒲陰縣城西門也　按漢書卷四〇陳平傳：漢高帝「封平爲曲逆侯。」續漢書郡國志二：中山國「蒲陰，本曲逆，章帝更名」。則蒲陰縣屬中山國，故城在今河北完縣東南。本書下文載：「中條山，在縣（芮城）北十五里，高八里。自河中府東至當州靈寶縣界，次入平陸縣。」即今山西西南黄河和涑水河間中條山，二地一北一南，相去甚遠，實無關係，此「中條山」疑爲「中山國」之誤，或爲衍文。

〔二三〕陳處静以唐武德四年從故墓自南遷北　萬本「四年」下「從」上有「爰」字，乃誤，庫本作「爰」，當是，此蓋脱。

〔二四〕在縣東南吕坡二十五里　嘉慶重修一統志卷一五四解州引本書作「在縣東二十五里吕坡」，「吕坡」二字應繫於「二十五里」下。

〔二五〕周太師封于齊三十君吕德仁晉泰始元年出爲河北郡太守　原校：「按三十君吕德仁，諸本皆同，未詳其説，或紀其世次而譌脱耳。又晉書地理志但有河東郡，至後魏方爲河北郡，今恐是河東太守。」按本書上文芮城縣沿革載：「姚秦于此置河北郡」。則西晉時無「河北郡」。

〔二六〕爲附庸國也　底本「爲」下有「虞之」二字，萬本、庫本並無。詩大雅緜：虞、芮質厥成，文王蹶厥生。」是芮非虞之附庸國。尚書旅獒：「芮伯作旅巢命。」注：「芮，周同姓圻内之國。」則爲周之附庸國，此「虞之」二字衍，據删。

〔二七〕陰崖　萬本、中大本、庫本並作「陰」。

〔二八〕源闊五寸深一寸　嘉慶重修一統志解州引本書作「源闊五尺，深一丈」，疑是。

〔二九〕周自虞芮質厥成　「厥」，底本脱，據萬本、中大本、庫本及尚書周書泰誓上注文補。

〔三〇〕魏城東五里有魏之祖墓　「祖」上，萬本、中大本、庫本並有「始」字，此蓋脱。

〔三一〕僖公二十四年三月　「二十四年三月」，底本作「二年四月」，萬本、庫本同，中大本作「二十四年四月」。按本書引左傳載瑕甥、郤芮焚宫事，見於左傳僖公二十四年三月，據改。

〔三二〕後漢改爲河北縣　萬本「縣」作「郡」，庫本同按漢置河北、大陽二縣，俱屬河東郡，魏書地形志下載：「河北，二漢、晉屬河東。」又載：「大陽，二漢、晉屬河東。」是也。本書上文芮城縣沿革載，北周明帝改河北縣置芮城縣；本書平陸縣沿革載，北周武帝改大陽縣置河北縣，天寶元年改名平陸縣。據此，唐芮城縣，漢、晉爲河北縣地；平陸縣，二漢、晉爲大陽縣地，此謂「後漢改爲河北縣」，有誤。又河北郡，十六國後秦置，萬本作「後漢改爲河北郡」，亦誤。

〔三三〕陜郡太守李齊物鑿三門山路　「郡」，底本作「州」，據萬本、中大本、庫本及新唐書地理志二改。

〔三四〕于所開瀆中得古鏵鉏甚大　「鏵鉏甚大」，萬本作「鐵戟若鏵然」，同新唐書卷七八李齊物傳。

〔三五〕七山相重　「重」，底本作「從」，據萬本、中大本、庫本及水經河水注、元和郡縣圖志陜州改。

〔三六〕傳説祠　「傳」，底本無，據萬本、中大本、庫本補。

〔三七〕郥音冥　萬本、庫本無此三字，蓋非樂史原文。

〔三八〕冀伐虞至郥　「冀」，底本作「晉」，據萬本、中大本、庫本及左傳僖公二年杜注改。

〔三九〕中多馬　「中」，底本脱，據萬本、中大本及山海經中山經補。

〔四〇〕故秦函谷關也　「秦」，底本脱，據萬本、中大本、庫本及漢書地理志上補。

〔四一〕漢書訓纂　「訓」，底本脱，萬本同，據庫本及隋書卷三三經籍志二、舊唐書卷四六經籍志上補。

〔四二〕請以一丸泥東封函谷關　「函谷」，底本脱，萬本、庫本同，據中大本及後漢書卷一三隗囂傳補。

〔四三〕在縣東南十里至子孫九人　「十」，底本作「十五」，據萬本、中大本、庫本及嘉慶重修一統志卷二二一陜州二改。又「九人」，萬本、中大本、庫本並作「五人」，此「九」字蓋爲「五」字之誤。

〔四四〕分陜縣東界于冶盧置崤縣在冶之郊　「盧」，萬本、庫本作「壚」。按「壚」、「盧」字同。後「冶」字，庫本同，萬本作「治」，義異，疑誤。

〔四五〕水出土嶺　「土」，底本作「上」，萬本、中大本、庫本並作「土」，嘉慶重修一統志卷二二〇陜州引本書同，據改。

〔四六〕北道在三崤之間　「三」，萬本、庫本同，中大本作「二」。按左傳僖公三十二年：「秦遣孟明視襲鄭，蹇叔曰：『晉人御師必於殽。殽有二陵焉，其南陵，夏后皋之墓；其北陵，文王之所辟風雨也。」杜預注：「殽在弘農澠池縣西。」「此道在二殽之間南谷中，谷深委曲，兩山相嶔，故可以辟風雨，古道由此。」孔穎達疏引正義曰：「此道見在，殽是山名，俗呼爲土殽、石殽，其阨道在兩殽之間。」此處「北」疑爲「此」字之誤。魏書卷一〇六地形志下：恒農郡崤縣：「有三崤山。」北史卷二一崔寬傳：「三崤地險。」則作「三」是。

〔四七〕臺高五十尺　「尺」，庫本同，萬本作「丈」，嘉慶重修一統志陝州引本書同，按作「丈」是。

〔四八〕廢陝内縣　庫本同，萬本作「廢芮城縣」，嘉慶重修一統志陝州引本書同，又謂「後周置，唐初置州。」按後周明帝改置之芮城縣在河東，唐武德初於縣置芮州，載於本書上文芮城縣沿革，此不該重出後周「芮城縣」，蓋底本是。

〔四九〕北九十九里　後「九」字，萬本、中大本並作「八」，庫本無。元豐九域志卷三陝州夏縣：「北九十八里。」與萬本、中大本合。

〔五〇〕本漢安邑故地魏孝文太和元年析安邑縣置夏縣　原校：「按後魏地形志，河北郡有北安邑縣，注云『二漢、晉屬河東郡』，又有南安邑縣，注云『太和十一年置。』故元和郡縣志云：『本漢安邑縣地，屬河東郡。後魏太和十一年別置安邑縣，十八年方改爲夏縣。』頗爲有據。今記云『魏太和元年析安邑縣置夏縣』，所書之年既誤，所紀置縣亦脱略。」

〔五一〕乾元三年屬陝州　「三年」，庫本同，萬本、中大本並作「元年」。按元和郡縣圖志、新唐書地理志陝州均作「三年」，舊唐書卷三八地理志一作「元年」。

〔五二〕右手操青蛇　「蛇」，底本作「龍」，萬本、中大本並作「蛇」。按山海經海外西經作「蛇」，水經涑水注引文同，此「龍」字誤，據改。

〔五三〕巫盼　「盼」，底本作「盻」，萬本、庫本同，據朱謀㙔水經注箋改。

〔五四〕今二鄉　「二」，底本作「六」，萬本、中大本、庫本並作「二」，傅校改同。據改。

〔五五〕黄卷坂　「卷」，萬本、庫本同，中大本作「巷」。按太平御覽卷五三引述征記、通典卷一七七州郡七並作「卷」；潘岳西征賦、元和郡縣圖志陝州並作「巷」。

〔五六〕按坂在縣西北二十五里　「五」，底本脱，據萬本、中大本、庫本補。元和郡縣圖志卷六虢州閿鄉縣作「三十五里」。

〔五七〕河水又東北　「又」，底本作「入」，據萬本、庫本及水經河水注改。

〔五八〕閿鄉縣　「鄉」，底本脱，據萬本、中大本、庫本及舊唐書卷三七五行志補。

〔五九〕忽聞風雷聲曉見墓踊出　「風」，底本脱；「踊」，底本作「涌」，並據萬本、庫本及舊唐書五行志補改。

〔六〇〕全鳩水　「全」，萬本同，庫本作「泉」。按水經河水注云「全鳩澗水」，漢書卷六三戾太子傳顔師古注曰「泉鳩水」，「全」、「泉」音同字異。

〔六一〕後魏改爲湖城縣　「後魏」，中大本同，萬本、庫本作「宋」，同元和郡縣圖志陝州。按水經河水注引魏土地記曰「宏農湖縣」，周書卷四四陽雄傳：父猛，魏正光中，「爲襄威將軍、大谷鎮將，帶胡城令。」「胡」，即「湖」，則北魏有此縣。

〔六二〕八年移于上陽宮東南一里　原校：「按乾元盡三年四月，今云八年移治，恐誤，或脱文也。」

〔六三〕弘農縣　本書恒農縣序云：「建隆三年改（弘農）爲恒農，避廟諱。」元豐九域志卷三虢州：「建隆元年改弘農爲常農。至道三年改常農縣爲虢略。」宋史卷八七地理志三：虢略，「唐弘農縣，建隆初改常農，至道三年改今名。」按「常」，「恒」也，則此應作「恒農縣」。

〔六四〕即今成皋也　「也」，底本無，據萬本、中大本、庫本補。太平御覽卷一五九引帝王世紀作即今成皋是也」。

〔六五〕今陝郡平陸縣是北虢　「今」，底本脱，據萬本、中大本、庫本及太平御覽卷一五九引帝王世紀補。

〔六六〕即荀息請以屈産之乘垂棘之璧假道於虞以伐虢者也　「之乘」、「之璧」、「於虞」、「虢」，底本均脱，據萬本、中大本、庫本及左傳僖公二年補。

〔六七〕虢亡　「虢」，底本作「國」，據萬本、中大本、庫本及傳校改。按元和郡縣圖志虢州：「虢亡乃爲晉地。」是。

〔六八〕漢地理志元鼎四年丞相論廣關中地　按此文不載於漢書地理志，疑誤。

〔六九〕東至西京四百五十三里　「三」，底本作「五」。元和郡縣圖志卷六：虢州「東至東都四百五十三里。」按唐以洛陽爲東都，宋以洛陽爲西京，元和郡縣圖志所記里數正與萬本、中大本、庫本同，據改。

〔七〇〕鹿蹄山　「蹄」，底本作「跡」，萬本、中大本、庫本作「蹄」。水經河水注：田渠川水「逕鹿蹏山西，山石之上有鹿蹏，自然成著。」嘉慶重修一統志陝州引本書亦作「鹿蹏山」，按「蹏」同「蹄」，則作「蹄」是，據改。本書下文玉城縣列有「鹿跡山」，改同。

〔七一〕在縣西四十五里　「四十五」，底本作「十五」，萬本、中大本、庫本並作「四十五」。按唐宋虢州治弘農縣，即今河南靈寶縣，西北距黄河里數，與萬本、中大本略同，則底本脱「四」字，據補。

〔七二〕又東北歷峽　「峽」，底本作「陜」，據萬本及水經河水注改。

〔七三〕漢文帝微時常遊于此　「漢文帝」，水經河水注作「漢武帝」。

〔七四〕柏仁驛漢高祖獲貫高之所　「仁」，萬本、中大本同，庫本作「人」。漢書卷一高帝紀下：八年，過趙，趙相貫高恥上不禮其王，陰謀欲弑上。上欲宿，心動，問縣名何？曰：柏人。上曰：柏人者，迫於人也。去弗宿。按漢柏人與此柏人地不同，作者借故而已，疑此「仁」爲「人」字之誤。「祖」，底本脱，據萬本、中大本、庫本補。

〔七五〕十三州記　「三」，底本無，萬本、中大本、庫本有，傅校本同。按應劭著十三州記，見水經泗水注、淄水注，闞駰撰十三州記，見水經濟水注，黄義仲作十三州記，見水經河水注，此不知何人所修，當脱「三」字，據補。

〔七六〕大統二年又立　「二」，元和郡縣圖志虢州作「三」。

〔七七〕大象二年移縣于今盧氏縣西南鄢一作堰渠谷中　「鄢」，庫本同，萬本據水經洛水注改爲「鄔」，嘉慶重修一統志陝州引本書同。「一作堰」，萬本、庫本無，蓋非樂史原文。

〔七八〕地肺山　「肺」，底本作「胏」，萬本、庫本作「肺」，嘉慶重修一統志卷二二〇陝州引本書同。按隋書卷三〇地理志中朱陽縣列有肺山，即此山，此「胏」爲「肺」字之誤，據萬本等改。下「胏」字同改。

〔七九〕安樂郡　「安樂」，萬本、中大本同，庫本作「樂安」，未知孰是。

〔八〇〕天和六年　「六」，元和郡縣圖志虢州作「元」。

太平寰宇記卷之七

河南道七

許州

許州，潁川郡。〔一〕今理長社縣。禹貢豫州之域。星分房宿二度。周爲許國，左氏傳：「許，太嶽之胤。」説者謂炎帝之裔，周武王伐紂所封于此，又徙于葉。魯昭公九年，又遷于夷，今亳州城父縣是也。至十三年又自夷還居于葉，十八年又遷于白羽。定公六年，爲鄭所滅，自後復立，爲鄭附庸邑。周末爲晉地，三卿分晉，其地入韓。七國時爲韓、魏二國之境。秦并爲潁川郡，理陽翟。兩漢爲潁川之許縣，後漢末，魏太祖迎獻帝自洛都許。〔二〕文帝雖云都洛，其宮室武庫多在許，〔三〕即今許昌縣也。又西魏大統十三年詔遣河南行臺、大都督王思政進據潁川，東魏遣將清河王高岳率衆十萬攻思政，思政不與戰，岳造高堰，引洧水以攻之；十五年城陷，水自東北入城，思政爲岳所執，即今長葛縣之長社故城也。北齊高澄於此改立南鄭州。周大定元年改爲許州，治長社焉。隋初不改，大業初州廢，又爲潁川郡。唐武德四年平王世充，改爲許州，領長社、長葛、許昌、繁昌、黄臺、潩强、臨潁七縣。貞觀元年廢黄臺、潩强、繁昌三縣，以洧州之扶溝鄢陵、汝州之襄城、嵩州之陽翟、北澧之葉縣來屬；十三年改置都督府，管許、唐、陳、潁四州，而許州領長社、長葛、許昌、鄢陵、扶溝、臨潁、襄城、陽翟、葉九縣；十六年罷都督府。顯慶二年割陽翟屬洛州。開元四年割葉、襄城置仙州；二十六年仙州廢，以葉、襄城、陽翟來屬；其年又以葉、襄城屬汝州；二十八年又以襄城來屬，是歲又以葉屬汝州。天寶元年改爲潁川郡。乾元元年復爲許州。長慶元年廢溵州爲郾城縣來屬。〔四〕本忠武軍節度，梁開平二年改爲匡國軍。唐同光元年復舊。至皇朝因之。

元領縣八。今七：長社，長葛，臨潁，許昌，陽翟，郾城，舞陽。一縣割出：鄢陵。入開封府。

州境：東西一百五十五里。南北二百五里。

四至八到：東北至東京二百一十五里。西北至西京三百三十里。西至長安一千一二百六十里。東至陳州二百八十里。正南微東至蔡州三百二十里。北至鄭州一百八十里。西南至汝州一百八十里。東南至陳州三百里。西北至河南府三百三十里。

户：唐開元户一萬九千七百一十七。皇朝户主二萬八千五百四十六，客二萬一千九百九十。〔五〕

風俗：潁川，本有夏之國。夏人尚忠，其弊鄙朴。有申、韓之餘烈，高仕宦，好文法，人以貪悋爭訟爲俗。然漢韓延壽、黄霸繼爲郡守，先之以敬讓，化之以篤厚，風教大行。

姓氏：潁川郡八姓：陳、荀、鍾、許、厙、于、鮮于、鮮。

人物：賈山，長社人。漢孝文時，言治亂之道。韓稜，潁川舞陽人。竇憲威權震天下，尚書以下議欲拜之，稱萬歲，稜正色曰：「禮無爲臣稱萬歲之制。」議者皆慙。荀淑，潁川潁陰人。李膺師之。有子八人，謂之八龍。彧，淑之孫，〔六〕二十九爲尚書令。鍾皓，長社人。陳寔，許人。李膺，襄城人。客造如登龍門。辛毗，潁川陽翟人。魏文帝欲徙冀州十萬户實河南，毗入諫，帝起入，〔七〕毗引其裾。繁休伯，潁川人。文才機捷。鍾會，潁川長社人。太傅繇之少子也。改虞松表五字，司馬景王曰：「真王佐才也！」庾峻，鄢陵人。長安有大獄不決，峻爲侍御史斷之。棗據，長社人。褚彦回。〔八〕陽翟人。

土産：絹，蕉心席，〔九〕乾柿，黄明膠。

長社縣，舊十鄉，今五鄉。漢舊縣也，〔一〇〕屬潁川郡。始因社中樹暴長，故縣名長社焉。蓋鄭長葛之地。春秋隱公五年，「宋人伐鄭，圍長葛」，即此也。隋文帝廢郡，以縣屬汴州。

大業三年改爲潁川縣。唐武德四年復爲長社，改屬許州。

望烟山。無峰岫，高岳圍王思政於此，置烽燧，因有「望烟」之號。

南北玉山。高岳、慕容紹宗圍潁川，築此兩山，窺望城中。

高陽里，在州城西門内道南。荀氏家傳：「荀淑有子八人，皆賢。其地舊稱西豪里，潁陰令苑康曰：〔二〕『昔高陽氏有才子八人，荀公亦有才子八人。』乃改西豪爲高陽里。時同郡人陳寔爲太丘長，〔三〕奕葉賢德，往詣荀門。陳君使元方爲御，季方從後，孫子長文尚幼，抱之于膝。荀使叔慈應門，慈明行酒，自餘六龍侍側，孫文若猶小，坐之于懷。言話三日，德星爲之聚。太史奏曰：『五百里内有賢人集，故德星爲之聚。』因名荀里曰德星鄉。」〔三〕今郡城西南故宅是也。

犬城，鄭公孫射犬城。

長箱城。東魏行臺、清河王高岳率衆圍西魏將王思政，因築此城，以車箱爲樓，因名長箱城。

故陶城。東晉陶侃征杜弢，於此屯軍，因築此城。在今縣西南。

故魯城。左傳：「鄭伯請以泰山之祊易許田而祀周公。」即此城也。

狼溝。左傳所謂「楚子師于狼淵」也。

靈泉。九州要記云："許昌靈井，亦曰靈泉，今石砌方正，水旱，〔一四〕民必禱焉。"

張騫冢。漢武帝使尋河源，封博望侯。今郡有冢存。

潁水，在縣西南三十里。地理志："陽乾山，潁水所出，東至下蔡入淮。"

德星亭，在縣西北一里。漢雜事云："陳太丘父子相聚之處。"

晁錯墓，在縣東北二里。錯，潁川人，漢御史大夫，請削諸侯地者。郡有冢存。

鬬雞臺，在縣東北五里。唐開成中，廉使杜悰築。

荀爽兄弟八冢，在縣東北七里。爽，本潁川人。今地名荀村，里名高陽。神道碑存。

灌夫冢，在縣北三里。爲漢將軍。潁川記云："潁水清，灌氏寧；潁水濁，灌氏族。"無何，潁水色變，果爲族滅。"

七星井。各方七步，俗云汲一井，則餘井水皆動。五井在縣東北二里，二井在縣正北二里。

潩水，經縣西，俗謂之勑水，源出大騩山。〔一五〕

大騩山。唐元和八年，雨水摧其山而出，流溢居人，溺死者千餘人。

長葛縣，北六十里。舊二鄉，今九鄉。古鄭邑也，春秋謂"宋人伐鄭，圍長葛"。俗亦呼爲長平城。漢爲縣，屬潁川。

沙水。爾雅云：「濄爲洵，潁爲沙，汝爲濆。」即此水也。

東偏城，在縣東北五里。左傳：「齊、鄭伐許，許莊公奔衞。齊以許與鄭，鄭伯使許大夫百里奉許叔以居許東偏，又使鄭大夫公孫獲處許西偏。」今有東西兩城。

故潁國城，在縣西一里，潁侯之國也。蓋春秋時長葛之地，宋人伐鄭圍長葛，即此也。

縣理長箱城。東魏武定五年，清河王岳率衆圍西魏將王思政于潁川，因築此城。初以車箱爲樓，因名長箱城。隋開皇六年乃于此立縣。

長社故城，在縣西一里。西魏大統十三年，詔遣河南行臺、大都督王思政進據潁川，東魏遣將清河王岳率衆十萬圍潁川，思政不與戰，岳造堰，引洧水以灌城。十五年，潁川城陷，水自東北入城，思政爲岳所執。即此城也。

鍾繇臺，在縣西十里。魏東武亭侯鍾繇學書臺，在繇故宅中，今臺址尚存。又有鍾繇冢。

陳寔冢，在縣西三十五里。漢太丘長之冢也。陳氏家傳云：「紀、諶已下八十六墓，三十六碑，並在長葛縣陘山之陽。又有廟存。」

臨潁縣，東南六十里。舊七鄉。漢縣，屬潁川郡。今縣在臨潁皋上，潁水東岸，〔一六〕俗謂之臨潁皋，其實岡阜也。隋開皇三年罷郡，以縣屬許州。大業四年自故城移于今理。〔一七〕唐建中二年屬溵州，貞元二年州廢，依前屬許州。

臨潁皋，東西長五十里，即龍脾岡也。嵩高山記：「嵩山東南三百里有龍脾，其地沃壤可居。」即此也。今臨潁縣理在此岡上。

潁水，西北自長社縣界流入。

繁昌城。魏志：「文帝行至曲蠡，乃爲壇于繁陽受禪，改元曰黄初，以潁陰之繁昌亭爲繁昌縣。〔一八〕壇前有二碑，一是百官勸進碑，一是受禪碑，並鍾繇書。于後其碑六字生金，論者以爲司馬金行，故曹氏六世也。

青陵臺。水經注云：「潁水東南流經青陵亭北。」

白臺。按水經注云繁昌縣城内有三臺，此其一也。

鮦陽城，鮦音紂。在縣西南四十里。古鮦陽縣也，在鮦水之陽，故曰鮦陽城。

大陵城，即鄭地也，在縣東三十里。即陳蕃爲亭長所辱處。

豢龍城，在縣西四十里。即古豢龍氏之邑也。昔董父，實甚好龍，能求其嗜慾以飲食之，龍多歸之，舜賜氏曰豢龍。豢，養也。及夏孔甲，擾于上帝，帝降之乘龍，雌雄各一。〔一九〕有劉累，學擾龍于豢龍氏，以事孔甲，夏后賜氏曰御龍。今汝州魯山縣，即御龍

氏邑，又汝州有大龍山，並劉累養龍之處。〔二〇〕

尚書臺。即魏文帝受禪，有黄鳥銜丹書集于尚書臺，即此也。

許昌縣，東北五十五里。舊五鄉，今四鄉。其地姜姓，四嶽之後，太叔所封，爲楚所滅。後以爲許縣，屬潁川郡。又魏略云：「後漢建安元年，魏太祖迎獻帝都于許。」即謂此邑也。〔二一〕魏文帝即位，改許縣曰許昌縣。按今縣南四十里許昌故城是也。宋志無許昌縣，天平元年復置。高齊文宣帝省鄢陵入許昌。隋文帝又於鄢陵縣置洧州，〔二二〕以縣屬焉。大業二年廢洧州，以縣屬許州。初，魏武既破黄巾，經略四方，而苦軍食不足，羽林監潁川棗祗建置屯田，於是以任峻爲典農中郎將，募人屯田許下，即今許昌縣也。得穀百萬斛。郡國列置田官，數年之閒，所在倉儲盈積。

許昌宫，在許昌故城中。楊修作許昌宫賦，即此宫也。

魯城，在縣南四十里。左傳：「鄭伯請以泰山之祊易許田而祀周公。」即此城也。

剛城。史記：秦昭王五十二年，「拜燕人蔡澤爲相，因封剛城君」。是此也。

景福殿，在許昌故城内西南隅也。魏明帝所造，貲費直八百餘萬，〔二三〕既成，命朝士爲賦。

永始臺。魏略曰：「黄初五年，文帝東征，留郭后于永始臺。霖雨百餘日，城樓多壞，有司請移止。后曰：『昔楚昭王出遊，貞姜留漸臺，江水至，使者迎而無符，不去，卒没。今帝在遠，未有急而便移止，未可也。』」何晏景福殿賦云：「鎮以崇臺，實曰永始，複道重閣，猖狂是俟。」

洧水，在縣北二十步。地理志：「陽城山，洧水所出，東南至長平入潁，過郡三，行五百里。」詩云「溱與洧，方涣涣兮」，即此也。

讓王臺，在縣南三十里。漢獻帝禪位于魏王，帝爲山陽公，往都山陽濁鹿城，百官送于此臺。唐先天元年因讓王臺立魏文帝廟。

五女冢，在縣南二十里。曹操殺皇后伏氏并姊妹四人葬于此。

潁大夫廟，在縣西北一十里，即潁考叔廟。隋大業九年重建。

陽翟縣，西北九十里。依舊四鄉。即禹之都，春秋時爲鄭之櫟邑。漢爲縣，屬潁川郡。又云韓分晉得南陽及潁川，秦滅韓，置潁川郡於陽翟縣。潁川郡地有陽關聚是也。晉屬河南郡。隋初隸許州，又分許、洛之地以置嵩州，復以陽翟屬嵩州。煬帝三年罷嵩州，割隸襄城郡。唐武德初又立嵩州，復隸之。貞觀三年省州，以陽翟隸許州。〔三四〕龍朔二年割入河南府。今屬許州。

具茨山，在縣北十里。

禹山。後魏書地形志云：「陽翟有禹山祠。」

偃月山。洛陽記云：「山形似偃月，因以名之。」

三封山。水經注云：「潁水故瀆東南經三封山北。」謂此山也。

荆山。洛陽記云：「荆山出玉，齊武帝于此採玉。其下即漢潁川郡地。」

杏山。洛陽記云：「仙人劉根隱于此山。」

康城。洛陽記云：「夏少康故邑也。」水經注云：「潁水又東歷康城南，魏明帝封尚書右僕射衛臻爲康鄉侯，〔二五〕此即臻所封之地。」

上棘城。左傳謂「楚師伐鄭，城上棘，遂涉潁」，是此也。

雍城。左傳謂「楚蔿子馮率鋭師侵雍梁」，注云「河南陽翟縣東北有雍氏城」〔二六〕是也。

黄臺，在縣東北四里。東魏天平二年曾于此置黄臺縣，屬陽翟郡。隋廢。

鈞臺。左傳曰：「夏啟有鈞臺之享。」注云：「河南陽翟縣南有鈞臺陂。」水經注云：「連山亦曰啟筮亭，享神于大陵之上，〔二七〕即鈞臺也。」晉地道記：「鈞臺下有陂，俗謂之鈞臺陂。」

鳳凰樓，在縣西南一里。漢黄霸爲潁川太守，鳳凰集，嘉禾生，霸乃起樓于郡中。

今基址存。

七女岡，在縣東北三十里。下有七女泉，流至長葛入洧。

許由臺，在縣東一十五里，潁水上。

巢父臺，在縣東十六里，潁水上。即巢父飲牛處。

郾城縣，東南一百二十里。舊六鄉，今四鄉。本七國時魏之下邑，〔二八〕史記：「楚昭陽伐魏，取郾。」漢爲縣，隸潁川郡。光武謂賈復曰：「郾最大，宛次之。」復曰：「臣請擊郾。」光武執復手曰：「執金吾擊郾，吾復何憂。」即此城也。宋元嘉二年，將軍劉緬説曰：「郾城有百年之福，若北朝保之，未可敵也。」遂遣將軍殷孝祖焚其倉糧。北齊天保七年於今縣置臨潁郡。隋開皇三年郡縣並廢，五年又于廢郡城中置郾城縣，隸許州。唐武德四年于縣置道州，貞觀元年州廢，以縣屬豫州。豫即蔡州。其後還許州。元和十二年，勑淮西賊中百姓窮困，相率歸順，其數甚多，宜於許汝行營側近置行郾城縣。〔二九〕韓弘計議揀擇穩便處置。其年十一月，以今郾城縣爲溵州，仍以上蔡、西平、遂平三縣隸焉。是年十二月，勑溵州宜隸許州。至長慶元年五月廢溵州，復爲郾城縣，依前隸許州，其先割屬溵州所管上蔡、西平、遂平等三縣仍還蔡州，尋又以郾城復來屬。

大溵水，在縣南一里。上承汝水自襄城至岐額城分流，南爲汝水，北爲溵水。又有小㶏水，在縣北三十里。

故郾城。楚昭陽伐魏，取郾。漢書地理志云：「魏南有郾、召陵之固也。」

召陵故城，在縣東四十五里。漢爲召陵縣，隸汝南郡。隋廢。春秋：「楚屈完來盟于師，盟于召陵。」

棠谿。史記蘇秦説韓曰「韓卒之劍戟，出于棠谿」，今西平縣西界有棠谿村是也。

征羌城，在縣東南七十五里。本秦安陵縣，〔三〇〕後漢建武十一年，來歙征西羌有功，故名以封之。

蔡河，在縣東南五里。

唐王冢，在縣南二十五里。吴王闔閭弟夫槩冢也。夫槩奔楚，封之于唐陵。〔三一〕又地理志云：「封爲棠谿氏。」〔三二〕隋仁壽中置廟。

葛伯城，在縣北三十里，周迴四里。湯誓曰：「葛伯仇餉，初征自葛。」即此也。

故司州城，在縣西南五里。宋文帝改汝南郡爲司州，即此也。後魏太武收河南地，至獻文改爲豫州。隋開皇中，自此城移入懸瓠。大業二年改爲蔡州。俗呼爲盜跖城，未詳其義。

舞陽縣，西南一百八十里。舊二鄉，今四鄉。本漢舊縣，隸潁川郡。在舞水之陽，因以名縣。

漢封樊噲、魏封司馬宣王皆爲舞陽侯。自漢至晉不改，宋省，其後因之。唐開元四年復于古城置，隸許州。

鐵冶，在縣西南三十里。

舞水，在縣北六十里。漢樊噲受封于此。〔三三〕

滍音稚。〔三四〕水，在縣北四十五里。漢地理志云：「魯陽縣有魯山。古魯縣，御龍氏所遷。」水經云：「滍水出魯陽縣西，東北過定陵，入于汝。」地理志云：〔三五〕「定陵城，在今縣北六十里。」後漢書：「光武破王尋于昆陽，士卒爭赴溺死，滍水爲不流。」即此。

卷七校勘記

〔一〕潁川郡　宋版、萬本、庫本並作「許昌郡」。按本書下文云，唐天寶元年改許州爲潁川郡，舊唐書卷三八地理志一載同，元和郡縣圖志卷八、新唐書卷三八地理志二許州並作「許州潁川郡」，本刊是。

〔二〕魏太祖迎獻帝自洛都許　底本作「曹操迎獻帝自洛都於許」，據宋版、萬本、庫本及傅校改。

〔三〕其宮室武庫多在許　「許」，底本作「許州」，萬本、庫本同，據宋版改。元和郡縣圖志許州作「許昌」，亦是。

〔四〕長慶元年廢溵州爲郾城縣來屬　「元」，宋版、萬本、中大本並作「三」。按舊唐書地理志一作「三」，新唐書地理志二作「元」，本書下文郾城縣記載同。

〔五〕皇朝户主二萬八千五百四十六客二萬一千九百九十　底本前「二」字脱，「九十」下衍「一」字，並據宋版、萬本、中大本、庫本及傳校補删。

〔六〕彧淑之孫　宋版、萬本繫於上文「八龍」下，作「孫彧」，庫本作「其孫彧」。

〔七〕帝起入　「入」，底本脱，據宋版、萬本、庫本補。三國志卷二五魏書辛毗傳：毗諫，「帝不答，起入内，毗隨而引其裾。」

〔八〕褚彦回　「褚」，底本作「猪」，宋版、萬本並作「褚」。南齊書卷二三褚淵傳：「褚淵字彦回，河南陽翟人也。」此「猪」字誤，據改。

〔九〕蔗心席　「蔗」、「席」，底本作「麃」、「布」，宋版、萬本、中大本、庫本同。唐六典卷三「許州貢麃心席」，新唐書地理志二載許州貢「蔗蓆」，據改。元和郡縣圖志許州作「蔗心席」，「蔗」宜作「蔗」。

〔一〇〕漢舊縣也　「也」，底本作「地」，宋版、萬本、庫本並作「也」。漢書卷二八地理志上潁川郡轄長社縣。元和郡縣圖志許州長社縣，「本漢舊縣，屬潁川郡。」此「地」爲「也」字之誤，據改。

〔一一〕潁陰令苑康　「苑」，底本作「范」，萬本、庫本同，宋版作「苑」。後漢書卷六二荀淑傳作「苑康」，此「范」乃「苑」字之誤，據改。

〔一二〕時同郡人陳寔爲太丘長　「人」，底本脱，據宋版、萬本補。後漢書卷六二荀淑傳，潁川郡潁陰人；同書卷陳寔傳，潁川郡許人。故爲同郡人。

〔一三〕因名荀里曰德星鄉　「荀」，底本作「其」，據宋版、庫本及傅校改。

〔一四〕水旱　底本脱，據宋版、萬本、中大本、庫本及嘉慶重修一統志卷二一八許州引九州要記補。

〔一五〕潩水經縣西俗謂之勅水源出大騩山　「潩」，萬本同，宋版、中大本、庫本並作「瀷」。「勅」，庫本同，宋版、萬本作「敕」。「大騩山」，底本作「大騩」，萬本同，宋版有「山」字。水經潩水篇：「潩水出河南密縣大騩山。」注：「時人謂之敕水，非也。敕、潩音相類，故字從聲變耳。」王先謙合校水經注：趙一清云：「按説文，潩水出河南密縣大隗山，南入潁，從水，異聲，與職切，與水經合。又有瀷水出河南密縣，東入潁，從水，翼聲，與職切。潩、瀷音同而字相近，其源委又同，豈即一水而重出者與？惟其爲與職切，故與敕音相類，若讀作異，相去遠矣。」楊守敬水經注疏：「淮南子本經訓：『淌游瀷減。』高注：『瀷讀燕人强春言（春言疑是秦之譌）敕之敕。』覽冥訓：『潦水旬月不雨，則涸而枯，澤受瀷而無源者。』高注：『瀷讀燕人强春言敕之敕同。』」按敕、勅與敕，音同。又漢書卷二八地理志上、元和郡縣圖志許州並載，潩水出密縣大騩山，據補「山」字。

〔一六〕潁水東岸　「岸」，底本作「崖」，據宋版、萬本、中大本、庫本及傅校改。

〔一七〕隋開皇三年罷郡以縣屬許州大業四年自故城移于今理　按底本「大業四年自故城移于今理」十

一字錯簡在「開皇三年」上,宋版、萬本、中大本、庫本同。據元和郡縣圖志許州臨潁縣序乙正。

〔一八〕以潁陰之繁昌亭爲繁昌縣　水經潁水注:「逕繁昌故縣北,曲蠡之繁陽亭也。魏書國志曰:文帝以漢獻帝延康元年,行至曲蠡,登壇受禪于是地,改元黄初,其年以潁陰之繁陽亭爲繁昌縣。」續漢書郡國志二引帝王世紀云:「魏文皇帝登禪于曲蠡之繁陽亭,爲縣曰繁昌。」元和郡縣圖志許州:「魏文帝行至繁陽亭,築壇受禪,因置繁昌縣。」諸書並載以繁陽亭置繁昌縣,此「繁昌亭」之「昌」蓋爲「陽」字之誤。

〔一九〕擾于上帝帝降之乘龍雌雄各一　宋版、萬本、庫本作「擾於有帝,帝賜之乘龍,河漢各二」。左傳:昭公二十九年,「及有夏孔甲,擾于有帝,帝賜之乘龍,河、漢各二,各有雌雄。」史記卷二夏本紀:帝孔甲立,「天降龍二,有雌雄。」則諸本皆是。

〔二〇〕並劉累養龍之處　「處」,底本作「所」,據宋版、萬本、庫本及傳校改。

〔二一〕即謂此邑也　「謂」,底本作「爲」,據宋版、萬本、庫本及傳校改。

〔二二〕隋文帝又於鄢陵縣置洧州　「於」,底本作「以」,據宋版、萬本、庫本及元和郡縣圖志許州改。

〔二三〕在許昌故城内西南隅也魏明帝所造貲費直八百餘萬　「也」,底本作「乃」,萬本同,宋版、庫本作「也」。水經洧水注:許昌縣「城内有景福殿基,魏明帝太和中造,準價八百餘萬。」傳校改「乃」爲「也」,是,據改。又,「貲」,宋版、庫本作「準」。

〔二四〕貞觀三年省州以陽翟隸許州　按舊唐書地理志一、新唐書地理志二並載，貞觀元年以嵩州之陽翟改隸許州，三年廢嵩州，與此載貞觀三年以陽翟改隸許州異。

〔二五〕魏明帝封尚書右僕射衛臻爲康鄉侯　「右」，底本、宋版、萬本、中大本、庫本皆無。水經潁水注：「魏明帝封尚書右僕射衛臻爲康鄉侯。」三國志卷二二魏書衛臻傳：「明帝即位，進封康鄉侯，後轉爲右僕射。」本傳言轉尚書右僕射，在封康鄉侯之後。諸本脱「右」字，據補。

〔二六〕河南陽翟縣東北有雍氏城　「氏」，底本、萬本並脱，據宋版及左傳襄公十八年杜注補。

〔二七〕連山亦曰啟筮亭享神于大陵之上　宋版、萬本、中大本、庫本及王先謙合校水經注同。楊守敬水經注疏改「連山亦」爲「歸藏易」，删「亭」字，其曰：「朱謀㙔歸藏易作『連山亦』，『筮』下有『亭』字，『享』作『亭』。水經注箋（朱謀㙔撰）曰：『亭下脱一啓字。』戴震、趙一清增『啓』字，改『享』爲『亭』。守敬按：北堂書鈔八二、初學記二四、太平御覽八二並引歸藏易曰：『夏后啓筮享神于大陵，而上鈞臺。』孫詒讓札迻據之，謂此『連山亦』當作歸藏易，『亭』字涉『享』字而衍，其紀甚審，並足見戴、趙增非而改是，今訂。」

〔二八〕本七國時魏之下邑　「本」，底本無，據宋版、萬本、中大本、庫本補。

〔二九〕宜於許汝行營側近置行郾城縣　底本「許汝」下注「此係二州名」，宋版、萬本、庫本皆無，傳校删，據删。舊唐書卷一五憲宗紀下：元和十二年，「敕宜於許汝行營側近置行郾城，以處賊中歸降人户。」

〔三〇〕本秦安陵縣　「縣」，宋版同，萬本、中大本、庫本並作「門」。

〔三一〕夫槩奔楚封之于唐陵　原校：「按左傳：定公五年九月，『夫槩王奔楚，爲棠谿氏。』又史記吴世家及吴越春秋皆云：『昭王封夫槩於棠谿。』今記謂唐王又封於唐陵，未詳所據。」

〔三二〕地理志云封爲棠谿氏　按漢書卷二八地理志上汝南郡吴房，顔師古注引孟康曰：「吴王闔閭弟夫槩奔楚，楚封於此，爲棠谿氏。」記引地理志云「封爲棠谿氏」，即指此，則是孟康所云，非漢書地理志文也。

〔三三〕漢樊噲受封于此　「漢」，底本無，據宋版、萬本、庫本補。

〔三四〕音稚　「稚」，萬本、庫本不注，宋版作「雉」，傅校改同。

〔三五〕地理志　萬本同，宋版「理」字空缺；庫本作「地理」，當誤。

太平寰宇記卷之八

河南道八

汝州

汝州，臨汝郡。今理梁縣。禹貢豫州之域。春秋時爲周王畿，亦戎蠻子之邑。後爲鄭、楚二國之境焉，即左傳謂「楚襲梁及霍」是也。又按十三州志云：「梁即周南鄙邑也。」按郡國縣道記云：「梁縣西南十五里有古梁國城存。韓分晉得潁川之父城，東接汝南，西接弘農，皆韓分。戰國時，梁屬魏。秦置三十六郡，屬三川郡。在漢爲河南郡之梁縣地，後漢因之。魏、晉爲河南、舞陽二郡之地。」又後魏地形志，梁縣屬汝北郡。後周屬南襄城郡。隋開皇三年罷郡，四年自陸渾縣界移伊州置于此，以伊水所經爲名，尋又移伊州於今陸渾縣東北置。煬帝初改爲汝州，以汝水爲名；三年州廢，以其地入襄城、潁川二郡。唐武德四年平王世充，改爲伊州，領承休、梁、郟城三縣。貞觀元年以廢魯州魯山縣來屬，〔一〕其年省梁縣，仍改承休爲梁縣；八年改伊州爲汝州，領梁、郟城、魯山三縣。證聖元年置武興縣。先天元年置臨汝縣。開元二十六年以仙州之葉縣來屬。天寶元年以許州之襄城來屬，〔二〕仍改爲臨汝郡。乾元元年復爲汝州。梁開平四年改爲防禦州。〔三〕

元領縣七。今六：梁縣，葉縣，郟城，魯山，龍興，襄城。一縣廢：臨汝。併人梁縣。

州境：東西二百一十里。南北二百四十里。

四至八到：東北至東京四百里。西北自伊闕縣路至西京一百七十里。西至長安九百八十里。東至許州一百八十里。南至鄧州四百九十里。北至登封縣一百一十里。東南至蔡州四百五十里。西南至鄧州四百七十五里。又西南至虢州七百里。東北至伊闕縣八十里。

户：唐開元户二萬六千五十三。皇朝管户主九千五百三十五，客一萬四千五百七十五。

風俗：漢書地理志云：「古韓地也，〔四〕土狹而險，其俗崇侈。」

人物：馮異，字公孫，潁川父城人。爲光武將軍，諸將論功，常獨屏樹下，號爲「大樹將軍」。臧宫，字君翁，潁川郟人。從光武征戰。樊英，字季齊，南陽魯陽人。順帝召至京師，不以禮屈。李膺，潁川襄城人。唐馬燧，汝州郟城人。功臣，〔五〕封北平郡王。周允元。汝州安城人。則天朝爲侍郎，侍宴，各述詩書中善言，〔六〕允元曰：「恥君不如堯、舜。」則天賞之。

土産：絹，絁，鹿脯，蜜，蠟。

梁縣，舊五鄉，今二鄉。漢舊縣。戰國時謂之南梁，以別大梁、少梁也。漢理在汝水之南，俗謂之治城。隔汝水與注城相對，其注城南面，已爲汝水所毁。後魏於此置治城縣，高齊省入今梁縣。隋大業二年改爲承休縣，屬汝州，取漢舊承休城爲名。貞觀元年復爲梁縣。

明皋山，即放皋山也，一名狼皋山，在縣西南六十里。〔七〕水經注云：「汝水自狼皋山東出峽，謂之汝阸。」

霍陽山，俗謂現山，在縣西南七十里。左傳哀公四年謂「楚爲一昔之期，而襲梁及霍」，按杜注即此山。漢立霍陽縣，因山以爲名。今有故城，俗謂張侯城是也。

魚齒山，連接縣界。左傳謂「楚師侵鄭，涉于魚齒之下」，即此處也。

黄成山，一名苦菜山，沮、溺耦耕，〔八〕即其處也。

汝水，在縣南三里。水經云：「汝水出河南梁縣勉鄉。」

温湯，在縣西四十里。水經注云：「温水數源，揚波于川左，泉上華宇連蔭，茨甍交拒，方塘石沼，錯落其間，頤道之士多歸之。其水東南流，注廣成澤水。」唐聖曆三年正月則天駕幸。今有碑石斷折。

廣成澤，在縣西四十里。後漢安帝永初元年，以廣成遊獵地假與貧人；二年，〔九〕鄧太后臨朝，鄧隲兄弟輔政，以爲文德可興，武功可廢，請寢蒐狩之禮。於時馬融作廣成頌以諷云：〔一〇〕「大漢之初基也，揆厥靈囿，營于南郊。右矕三塗，左枕嵩嶽，〔一一〕面據衡陰，背箕王屋，浸以波、溠，演以滎、洛。金山、石林，殷起乎其中，神泉側出，丹水、涅池，怪石浮磬，燿焜于其陂。〔一二〕」是此澤也。隋大業中置馬牧焉。亦名黄陂，有灌溉之利，至今百姓賴之。

注城。續漢書郡國志云：「河南縣有注城。」即此也。

廣成城。九州要記云：「廣成子爲黄帝師，始居此城。後于崆峒山成道。」今此城猶有廟像存焉。

崆峒山，在縣西南四十里。有廣成子廟，即黄帝問道于廣成子之所也。按唐開元二年，汝州刺史充本州防禦使盧貞立碑，其略云：「爾雅曰：『北戴斗極爲崆峒。』其地絶遠，華夏之君所不至。禹跡之内山名崆峒者有三焉：其一在臨洮，秦築長城之所起也；其一在安定。一山高大，可取財用，彼人亦各于其處爲廣成子立廟。而莊生述黄帝問道崆峒，遂言遊襄城，登具茨，訪大隗，皆與此山接壤，則臨洮、安定非問道之所明矣。仙經叙三十六洞，五嶽不在其列，是知靈跡所存，不繫山之小大也。〔一三〕此山之下有洞焉，其户上出，耆舊相傳云，洞中白犬往往外遊，故號山冢爲玉狗峰。昔之守宰以爲神居閟潔，懼樵牧者褻弄，因積土封之。今升踐其頂，響連于下，甚深遠云耳。

汝北故城，即高齊置汝北郡。城在縣南，亦名王塢城，以備周寇也。

承休故城，在今郡東。即後漢光武封姬常爲承休公，以主周祀。即此城是也。

陽人聚，在州西。即秦滅東周，徙其君于此是也。〔一四〕亦孫堅大破董卓軍于此地。

蠻中聚，即戎蠻子國，在今郡西南，俗謂麻城是也。

流盃池，在城南三十里。唐則天嘗與侍臣姚元崇、蘇頲、武三思、薛耀等遊宴賦詩，李嶠爲序。今有碑石存焉。

葉縣，東南二百里。〔一五〕舊七鄉，今三鄉。古應侯之國，後爲楚地。秦爲父城縣，屬南陽郡。按左氏傳謂「許遷于葉」，又左傳：「楚白公之亂，葉公帥國人攻白公，〔一六〕白公奔山而縊，葉公遂老于邑焉。」漢明帝時，尚書郎王喬爲令于此邑。按唐國史云：「武德二年於此置葉州，〔一七〕五年廢，縣屬許州。貞觀八年又置魯州，九年廢。開元四年析唐、許二州之屬邑，又置仙州；至二十一年十二月，〔一八〕勅以仙州頻喪長吏，欲廢之，令公卿議其可否。中書侍郎崔沔議曰：『仙州四面去餘州界雖近，若據州城而言則亦懸遠。土地饒沃，户口稀疏，逃亡所歸，頗成泉藪，舊多劫盜，兼有宿宵，所以往年患之，〔一九〕置州鎮壓。今興役已畢，主司粗定，累年成規，一朝廢省，前功盡棄，後弊方深。今廢州則生患，置州則稱煩，所以武德已來，迭爲廢置，足明利害，不專一塗。至於田疇勞損，〔二〇〕則與許、蔡何殊，寧爲土卑，獨當廢省。若以州管新户，驛長難得合宜，況唐、許州界，路僻户少，〔二一〕均出傍州，非無成例。州以鎮俗，官以理人，所在皆然，豈憚其費？然自創置，未盈十年，州將員寮，屢卒于位，雖天道性命，聖人罕言，而共理分憂，朝寄尤切，視死亡而不恤，〔二二〕何以得其歡心？計不自安，政必苟且，下承斯弊，爲傷必多，變而通之，則可永久。州東新置舞陽縣，〔二三〕即漢樊噲舊國。噲，豐沛故人，又高祖之婭，惟勳惟舊，且親且賢，亦既受封，必稱吉土，保全良吏，庶在兹邦。又南接白羊川口，村聚幽僻，妖譌宿宵，此爲根柢，自置縣來，〔二四〕十減八九。今若移州鎮之，便可杜絶。其仙州望且未廢，至今年十月移向舞陽縣置，仍改爲緊州，〔二五〕刺史、司馬銓，頗聞守法公勤，望稍加慰勞，使其悦以成務，庶有益于公家。』至二十六年十月廢。大曆三年三月又勑置，仍割汝之襄城屬仙州，析葉縣南界新置仙鳧縣，仍定爲中縣，又割許州之舞陽縣，蔡州之西平縣，唐州之方城縣，並屬仙州；至五年二月竟廢，縣亦仍舊各歸所屬。」

葉公龍。家語：「葉公好龍，牕壁圖畫龍形，真龍爲之降，葉公見而喪其魄。」

王喬鳧。風俗通：「孝明帝時，尚書郎王喬遷葉令，〔二六〕每月朔望，常詣臺朝。帝怪其來數，而無車騎，密令太史候望。言其臨至，常有雙鳧從東南來，於是候鳧至，舉羅張之，但得一隻舄。詔使尚方診視，〔二七〕則四年中所賜尚書官屬履也。〔二八〕每當朝時，葉門下鼓不擊自鳴，聞于京師。」

方城山。左傳僖公四年，楚大夫屈完對齊侯曰：「楚國方城以爲城。」即此也。

黄成山。聖賢冢墓記云：「南陽葉縣方城邑西有黄成山，即長沮、桀溺耦耕處。〔二九〕下有東流水，即子路問津之所。」

滍水，後漢光武破王邑，會大雷風，屋瓦皆飛，雨下如澍，滍水盛溢，士卒溺水死以萬數，水爲不流。

父城。後漢馮異；此地人也。異始爲郡掾監五縣，爲王莽拒漢，世祖攻父城不下，異出行屬縣，爲漢兵所執。異曰：「一夫之用，不足爲强弱。有老母在城中，願歸據五城，以效功報德。」及世祖爲司隸校尉，道經父城，異即開門出迎世祖，即此城也。

舞陽城，樊噲所封爲舞陽侯是也。隋復爲縣，後省。開元四年復置縣。按貞元十道録云，屬許昌。至元和十三年正月，陳許觀察使李光顔奏，〔三〇〕許州舞陽縣爲逆賊吴元濟攻毁，請移縣，權置於吴城鎮。從之。後廢，故此有城存焉。

昆陽城，即光武所破莽將王邑、王尋於此也，在今縣北二十五里。

古冢，在縣東，俗云王喬葬處。

葉公廟，在縣東北三里。唐開元二十一年，仙州刺史張景洪建。古冢在廟後。

郟城縣，東南九十里。〔二〕舊五鄉，今二鄉。左傳：「楚令尹子瑕城郟。叔孫昭子曰：『楚不在諸侯矣，其僅自完者也』。」後入晉。三卿分晉，其地屬韓。漢爲郟縣，隸潁川郡。晉隸襄城郡。後魏隸南陽郡。北齊省。隋移輔城縣于今縣西北五里，隸汝州。大業四年改輔城縣爲郟城縣，移就今理，其後因之。

白龍山，在縣南三十里尹村。

故父城，在縣東南四十里。故殷時應國也，左傳：「楚城城父，使太子建居之。」

郟府臺，在縣東北二十五里。

薄姬冢，在縣東北四十里。

賈復城，一名通鴉城。水經注云：「桓水經賈復城北，〔三〕復南擊郾所築。」

汝水，在縣西七里。

魯山縣，南一百五十里。舊三鄉，今二鄉。本漢魯陽縣地。左傳：「陶唐氏既衰，其後有劉累，學擾龍，以事孔甲。龍一雌死，潛醢以食夏后。夏后享之，既而使求之。懼而遷于魯縣。」即魯陽是也。隋末王世充據有犨、洛，于此立魯州。唐武德四年世充平，州廢，後爲縣，入伊州。貞觀八年改伊州爲汝州。

堯山，俗名大陌山。水經注云：「堯孫劉累遷此，故立堯祠于西山焉。」今山亦號大龍山，因擾龍見稱。

滍水。左傳：「晉陽處父侵蔡，楚子上救之，與晉師夾泜而軍。」是此處也。又光武破王尋於昆陽，士卒塞于滍水是也。

燒車水。亦光武燒王尋輜重于水濱，因以名之。

皇女湯。水經注：「温泉水出北山阜，七泉奇發，〔三三〕炎熱奇毒，痾疾之徒，〔三四〕無能澡其衝漂。救療者咸去湯十許步別池，〔三五〕然後可入。湯側有名銘曰『皇女湯』，可治萬病，亦可熟米。」

波水。馬融廣成頌曰「浸以波、溠」是也。

魯陽關。淮南子云：「魯陽公與韓戰酣，日暮，援戈而撝之，日爲之反三舍。」即此地也。漢故爲關，〔三六〕曰魯陽。今有水，俗名三鴉水，南自鄧州向城縣流入關是也。

故應城。左傳：「邘、晉、應、韓，武之穆也。」注：「應國在襄城父城縣西南。」韓詩外傳：「周成王與弟戲，以桐葉爲珪，曰：『吾以此封汝。』周公曰：『天子無戲言。』王應時而封，曰應侯。」今應鄉，即此城也。

繞角城，在今縣東南。左傳謂「晉師遁于繞角」，即此也。

犨故城，漢縣也，在今縣東南存焉。

平皋故城。後周于此置三鵶鎮，在縣西南十九里，亦曰平高城，以禦寇。後高齊又移于縣東北十七里置，改爲魯城，以禦後周。二城皆此邑地也。

魯陽公墓，在露山東北五里，去縣二十五里。墓上石碑上有「魯陽公墓」四字存焉。〔三七〕

琴臺，在縣故子城東南墻上，廣二百步。即唐開元中縣令元德秀爲令，彈琴于此。

三鵶鎮，在縣西南十九里。後周築，以禦高齊。一名平高城。

三鵶路，在縣西南七十里，接鄧州南陽縣界。

龍興縣，東南九十里。舊三鄉，今二鄉。本漢郟縣地。唐證聖元年勅割郟城東南之地，于此置武興縣。神龍元年廢縣，改爲中興縣；其年又改爲龍興縣，仍隸汝州。

魚齒山，在縣東南三十里。

汝水，在縣西北四十里。

滍水，在縣東南二十八里。

豢龍城，在縣東南五十里。

廢臨汝縣，在州西六十里。〔三八〕本漢梁縣地，唐先天元年十二月割置縣，〔三九〕於今縣西南二十里紫邏川置，以邑城南臨汝水兼郡名爲邑之稱。至貞元八年，刺史陸長源以舊縣荒殘，因移於東北李城驛側，近當大路。周顯德三年廢入梁縣，其地爲鎮。

洛陽界碑，在舊臨汝縣西八十里。

歇馬山，在舊縣東南六十里。

汝水，在縣西南二里。〔四〇〕

襄城縣，南一百四十里。舊五鄉，今四鄉。即周之襄城也，楚靈王所築。水經注云：「昔楚平王大城城父，以居太子建。」京相璠曰：「周襄王居之，因名襄城。」漢爲縣，隸潁川郡。唐武德元年於此置汝州，領襄城、汝墳、期城三縣。貞觀九年廢汝州及汝墳、期城二縣，〔四一〕以襄城屬許州。開元四年屬仙州，二十六年還屬許州，其年改屬汝州。今縣理即廢汝州，古襄城也。

汜水。左傳僖公二十四年：「王出適鄭，處于汜。」注：「鄭南汜。」

龍城。魏志云：明帝青龍元年，「龍見摩陂井，帝幸觀焉，仍改摩陂爲龍陂。」是此地。

古不羹城，在縣西南。史記謂陳、蔡二國不羹是也。〔四二〕

百尺堤。後漢明帝永平十年築，每雨水不時，兖、豫之人多被水害，以此堤免之。

聖泉，在縣西南七里，出首山上。

卷八校勘記

〔一〕貞觀元年以廢魯州魯山縣來屬　原校：「按新唐書地理志及唐會要，廢魯州皆在貞觀九年，又今記葉縣下所序亦同，此云貞觀元年以廢魯山縣來屬，其年省梁縣，蓋承舊唐書地理志之誤也，當序於八年改汝州下。」考唐會要卷七〇州縣改置上：「魯山縣，王世充置魯州，武德四年正月二日廢入伊州，其年復置魯州。貞觀元年三月又廢入伊州。」又載：仙州，「貞觀八年置魯州，九年廢，開元二年析許、魯、唐三州，復置仙州。」按仙州治葉縣，見於本書葉縣，則魯州有二：一設於武德四年，治魯山縣，廢於貞觀元年；一置於貞觀八年，治葉縣，廢於貞觀九年。原校混誤爲一。又舊唐書卷三八地理志一、元和郡縣圖志卷六汝州魯山縣並載：「貞觀元年廢魯州，以魯山縣屬伊州。」與唐會要、寰宇記記載同，唯新唐書卷三八地理志二魯山縣下云貞觀九年廢，誠可疑，蓋「九」爲「元」字之誤。

〔二〕天寶元年以許州之襄城來屬　原校：「按新唐書地理志及唐會要襄城縣皆以天寶七載來屬，今云天寶元年，蓋從舊唐書地理志也。」按元和郡縣圖志汝州亦云襄城縣於天寶七年自許州改屬汝州。

〔三〕梁開平四年改爲防禦州 「改」，宋版、萬本並作「升」。按作「升」爲宜。

〔四〕古韓地也 「也」，底本無，據宋版、萬本、庫本及傳校補。

〔五〕功臣 「臣」，底本作「成」，萬本、庫本同，據宋版改。

〔六〕各述詩書中善言 「中」，底本脱，據宋版、萬本、庫本及傳校補。舊唐書卷九〇周允元傳：「嘗與諸宰臣侍宴，則天令各述書傳中善言。」

〔七〕在縣西南六十里 「西」，底本脱，據宋版、萬本、中大本、庫本及嘉慶重修一統志卷二二四汝州引本書補。

〔八〕沮溺耦耕 「沮溺」，萬本、中大本、庫本同，宋版作「桀溺」。

〔九〕二年 宋版、萬本、中大本、庫本同。水經汝水注：「安帝永初元年，以廣成遊獵地假與貧民。元初二年，鄧太后臨朝，鄧騭兄弟輔政。世士以爲文德可興，武功宜廢，寢蒐狩之禮，息戰陣之法。于時，馬融以文武之道，聖賢不墜，五材之用，無或可廢，作廣成頌。」又後漢書卷六〇上馬融傳：永初四年，「拜爲校書郎中，詣東觀典校秘書。是時鄧太后臨朝，騭兄弟輔政。而俗儒世士，以爲文德可興，武功宜廢，遂寢蒐狩之禮。……元初二年，上廣成頌以諷諫。」元和郡縣圖志汝州亦作「元初二年」，此「二年」上蓋脱「元初」二字。

〔一〇〕於時馬融作廣成頌以諷云　「時」，底本作「是」，據宋版、萬本、庫本及水經汝水注、元和郡縣圖志汝州改。

〔一一〕左枕嵩嶽　「枕」，萬本及水經汝水注同，宋版、中大本、庫本皆作「概」，後漢書卷六〇上馬融傳上同。楊守敬水經注疏：「融傳『枕』作『概』，誤。」

〔一二〕燿焜于其陂　「燿焜」，底本作「焜燿」，據宋版、萬本、庫本及後漢書馬融傳上、水經汝水注乙正。

〔一三〕不繫山之小大也　「繫」，底本作「在」，據宋版、萬本、庫本及傳校改。

〔一四〕徙其君于此是也　底本「此」下衍「城」字，據宋版、萬本、庫本及傳校删。

〔一五〕東南二百里　「東」，底本作「西」，宋版、萬本、中大本、庫本並同。元和郡縣圖志汝州葉縣：「西北至州二百一十里。」元豐九域志卷一汝州葉：「州東南二百四十里。」按唐宋汝州即今臨汝縣，葉縣即今葉縣西南舊縣，其地在今臨汝縣東南，即唐宋汝州東南，元和志、九域志所載方向是，此「西」乃「東」之誤，據改。

〔一六〕葉公帥國人攻白公　「帥」，底本作「率」，據宋版、萬本、庫本及傳校改。

〔一七〕武德二年於此置葉州　「二年」，舊唐書卷三八地理志一、新唐書卷三八地理志二、唐會要卷七〇州縣改置上並作「四年」。

〔一八〕二十一年十二月　「二十一」，唐會要州縣改置上作「十一」。

〔一九〕所以往年患之「年」，底本作「來」，萬本、庫本同；宋版作「年」，傅校同。全唐文卷二七三崔沔請勿廢仙州議、唐會要州縣改置上並云「所以往年患之」，此「來」爲「年」字之誤，據改。

〔二〇〕至於田疇勞損「勞」，底本作「澇」，宋版、萬本、庫本同。據全唐文崔沔請勿廢仙州議、唐會要州縣改置上改。

〔二一〕唐許州界路僻户少「少」，底本作「多」，宋版、萬本、庫本同。據全唐文崔沔請勿廢仙州議、唐會要州縣改置上改。

〔二二〕視死亡而不恤「恤」，底本作「惜」，據宋版、萬本、庫本及全唐文崔沔請勿廢仙州議、唐會要州縣改置上改。

〔二三〕州東新置舞陽縣「州」，底本作「河」，萬本、庫本作「可」，誤。據宋版及全唐文崔沔請勿廢仙州議、唐會要州縣改置上改。

〔二四〕自置縣來「縣」下，底本有「以」字，據宋版、萬本、庫本及全唐文崔沔請勿廢仙州議、唐會要改置州縣上删。

〔二五〕仍改爲緊州　底本脱「仍」字。據宋版、萬本、庫本及全唐文崔沔請勿廢仙州議、唐會要州縣改置上補。又「緊」，底本作「樊」，宋版、萬本、庫本同，據全唐文、唐會要改。

〔二六〕尚書郎王喬遷葉令　底本「葉」下衍「縣」字，據萬本、庫本及傅校删。太平御覽卷六六二引風俗通：「王喬爲葉令。」

〔二七〕詔使尚方診視　「診」，底本作「驗」，據宋版、萬本、庫本及太平御覽卷九一九引風俗通改。

〔二八〕則四年中所賜尚書官屬履也　「屬」，底本脱，據宋版、萬本、庫本及藝文類聚卷九一引風俗通補。

〔二九〕即長沮桀溺耦耕處　「耦」，宋版、萬本、庫本並作「所」。

〔三〇〕陳許　底本此下注「二州名」，宋版、萬本、庫本及唐會要州縣改置上皆無，傅校删，據删。

〔三一〕東南九十里　「東南」，底本作「西北」，宋版、萬本、中大本、庫本並同。元和郡縣圖志汝州郟城縣：「西北至州八十里。」元豐九域志汝州郟城：「州東南九十里。」按唐宋汝州，即今臨汝縣，郟城縣即今郟縣，其地在今臨汝縣東南，元和志、九域志所載方向並是，本書記述縣方位均以州而言，同於九域志，此「西北」實爲「東南」之誤，據改。

〔三二〕桓水經賈復城北　「桓」，底本作「柏」，萬本、庫本同，中大本作「恒」，據宋版及水經汝水注改。

〔三三〕七泉奇發　「奇」，底本作「齊」，據宋版、萬本、中大本、庫本及水經湍水注改。

〔三四〕炎熱奇毒痾疾之徒　底本作「炎熱沸騰奇毒痾疾浴劾然」，宋版、萬本並作「炎熱奇毒，痾疾之徒。」水經湍水注：「炎勢奇毒，痾疾之徒。」此「沸騰」、「然」爲衍文，「浴劾」爲「之徒」之誤，據以删改。

〔三五〕救癢者咸去湯十許步別池 「湯」，底本脱，據宋版、萬本、中大本、庫本及水經滍水注補。

〔三六〕漢故爲關 「故」，底本作「改」，萬本作「公」，據宋版、中大本、庫本改。

〔三七〕墓上石碑上有魯陽公墓四字存焉 「上石」，底本脱，據宋版、萬本、庫本及傅校補。

〔三八〕在州西六十里 「西」，宋版、萬本、中大本、庫本並作「西南」。考元和郡縣圖志汝州臨汝縣：「東南至州六十里。」則臨汝縣在汝州西北。清乾隆汝州續志卷八臨汝鎮修公路記：「距汝城六十里，古臨汝也，今爲巨鎮。」按唐至清汝州，即今臨汝縣，西北臨汝鎮，即唐臨汝縣，正合元和志記載，則底本作「西」是，其他各本作「西南」，誤。

〔三九〕唐先天元年十二月割置縣 「縣」，底本脱，據宋版、萬本、庫本及傅校補。

〔四〇〕在縣西南二里 「西南」，宋版、萬本、中大本、庫本並作「南」，無「西」字。

〔四一〕貞觀九年廢汝州及汝墳期城二縣 「九年」，舊唐書地理志一、新唐書地理志二、唐會要州縣改置上並作「元年」，疑此「元」爲「九」字之誤。

〔四二〕史記謂陳蔡二國不羹 「國」，萬本、庫本同，宋版無。史記卷四〇楚世家：靈王曰：「今吾大城陳、蔡、不羹。」集解：「韋昭曰：二國，楚別都也。」

太平寰宇記卷之九

河南道九

滑州　鄭州

滑州

滑州，靈昌郡。今理白馬縣。禹貢兖州之域。星分角宿一度。春秋時爲衛國，左傳云：「狄入衛，衛立戴公以廬于曹。」注云：「曹，衛下邑。」按西征記云：〔一〕「白馬城者，古衛之曹邑。」戴公東渡河，處曹邑。衛文公自曹邑遷于楚丘，今衛南縣也。至成公又遷于帝丘，今濮陽縣也。戰國時屬魏。秦拔魏二十城，置東郡，是爲東郡地，二漢亦然。至魏黄初七年，封壽春王彪爲白馬王，移于韋城北五里。晉初爲陳留、濮陽二國。十六國慕容德自鄴徙都此，爲燕。宋武帝平河南，于此置兖州，仍置東郡，以爲邊鎮，領郡六，理于此。自東晉末，宋武盡得河南之北境，守在此。至宋末，屬後魏，孝文遷都于洛，廢兗州，以東郡屬司州。後周建德六年改爲杞州。隋開皇中改爲滑州，取滑臺爲名。煬帝初又爲郡，而州廢。唐武德四年平王世充，復立滑州，領白馬、衛南、韋城、匡城、靈昌、長垣、胙城七縣，〔二〕八年廢長垣縣入匡城，以廢東梁州之酸棗縣來屬。〔三〕天寶元年改爲靈昌郡。乾元元年復爲滑州。本義成軍節度，光啟二年改爲宣義軍，避梁祖諱。後唐同光元年復爲義成軍。至皇朝避御名，改爲武成軍。

元領縣八。今四：白馬，韋城，胙城，靈河。四縣割出：酸棗，入開封府。匡城，入開封府。〔四〕衛南，入澶州。黎陽。建通利軍。

州境：東西三百一作「十」。九里。〔五〕南北一百五十七里。

四至八到：南至東京二百二十里。西南至西京一百五十八里。西南至長安一千四百四十里。東至濮州二百二十里。西至衛州一百一十六里。〔六〕北至衛州一百六十五里。東南至曹州二百一十五里。西南至鄭州二百八十四里。西北至衛州一百三十二里。東北取黎陽路至相州一百三十里。

户：唐開元户五萬三千六百二十七。皇朝管户主一萬一千九百四十六，客一千五百九十六。

風俗：漢書：「衛地有桑閒濮上之阻，男女亦亟聚會，聲色生焉。周末有子路、夏育，民人慕之，故其俗剛武，上氣力。」

姓氏：白馬郡三姓：費、成公、上官。譙郡九姓：殷、周、袁、應、和、荆、梅、齊、汝。

人物：趙咨，東郡燕人。拜東海相。過滎陽，令曹暠弃印綬，追至東海，謁咨。成公綏，東郡白馬人。閑默自守，不求聞達，張華重其文，以爲絶倫。唐崔日用，滑州靈昌人。相玄宗。盧懷慎。滑州靈昌人。相玄宗。〔七〕

土産：方文綾，舊貢。綿，絹，花紗。

白馬縣，舊十四鄉，今五鄉。本衛之曹邑。漢以爲縣，屬東郡，以地有白馬山，因爲縣名。隋開皇三年屬汴州，九年屬杞州，十六年改杞州爲滑州，縣又屬焉。

白馬山，在縣東北三十四里。開山圖云：「有白馬羣行山上，悲鳴則河決，馳走則山崩。」津與縣，蓋取此山爲名。

黄河，去外城十二步。〔八〕

州城。即古滑臺城，城有三重，又有都城，周二十里。相傳云衛靈公所築小城，昔滑氏爲壘，後人增以爲城，甚高峻堅險。臨河亦有臺。慕容超時，宋公遣征虜將軍王仲德攻取之，〔九〕即魏武破袁紹，斬文醜于北岸者。〔一〇〕

逯音録。〔一一〕明壘，即石勒之將所築，逯明名姓因稱壘字，〔一二〕今遺址尚存。滑臺。按水經注云：「河水右經滑臺城北。」小城外大城，高昌所築。苻堅亂後，丁零翟遼據之，小城内，遼弗毁，漆林猶存。又周書：「滑臺貯粟，以擬白馬津。」按述征記云：〔一三〕「登滑臺城，西北望太行山，白鹿巖、王莽嶺，冠于衆山表也。」

金隄。漢文帝時，河決，東潰金隄，即此。

山陽故城。魏兖州刺史山陽公所築，城因人以立名。

故訾婁城。衛侯師于訾婁，即此城也。

河侯祠，在縣南一里。漢王尊爲太守，河水壞金隄，尊沈白馬，使巫祝，請以身代填金隄以止水。水至，吏士叩頭救止，尊立不動，水稍卻。後人因立河侯祠。

蒼野冢。衛之賢大夫也。

子路冢，在邑内。

八角井，在州子城外北壕下。即唐貞元元年節度使賈耽所鑿，〔一四〕公自爲記云：「滑城控白馬之津，邇斥鹵之溢，里居者井無良焉，宰夫司庖汲用自遠，人則勞止，心曷以寧。乃相土宜視水脈，因便道求美泉，得之于城壕之右，闢成八隅，合爲一甃。」云云。

賈魏公廟，在北七里。

仁風樓，在州子城北。即晉東郡太守袁宏奉揚仁風之所也。

韋城縣，東南六十里。舊二十鄉，今七鄉。古殷伯豕韋之地也。左氏傳云：穆叔如晉，范宣子問焉，曰：「昔匄之祖，在商爲豕韋氏。」故漢韋賢傳：詩曰：「肅肅我祖，國自豕韋。」國都記：「豕韋氏，彭姓之國，祝融之後，陸終第三子翦封于彭。」隋置縣于韋氏之國，故曰韋城。

豢龍井，在縣古城內市之東南。即豢龍氏豢龍之所，有古石記云：「在右直殳工日日丁下八十一口。」〔一五〕今存。

京觀，在縣北二百步。漢翟義爲東郡太守起兵，爲王莽所滅，因有此京觀，俗呼「髑髏臺」。

平陽城，在縣西二十里。左傳哀公十六年：「衛侯飲孔悝酒于平陽。」杜注「東郡燕縣東北有平陽亭」是也。

師延丘，在縣東南二十里。史記：「師延，紂之樂師，武王殺師延于濮水。」收葬于此。

胙城縣，西南九十里。舊二十四鄉，今五鄉。本古之胙國，左傳：「凡、蔣、邢、茅、胙、祭，周公之胤也。」又爲古之燕國，左傳「衛人以燕師伐鄭」是也。漢爲南燕縣，〔一六〕在後慕容德都之，復號東燕縣。隋開皇三年廢東郡，以縣屬汴州；十八年文帝因覽奏狀，見東燕縣名，因曰：「今天下一統，何東燕之有？」遂改爲胙城，屬滑州。唐武德二年于此置胙州，領胙城，又置南燕縣；〔一七〕四年廢胙州，胙城屬滑州。

石丘，在縣東北三十里。俗傳漢成帝時星隕之石也。

濮水，在縣南一里。〔一八〕西南自酸棗縣界流入。

靈河縣，西南七十里。舊十六鄉，今五鄉。本漢南燕縣地，今胙城是也。隋開皇十六年分東燕、酸棗二縣置靈昌縣，取靈昌津以爲名。後唐同光元年改爲靈河，避國諱也。

赤眉故城，在縣東二十四里。漢末赤眉賊帥樊崇築。〔一九〕

延津，即靈昌津也，在縣東北二十五里。初，石勒伐劉曜，至河渚，不得渡，時流澌下，因風結冰，濟訖冰泮，〔二〇〕勒自以爲得天助，故號靈昌津。又左傳：「鄭太叔收貳以爲己邑，至于廩延。」又曹公北救劉延，至延津，皆此津也。

靈昌湖。湖周十里，人獲菰蒲之利。

堯祠，在縣西南五十里。劉盆子所立。唐寶曆年中，節度使李聽祈雨有應重修，白敏中撰記，今存。

黄河，在縣西十里。〔二一〕

廢金隄關，在縣西南五十三里。漢文帝時，河決酸棗縣，東潰金隄。大業二年置關，十三年廢。

鄭州

鄭州，滎陽郡。今理管城縣。禹貢豫州之域。星分氐宿。古軒轅所都之地，高辛氏火正祝融之墟。周初封管叔于此，故周禮注云：「壽星，爲鄭之分。」〔三〕實豫州之北境也。國語：「鄭桓公爲平王司徒，〔三〕問于史伯，寄帑與賄於虢、鄶十邑。」注云：「十邑謂虢、鄶、鄢、蔽、補、丹、依、𩊚、歷、莘也。」此即莘地。後鄭爲韓所滅，韓徙都之，其東境又屬魏。秦併天下，屬三川郡。漢屬河南郡，後漢至魏因之。晉泰始二年分河南郡地置滎陽郡，理古滎陽城。宋初如之，至武帝又立司州刺史，理虎牢，領河南、滎陽、弘農三郡。後魏武帝置東弘農郡，尋罷之；文帝又改司州爲北豫州，所領如之。東魏天平元年分滎陽置成皋郡，理今之汜水，又移滎陽理於大索城，即今之滎陽縣也，屬北豫州；尋又分此爲廣武郡，理中牟，置東中郎將府以總之。高齊天保七年廢成皋郡入滎陽郡，亦屬北豫州。後周初改北豫州爲滎州，取滎澤爲州之名，領郡如故。隋開皇三年罷郡，改滎州爲鄭州，十六年于管城縣分置管州。煬帝二年廢鄭州，仍改管州爲鄭州；三年廢鄭州，復爲滎陽郡。唐武德四年平王世充，置鄭州于武牢，領汜水、滎陽、成皋、密、滎澤五縣；其年又于管城縣置管州，領管城、須水、圃田、清池四縣。〔三四〕貞觀元年廢管州及須水、清池二縣，以廢管州之陽武、新鄭、管城、圃田四縣來屬；〔三五〕七年自武牢移鄭州理所於管城。

元領縣七。今五：管城，滎澤，原武，新鄭，滎陽。二縣割出：陽武，入開封府。中牟。入開封府。

州境：東西八十五里。南北一百九十五里。

四至八到：東至東京一百四十里。西至西京二百八十里。西至長安一千一百四十里。南至許州二百八十里。北至懷州獲嘉縣八十里，即至黄河中流爲界，共九十里。東南至開封府尉氏縣一百三十里。西南至河南府密縣一百七里。西北至懷州一百五十六里。東北至滑州二百八十四里。

户：唐開元户六萬四千六百一十九。皇朝管户主一萬七百三十七，〔三六〕客六千五百三十八。

風俗：與滑州同。

姓氏：滎陽郡四姓：鄭、毛、潘、陽。

人物：潁考叔，燭之武，子産，陳平，張蒼，潘岳，潘尼，皆鄭人。

唐婁師德，原武人。韋思謙，陽武人。子承慶、嗣立。鄭愔，滎陽人。年十七，進士及第，中宗朝，弘文館學士。李日知，鄭人。鄭珣瑜。滎澤人。

土產：梨，麻黃，鳳翮席尤佳，舊貢。〔二七〕

管城縣，依舊四鄉。本周封管叔之國。〔二八〕杜預釋例：「管國在滎陽京縣東北管城。」自漢至隋皆爲中牟縣，開皇十六年於此置管城縣，屬管州。大業二年改管州爲鄭州，縣又屬焉。

牽渠。魏書：「牽招，字子經，爲廣武太守。郡中井多鹹苦，人遠取汲，往復七里。招乃望勢，鑿源開渠，注入城中，人賴之，號曰牽渠。〔二九〕」

鄭水，一名不家水，源出梅山。水經注云：「不家溝水出京縣東南梅山北溪，東北流經管城西，俗謂之管水。又東北分爲二水，一水東北流，注入黃雀溝，即今之黃池。〔三〇〕」

青水。唐開元十道志云：「滎陽有青水，中有魚，皆青色。〔三一〕」

梅山，在縣西南三十里。春秋時，楚蔿子馮率師侵費、滑，右迴梅山，即此山也。

圃田澤，在縣東三里。

武彊城，在縣東三十一里。曹參擊項羽，攻武彊，即此城。

祭城，在縣東北十五里。

邲城，在縣東六里。晉荀林父帥師與楚子戰於邲，〔三二〕即此城。

李氏陂，在縣東四里。〔三〕後魏孝文帝以此陂賜僕射李沖，故俗呼爲僕射陂。周迴十八里。

莘城。國語謂史伯對鄭桓公，虢、鄶有十邑，莘其一也。又云：「前莘後河，右洛左濟。」韋昭曰：「莘，國也；十邑謂虢、鄶、鄢、蔽、補、丹、依、畷、歷、莘也。」

故市城，在今縣西北三十里。漢爲縣，後漢省。徐晃擊袁紹軍於此。

望母臺。鄭莊公與母誓之，後悔，因築臺以望之。

周世宗慶陵，在邑界。

滎澤縣，西六十里。舊二鄉，今四鄉。本尚書謂濟水溢爲滎之地，按古者濟水出河北，截河南流，而爲滎澤。自王莽末，濟水但入河，不復過河南。滎瀆水受河水，有石門，謂之滎口石門也。按今縣西南十七里滎陽縣故城在平原上，索水經其東，即漢高祖爲項羽所圍處。秦立三川郡，自洛陽曾移理于此。晉於此置滎陽郡。後魏太和中移縣理于大索城，即今滎陽縣是也。隋開皇四年始分滎陽地，〔三〕於此置廣武縣，屬鄭州，廣武因山爲名。仁壽元年又改爲滎澤縣焉。

滎澤，在縣北四里。後漢書云：「顯宗東巡泰山，至滎澤，有飛鳥翔集，因命虎賁王吉射之。鳥上下其聲，吉曰：『鳥啞啞，引弓射之，洞左腋，陛下壽萬歲，臣爲二千石。』既而射鳥中之，賜錢二百萬。」至今滎澤亭堡之間，猶多畫鳥，即遺事也。

廣武澗，在縣西二十里。〔三五〕西征記云：「三皇山上有二城，東曰東廣武，西曰西廣武，相去二百餘步。汴河水從澗中東南流，今無水。」今城東有高壇，〔三六〕即項羽坐太公于上，以示漢軍處。一曰鴻溝。

衡雍。左氏傳僖公二十八年：「晉文公敗楚師于城濮，還至衡雍，作王宮于踐土。」今王宮城在縣西北四十五里，〔三七〕今故城内西北隅有踐土臺，〔三八〕盟諸侯于踐土，即此也。

敖山，在縣西十五里。春秋時，晉師救鄭在敖、鄗之間。二山名。〔三九〕宋武北征記曰：「敖山，秦時築倉于山上，漢高祖亦因敖山築甬道，下汴水。」即此地也。

敖倉城，在縣西十五里。北臨汴水，南帶三皇山，殷仲丁遷于囂。詩曰「搏獸于敖」，皆此地。秦置城，以屯粟。漢書曰：酈生説高祖曰「東據敖倉」，即此也。

金隄，在縣西北二十二里。漢孝文時，河決酸棗，潰金隄，東郡太守興卒塞之。孝成時，王尊爲東郡守，又加修築。至明帝永平十二年，詔樂浪人王景築隄，起自滎陽，東至千乘海口千餘里。防遏衝要，疏決壅積，十里一水門。至順帝陽嘉中，自汴口以東，緣河積石爲堰，通渠，〔四〇〕名曰金隄。

桑梓苑。洛陽記云：「廣武城西四里有桑梓苑。」

原武縣，北九十里。〔四一〕舊一鄉，今四鄉。漢縣，屬河南郡。後魏屬滎陽郡。東魏改置廣武，縣又屬焉。高齊天保七年郡縣並廢。隋開皇十六年自今縣西故原武城移于陽池故城置原陵縣，屬鄭州，則今理也。唐初改「陵」爲「武」，以復漢名。

縣理，古陽池城。按竹書紀年曰：「梁惠王十五年，遣將龍賈築陽池以備秦。」即此也。隋開皇十六年于此理縣。

故卷城，漢爲縣。按郡國縣道記云：「即左氏晉文公敗楚師，『甲午至衡雍』，一名恒雍，〔四二〕今故卷城是也。」北齊天保七年省縣，而城在今縣西北七里。曹大家東征賦云「歷榮陽而過卷」，是此。其故城周迴約十里。又城西三十餘里有王宮城，即踐土所名。

黄河，在縣北二十里。

新鄭縣，西南九十里。舊二鄉，今四鄉。昔黄帝都于有熊，即其地。又爲祝融之墟。於周爲鄭武公之國。按國語：「鄭桓公問于史伯曰：『王室多故，余懼及焉，其何所可以逃死？』曰：『其濟、洛、河、潁之閒乎！虢、鄶爲大，驕貪背君，君以成周之衆，奉辭伐罪，無不克矣。若前莘後河，右洛左濟，主芣、騩而食溱、洧，修典刑以守之，唯是可以少固。』又曰：『惟謝、郟之閒。』」言在謝之北，郟之南。謝在南陽，後爲韓地。哀侯滅鄭，韓自平陽又徙都之。秦併天下，其地爲潁川郡。漢以爲新鄭縣，屬河南郡。晉省，宋復立，隸榮陽郡。東魏行臺侯景於此縣屯軍，北齊省。隋文帝十六年又置，迄今爲新鄭之理焉。

即此處。

函陵，在縣北十三里。左傳僖公三十年：「晉侯、秦伯圍鄭，晉軍函陵，秦軍氾南。」

陘山，在縣西三十里。史記云：「齊桓公侵楚至陘山。」山上有子產墓，墓壘石爲方墳，東有廟，皆東向，〔四三〕即杜元凱遺令所言者。郭璞注爾雅云：「連山中斷絶曰陘。」

溱、洧二水，溱水，在縣北，洧水，在縣南。左傳襄公元年，「晉帥諸侯之師伐鄭，入其郛，音孚。〔四四〕敗其徒兵於洧上。」又按韓詩外傳：「鄭國俗以二月桃花水下時，會于溱、洧之上，以自祓除也。」故詩謂「溱與洧，方渙渙兮」。今洧水經縣之北過。

潩水。水經云：「潩水源出密縣。」

古鄶城，在縣東北三十五里。〔四五〕毛詩譜云：「鄶者，祝融之墟。祝融氏名黎，其後妘姓檜者處其地。」〔四六〕

苑陵故城，在縣東北三十里，苑陵故城是也。〔四七〕漢縣，晉末省。後魏于故城東北五里改置苑陵縣城，〔四八〕隋大業末省縣。

窟室。左傳：「鄭伯有爲窟室而飲酒，朝者曰：『公焉在？』其人曰：『吾公在壑谷。』」杜注云：「壑谷，窟室也。」

子產廟。鄭大夫，今猶廟在陘山上。〔四九〕

紀信冢。信以身紿楚，解漢祖之圍，羽怒燒之，高祖使葬于此。故冢存。

萬歲亭。後漢荀彧封萬歲亭侯于此。

周太祖嵩陵，在邑界自然山下。

滎陽縣，西六十里。舊三鄉，今四鄉。縣即漢滎陽之地。唐初廢鄭州之滎陽，于滎西立武泰縣，屬洛州，亦曾移此額於今郡西北五十里古滎陽城安置。〔五〇〕按滎陽城，即古大索亭也，東虢之地，左傳「晉韓起如楚送女，鄭子皮勞諸索氏」是也。京縣有大索亭者，今縣所理，即大索城是也。又縣東北四里有小索城存，即六國時二索也。又京城，太叔邑，即在縣正東郡城也。秦置敖倉，史記：「楚漢戰於京、索間。」酈生説高祖「據敖倉之粟」，是此。漢爲縣，屬河南郡。晉泰始二年分河南郡立滎陽郡，取名于滎澤也。後魏太和十七年，滎陽自漢故理移于今所。唐天授二年七月分滎陽之地置武泰縣，割入洛州，尋省，改滎陽爲武泰。神龍元年二月復爲滎陽縣，以隸鄭。

靈源山。按神境記云：「滎陽縣西有靈源山，其閒生靈芝、石菌，其巖頂有石髓、紫菊，往往人聞有長嘯之聲。」

蘭巖山。神境記云：「滎陽縣西有蘭巖山，峭拔千丈，常有雙鵠不絶往來。」傳云，昔有夫婦隱此山數百年，化爲此鵠，忽一旦，一鵠爲人所害，其一鵠歲常哀鳴，至今響動巖

谷，莫知年歲。〔五一〕

嵩渚山，一名小陘山，俗名周山，在縣南三十五里，索水所出。山海經所謂「小陘之山，〔五二〕器難之水出焉。」舊傳器難之水即索水也。

鴻溝，在縣西。即楚漢分界之所。

殷渠。晉殷褒，字元祚，爲滎陽令。時多雨，褒乃課穿渠入河，疏導原隰，因致豐年，時人號爲殷渠。今尚存。

京水，在縣東二十二里。水經注云：「黃水發源京縣黃堆山，東南流，亦名祝龍泉，泉勢沸湧，狀似鼎湯，〔五三〕世謂之京水也。」

索水，在縣南三十五里。水經注云：「索水出京縣西南嵩渚山，與東關水同源分流，即古旃然水也。」左傳謂「楚伐鄭，次旃然」，即此水名。漢書云「京、索之閒」，亦楚漢戰鬭之所。

京城，在縣東南二十里。春秋姜氏爲叔段請京。又鄭詩云：「叔出于京。」漢以爲縣，後魏省。

卷九校勘記

〔一〕按西征記云　「按」，底本無，據宋版、萬本、庫本補。

〔二〕領白馬衛南韋城匡城靈昌長垣胙城七縣　「靈昌長垣胙城七縣」八字底本脱。宋版、萬本、中大本、庫本並作「領白馬、衛南、韋城、匡城、靈昌、長垣、酸棗七縣」。按舊唐書卷三八地理志一：滑州，武德八年，「以廢東梁州之酸棗縣來屬。」知武德八年以前酸棗縣不屬滑州，宋版、萬本、中大本、庫本滑州領有酸棗縣，當誤。除酸棗縣外，僅六縣，元和郡縣圖志卷八滑州載：武德四年，「胙城屬滑州」。新唐書卷三八地理志二及本書胙城縣記載同，則宋版諸本之「酸棗」必爲「胙城」之誤，正合七縣之數，據補。

〔三〕八年廢長垣縣入匡城以廢東梁州之酸棗縣來屬　「八年廢長垣縣」、「東」七字，底本脱，據宋版、萬本、中大本、庫本及舊唐書地理志一補。

〔四〕入開封府　底本作「同上」，據宋版、萬本、庫本改。

〔五〕東西三百一作十九里　「三百九里」，宋版、萬本、庫本作「三十九里」，與底本注文「百」一作「十」里數同；中大本作「一百三十九里」。

〔六〕西至衛州一百一十六里　「衛州」，宋版、萬本、庫本並作「衛州界」。按元和郡縣圖志滑州：「正

〔七〕西微南至衛州一百五十里。」清張駒賢考證：「官本作一百一十五里。」與底本略同。

滑州靈昌人相玄宗　底本作「同上」，據宋版、庫本及傅校改。萬本以盧、崔相合，作「俱滑州靈昌人，相玄宗」。

〔八〕去外城十二步　「十二」，宋版、庫本同；元和郡縣圖志滑州作「二十」，萬本從改。

〔九〕慕容超時宋公遣征虜將軍王仲德攻取之　「取」，宋版、萬本、庫本作「破」。據宋書卷二武帝紀，東晉義熙十二年北伐，劉裕遣王仲德進平滑臺，其時地屬北魏，而慕容超早於義熙六年已亡，此謂慕容超時，與史載不符。

〔一〇〕斬文醜于北岸者　「北」，宋版、庫本同，萬本作「此」，同元和郡縣圖志滑州。

〔一一〕音録　宋版、萬本、庫本並無此二字，蓋非樂史原文。

〔一二〕逯明名姓因稱壘字　宋版同，萬本作「因逯明名姓稱壘」。

〔一三〕按述征記云　「按」，底本無，萬本同，據宋版、庫本及傅校補。

〔一四〕即唐貞元元年節度使賈耽所鑿　「貞元」，底本作「貞觀」，宋版、萬本、庫本同。按賈耽，唐朝中期人，此云「貞觀」，誤。舊唐書卷一三八賈耽傳：「貞元二年，改檢校右僕射、兼滑州刺史、義成軍節度使。」資治通鑑卷二三二：貞元二年，「以東都留守賈耽爲義成節度使」。按義成軍節度治滑州，此「貞觀」乃「貞元」之誤，據改。又賈耽任義成軍節度使在貞元二年，而此云「貞元元年」，差一年，嘉慶重修一統志卷一九九衛輝府引本書云：「唐貞元初，賈耽所鑿。」則是。

〔一五〕有古石記云在右直殳工日曰丁下八十一口　「古石記」，中大本同，宋版、萬本無「石」字。「在右」，萬本、中大本同，宋版作「左右」。「直」，宋版、中大本同，萬本作「置」。「殳」，底本作「父」，萬本同，據宋版、中大本及傅校改。「日曰」，底本作「日日」，據宋版、萬本、中大本及傅校改。又底本「八十一口」下有「其義莫考」四字，諸版本並無，傅校削，據刪。按此文意莫解。

〔一六〕漢爲南燕縣　左傳隱公五年杜注：「南燕國，今東郡燕縣。」孔疏引漢書地理志：「東郡『燕縣，南燕國，姞姓。』續漢書郡國志三：東郡『燕，本南燕國』。則漢晉燕縣，無『南』字。」王念孫曰：「『南』字涉下南字而衍。國有南北燕，而縣無南北燕，可言南燕國，不可言南燕縣也。……通典州郡一〇云：『漢南燕縣，古南燕國。』元和志云：『古之燕國，漢爲南燕縣。』則杜、李所見漢志皆衍南字。隱五年左傳：『南燕國，今東郡燕縣。』正義引此志云『東郡燕縣，南燕國。』則唐初本尚不誤。」此「南」字衍，下靈河縣序「本漢南燕縣地」，「南」字亦衍。

〔一七〕又置南燕縣　「南燕縣」，新唐書地理志二同，元和郡縣圖志滑州作「東燕縣」。

〔一八〕在縣南一里　「一」，元和郡縣圖志滑州作「二十」。

〔一九〕漢末赤眉賊帥樊崇築　「帥」，底本作「率」，據宋版、萬本、中大本、庫本及元和郡縣圖志滑州改。

〔二〇〕濟訖冰泮　原校：「按晉書載記石勒傳及太平御覽所載異苑事，皆謂將濟河而冰泮，舟檝無闓，今記云冰結得濟，與二書所載小異。」按元和郡縣圖志滑州記載與此同。

〔二一〕在縣西十里　「西」，元和郡縣圖志滑州作「北」。

〔二二〕壽星爲鄭之分　「鄭」，底本作「鄭州」，萬本、庫本同，宋版作「鄭」。周禮保章氏鄭氏注：「壽星，鄭也。」據删「州」字。

〔二三〕鄭桓公爲平王司徒　國語鄭語：「桓公爲司徒。」韋昭注：「幽王八年爲司徒。」史記卷四二鄭世家：鄭桓公，「幽王以爲司徒」。按此作「平王」，與史不合。

〔二四〕其年又于管城縣置管州領管城須水圃田清池四縣　舊唐書地理志一載同，新唐書地理志二：「武德四年以管城、中牟、原武、陽武、新鄭置管州，并置須水、清池二縣。」按中牟本圃田，武德初改名，則管州領縣七，與本書、舊唐志異。

〔二五〕以廢管州之陽武新鄭管城圃田四縣來屬　舊唐書地理志一：「以廢管州之陽武、新鄭四縣屬鄭州。」脱二縣。新唐書地理志二：「以管城、原武、陽武、新鄭來屬。」四縣名與本書不同者，有「原武」，而無「圃田」（即中牟）。

〔二六〕皇朝管户主一萬七百三十七　「管」，底本脱，庫本同，據宋版、萬本、中大本補。

〔二七〕梨麻黄鳳翮席尤佳舊貢　萬本、庫本同，宋版「舊貢」二字在「梨」字上，傅校改同。

〔二八〕本周封管叔之國　「封」，底本脱，據宋版、萬本、中大本、庫本及元和郡縣圖志卷八鄭州補。

〔二九〕牽渠魏書至號曰牽渠　據三國志卷二六牽招傳記載，牽招任雁門太守，非任廣武太守；雁門郡治廣武，在今山西代縣西南古城，所修牽渠也應在今代縣，不在此地，此文所載疑誤。

〔三〇〕即今之黃池　水經渠水注作「謂之黃淵」。

〔三一〕皆青色　「色」，底本作「也」，萬本、中大本、庫本同，宋版作「色」，是。據改。

〔三二〕晉荀林父帥師與楚子戰於邲　「帥」，底本作「率」，據宋版、萬本、庫本及春秋宣公十二年改。

〔三三〕在縣東四里　底本「東」下衍「南」字，據宋版、萬本、中大本、庫本、嘉慶重修一統志卷一八六開封府引本書及元和郡縣圖志鄭州刪。

〔三四〕隋開皇四年始分滎陽地　「滎陽」，宋版同，萬本作「滎陽縣」，庫本同，傅校改同。

〔三五〕廣武澗在縣西二十里　「廣」，宋版、萬本、中大本、庫本作「漢」。按水經濟水注：東西廣武城，「夾城之間，有絕澗斷山，謂之廣武澗。」史記卷七項羽本紀正義引郭緣生述征記云：「一澗橫絕上過，名曰廣武。」藝文類聚卷九引漢書曰：「沛公與項籍臨廣武澗而語，數籍以十罪。」太平御覽卷六九引漢書同，則底本作「廣武澗」是。又「縣」上，宋版、萬本、中大本、庫本有「今」字，傅校改同。

〔三六〕今城東有高壇　水經濟水注：東廣武城，楚項羽城之，「爲高俎，置太公其上」。史記卷七項羽本紀正義引括地志：「東廣武城有高壇，即是項羽坐太公俎上者。」元和郡縣圖志鄭州同。此

「城東」疑爲「東城」之倒誤。

〔三七〕今王宮城在縣西北四十五里　「西北」，宋版、萬本、中大本、庫本並作「北」，無「西」字。史記卷四周本紀正義引括地志：「故王宮在鄭州滎澤縣西北十五里王宮城中。」通典卷一七七州郡七滎澤縣：「故王宮城在今縣西北十五里。」則作「西北」是，「四」蓋爲衍文。

〔三八〕今故城内西北隅有踐土臺　史記卷四周本紀正義引括地志：「按王城（宮），則所作在踐土，城内東北隅有踐土臺。」此「西北」疑爲「東北」之誤。

〔三九〕二山名　左傳宣公十二年：「晉師在敖、鄗之間。」杜注：「敖、鄗，二山。」元和郡縣圖志鄭州：「春秋時，晉師救鄭在敖、鄗之間。敖、鄗，二山名。」此蓋脱「敖鄗」二字。

〔四〇〕通渠　「渠」，底本作「淮」，宋版、萬本、中大本、庫本及太平御覽卷六一引水經注同。楊守敬水經注疏：朱謀㙔本作「通淮古口」，其所撰水經注箋曰：「淮古疑作古淮」，「趙（一清）改淮古作古渠，戴（震）亦改淮作渠，删古口二字。」據改。

〔四一〕北九十里　「北」，底本作「西」，宋版、萬本、中大本、庫本同。按唐宋原武縣在鄭州東北，此作「西」誤，元豐九域志卷一鄭州原武：「州北六十里。」據改。

〔四二〕一名恒雍　底本無，據宋版、萬本、中大本、庫本補。史記卷五秦本紀：昭襄王四十八年，「韓獻垣雍。」集解：「司馬彪曰：河南卷縣有垣雍城。」同書卷四四魏世家：信陵君謂魏王曰：秦「有鄭地，得垣雍。」集解引徐廣曰：「垣雍城在卷縣。」水經陰溝水注：陰溝水左瀆逕垣雍城南。昔晉文公戰勝于楚，周襄王勞之于此。故春秋書甲子至于衡雍，作王宮于踐土。呂氏春秋曰：尊天子于衡雝者也。郡國志曰：卷縣有垣雝城。即史記所記韓獻秦垣雍是也。」則垣雍即衡雍，此「恒」當作「垣」。

〔四三〕皆東向　晉書卷三四杜預傳：「連山體南北之正而邪東北，向新鄭城。」續漢書郡國志劉注：「杜預遺令曰：山上有冢，或曰子産，邪東北向新鄭城。」水經湨水注：陘山有子産墓，「累石爲方墳，墳東有廟，並東北向鄭城。」此「東」下蓋脱「北」字。

〔四四〕音乎　宋版、萬本並無此二字，蓋非樂史原文。

〔四五〕在縣東北三十五里　史記卷四二鄭世家引括地志：「故鄶城在鄭州新鄭縣東北三十二里。」與元和郡縣圖志鄭州記載合，此「五」蓋爲「二」字之誤。

〔四六〕鄶者祝融之墟祝融氏名黎其後妘姓檜者處其地　「鄶」，宋版、萬本、庫本作「檜」。陸德明毛詩音義：「檜本又作鄶，古外反。檜者，高辛氏之火正祝融之後，妘姓之國也。」又「檜者」，底本無，萬本同。毛詩檜譜鄭玄箋：「祝融氏名黎，其後八姓唯妘姓檜者處其地焉。」此脱，據宋版、中大本補。

〔四七〕在縣東北三十里苑陵故城是也　「縣」，宋版、萬本、中大本、庫本並作「今」。又史記卷四四魏世家引括地志：「宛陵故城在鄭州新鄭縣東北三十八里。」與此載里數有差異。

〔四八〕後魏于故城東北五里改置苑陵縣城　「縣城」，底本無「城」字，萬本、庫本同。據宋版及嘉慶重修一統志卷一八七開封府引本書補。

〔四九〕今猶廟在陘山上　底本作「猶存廟在陘山上」，宋版作「今猶廟在陘山上」，傅校改「猶」於「廟」下；萬本、庫本作「今有廟在陘山上」，今據宋版改。

〔五〇〕亦曾移此額於今郡西北五十里古滎陽城安置　「城」上底本有「縣」字，據宋版、萬本、庫本、傅校删。

〔五一〕莫知年歲　「歲」，底本作「數」，據宋版、萬本、庫本及太平御覽卷四二改。

〔五二〕小陘之山　「小」，宋版、萬本、庫本及山海經中山經皆作「少」，按「少」、「小」二字通。

〔五三〕狀似鼎湯　萬本、庫本同，宋版作「狀巨鼎湯湯」。按水經濟水注作「狀若巨鼎揚湯」，太平御覽卷六三引水經注作「狀若鼎揚湯」，宋版上「湯」爲「揚」字之誤。

太平寰宇記卷之十

河南道十

陳州

陳州，淮陽郡。今理宛丘縣。昔庖犧氏所都，曰太昊之墟。禹貢爲豫州之域。星分心宿二度。周初爲陳國。武王封舜後胡公嬀滿于此，以奉舜祀，以備三恪。至春秋時，爲楚靈王所滅，乃縣之。後五年，復立陳惠公；後五十六年，楚惠王復滅陳，而其地盡爲楚所有。又楚襄王自郢徙于此，謂西楚是也。戰國時，爲楚、魏二國之境。〔一〕秦滅楚，改爲潁川郡。漢爲淮陽國之地，後漢如之。晉爲汝南郡、梁國二境，兼置豫州，領郡國十，理于此。後魏得之，又立爲陳郡。至天平二年以淮南内附，於此置北揚州，理項城，以居新附之户。高齊天保二年以百姓守信，不附侯景，改北揚州爲信州。隋開皇十六年於宛丘縣更立陳州。煬帝初州廢，又爲淮陽郡。唐武德元年平房憲伯，改爲陳州，領宛丘、箕城、扶樂、太康、新平五縣。貞觀元年廢扶樂、箕城、新平三縣，復以沈州之項城、溵水二縣來屬。〔二〕沈州即今潁州沈丘縣。長壽元年置武城縣。證聖元年置光武縣。天寶元年改爲淮陽郡。乾元元年復爲陳州。晉天福六年升爲防禦州，開運二年升爲鎮安軍。漢天福十二年降爲刺史州。周廣順元年又升爲防禦州，二年復爲鎮安軍節度使。皇朝因之。

元領縣六。今五：宛丘，項城，商水，南頓，西華。一縣割出：太康。入開封府。

州境：東西一百三十里。南北一百四十五里。

四至八到：西北至東京二百四十五里。西至西京七百里。西至長安一千五百里。東至亳州二百里。南至蔡州平輿縣二百五里。〔三〕西至許州二百八十里。北至雍丘縣二百二十三里。東南至潁州三百里。西南至蔡州二百一十里。西北至開封府三百一十里。東北至宋州二百二十五里。

户：唐開元户五萬二千六百九十七。皇朝户主一萬一千八百六十三，客一萬一千四十八。

風俗：書序曰：「古者伏羲氏之王天下也，始畫八卦，造書契，由是文籍生焉。」故文字之興起于陳州也，于是風俗舊多儒學。周武王克商，封舜後於陳，是爲胡公，〔四〕配以長女。婦人尊貴，好祭祀，其俗事巫。故詩曰：「坎其擊鼓，宛丘之下。」

人物：逢滑，子張，姓顓孫，名師。鄭當時，黄霸，袁渙，何曾，謝尚，王隱，陳郡人。撰晉書八十卷。袁宏，殷仲文，俱陳郡人。謝瞻，謝靈運，謝惠連，皆陳郡陽夏人。袁淑陽夏人。謝莊。

土産：絲，綿，綾，絹。

宛丘縣，舊七鄉，今三鄉。本漢陳縣。春秋時，楚滅陳，縣之。秦、漢仍爲陳縣，漢屬淮陽國。後漢屬陳國。晉屬梁國。宋屬南梁郡。高齊文宣帝省陳郡，仍移項縣理於此。隋文帝立陳州，改項縣爲宛丘縣。

陳州州城，枕蔡水，周迴三十里。

洧水，西自許州鄢陵縣界流入。

蔡水，自西北流入，經縣東一里。

州理城，楚襄王所築，即古陳國也。庖犧氏、神農氏並都于此。及楚頃襄王爲秦所伐，失鄢郢，徙都于陳，〔五〕爲秦所滅。

宛丘，在縣南三里，高二丈。爾雅云：「陳有宛丘。」詩陳風云：「子之湯兮，宛丘之上兮。」

清丘，在縣東北五十里，高一丈五尺。古老傳云漢淮陽王嘗登此丘遊望，〔六〕聞漢中有清丘，故遥取爲名。

硯丘，在縣東南四十里，高五丈。古老傳云楚王滅陳于此醮會軍士，遂名醮丘，後人語訛爲硯丘。

固陵，在縣西北三十里，〔七〕高一丈二尺。按史記項羽南走固陵，即此陵也。今俗呼爲穀陵。

辰陵亭，在縣西南四十里。春秋云：「楚子、陳侯、鄭伯盟于辰陵。」杜預注云：「陳地，潁川長平縣東南有辰亭。」

陳佗溝，在縣北一十里。上從安仁溝出，入縣郭。古老傳云陳公子佗開，所以灌溉也。毛詩墓門：「刺陳佗無良師傅也。墓門有棘，斧以斯之，夫也不良，國人知之。」

五梁溝。按圖經云，縣西南十里，〔八〕從西華縣界洧水出，東流入谷水。古老傳云此溝有五橋渡，因名焉。水經注云：「洧水南經長平縣故城西，又南分爲二水，支水東出，謂之五梁溝。南出謂之雞籠水，故水會處有籠口之名。」

淮陽城。晉地道記：「陳城西南角有淮陽城，漢淮陽國城也。」

谷水。水經注云：「上承澇陂，南曁犖城，皆爲陂也。陂水東流，謂之谷水，東經澇城北，又東流入于沙水。」

新平城，在縣東北二十五里。漢書地理志淮陽國有新平縣。隋開皇十六年分亳州武平縣于此置臨蔡縣，大業二年廢。唐武德元年復置新平縣，八年省入宛丘。

博陽城，在縣西南四十里。漢書地理志汝南郡有博陽縣，應劭曰侯國也，王莽曰樂家，漢丙吉所封之邑。

南陽城，在縣東三十里。後魏太和三年於此置南陽、武定等縣，七年廢。

陳侯弩臺，在縣南一里。後漢書：「陳敬王曾孫寵善弩射，十發十中，中皆同處。〔九〕黄巾賊起，寵有强弩數千張，出軍都亭。國人素聞王善射，不敢反叛，故百姓歸之。」開元九年移孔子廟于臺上。

偶臺，在縣西北二十五里。二臺相對，各高二丈。古老傳云淮陽王陳伎樂之處。〔一〇〕一云偶仙臺，一云舞伎臺也。

貯糧臺，在縣南二十里。古老傳云楚伐陳，〔一一〕於此築臺以貯糧。北臨蔡水，下通江淮之利。

湯井，在州南門。〔一二〕古老傳云殷湯大旱，人民衆穿此井。

鳴井，在縣東三里。以物投之，即如鐘聲。

雙女陵，在縣西南十三里。古老傳云陳侯之女厲嬀之陵也。春秋傳隱公三年：「衛莊公娶于陳，曰厲嬀，生孝伯，早死。其娣戴嬀，生桓公。」又按詩邶風燕燕：「莊姜送歸妾也。」注云：「莊姜無子，戴嬀生桓，〔一三〕而州吁弒之。」二嬀同死，因葬于此陵。〔一四〕

八卦壇，在縣北一里。即伏羲于蔡水得龜，因畫八卦之壇。舊有長史張齊賢文。〔一五〕後刺史李邕除舊文撰新文刊之。

光武廟，在縣西南一里。後漢書：「南頓令欽生，光武登位，幸南頓縣舍，置酒會，賜吏人，復田租一歲。父老言：『皇考居此日久，願賜復十歲。』帝曰：『天下重器，嘗恐不任，日復一日，安敢遠期十歲？』吏人又言：『陛下實惜之，何言謙也？』帝大笑，復增一歲。」光武崩，民爲立廟。〔一六〕

東門池，在縣城東北角。水至清而不耗，亦不生草木。詩陳風：「東門之池，可以漚麻。」即此也。

項城縣，東南七十里。依舊四鄉。漢項縣，古項子國。春秋：「齊師滅項。」楚襄王徙都陳，以項爲别都。按此城即楚築。在漢屬河南郡。晉屬陳國。隋文帝改項縣加「城」字，屬陳州；十六年分置沈州。唐貞觀中廢沈州，〔一七〕卻屬陳州。晉時童謠云「堅不過項」，即此也。

武丘，本名丘頭，在縣東南四十里。魏志：「王淩密計廢立，司馬宣王乘水道討淩，大兵掩至，淩自知勢窮，至丘頭，面縛水次。」即此丘也。又司馬宣王于此克定毌丘儉，乃更名武丘，以顯武功也。

秦丘，在縣西南四十七里。古老傳云秦王苻堅將兵南征，駐于此丘，故名秦丘。丘側有故城，名曰秦母城，〔一八〕亦名秦王城。東晉孝武帝時，秦將苻融攻陷壽春，苻堅捨大兵，輕騎赴之，時有謡曰「堅不過項」，堅出令曰：「敢言吾至壽春者，拔其舌！」衆諫不從，堅遂敗。

項國城，在縣東北一里。古老傳云故項子國。春秋：「齊人滅項。」即此城。

互鄉城，在縣城北一里。古老傳云互鄉之地，論語云：「互鄉難與言，童子見，門人惑。」即此也。

公路臺，在縣東四里。按隋淮陽郡舊圖云：「公路臺東有袁術廟。」按術身死無後，〔一九〕不合有廟，蓋術生平立先人之廟。

封觀墓，在縣西十里。漢書云：「觀有志節，當舉孝廉，以兄位未達，恥先受之，遂稱風，啞不言。火起燒屋，觀徐行出避之，忍而不言。後數年，兄得舉，稱旨而仕于郡。」死葬于此。

賈逵碑，在縣東南二里。詞云：「賈諱逵，〔二〇〕字安道，〔二一〕河東襄陵人也。遷豫州刺史，魏明帝太和二年卒。」梁國劉舉等爲刻石立碑，史記上有二字生金。魏志：「明帝青龍中，帝東征，乘輦入逵祠，詔曰：『昨過項，見賈逵碑像，念之愴然。古人有言，患名之不立，不患年之不長。逵存有忠勳，没而見思，可謂死而不朽者矣。布告天下，以勸將來。』」

百尺堰，在縣東北三十五里。水經注云：「蔡水東南經陳縣，謂之百尺溝。又南分爲二水，注于潁，次有大堰，即古之百尺堰也。司馬宣王討王淩，陳軍於百尺堰。」即此也。

宜禄城。漢書地理志宜禄縣屬汝南郡，王莽曰賞都亭。

商水縣，西南八十里。舊十鄉，今四鄉。漢汝陽縣地，〔三二〕屬汝南郡。隋開皇三年廢郡，仍以汝陽縣隸陳州；〔三三〕十六年改爲溵水縣，以縣界溵水爲名。

懷丘，在縣西二十里。史記云：「吴王闔閭與子胥敗楚。是年，惠公卒，子懷公柳立，懷公卒于吴。」左傳：「懷公不從吴，卒葬在陳。」

棗丘，在縣東北三十里。隋陳州圖經曰：「其原丘塘多生棗棘，因以名焉。」

溵水，從西華縣南來，經縣西四里過，入潁水。〔三四〕

驛馬溝，在縣西南十三里。古老傳云楚相孫叔敖截汝墳之水以作塘，下有栢塘陂九

百頃，遂乃鑿此溝，其湍急如騁馬。其水發孫塘，屈曲六十里入潁水。〔三五〕

灌溉城，在縣東北二十里。〔三六〕隋陳州圖經云：「鄧艾所築也。」魏志：「鄧艾爲典農時，於陳、項以東至壽春，開廣漕渠，溉良田，築此城。」

扶蘇城，在縣西南三十五里。史記云：「陳涉起兵，自稱公子扶蘇，從人望也。」蓋涉築此城。隋越王侗皇泰元年又于此城置扶蘇縣，唐武德五年廢。

潁岐渡夾河月城，在縣東北三十里。貞元元年刺史曲環築，以備李希烈之亂。

章華臺，在縣西北三里。左傳昭公七年：「楚子成章華之臺，願與諸侯落之。」杜注云：「宮室始成祭之爲落。臺今在華容城内。」是靈王所築，春秋後語：「楚襄王二十年，爲秦將白起所逼，北保于陳，更築此臺。」

乾谿臺，在縣北三里。左傳：「楚師次于乾谿。」注：「在譙國城父縣南。」又按陸賈新語：「楚靈王即位，起章華之臺，〔三七〕爲乾谿之館，作乾谿之臺，五百仞之高，欲登浮雲窺天。」〔三八〕

叢臺，在縣北二十五里。按史記云，叢臺在邯鄲城，説者以爲趙叢臺，此臺蓋楚襄王所築也，非趙之叢臺，名同事異。按郎蔚之陳州舊圖云：「楚王遊觀弋釣地，或税駕于此，往往有嘉禾叢生，因以爲名也。」

西華城。漢書地理志云西華縣屬汝南郡。濟北戴封，字平仲，爲西華令，遇天大旱，慨理政無感，乃積柴坐其上以自焚，火起而大雨暴至，遠近歎服。

南頓縣，南七十里。舊五鄉，今四鄉。本漢舊縣地，〔二九〕屬汝南郡。古頓子國，後逼于陳，南徙，故號南頓。其城，楚令尹子玉所築。後漢世祖父欽，嘗爲此縣令，故號曰南頓君。光武生在此縣中。宋爲南頓郡。東魏于此置和城縣，北齊廢郡，省縣入和城。〔三〇〕隋復爲南頓縣，屬陳州。唐武德六年省入項城。證聖元年以縣有光武鄉，名符武氏，遂于此置光武縣。中宗復爲南頓。

高陽丘，在縣南四十里。應瑒，南頓人，兄弟俱有名，自比高陽氏才子，故號高陽丘也。

潁水，在縣西北三十里。

小汝水，在縣西南四十里。

潁陰城，在縣西三十里。按闞駰十三州志：「故頓子城，在潁水之南，故謂之潁陰城。」

柏冢，在縣南二十里。古老傳云應奉冢多生柏，因以爲名。

光武臺，在縣北四十里。按隋淮陽舊郡圖云：「漢光武十九年幸南頓，因置此臺，兼立廟。」

西華縣，西八十里。舊十鄉，今四鄉。本漢長平縣，屬汝南郡。唐武德八年爲基城縣。〔三一〕貞觀元年省入宛丘縣。長壽元年又置爲武城縣。神龍元年改爲基城縣。景雲元年改爲西華縣。

宜陽山，在縣東北五里。高五丈，翟王河出焉。

夏亭城，在縣西南三十里。按陳詩株林：「刺靈公也。胡爲乎株林？從夏南。」注云：「夏南，夏徵舒也。」今城北五里有株林，〔三二〕即夏氏邑，一名華亭。

柳城，在縣西二十里。古老傳云女媧氏之都，本名媧城。魏鄧艾營稻陂時，柳舒爲陂長，後人因爲柳城。〔三三〕隋開皇元年于此置柳城縣，隋末廢。

閻倉城，在縣東北三十里。左傳云：「宋華、向之亂，公子城、公孫忌奔鄭，其徒與華氏戰于鬼閻。」杜預注云：「潁川長平縣西北有閻亭。」隋淮陽圖云：「閻倉城，在扶溝縣西南五十里。」在今故長平縣西北。

涼馬臺，在縣西三十里。相傳陳靈公涼馬臺東南去陳靈公陵五百七十步。

集糧城，在縣西十里。魏使鄧艾營田，築之貯糧，故名。

卷十校勘記

〔一〕戰國時爲楚魏二國之境　「境」，底本作「地」，據宋版、萬本、庫本及傅校改。

〔二〕復以沈州之項城溵水二縣來屬　「復」上底本有「三年」二字，萬本、中大本、庫本同，宋版無。舊唐書卷三八地理志陳州序亦無「三年」，屬縣項城：「貞觀元年廢沈州，以縣屬陳州。」新唐書地理志二、唐會要州縣改置上同。此「三年」衍，據宋版删。

〔三〕南至蔡州平輿縣二百五里　「五」，底本脱，據宋版、萬本、中大本補。

〔四〕是爲胡公　「是」，底本脱，萬本、庫本同。漢書卷二八地理志下：「周武王封舜後嬀滿於陳，是爲胡公。」據宋版補。

〔五〕徙都于陳　「陳」，底本作「此」，據宋版、萬本、中大本、庫本及元和郡縣圖志卷八陳州改。

〔六〕漢淮陽王嘗登此丘遊望　「嘗」，底本作「常」，萬本同，據宋版及嘉慶重修一統志卷一九一陳州府引本書改。

〔七〕在縣西北三十里　史記卷七項羽本紀正義引括地志：「在陳州宛丘縣西北四十二里。」同書卷五一荆燕世家正義引括地志同，元和郡縣圖志陳州作「四十三里」，並與此異。

〔八〕按圖經云縣西南十里　「縣」字，底本無。宋版作「按圖經縣西南十五里」。據宋版、萬本、中大本、庫本補「縣」字。

〔九〕中皆同處　「處」，底本無，萬本、庫本同，據宋版傅校及元和郡縣圖志陳州補。

〔一〇〕淮陽王陳伎樂之處　「陳」，底本作「城」，萬本同，嘉慶重修一統志陳州府引本書作「試」。據宋版改。

〔一一〕楚伐陳　底本「楚」字空缺，萬本、庫本無此字。中大本作「魏祖」，嘉慶重修一統志陳州府引本書作「魏」，疑誤。據宋版補。

〔一二〕在州南門　「南門」，宋版、萬本、庫本並作「門南」。

〔一三〕戴嬀生桓　「桓」，萬本、庫本同，宋版作「完」，傅校同。毛詩邶風燕燕注：「莊姜無子，陳女戴嬀生子名完，莊姜以爲己子。莊公薨，完立，而州吁殺。……完字又作皃，俗音九，即衛桓公也。」

〔一四〕因葬于此陵　「此陵」，宋版、萬本、中大本、庫本皆作「於陳」，傅校同。

〔一五〕張齊賢　「齊」，萬本、庫本同，宋版作「濟」。

〔一六〕民爲立廟　「民爲」，底本作「人民」，據宋版、萬本、庫本及傅校改。

〔一七〕唐貞觀中廢沈州　舊唐書卷三八地理志一：「貞觀元年廢沈州。」新唐書卷三八地理志二、唐會要卷七〇州縣改置上同，此云「貞觀中」，爲「貞觀初」之誤。

〔一八〕名曰秦母城　「曰」，宋版、萬本、庫本並作「爲」。「母」，底本作「丹」，據宋版、萬本、中大本、庫本及嘉慶重修一統志陳州府引本書改。

〔一九〕術身死無後　「身」，底本無，據宋版、萬本、庫本補。

〔二〇〕賈諱逵　「賈」，萬本、庫本同，宋版作「君」。

〔二一〕字安道　「安道」，宋版同。三國志卷一五魏書賈逵傳：「賈逵，字梁道。」此「安」蓋爲「梁」字之誤。

〔二二〕漢汝陽縣地　「汝」，萬本、庫本同，宋版作「女」。漢書卷二八地理志上作「女」，師古曰：「女讀曰汝。」續漢書郡國志二增水旁。水經潁水注：「余按汝、女乃方俗之音，故字隨讀改。」

〔二三〕仍以汝陽縣隸陳州　「隸」，底本作「入」，據宋版、萬本、庫本及傳校改。

〔二四〕入潁水　「入」，底本脱，萬本、庫本同，據宋版及傳校補。

〔二五〕屈曲六十里入潁水　「水」，底本脱，據宋版、萬本、庫本及傳校補。

〔二六〕在縣東北二十里　元和郡縣圖志陳州作「二十五里」。

〔二七〕章華之臺　「臺」，底本作「靈」，據宋版、萬本、中大本、庫本改。國語楚語上：「靈王爲章華之臺。」

〔二八〕五百仞之高欲登浮雲窺天　藝文類聚卷六二引陸賈新語曰：「楚靈王作乾谿之臺，百仞之高，欲登浮雲，窺天文。」太平御覽卷一七七引陸賈新語曰：「楚靈王作乾谿之臺，立百仞之高，欲登浮雲，窺天上。」此「五」疑衍字，或「立」字之誤；「天」下疑脱「文」，或「上」字。

〔二九〕本漢舊縣地　「地」，宋版、萬本、庫本並無，同元和郡縣圖志陳州。此「地」字蓋衍。

〔三〇〕北齊廢郡省縣入和城　「廢」，底本作「省」，「省」，底本作「廢」，據宋版、萬本、庫本、傅校及元和郡縣圖志陳州改。

〔三一〕唐武德八年爲基城縣　原校：「按今記及唐會要皆云武德八年改爲基城縣，而新唐書地理志云武德元年改爲箕城縣，所書之年既異，『基』、『箕』字亦不同。又今記陳州總序亦作『箕城』，皆未知孰是。」按舊唐書地理志、唐會要州縣改置上並載武德元年改名，此「八」疑爲「元」字之誤。「基」，萬本同，中大本作「箕」，舊唐書地理志一、新唐書地理志二並作「箕」，乃唐開元後避「李隆基」諱。

〔三二〕今城北五里有株林　「今城」，萬本作「今此城」，傅校增「此」字。

〔三三〕後人因爲柳城　「爲」，庫本同，萬本、中大本並作「謂」，嘉慶重修一統志陳州府引本書作「目爲」。按萬本、中大本當是。

太平寰宇記卷之十一

河南道十一

蔡州　潁州

蔡州

蔡州，汝南郡。今理汝陽縣。禹貢豫州也。春秋時沈、蔡二國之地，後爲楚、魏二國之境，歷降爲晉、宋、陳、魏、曹、衞、魯、楚八國之地，後又爲韓、魏之地。秦兼天下，以其地爲三川郡。漢改三川爲汝南郡，後漢、魏、晉如之。宋文帝于此立司州，領郡四，以爲重鎮，使孝武守之。元嘉二十七年，後魏太武帝率兵攻圍汝南，太守陳憲守拒四十餘日，積屍與城齊，不拔而退。地形志云，謂之懸瓠城，亦名懸壺城。又水經注云：「汝水周城，形如懸瓠，故取名焉。始自魏太和中幸懸瓠，平南王肅起層樓于城隅，下際水湄，降眺栗渚，殊爲佳觀。」故宋書亦云「懸瓠爲戍，以防郯陂」〔一三〕是也。皇興二年改爲豫州。東魏置行臺，侯景爲懸瓠都督，舉十三州入梁。後周置總管府，尋改爲舒州，以地勢平舒爲名。後又改爲豫州，其後又改洛州爲豫州，以此爲溱州，取城南溱水爲名。其後又改爲蔡州，以古國名之也，俄置汝南郡。隋初移入懸瓠，即今州城是也。大業二年廢郡，復爲蔡州。唐武德四年平王世充，置豫州總管府，管豫、道、興、息、舒五州，豫州領汝陽、平輿、真陽、吴房、上蔡五縣；七年改爲都督府，廢興、道、舒、息四州。貞觀元年罷都督府，廢平輿、上蔡二縣，復以道州之郾城、息州之新息、朗州之朗山、舒州之褒信新蔡五縣來屬。天授二年又置平輿、西平二縣。開元四年以西平屬仙州，二十六年省仙州，復以西平來屬。天寶元年改爲汝南郡。乾元元年復爲豫州。寶應元年避代宗廟諱，改爲蔡州。漢初升爲防禦州。至皇朝因之。昔宋檀和之爲刺史，出獵，猛獸伏而不起，亦不傷人。

元領縣十：汝陽，上蔡，平輿，西平，遂平，朗山，真陽，新息，褒信，新蔡。

州境：東西二百九十里。南北二百四十里。

四至八到：北至東京四百七十里。西北至西京六百二十里。西北至長安一千四百三十里。東至潁州四百里。南至申州二百六十八里。西至唐州二百七十里。北至海州三百二十里。東南至光州淮水中流爲界二百六里。西南至唐州桐柏縣一百八十里。西北至汝州襄城縣二百八十里。〔二〕東北至陳州二百六十四里。

戶：唐開元戶五萬一千二百一十。皇朝戶主一萬八千三百九十七，客二萬九千五百六十。

風俗：漢書：「角、亢、氐之分，東接汝南，皆韓地。其俗夸奢，尚氣力，好商賈漁獵，難制御。」今其俗人性清和，鄉閭孝友，男務墾闢，女修織紝。

人物：李斯，上蔡人。戴憑，汝南人。爲侍中，與百官說經書，奪席五十餘重，時謂之「解經不窮戴侍中」。袁安，汝陽人。五世孫紹，字本初。蔡順，薛包，並汝南人。黃叔度，南頓人。陳蕃，汝南平輿人。應奉，汝南南頓人。讀書五行並下。應瑒，汝南人。許劭，字子將，汝南平輿人。評曹操曰：「清平之奸賊，亂世之英雄。」呂蒙，汝陽人。魯肅代周瑜之陸口，蒙曰：「君與關羽爲鄰，將何以備不虞？羽熊虎將也。」因示肅五策，肅乃越席而起曰：「吾不知卿才略至是。」遂拜蒙母結友。呂範，汝南人。劉備詣京見孫權，範密語請留之。後權討關羽，謂範曰：「早從卿言，無此勞也。」和嶠，汝南人。干寶，新蔡人。撰搜神記三十卷，示劉惔，惔曰：「卿可謂鬼之董狐。」唐源乾曜。西平人。爲相。

土產：舊貢：龜甲雙距綾，四窠雲花鸂鶒綾。今貢：龍鳳蚊幮，澤蘭，茱萸，䖟蟲，水蛭，已上二物各二兩。蓍草，生石斛。

汝陽縣，舊八鄉，今九鄉。〔三〕本漢縣，屬汝南郡。晉屬汝南國。宋屬汝陽郡。隋開皇三年罷郡，〔四〕屬豫州；十七年改汝陽爲溵水，屬陳州，今界内有大溵水之名；〔五〕其年又于上蔡縣東北別置汝陽縣，屬豫州，即今縣是也。

懸瓠城，亦名懸壺城。水經注：「汝水曲屈，形若懸瓠，故城取名。其上西北隅，魏高祖以太和中幸懸瓠，平南王肅起高堞于小城，〔六〕建層樓于隅阿，下際水湄，降眺栗渚，殊爲佳觀。」宋書：「懸瓠爲戍，以防郄陂，其中城即懸瓠城也。」

鴻郄陂，在縣東十里。漢書曰：「汝南舊有鴻郄大陂，郡以爲饒。成帝時，關東數水，陂溢爲害。翟方進爲丞相，以爲決去陂水，其地肥美，省隄防之費，遂奏罷之。及翟氏滅，鄉里歸惡，言方進請陂下良田不得而奏罷陂。〔七〕王莽時，常枯旱，郡中追怨方進，童謠云：『壞陂誰？翟子威。飯我豆食羹芋魁。反乎覆，陂當復。誰云者？兩黄鵠。』」及建武中，太守鄧晨使許楊爲都水掾，〔八〕令復鴻郄陂，楊曰：「昔成帝夢上天，天帝怒曰：『何故壞我濯龍池？』」于是乃因高下形勢，起塘四百餘里，數年乃得立，郡亦常熟。今廢。

黄溪水。水色純黄，故以名之，在郡南。

栗園。汝水灣中有地數頃，有栗園，今謂之栗洲是也。〔九〕

平輿故城，在今縣東，汝水南。舊沈子國地。春秋謂蔡滅沈，後屬楚爲邑。平輿故城尚存。

宜春城，漢置北宜春縣于此。故城在今縣西南，尚存。

安城故城。漢爲縣，廢城在今縣東南，即汝水北有二龍鄉，有月旦里是也。

四望城，在縣東南。梁太清二年，羊鴉仁爲魏所逼，糧運斷絶，乃棄懸瓠歸義陽，仍留夏紹停四望城防備邀道。

汝南縣城。唐貞元七年正月割汝陽縣汝水之南地置縣，續元和十三年勅停，以地復歸汝陽。

戴憑宅。憑，後漢人，〔一〇〕學通九經。

荆將軍廟。即六國荆卿也。昔羊角哀夢左伯桃與荆卿戰，乃自刎以助伯桃。今輌冢猶存，廟像甚盛。

上蔡縣，北五十五里。舊九鄉，今三鄉。〔一一〕古之蔡國。左傳：「陳、蔡方睦于衛。」史記：「周武王克殷，封叔度于蔡，挾武庚作亂，周公殺管叔，而放蔡叔，與車七乘。其子胡改行，率德馴善。周公聞之，舉胡爲魯卿士，魯國理。周公言成王，復封胡于蔡，是爲蔡仲。」即此地。漢爲縣，迄今不改。

上蔡古城，在縣西南十里。

李斯墓，在縣西二十里。〔一二〕

李斯井，在縣南二里。

蔡岡，在縣東十里，周五十里。

汝水，在縣西五十里。

平輿縣，東四十五里。舊四鄉，〔一三〕今三鄉。古沈子國，今有沈亭存焉。漢爲縣，屬汝南郡。高齊廢。隋大業二年重置，十三年陷王世充，置輿州，管平輿一縣。今新蔡縣西九十里有故城，即隋之縣也。唐武德中屬蔡州。貞觀元年廢，天授二年重置。

汝水，在縣西南四十三里。〔一四〕

葛陂，在縣東北四十里。費長房投杖成龍處。

二龍澤。許劭、許虔俱有高名，汝南稱平輿有二龍。

張熹廟。熹仕漢爲平輿令，天久旱，熹躬爲請雨，因焚身而雨澍，後人感德而廟存。

石母臺，在縣西百五十步。〔一五〕

葛仙公廟，在縣東四十里。

西平縣，西北一百二十里。依舊管四鄉。本漢舊縣。〔一六〕春秋時，古柏子國之地。後漢末廢，至後魏復焉，在郾南五十里，屬汝南郡。高齊改屬臨潁郡。隋初改屬道州，大業末又廢之。

武德初又置，貞觀元年廢。天授二年正月又置，尋廢，開元初又置。後漢戴封爲西平令，〔一七〕時旱，禱祀無應，封積薪坐其上以自焚，火起而雨降，遠近稱服。蓋與陳州太康事同。

棠谿。蘇秦説韓王曰：「韓有劍戟，出于棠谿。」即今縣西界有棠谿村是也。

龍泉水。烈士傳云：「西平縣有龍泉水，〔一八〕可以淬刀劍。」

二十四陂。在縣界。並魏典農鄧艾所置也。

故西平城，在縣西七十里。

九頂山、獨樹山，並在縣南一百里。〔一九〕

遂平縣，西北九十里。舊六鄉，今四鄉。古房子國。漢爲吴房縣，屬汝南郡，孟康云：「本房子國。吴王闔閭弟夫槩奔楚，楚封于此，〔二〇〕爲棠谿氏。以封吴，故曰吴房。」唐貞觀元年廢，八年又置。元和十二年以吴元濟叛，改爲遂平縣，仍移于文城栅南新城置，權隸唐州，〔二一〕尋復還蔡州。

嵖岈山，在縣西五十五里。從唐州慈丘縣界東來。

岞音窄。〔二二〕岈山，在縣西五十六里。從唐州慈丘縣來。

吴房故城，在縣西南四十里。

朗山縣，西南九十里。〔二三〕依舊六鄉。漢安昌縣，屬汝南郡，張禹所封之邑也。至漢末改爲朗陵縣，〔二四〕以境内朗陵山爲名。後魏真君二年于朗陵故城復置安昌縣，以隸初安郡。隋開皇三年自朗陵故城移安昌縣于今所，屬豫州，十六年仍改安昌又爲朗山縣。〔二五〕

淮水，經縣理南，去縣百二十里。

朗陵山，一名大朗山，在縣北三十里。〔二六〕

四望故城，在縣東南七十里。後魏太和十一年，豫州刺史王肅于四望陂南築之以禦齊。〔二七〕梁太清二年，豫州刺史羊鴉仁以二魏交逼，糧運斷絶，乃棄懸瓠歸于義陽，上表曰：「臣輒率所部，縮還舊鎮，留夏紹等停四望城防備。」即此城也。

故道城，今在縣西南，即古道國也。春秋云「江、黄、道、柏」是也。

朗陵故城。漢爲縣，所治在今西南三十五里。晉武封何曾爲朗陵公，即此城也。〔二八〕

真陽縣，南八十里。四鄉。本漢慎陽縣地，屬汝南郡。梁爲白狗堆戍於此，故後魏將堯雄曰「白狗，〔二九〕梁之北面重鎮」，即此。隋開皇十六年改置真丘縣。唐初改爲真陽縣，以在湞水之陽爲名。

淮水，經縣南，去縣八十里。

溳音真。〔三〇〕水，出縣西北二十里，注入淮。

新陽故城。漢爲縣，故城在今縣西南。

白狗城，在縣西南七十里。

新息縣，東南一百五十里。五鄉。春秋息國，爲楚所滅。漢爲新息縣，〔三一〕屬汝南郡，孟康曰：「其後東徙，故加新字。」後周宣政元年于此置息州。隋大業二年州廢，改屬豫州。唐武德四年置息州。貞觀初廢之，復爲縣。

淮水，自西流入，經縣南，去縣五里。

汝水，自西流入，經縣北，去縣八十里。〔三二〕

安陽故城。漢爲縣，即左傳江國之地也。

賈君祠。後漢賈彪，字偉節，與荀爽齊名，爲新息長。初，縣人例不養子，彪嚴其制，數年之閒，養子千數，僉曰「賈父所長」。人思其德，故有祠焉。

古息城，在縣北三十里。

息侯廟，在縣西南十里。

珉玉坑，在縣西南十里，去息侯廟東南五步。其玉色潔白，堪爲器物，隋朝官採，唐貞觀中亦令民採取，其後爲淮水所沒。開元中淮水東移，其坑重出，其玉温潤倍甚昔時。

王梁渠，〔三三〕去縣西北五十里。隋仁壽年修築，唐開元中縣令薛務更加疏導，西岸通管陂十六所，〔三四〕利田三千餘頃。

褒信縣，東南一百五十五里。舊四鄉，今五鄉。〔三五〕本漢鄎縣之地，後漢光武分立褒信縣。晉屬汝陰。宋武北伐，改爲苞信縣。隋末復爲褒信縣也。

淮水，經縣南，去縣七十五里。

汝水，經縣東北，去縣五十五里。

白亭。左氏傳：「楚太子建之子勝在吴，〔三六〕令尹子西召之，使處吴境，爲白公。」杜注云：「白，楚縣也。汝陰褒信縣西南有白亭。」

新蔡縣，東南一百八十里。六鄉。古吕國也。國語：「當成周之時，南有荆蠻、申、吕。」周穆王時有吕侯訓夏贖刑。史記：「蔡叔二子遷于新蔡。」輿地志：「蔡平侯自上蔡徙都于此，故曰新蔡。」漢爲縣，屬汝南郡。晉屬汝陰郡。宋屬新蔡郡。東魏孝静帝于此置蔡州。隋開皇十六年于此置舒州，領廣寧，舒縣。仁壽二年改縣爲汝北，〔三七〕大業二年改爲新蔡縣，屬蔡州。

漢鮦陽故城，漢爲縣，屬汝南郡。應劭曰：「城在鮦音紂。水之陽。」〔三八〕

葛陂，周圍三十里。後漢費長房，汝南人，爲市掾。從壺公學道不成，思家辭歸，壺公與一竹杖，曰：「騎此任所之，則自至矣。既至，可以杖投葛陂中。」長房乘杖，須臾歸，自謂適經旬日，而已十餘年矣。即以杖投陂中，顧乃成龍矣。〔三九〕後漢曾于此立葛陂縣。

琥珀丘，在縣南三十里。

汝水，經縣南，去縣二里。

潁州

潁州，汝陰郡。今理汝陰縣。禹貢豫州之域。春秋時胡子之國。戰國時屬楚。秦滅楚，爲潁川郡地。兩漢爲汝南郡之汝陰縣也。魏于此立汝陰郡，司馬宣王使鄧艾屯田于此，後廢爲潁川郡地。後魏景明四年于此置潁州，〔四〇〕取潁水爲名。高齊罷州置郡。隋初廢郡，大業初廢州置郡。唐武德四年平王世充，于汝陰縣西北十里置信州，領汝陰、清丘、永安、高唐、永樂等六縣；〔四一〕六年改爲潁州，移于今治，省高唐、永樂、永安三縣。貞觀元年省清丘縣，〔四二〕八年又以廢渦州之下蔡縣來屬。天寶元年改爲汝陰郡。乾元元年復爲潁州。長慶二年以潁州隸鄭滑節度使。漢初升爲防禦州。廣順二年復爲團練州。

元領縣五。今四：汝陰，沈丘，潁上，萬壽。新置。一縣割出：下蔡。置壽州。

州境：東西三百七十里。南北三百三十五里。

四至八到：北至東京六百五十里。西至西京九百二十里。西取陳州路至長安一千八百二十里。東至壽州二百五十八里。南至光州三百八十九里。西至蔡州四百里。北至亳州二百六十里。東南至壽州二百六十里。西南至蔡州褒信縣二百二十五里。西北至陳州三百里。東北至徐州蘄縣四百四十五里。

户：唐開元户二萬八千一百七十九。〔四三〕皇朝户主一萬五千七百一十五，客一萬七千三百。

風俗：同亳州。

人物：管夷吾，潁上人。應璩。汝陰人。

土産：花官絁，音施。〔四四〕綿。已上貢。

汝陰縣，舊二十六鄉，今十鄉。本漢舊縣，屬汝南郡。魏文帝黄初三年屬汝陰郡。後魏孝昌三年於此置潁州。〔四五〕北齊以縣屬汝陰郡。開皇三年罷潁州。〔四六〕武德四年置信州，六年復爲潁州，縣皆屬焉。

寢丘。史記：「蒙恬伐楚之寢丘。」徐廣注：「今固始縣，楚寢丘也。」續漢志固始縣有寢丘。吕氏春秋：「楚孫叔敖戒其子：『我死，王必封汝，無受利地，荆楚之間有寢丘，其爲地不利，可長有也。』其子從之。楚功臣封二葉而滅，惟寢丘不奪。」漢以爲縣。

郪音妻。〔四七〕丘。史記：魏安釐王十一年，「秦拔我郪丘」。

潁水，西北自陳州項城縣界流入，俯于城下。

淮水，在潁上縣西南。

清丘城，在縣東五十六里。隋大業九年築，置清丘縣，唐武德四年廢。〔四八〕

廢信州城，在縣西北十五里。隋大業十三年郡城爲賊房獻伯所陷，其年郡民江子建率衆于險處作栅。〔四九〕唐武德二年授子建信州刺史，以栅近汝南褒信縣，故名信州，四年復爲潁州。貞觀二年移入汝陰舊城。

胡城，在縣西北二里。春秋時胡子之國也。春秋昭公四年，「楚子、胡子伐吴」。杜預注「胡國，汝陰胡城」是也。

女郎臺，在縣西北一里。古老云昔胡子之女嫁魯昭侯爲夫人，築臺以賓之，故俗謂之女郎臺。臺上有井。

汝水，西南自蔡州新蔡縣界流入，東南入淮，即巢父飲牛之所。

細陽城，漢爲縣，屬汝南郡，故城在今縣西北四十里。

故任城，在縣北一里。陳將任蠻奴伐齊，于潁水北岸築城，以圍汝陰。

百尺堰，在縣西北一百里。司馬宣王討王淩至百尺堰，即此。

沈丘縣，西北一百二十六里。舊九鄉，今四鄉。漢以丘名立寢縣，〔五〇〕屬汝南。魏書云：「王淩欲興兵討司馬宣王，宣王覺，自往襲淩。淩敗，懼，面縛丘頭。」隋開皇三年於此置沈州。唐初州廢，以地併入汝陰縣。神龍二年又析汝陰置沈丘縣，以隸信州。後廢信州，仍舊還潁焉。

沈丘，在縣南一百步。春秋或作寢丘，因丘立縣。

武丘，在縣東六十里。一名丘頭。司馬文王征諸葛誕，屯兵于此，及陷壽春，斬誕，魏高貴鄉公改爲武丘。

武陰城，在縣東六十里。按城冢記：「周武王祭南嶽，迴至汝水西野，宿于武丘，夜夢云『築城在此，兼祭天地，可王七百年』。遂城于武丘，〔五一〕因名武陰。」

塼城，在縣東北四十五里。司馬宣王使鄧艾于此置屯種稻，以備東南，築城圍倉廩。

小女水，〔五二〕在縣北。

潁上縣，東南一百七十里。舊十一鄉，今三鄉。本漢慎縣地，屬汝南郡。吳、魏之際設關防，莫謹于此。〔五三〕隋大業二年于今縣南故鄭城置潁上縣，以地枕潁水上游爲名，仍隸潁州焉。唐武德元年移于今理。

關洲，在縣西南四十五里。魏志云：「司馬景王征毌丘儉，使諸葛誕從安風津先至壽春。儉與弟秀藏水邊草中，安風津人張屬獲之。」即此洲也。

荆亭城，在縣西南六十里。

淮水，自西南汝陰縣界流入，去縣七十里，又東北入下蔡縣界。

潁水，西自汝陰縣界流入，又東流入淮。

慎縣故城，在今縣西北，與故甘城相近。

故甘城，漢爲縣，廢城在今縣西北。

萬壽縣，北九十里。五鄉。本汝陰縣百尺鎮也，至國朝開寶六年十一月分汝陰北五鄉爲萬壽縣，以萬壽鄉爲名。

高貴鄉郭，〔五〕在縣南七里。古老云魏高貴鄉公所築。

卷十一校勘記

〔一〕以防郄陂　「陂」，底本作「坡」，據萬本、庫本及本書下文汝陽縣懸瓠城條改。

〔二〕西北至汝州襄城縣二百八十里　「八十」，萬本、庫本作「八十四」。

〔三〕舊八鄉今九鄉　萬本同，庫本「八」作「九」，「九」作「八」。

〔四〕隋開皇三年罷郡　「三」，底本作「十三」，萬本、庫本同。元和郡縣圖志卷九蔡州汝陽縣：「宋屬汝陽郡。隋開皇二年罷郡，縣屬豫州。」隋書卷一高祖紀：開皇三年十一月，「罷天下諸郡」。此「十」乃衍文，據删。

〔五〕今界内有大溵水之名　「之名」，萬本同，庫本作「名之」，與文意合。

〔六〕平南王肅起高堞于小城　「堞」，庫本同，萬本作「臺」。按水經汝水注作「臺」，此「堞」蓋爲「臺」字之誤。

〔七〕言方進請陂下良田不得而奏罷陂　底本前一「陂」字作「防」，萬本、庫本同。漢書卷八四翟方進傳：「及翟氏滅，鄉里歸惡，言方進請陂下良田不得而奏罷陂云。」此「防」爲「陂」字之誤，據改。

〔八〕許楊　「楊」，底本作「陽」，萬本、庫本同。按後漢書卷八二方術列傳載：許楊，字偉君，建武中，汝南太守鄧晨以許楊爲都水掾，修復鴻郄陂。此「陽」爲「楊」字之誤，據改。下同。

〔九〕栗洲　「洲」，萬本作「州」，庫本同。水經汝水注作「州」，太平御覽卷九六四引水經注作「洲」，按「州」，同「洲」。

〔一〇〕憑後漢人　萬本、庫本作「憑仕後漢」，傅校改同。

〔一一〕今三鄉　「三」，萬本、庫本作「四」，傅校改同。

〔一二〕在縣西二十里　「二十」，萬本、庫本同，中大本作「二」，傅校改同。

〔一三〕舊四鄉　「四」，萬本、中大本、庫本並作「五」。

〔一四〕在縣西南四十三里　「西南」，萬本、中大本、庫本並作「南」，同元和郡縣圖志蔡州。

〔一五〕在縣西百五十步　「百」，萬本同，庫本作「北」，嘉慶重修一統志卷二一六汝寧府引本書同。

〔一六〕本漢舊縣　底本下有「時」字，據萬本、庫本、傅校及元和郡縣圖志蔡州删。

〔一七〕後漢戴封爲西平令　原校：「按後漢書，戴封爲西華令，非西平，然兩邑皆漢汝南屬縣也。」

〔一八〕西平縣有龍泉水　「縣」，底本無。水經潕水注：西平縣，「晉太康地理志曰：縣有龍泉水，可以砥礪刀劍。」後漢書卷四五韓棱傳注引晉太康記：「汝南西平縣有龍泉水，可淬刀劍。」此脱「縣」字，據萬本、中大本、庫本補。

〔一九〕並在縣南一百里　「南」，萬本、中大本、庫本並作「西南」。

〔二〇〕楚封于此　「楚」，底本無，萬本、庫本有。漢書卷二八地理志上師古注引孟康曰：「吴王闔閭弟夫槩奔楚，楚封於此。」據補。

〔二一〕元和十二年以吴元濟叛至權隸唐州　舊唐書卷三八地理志一：「元和十二年討吴元濟於文城柵，置行吴房縣，權隸溵州。賊平，改爲遂平縣，隸唐州。」則是年置行吴房縣於文城柵，權隸溵州，平吴元濟後，改名遂平縣，改屬唐州，本書所記不確。

〔二二〕音窄　萬本、庫本無此二字，傅校從删。

〔二三〕西南九十里　「西南」，底本作「東南」。按唐宋蔡州治汝陽縣，即今河南汝南縣；朗山縣即今確山縣，在汝南縣西南。元和郡縣圖志蔡州朗山縣：「東北至州九十里。」所載方位甚確。萬本作「西南」是，據改。

〔二四〕至漢末改爲朗陵縣　「朗陵縣」，萬本、中大本並作「朗山縣」。按漢置安昌侯國、朗陵縣，並屬汝南郡，載於漢書地理志上，後漢廢安昌，朗陵因襲，仍屬汝南郡，見續漢書郡國志二。此云漢安昌至漢末改爲朗陵，實誤。

〔二五〕十六年仍改安昌又爲朗山縣　元和郡縣圖志蔡州：隋開皇十六年改安昌縣爲朗山縣。同本書，隋書卷三〇地理志中：朗山，舊曰安昌，開皇十八年改名焉。與本書異。

〔二六〕在縣北三十里　「北」，元和郡縣圖志蔡州作「西北」。

〔二七〕後魏太和十一年豫州刺史王肅于四望陂南築之以禦齊　按魏書卷六三、北史卷四二王肅傳載，肅以太和十七年自齊奔魏；資治通鑑卷一四〇載，王肅爲豫州刺史伐齊，在齊建武二年，即北魏太和十九年，築四望城當在十九年或後，此云「十一年」，誤。又「齊」，底本、萬本、中大本、庫本並脱，元和郡縣圖志蔡州作「梁」，據魏書、北史王肅傳，肅以景明二年薨於壽春，時齊尚未禪梁，應脱「齊」字，據補。

〔二八〕即此城也　「城」，萬本、庫本作「地」，傅從改。

〔二九〕白狗　北齊書卷二〇堯雄傳作「白苟堆」。

〔三〇〕音真　萬本同，庫本無。

〔三一〕漢爲新息縣「新息」，底本、萬本、中大本、庫本並作「息」。按漢書地理志上汝南郡轄新息縣，師古注引孟康曰：「故息國，其後徙東，故加新云。」後漢仍名新息，續漢書郡國志汝南郡新息侯國。後漢書卷二四馬援傳：建武十九年，「封援爲新息侯」。同書卷六七黨錮列傳賈彪傳：「補新息長。」元和郡縣圖志蔡州：新息縣，「漢以爲新息縣。」據補「新」字。

〔三二〕去縣八十里　「八十」，底本倒誤爲「十八」，據萬本、中大本、庫本及元和郡縣圖志蔡州乙正。

〔三三〕王梁渠　「王」，元和郡縣圖志蔡州同，庫本及新唐書卷三八地理志二、讀史方輿紀要卷五〇並作「玉」。

〔三四〕西岸通管陂十六所　「西岸通管」，元和郡縣圖志蔡州作「兩岸通官」。

〔三五〕今五鄉　「五」，底本作「四」。按本書上文載「舊四鄉」，又云「今四鄉」，當有誤。萬本、中大本、庫本並作「五」，據改。

〔三六〕楚太子建之子勝在吳　「在」，底本無，萬本、中大本、庫本同。左傳：哀公十六年，楚太子建之子曰勝，「在吳，子西欲召之。……使處吳竟，爲白公。」此「吳」上當脱「在」字，傅校增之，據補。

〔三七〕仁壽二年改縣爲汝北　隋書卷三〇地理志中：「仁壽元年改廣寧曰汝北。」按此「縣」上疑脱「廣寧」二字。

〔三八〕音紂　萬本作「紂江反」，庫本無。

〔三九〕顧乃成龍矣　「成」，萬本、庫本作「爲」，傅校改同。

〔四〇〕後魏景明四年于此置潁州　魏書卷一〇六地形志中：「潁州，孝昌四年置，武泰元年陷，武定七年復。」元和郡縣圖志卷七潁州：「後魏孝昌四年改置潁州。」此「景明」蓋爲「孝昌」之誤。

〔四一〕領汝陰清丘永安高唐永樂等六縣　按謂「六縣」，僅列五縣。新唐書卷三八地理志二：「武德初有永安、高唐、永樂、清丘、潁陽等縣。」則六縣中缺列者爲潁陽縣。

〔四二〕省高唐永樂永安三縣貞觀元年省清丘縣　「省」，底本、萬本、中大本、庫本並作「領」。新唐書地理志二：「武德六年省永安、高唐、永樂，貞觀元年省清丘、潁陽，皆入汝陰。」此「領」爲「省」字之誤，據改。又「貞觀元省清丘縣」下蓋脱「潁陽縣」三字。

〔四三〕户二萬八千一百七十九　「七」，萬本、中大本同，庫本作「九」。

〔四四〕音施　萬本、庫本無，傅校從删。

〔四五〕後魏孝昌三年於此置潁州　「三年」，應作「四年」，參見本卷校勘記〔四〇〕。

〔四六〕開皇三年罷潁州　隋書地理志中：「汝陰郡，舊置潁州。」「汝陰，舊置汝陰郡，開皇初郡廢。」元和郡縣圖志潁州汝陰縣：「北齊以縣屬汝陰郡，隋開皇三年罷郡，以縣屬潁州。」則此「罷潁州」爲「罷郡，以縣屬潁州」之脱誤。

〔四七〕音妻　萬本、庫本無，傅校删。

〔四八〕隋大業九年築置清丘縣唐武德四年廢　隋書地理志中：「清丘，梁曰許昌，及置潁川郡。開皇初廢郡，十八年縣改名焉。」則隋開皇十八年改許昌縣置清丘縣，此云大業九年置，疑誤。又本州總序云貞觀元年省清丘縣，舊唐書地理志一、新唐書地理志二並同，此云武德四年廢，亦誤。

〔四九〕隋大業十三年至江子建率衆于險處作栅　「三」，底本作「四」，萬本、中大本、庫本並作「三」。按隋大業止十三年，隋書卷四煬帝紀：大業十三年四月，「賊帥房憲伯陷汝陰郡」。此「四」乃「三」字之誤，據改。又「江」，底本作「姜」，據萬本、中大本、庫本及嘉慶重修一統志卷一二八潁州府引本書改。

〔五〇〕漢以丘名立寢縣　萬本作「漢以丘名寢立寢縣」。水經潁水注：寖縣，「寢丘在南，故籍丘名縣矣。」寢縣之得名，乃有寢丘，此宜作「漢以丘名寢，立寢縣」，或「漢以寢丘名立寢縣」。

〔五一〕遂城于武丘　萬本同，中大本「武丘」下有「北」字，傅校同。

〔五二〕小女水　「女」，萬本作「汝」。按「女」讀曰「汝」，參見本書卷十校勘記〔三〕。

〔五三〕莫謹于此　「謹」，萬本、庫本作「勤」，傅校從改。

〔五四〕高貴鄉郭　萬本、中大本、庫本及嘉慶重修一統志潁州府引本書並作「高鄉郭」。

太平寰宇記卷之十二

河南道十二

宋州　亳州

宋州

宋州，睢陽郡。理宋城縣。禹貢豫州之域。即高辛氏之子閼伯所居商丘，今州理是也。周爲青州之域。武王封微子于宋，後爲齊、楚、魏所滅，三分其地，魏得其梁、陳留，齊得其濟陰、東平，楚得沛。按梁，即今州地。秦併天下，改爲碭郡。後改爲梁國，漢文帝封子武爲梁王，自漢至晉爲梁國，屬豫州。宋改爲梁郡。隋于睢陽置宋州，大業三年又改爲梁郡。隋亂陷賊，唐武德四年平王世充，置宋州，領宋城、寧陵、柘城、穀熟、下邑、碭山、虞城七縣；其年以虞城屬東虞州；五年廢東虞州，又以虞城來屬。貞觀元年廢杞州，以襄邑縣來屬，仍省柘城縣；十七年以廢戴州之單父、楚丘來屬。永淳元年又置柘城。天寶元年改爲睢陽郡。乾元元年復爲宋州。自禄山亂兩河，郡縣多所陷没，惟張巡、許遠、姚誾三人堅守睢陽，賊將尹子奇併力攻圍，踰年不下，城中孤危，糧竭，〔一〕人相食殆盡。時賀蘭進明、許叔冀屯軍臨淮，争權不協，不發援師，城竟爲賊所陷。〔二〕巡、遠等抗詞不屈，遂俱被害。然使賊鋒挫衄，不至江、淮，巡、遠之力也。開平初升爲防禦州，三年升爲宣武軍。後唐同光元年改爲歸德軍。至皇朝因之。

元領縣十。今七：宋城，楚丘，柘城，穀熟，下邑，虞城，寧陵。三縣割出：襄邑，入開封府。碭山，入單州。單父。入單州。

州境：東西二百二十五里。南北二百六十五里。

四至八到：西至東京三百里，有通濟渠，水陸並通。西至西京七百二十里。西至長安一千五百八十里。東至徐州西界二百一十里。南至亳州西界一百三十二里。西至東京襄邑縣九十五里。北至單州一百八十里。東南至亳州譙縣界一百八十里。西南至陳州二百八十里。西北至曹州二百八十里。東北至兖州四百一十七里。

户：唐開元户一十萬三千。皇朝户主二萬一千二百五十，客二萬四千二百。

風俗：漢書云：「猶有先王遺風，重厚多君子，好稼穡，惡衣食，以致蓄藏。」太康地記云：「豫州之分，其人得中和之氣，性安舒，其俗阜，其人和，今俗多寬慢。」

姓氏：梁國郡出三姓：〔三〕宋、張、喬。

人物：宋襄公，即位，以公子目夷爲仁，使爲左師，以聽政。莊周，宋蒙人。不以禍福累心，爲漆園吏，楚威王以千金幣迎，周不應，釣于濮水。原子思，宋人。蓬户甕牖，上漏下濕，三日一舉火，十年不製衣，捉衿肘見，納履踵決。子貢相衛，肥馬輕裘，見子思曰：「先生何病也？」子思曰：「無財者，謂之貧，學道而不能行，謂之病。若憲，貧也，非病也。」韓安國，梁成安人。坐法，被獄吏辱之。橋玄，睢陽人。唐有魏元忠。宋城人。爲相。〔四〕

土産：漆，臬，絡，紵，綿，絁，縠，絹。

宋城縣，元七鄉。本宋國蒙縣，以宋公及諸侯盟于蒙門而爲縣名。〔五〕漢爲睢陽，在睢水之陽以爲名，地屬梁國。隋開皇十八年改爲宋城縣。唐因之。

州城，古閼伯之墟，契孫相土亦都于此。春秋爲宋國都。漢梁孝王廣睢陽城七十里，開汴河，後汴水經州城南。

睢水，在縣南五里。水經注云：「睢、渙二水出蒗蕩渠。」春秋僖公十九年：「宋襄公用鄫子于次睢。」杜預注云：「睢水受汴，東經陳留、梁、譙、沛、彭城入泗。」「睢水又東經睢陽故城南，積而爲蓬洪澤。」

汴河，在縣北四十五里。自寧陵縣界流入，東出虞城界。

隕石水，在縣北，一名漆溝。左氏謂隕石于宋五。古老云此水有時竭涸，五石存焉，有潭，即元墜處。

蒙澤，在縣北三十五里。左氏傳：「宋萬殺閔公于蒙澤。」杜注云：「蒙澤，宋地，蒙縣也。」

小蒙故城，在縣南十五里。六國時，楚有蒙縣，俗爲小蒙城，即莊周之本邑。今復有大蒙城，在縣北四十一里。後魏地形志北梁郡有北蒙縣。

三王陵，在縣西北四十五里。晉北征記云：「魏惠王徙都于此，號梁王，爲眉間赤、任敬所殺，三人同葬，〔六〕故謂之三王陵。」

修竹園，在縣東南十里。西京記：〔七〕「梁孝王好宮室園苑之樂，作曜華宮，築兔園，園中有白靈山、落猿巖、棲龍岫。又有鴈鶩池，〔八〕池中有䳺同鶴。〔九〕洲、鳧渚。」水經云：「睢水東南過竹圃。」又鴈鶩池承龍睢溝水。

清泠池，在縣東北二里。〔一〇〕梁孝王故宮有釣臺，謂之清泠臺。今號清泠池。

張巡、許遠、南霽雲等廟，在州南七里半。〔一一〕唐代宗大曆二年勅曰：「頃者國步艱難，妖星未落，中原板蕩，四海橫波。公等內總羸師，外臨勍敵，析骸易子，曾未病諸，兵盡矢窮，乃其憂也。於戲！天未悔禍，人何以堪？徒甘殺身，不附兇黨，信光揚于史策，可龜鑑于人倫，其立廟焉，以時祭祀。」

箕子冢，在縣北四十一里二十步古蒙城内。史記：「箕子，紂之諸父。」晉伏滔北征記云：「望亳、蒙間，成湯、伊尹、箕子之冢墓，皆爲丘墟。」今蒙與北亳相去三十里。

宋微子墓，在縣西南十二里。史記：「微子，紂之庶兄。」周書微子之命：王若曰：「猷殷王元子，崇德象賢，建爾于上公，尹兹東夏。」

橋玄墓，在縣北十里。後漢書云：「橋玄，宋國睢陽人。」魏志：「曹操少不理行，季世之人不奇也，惟梁國橋玄異焉。」墓前碑云漢故太尉橋公之碑云，玄字公祖。至皇朝乾德三年勅改爲漢太尉橋公廟也。

盧門。春秋傳桓公十四年：「宋人以諸侯伐鄭，報宋之戰，以大宫之椽歸爲盧門之椽。」杜注云：「盧門，宋國城門也。」

楚丘縣，北七十里。舊八鄉，今六鄉。古之戎州，即己氏之邑城也。九州記云：「己氏本戎君之姓，蓋昆吾之後，別居戎翟中。周衰入居中國，故此有己氏之邑焉。」漢爲己氏縣，屬梁國。魏於己氏縣置北譙郡，後齊郡縣廢。〔二〕隋復爲己氏縣，又置戴州，縣隸焉。大業初廢戴州，縣屬睢陽郡。〔三〕唐平竇建德，復置戴州，以縣爲楚丘。貞觀十七年廢戴州，縣因隸宋焉。

景山，在縣北三十八里，高四丈。毛詩云：「望楚與堂，景山與京。」

空岡，在縣北三十里，高一丈。蓋毛詩云「景山與京」也。

堂水，在縣北四十五里。從單州成武縣入界，南行五里，合泡溝。毛詩云「望楚與堂」也。

安陽城，在縣北三十八里。城冢記云：「漢高祖與項羽相守築此城。」

古楚丘城，在縣北三十里。毛詩云：「定之方中，作于楚宮，揆之以日，作于楚室。」左傳隱公七年，「戎伐凡伯于楚丘」。杜注云：「楚丘，衞地，在濟陰成武縣西南也。」

伊尹墳，在縣西北十四里。按書云：「沃丁既葬伊尹于亳都。」城冢記云：「濟陰界梁國有二亳：南亳，穀熟城；北亳，在蒙城西北，屬睢陽郡。〔三〕」今驗墳西十里有亳城，在東京考城縣界。晉伏滔北征記云：「望亳、蒙間，成湯、伊尹、箕子之冢。」今爲丘墟也。

柘城縣，西南八十里。舊十鄉，今七鄉。即古朱襄氏邑。〔四〕春秋時陳之株野之地，毛詩陳風云：「株林，刺靈公也。」史記謂陳涉之攻柘、譙皆下之，即此地也。漢爲柘縣，以邑有柘溝，以此名縣。漢獻帝封曹操爲武平侯，兼食柘、長平、陽夏三縣。晉縣廢。隋開皇十六年復置，加「城」字。唐貞觀元年廢入穀熟、寧陵二縣，後以縣人積年陳訴徭輸路遠，永淳元年十月又置，隸宋焉。

泓水，在縣西北三十五里。春秋僖公二十二年，「宋人及楚人戰于泓」。

大棘城，在縣西北三十里。左傳宣公二年，「宋華元及鄭公子歸生戰于大棘」。杜注云：「在陳留襄邑縣南也。」

鄢城，在縣北二十九里。漢縣名，屬陳留，王莽曰順通，鄭伯克段之地。

始基城，在縣東南十里。譙內記：「譙西北百餘里有始基城，晉豫州刺史祖逖督護衛策所築，始基于此，因爲名焉。」

仇留城，在縣北五十里。按譙內記：「陳川自始基城敗後，遣將仇留伐鄢，以逼豫州。祖逖遣衛策進戍谷水北面高丘，以禦仇留，故號仇留城。」

夏姬墓，在縣東北二百步。

穀熟縣，東南四十里。依舊六鄉。古穀地也，殷謂之南亳，亦嘗都之，即春秋之穀丘。漢于此置薄縣，隸山陽郡，又改爲穀陽縣，以穀丘之南有穀水也。後漢廢熟城，合爲穀熟縣，屬梁國。魏文帝廢。後魏置穀陽郡。隋開皇十六年復置穀熟縣，隸宋州。唐武德二年置南穀州，四年廢穀州，以穀熟縣還宋州。

穀丘，在縣南二百步。春秋桓公十二年，「公會宋公、燕人盟於穀丘」。杜注云：「宋地也。」

穀水，在縣西南二百步。源從穀丘下，南入蒗蕩渠。

烏城，在縣西南二十里。太康地理志云：「梁國有烏縣。」

亳城，在縣西南三十五里。春秋莊公十二年，「宋公子御説奔亳」。〔一五〕孟子云：「湯居亳，與葛爲隣。」今寧陵縣界有葛城，相去八十里。

龍亢城，在縣西南五十里。春秋隱公二年，「莒人入向」。注云：「譙國龍亢縣東南有向城也。」

故高辛城，在縣西南四十五里。地理志云：「梁國穀熟縣西南有高辛城。」帝系譜：「帝嚳年十五，佐顓頊有功，封爲諸侯，邑于高辛。」即此城也。

下邑縣，東一百二十里。舊九鄉，今八鄉。戰國時下邑地，或以爲陳之株邑，〔一六〕詩株林：「刺靈公。駕我乘馬，説于株野。」史記：「陳涉初徇蘄以東，攻銍、酇、苦、柘、譙皆下之。」即此也。秦、漢爲下邑縣，王莽改爲下洽，其後因之。至唐復改爲下邑。今碭山縣即古下邑城也。後魏明帝孝昌二年置碭郡于下邑城，移下邑縣于此，即古之栗城也。

南蓼堤路，在縣南五里。從穀熟界入，八十里，東入永城界。耆老傳云：「梁孝王以大梁卑濕，徙都睢陽，故築此蓼堤。」舊圖經云「西自汴州杞縣入，至宋州城東，分爲三道，中蓼堤、北蓼堤」是也。

牛戌驛，在縣西北五十里。隋大業元年廢，本梁孝王牧牛戌也。

故譙城，在縣城北三十一里。祖逖屯淮陰，〔一七〕進據太丘城，遂克譙城而居之，謂此也。

虞城縣，東北五十里。舊八鄉，今七鄉。古虞國也。舜禪禹，封長子商均于有虞，左氏傳謂「少康奔有虞」，後即爲少康之邑焉。漢爲虞縣，莽改爲陳定亭。後漢獻帝于此置蕭縣，隸沛國。晉復爲虞城縣。北齊廢。隋又置。唐武德四年以隋末賊亂，建爲虞州；〔一八〕五年州廢，依舊爲縣，還宋。景福二年以碭山縣爲輝州，虞城隸焉，輝州廢，今隸宋。

故綸城，在縣西三十五里。〔一九〕左氏謂「少康逃于有虞，虞君妻以二姚而邑諸綸，〔二〇〕有田一成，有衆一旅」是也。

黎丘，在縣北二十里，高二丈。梁地黎丘有奇鬼，善斆人。黎丘之叟市醉夜歸，鬼乃肖其子而扶之，困苦之，〔二一〕醒後誚其子，對曰：「非也。」明日復飲于市，醉而將歸，其子復恐爲所苦，乃親迎之，叟誤殺之。

熟城，在縣西四十里。闞駰十三州志云：「熟城，漢之縣名。」

平臺，在縣西南五十里。〔二二〕春秋襄公十七年：「宋皇國父爲宋平公築臺，妨于農收。子罕諫請俟農隙，公不許。」史記云：「梁孝王大治宮室，築東苑，方三百餘里。爲複道，自宮連屬于平臺。」

靈臺，在縣西南四十里。左傳哀公二十五年：「衛侯輒奔宋，爲靈臺，與大夫飲酒焉。」

崆峒亭，在縣南五里。春秋哀公二十六年：「宋景公遊于空澤，卒于連中。」杜注云：「梁國虞縣東南有地名崆峒。」〔二三〕

孟諸臺，在縣西北十里。爾雅云：「宋有孟諸。」郭璞云：「藪澤名。」春秋僖公二十八年：「楚子玉自爲瓊弁、玉纓，未之服也。夢河神曰：『畀余！余賜汝孟諸之麋。』」杜注云：「水草之交曰麋。」今俗呼爲湄臺，蓋陂中有臺也。

寧陵縣，西五十五里。〔二四〕舊九鄉，〔二五〕今五鄉。本甯城，古葛伯國于此。帝王紀云：〔二六〕「湯居亳，葛伯爲隣也。」六國時屬魏，安釐王封其弟無忌爲信陵君，而邑于甯。魏咎嘗封爲甯陵君，亦此邑之地。高帝改爲寧陵，〔二七〕封呂臣。和帝以寧陵屬梁。今縣北十五里有葛城，乃古葛伯所都城也。晉隸譙，又隸陳留。北齊以還宋。〔二八〕

沙隨城，在縣西北七十里。左傳成公十六年：「公會晉、齊、衛、宋、邾人于沙隨。」杜注云：「宋地，梁國寧陵縣北有沙隨亭。」

汋陵城，在縣東南二十五里。左傳成公十六年：「鄭子罕伐宋，宋將鉏、樂懼敗諸汋陂。退，舍于夫渠，不儆。鄭人覆之，敗諸汋陵。」杜注：「汋陂、夫渠、汋陵，皆宋地。」

己吾城，在縣西南三十里。陳留風俗傳：「漢和帝永元十二年分己氏縣之種龍鄉置己吾縣，〔二九〕屬陳留郡。」魏書：「曹公初起兵于己吾。」後魏地形志云：「己吾縣，屬馬頭。」

東期城，在縣南三十里。

西期城，在縣南二十五里。賈子曰：「梁、楚邊亭皆種瓜，梁數灌而美，楚稀灌而惡。楚乃夜減梁瓜，梁邊令乃竊灌楚瓜，瓜亦美。楚人怪而問之，及見，自謝以重幣而交于梁國，故曰期城。今俗猶呼爲瓜城也。」

甘露嶺，在縣北五里。隋開皇十三年駕幸于岱，至此甘露降，因以名焉。

故葛城，在縣北十五里。古葛伯國，以不祀，爲湯所滅。

大棘故城，在縣西南七十里。〔三〇〕左傳：「宋華元、鄭公子歸生戰于大棘。」又七國反，先擊梁棘壁，即此城也。

故柘城，在縣南七十里。陳之株邑。

故鄢城，在縣南五十三里。漢之鄢縣。鄭伯克段于此也。

始基故城，在縣南九十里。晉豫州刺史祖逖督護衛策所築。初，乞活魁遣陳川據陳留浚儀，川遣將魏碩于谷水南營。逖遣策等追戰，大破之，因即立城留守。策曰：「吾從祖公北伐數年，功始基于此。」因以爲名。

仇留城，在縣南六十五里。初，陳川自始基敗後，遣將仇留伐鄢，以逼豫州。祖逖遣策進戍谷北高丘，以禦仇留，故呼爲仇留城。

亳州

亳州，譙郡。今理譙縣。禹貢豫州之域，至周不改。春秋時爲陳國之焦邑，六國時屬楚，在秦爲碭郡地。漢爲譙縣，屬沛郡。後漢熹平五年黄龍見譙，太史令單颺以爲其國當有王者興，不及五十年，亦當復見。後如其言。及文帝即位，黄初元年以先人舊都，又立爲譙國，與長安、許昌、鄴、洛陽，號爲「五都」。後魏置南兖州，周武帝改爲亳州。隋亂陷賊，唐武德四年平王世充，復爲亳州，領譙、城父、谷陽、鹿邑、酇五縣；五年置總管府，管譙、亳、宋、北荆、潁、沈六州；七年改爲都督府。貞觀元年罷都督府，亳州不改；十七年廢譙州，以臨涣、永城、山桑三縣來屬。天寶元年改爲譙郡。乾元元年復爲亳州。開平二年升爲防禦州。後唐爲團練州。晉復爲防禦州。

元領縣八。今七：譙縣，城父，蒙城，酇縣，鹿邑，永城，真源。一縣割出：臨渙。入宿州。

州境：東西二百六十七里。南北二百里。

四至八到：西至東京四百八十六里。西至西京八百九十里。西至長安一千七百四十里。東至徐州五百里。正南微東至潁州徑路二百六十里。西至陳州二百里。西南至陳州三百九十二里。〔二〕西北至泗州三百四十里。東北至徐州同上。〔三〕

户：唐開元户七萬七百三十二。皇朝户主三萬八百一十三，客二萬六千二百九十七。

風俗：與宋州同。

人物：老子，苦縣厲鄉曲仁里人。許褚，譙人。長八尺餘，腰大十圍，一手逆曳牛尾。太祖封萬歲亭侯。曹羲，沛國譙人。爽弟，父兄貴盛而獨謙撝，著書三篇以諷爽。嵇康，譙國人。夏侯湛，譙國人。少與潘岳齊名。桓温，譙國人。戴逵，譙國人。總角時，以雞卵溲白屑作鄭玄碑。武陵王晞聞其能琴，使人召之，逵對使者破琴曰：「戴安道不能爲王門伶人。」唐朱敬則，亳州永城人。相則天。家代以孝義聞，門標六闕。奚陟。亳州人。不肯受翰林院學士。

土産：絲，綿，綾，絹。貢。

譙縣，舊二十二鄉，今十鄉。漢縣，屬沛郡，莽曰延成亭。後魏無譙縣，有小黄縣，置陳留郡。隋開皇十年廢郡，縣屬亳。大業二年改小黄爲譙縣。

渦水，在縣西三十八里。從真源縣東來。魏文帝集：「建安十八年，上至譙。〔三〕予兄弟從上遊觀，經東園，遵渦水，相佯于高樹之下，乃駐馬書鞭，爲臨渦賦。」

譙郡城，古之焦國城也，後改爲「譙」。魏武帝之鄉里。魏志：「漢熹平五年，黄龍見譙，太史令單颺曰：『其國後當有王者興，不及五十年當復見。』内黄殷登默記之。〔四〕至延康元年三月，黄龍見譙，登聞之曰：『單颺之言，其驗茲乎！』」魏書：「文帝生于譙，上有青雲如車蓋，終日。」

魏文帝祠，在縣東五里。初，魏武以議郎告病歸鄉里，築室于此讀書，秋冬弋獵以自娱。文帝于漢中平四年生于此宅。

故梅城，在縣南四十里。古梅伯國也。

麥丘城。桓譚新論：齊桓公行見麥丘人，問其年幾何？對曰：「八十三矣。」公曰：「以子壽祝寡人乎？」答曰：「使主君甚壽，金玉是賤，以人爲寶。」即此邑人也。

太清宫。玄元舊宅。今有檜樹、鹿跡存焉。

夏侯湛墓，在縣東北四里。晉爲散騎常侍。

獨母冢，在縣西三里。故老傳云有惸獨之母薛氏，無子，生自爲墳，卒安葬焉。昔楚平王築譙城，而薛母賑城夫，後各益其土，而大其墳。

大饗碑。在魏文廟前。昔文帝延康元年幸譙，父老立碑于故宅，題曰大饗之碑。鍾繇篆額，曹子建文，梁鵠書，時人稱爲三絶。

岳牧上考詞石表，唐開元二十六年趙冬曦所建。其歲降十道採訪使，精擇天下岳牧政之尤者二十二人。客有自京來者，損聖札凡十九字，〔三五〕詞曰：「文學資身，温良植操，勤于政理，恩被黎元，考中上。」蓋錫冬曦詞也，乃勒之表端，昭示來葉，同勅二十一人皆鐫其次。

城父縣，東南七十九里。〔三六〕八鄉。春秋時陳國之夷邑，亦曰城父。左傳：「楚伐陳，取焦、夷。」陳邑也。昭公九年，左傳：「楚公子棄疾遷許于夷，實城父也。」杜注：「此時改城父爲夷。」漢爲縣，屬沛郡。隋末隸亳。唐末避梁王諱改爲焦夷。後唐同光元年復舊名。

肥水，在縣西。水經注：「肥水源出山桑縣西北澤藪，東南流，左右翼佩，數源異出同歸，蓋涓脈所注耳。」有鮑溪水，亦此。〔三七〕

乾谿水，在縣南五里。新序云：「楚王起章華之臺，爲乾谿之役。」又左氏謂「楚靈王敗于乾谿」，即此地也。

扶陽故城，在縣東北三十六里。漢爲縣，屬沛郡。宣帝封韋賢于此，謚曰節侯。又曰恩澤侯表在蕭，〔三八〕案邑名扶陽，地理志云扶陽縣屬沛郡。

父水，在縣東四里。受漳水南流，經縣入蒙。按水經云沙水支分東注。〔三九〕

蘂城，在縣南七十二里。梁、陳之際以爲縣。唐武德三年蘂城縣隸文州，四年州廢爲文城縣，〔四〇〕屬亳州。

伍奢冢，在縣西南一里。春秋昭公十九年：「楚平王處太子建於城父。」伍奢傅之，後無罪而死，招魂以葬。今有廟存。

高陂，在縣南五十六里，周迴四十三里。多魚蚌、菱芡之利。

蒙城縣，東南一百四十里。〔四一〕舊六鄉。本漢山桑縣也，屬沛郡。後漢改屬汝南郡。魏屬譙郡。後魏孝文帝于此置渦州，理山桑縣。其地後入于梁，梁于此置西徐州。後復入魏，改爲譙州，改譙縣爲渦陽縣。隋初改渦陽爲淝水縣。〔四二〕唐武德四年重立山桑縣，屬譙州。貞觀十七年廢譙州，割屬亳州。天寶元年改爲蒙城縣。城北臨渦水，後魏渦州城也。

垂惠聚，漢爲聚邑，廢城在今縣西北二十八里。

北狼山、南狼山，在縣北二十八里。二山相對，〔四三〕故曰南北。

山桑縣城，在縣北三十七里。輿地志云：「山桑，漢舊縣，屬沛。光武封王常爲山桑侯。今城內有亭基，陵阜高峻。」十三州記云：「山生于邑，其亭有桑，因爲縣名。宋將檀道濟爲征北將軍居此，〔四四〕因號曰檀公城。」

南蒙城、北蒙城，並在縣北八十里，相去四十步。皆自後魏孝文太和七年築之，〔四五〕至東魏武定六年置郡。齊天保七年廢郡爲蒙城。唐武德五年又置爲郡，開元中廢。

酇縣，東北七十里。舊十六鄉，今七鄉。漢縣，屬沛郡。古今地名：「即酇亭是也。輿地志云魏以酇縣屬譙郡。漢封蕭何爲酇侯。茂陵書『何封國在南陽。』姚察曰：『兩縣同作酇字，南陽酇音贊，此沛酇音嵯。』班固泗水亭高祖碑云：『文昌四友，漢有蕭何，序功第一，受封于酇。』以韻而言，則非南陽酇也。」唐開元二十六年移于大梁南垣陽驛以置之。

譙東。魏略云：「太祖于譙東五十里澤中築起精舍，〔四六〕讀書射獵，閉絶賓客。」即謂之譙東。

建平故城。漢爲縣，廢城在今縣西北，俗名馬頭城是也。

太丘城，在縣東北七十里。地理志云敬丘，後漢明帝更名太丘，陳寔爲長，是此城也。

龍亢城，在縣西南十五里。春秋杜注「譙國有龍亢縣」，此城是也。

棘城，在縣東北十八里。春秋昭公四年冬，「吴伐楚，入棘、櫟、麻」。杜注云：「譙國酇縣東北有棘亭。」即此是也。

鹿邑縣，西一百十七里。舊二十二鄉，今七鄉。漢鄲縣之地，〔四七〕屬沛郡。後漢于今縣東北十五里置武平縣。隋開皇三年廢郡，縣屬亳州；十八年改爲鹿邑縣，取故鹿邑城爲名。城在縣西十三里，春秋時鳴鹿地也。

灌水，一名曲水，源從陳州宛丘縣東北淌河出，〔四八〕至縣界入真源縣。按溝洫志，漢武帝元光五年河水泛溢，上使汲黯疏決數十道，灌水即陳郡内舊引水瀆也。

鳴鹿臺，在縣城内。春秋成公十六年，「晉知武子佐下軍，以諸侯之師侵陳，至于鳴鹿」，即此是也。

武平故城，在縣東北十八里。建安元年，獻帝以操爲大將軍，封武平侯，以此城爲封邑。

永城縣，東北一百四十五里。〔四九〕十一鄉。春秋芒縣之地，〔五〇〕後漢臨睢縣之境，晉爲蘄縣之地。隋大業六年于馬甫城東北三里置永城縣，〔五一〕屬譙郡。唐武德五年移縣于馬甫城。貞觀十七年罷譙州，以縣屬亳州。

碭山，在縣北五十里，北去芒山八里。地理志云：「碭山出文石。」漢高祖隱芒、碭山澤間，應劭曰：「芒，今在臨睢。」即永城縣是也。碭屬梁國，今碭山縣是。二縣之界，有山澤之固，可以隱也。

芒縣故城，漢縣，廢城在今縣北。

太丘故城，漢縣，廢城在今縣西北。陳仲弓爲太丘長，即此城也。

永城故城，在縣東北三里。隋大業六年置永城縣於此，十二年爲賊房憲伯所破，因廢，後移于馬甫城置，即今縣。

碭山故城，在縣北五十三里。水經云「碭陂水東經碭山縣故城北」，即此城是也。

費城，在縣西南二十五里，南臨渙水。按郡國志云「曹騰封鄼費亭侯」，即此城是也。魏書：「騰，即操祖也。」

梁孝王墓，在縣北五十里。高四丈，周迴一里，碭山南嶺上。按郭緣生述征記云：「梁孝王葬于碭山，鑿山作島，穿石爲藏，行一里到藏内。」曹操別傳云：「引兵入碭，伐梁孝王冢，破棺收金寶萬斤。」

真源縣，西南五十九里。舊十八鄉，今八鄉。即楚之苦縣地，史記謂老子苦縣人也。漢爲縣，屬淮陽國。晉咸康三年更名谷陽，蓋谷水之陽，因以爲名。隋初改爲仙源，〔五二〕以老子所生之地爲名。唐麟德三年高宗幸瀨鄉，改谷陽爲真源縣，以隸亳焉。

老子祠。崔元山瀨鄉記：老子祠，平生時教化學堂故基也。〔五三〕漢桓帝命邊韶爲文云：「老子，伏羲時爲鬱華子，祝融時爲廣成子，黄帝時爲大成子，顓頊時爲赤精子，帝嚳時爲録回子，堯時爲務成子，皆有像。」

李母祠。瀨鄉記：「李母祠在老子祠北三里。〔五四〕祠門内右有聖母碑，東院内有九井。」述征記：「廟内九井，或云汲一井，而八井動。」輿地志：「老子祠，即老子所生舊宅。老子者，道君也，三皇之始，乘白鹿下託于李母，練體易形，復命胞中，七十二年生于楚國。李母，星名也，在斗魁中。老子，星精也，爲人黄色美目，面有壽徵，黄額廣耳，大目疏齒，方口厚脣。額有參子達理，日角月角，鼻有雙柱，耳有三漏，足蹈二五，〔五五〕手把十文。十二聖師各有三法，凡三十六法。」唐乾封元年册李母爲先天太后，因改祠爲洞霄宫。

太清宫。玄元舊宅。今有檜樹、鹿跡存焉。宫前有闕，各高一丈七尺。魏黄初三年文帝所立，其闕有銘，是鍾繇書，皆破闕，唯四字存焉。

李母墳，在縣東十三里。水經注云：「老子宫前有李母墳，東有碑，漢桓帝永興元年譙縣令長沙王阜所建。」

枯柏。裴松之述征記云：「老子宫前有松柏雙株，左階之柏久枯，隋大業十三年忽從根生一枝，聳幹一丈三尺，枝葉青翠。唐武德二年更生一叢，直上五尺，横枝兩層，枝葉相覆，異于常樹。」

瀨水，在縣東南十二里。于苦縣界相縣故城西南五里谷水分流，入靈溪池，〔五六〕東入渦水。相縣在瀨水東是也。

靈溪池。在玄元宫北。

寧平城，在縣西南五十五里。〔五七〕按漢書地理志寧平縣屬淮陽。晉東海王越自陽城率甲士四萬東屯于項，永嘉五年薨，秘不發喪，石勒兵追之，及寧平城，焚越屍于此，數萬衆斂手受害，尸積如山，王夷甫亦遇害。

卷十二校勘記

〔一〕糧竭　「竭」，底本作「絶」，據宋版、萬本、庫本、傅校及元和郡縣圖志卷七宋州改。

〔二〕城竟爲賊所陷　「所」，底本無，據宋版、萬本、庫本、傅校及元和郡縣圖志宋州補。

〔三〕梁國郡出三姓　「出」，底本無，據宋版、萬本、庫本補。

〔四〕唐有魏元忠宋城人爲相　底本作「唐相魏元忠宋城人」，據宋版、萬本、庫本及傅校改。

〔五〕本宋國蒙縣以宋公及諸侯盟于蒙門而爲縣名　原校：「既云本蒙縣，下又云漢爲睢陽，疑舛誤。按漢書地理志梁國有睢陽、蒙二縣，睢陽，微子所封，而蒙，則杜預注左氏莊公十二年所云『蒙澤，宋地，梁國有蒙縣』者也。縣自取名蒙澤，而蒙門特宋城門之名，當在故睢陽，不可以名他縣，但蒙縣後併入睢陽耳。」按左傳襄公二十七年：「宋公及諸侯之大夫盟于蒙門之外。」杜注：「蒙門，宋城門。」宋都睢陽，水經睢水注：睢陽縣故城，「周武王封微子啟于宋，以嗣殷後，爲宋都也。」則蒙門爲宋都睢陽城門，蒙縣名與此無關，原校是也。

〔六〕爲眉間赤任敬所殺三人同葬　宋版、庫本同，萬本「眉間赤」與「任敬所殺」之間空五字，此疑有舛誤。

〔七〕西京記　史記卷五八梁孝王世家正義引括地志、太平御覽卷一九六並作「西京雜記」。

〔八〕鴈鶩池　萬本、庫本同，宋版及史記梁孝王世家正義引括地志、太平御覽卷一九六引西京雜記並無「鶩」字，太平御覽卷一五九引圖經作「鴈鶩池」。

〔九〕同鶴　宋版、萬本、庫本並無此二字，傅校删，蓋非樂史原文。

〔一〇〕在縣東北二里　元和郡縣圖志宋州作「在縣東二里」。

〔一一〕在州南七里半　「半」，底本脱，據宋版、萬本、庫本及傅校補。

〔一二〕魏於己氏縣置北譙郡後齊郡縣廢　萬本同，宋版作「魏改己氏縣爲譙郡齊郡廢」，中大本、庫本同。隋書卷三〇地理志中：楚丘，「後魏曰己氏，置北譙郡。後齊郡縣並廢。」則底本、萬本是。

〔一三〕縣屬睢陽郡　本書宋州總序：「隋于睢陽置宋州，大業三年又改爲梁郡。」隋書地理志中亦載：「宋城，舊曰睢陽，置梁郡。開皇初郡廢，十八年縣改名焉。大業初又置郡。」則此「睢陽郡」應作

「梁郡」。至唐武德四年改置爲宋州，天寶元年改爲睢陽郡。

〔一四〕即古朱襄氏邑　「朱」，底本作「宋」，萬本、庫本同，據中大本、傅校及嘉慶重修一統志卷一九四歸德府引本書改。

〔一五〕宋公子御説奔亳　「子」，底本脱，據左傳莊公十二年史記卷三八宋微子世家補。萬本、庫本作「宋御説」。

〔一六〕株邑　萬本、中大本、庫本並作「株林」，傅校改同。

〔一七〕祖逖屯淮陰　「陰」，底本作「陽」，萬本、庫本同。中大本作「陰」，建康實録卷五、太平御覽卷三〇七皆作「淮陰」，據改。

〔一八〕建爲虞州　舊唐書卷三八地理志一、新唐書卷三八地理志二並載：武德四年於虞城縣置東虞州，此蓋脱「東」字。

〔一九〕在縣西三十五里　「西」，元和郡縣圖志宋州作「東南」，疑此「西」爲「東南」之誤。

〔二〇〕虞君妻以二姚而邑諸綸　「君」，萬本同，中大本作「思」。左傳：哀公元年，「虞思於是妻以二姚。」杜注：「思，有虞君也。」

〔二一〕困苦之　「困」，萬本、庫本作「因」，傅校改同。按宜作「因」。

〔二二〕在縣西南五十里　元和郡縣圖志宋州作「縣西四十里」。

〔二三〕梁國虞縣東南有地名崆峒　左傳哀公二十六年：宋景公「游于空澤，辛巳，卒于連中。大尹興空澤之士千甲，奉公自空桐入。」杜注：「梁國虞縣東南有地名空桐。」續漢書郡國志二：「虞有空桐地。」水經獲水注亦作「空桐」，此「崆峒」蓋「空桐」之誤。

〔二四〕西五十五里　「五十五」，底本作「五十」，元豐九域志卷一南京應天府（北宋景德三年升宋州爲應天府，大中祥符七年升南京）作「五十五」，萬本、庫本、傅校同，據改。

〔二五〕舊九鄉　「九」，萬本、中大本、庫本並作「八」。

〔二六〕帝王紀　原校：「按帝王紀，即帝王世紀，後倣此。」

〔二七〕高帝改爲寧陵　萬本、中大本、庫本並作「高帝改甯陵爲寧陵」。

〔二八〕北齊以還宋　隋書地理志中：「寧陵，後齊廢，開皇六年復。」元和郡縣圖志宋州：寧陵縣，「高齊省。隋開皇六年復置，屬亳州，十六年割屬宋州。」此處當有脱誤。

〔二九〕漢和帝永元十二年分己氏縣之種龍鄉置己吾縣　「十二」，底本作「二」，萬本作「元」，庫本同；「龍」，底本作「於」，萬本、庫本同。水經陰溝水注：陳留風俗傳曰：己吾縣，「故宋也，雜以陳、楚之地，故梁國寧陵縣之徙種龍鄉也。以成、哀之世，户至八九千，冠帶之徒，求置縣矣。永元十一年，陳王削地，以大棘鄉、直陽鄉，十二年，自鄢隸之，命以嘉名曰己吾。」資治通鑑卷八七胡注引陳留風俗傳同。初學記卷二六：「陳留風俗傳曰：『己吾縣者，宋雜陳、楚地，故梁國寧陵種龍鄉也。』今其都印文曰『種龍』。」稱「種龍」，無「徙」字，同本書，足徵水經注、通鑑注云「徙種龍鄉」，「徙」乃衍字。則底本「二」上脱「十」字，萬本作「元」，誤，又此「於」爲「龍」字之誤，並據補改。

〔三〇〕在縣西南七十里　「西」，底本脱，據中大本及史記卷五〇楚元王世家、卷五八梁孝王世家正義引括地志、元和郡縣圖志宋州補。萬本、庫本作「西北」，誤。

〔三一〕西南至陳州三百九十二里　「三」，萬本、庫本作「二」。

〔三二〕東北至徐州同上　「同上」，萬本作「三百四十里」，庫本作「三百四十二里」。

〔三三〕魏文帝集建安十八年上至譙　「八」，底本作「九」，萬本、庫本同。原校：「按三國志，建安七年春正月，公軍譙；又十四年春三月，軍至譙，秋七月，自渦入淮。今于譙縣作十九年，于宿州蘄縣作十八年。檢文帝集又云八年，皆與史不合，未詳孰是。」按初學記卷九、卷二二引魏文帝臨渦賦序皆作「建安十八年」，太平御覽卷三五九引魏文帝臨渦賦載同，唯藝文類聚引魏文帝臨渦賦作「八年」，當脱「十」字。此「九」爲「八」字之誤，據改。

〔三四〕內黄殷登　「內黄」，底本作「內黄門」，萬本、庫本同。三國志卷二魏書文帝紀：「內黄殷登默而記之。」又後漢書卷八二下方術列傳單颺傳：「魏郡人殷登密記之。」按續漢書郡國志，內黄縣屬魏郡。此「門」衍字，據删。

〔三五〕損聖札凡十九字　「損」，萬本作「搨」。

〔三六〕東南七十九里　「南」，底本作「西」，萬本、庫本同，中大本作「南」；「七」，底本作「九」，萬本、中大本、庫本同。按唐宋亳州治譙縣，即今亳縣；城父縣即今亳縣東南城父，在亳州東南，元和郡縣圖志卷九：亳州城父縣，「西北至州七十九里。」此「西」爲「南」字之誤，據改。元豐九域志卷五：亳州城父縣，「州東南七十里。」讀史方輿紀要卷二一亳州：「城父城，州東南七十里。」二書所載里數，略同於元和志，此「九」必爲「七」字之形譌，據改。

〔三七〕肥水在縣西至有鮑溪水亦此　按水經肥水篇：肥水出九江成德縣廣陽鄉西，北過壽春縣（即今安徽壽縣）西，北入於淮水。此即今六安、壽縣之東淝河。水經陰溝水注：北肥水出山桑縣（今蒙城縣北）西北澤藪，東南流，入於過水（即今渦河），過水東注入淮水。此爲今蒙城、懷遠縣之北淝河。此云肥水在城父縣（即今亳縣東南城父）西，又以北肥水爲肥水，實屬舛誤。又「鮑溪水，亦此」，萬本、庫本作「又有鮑溪，亦此水」，傅校同，無從考核，疑有誤。

〔三八〕又曰恩澤侯表在蕭　萬本、庫本無「又曰」二字，傅校删。

〔三九〕沙水支分東注　「沙」，底本作「汝」。水經渠水注：「沙水東南逕城父縣西南，枝津出焉，俗謂之章水，一水東注，即濮水也，俗謂之父水也。」按「章水」，又作「漳水」，水經陰溝水注所謂「沙水枝分注之，水上承沙水于思善縣，世謂之漳水」。此「汝」爲「沙」字之誤，萬本、中大本、庫本正作

「沙」，據改。

〔四〇〕四年州廢爲文城縣　底本作「四年州廢改爲文城縣」，新唐書地理志二：「武德三年於魯丘堡置文州，并置欒城縣，四年州廢爲文城縣，七年省入城父。」則武德四年文州廢爲文城縣，非文州廢，欒城縣改爲文城縣，底本衍「改」字，據萬本、庫本删。

〔四一〕東南一百四十里　各本同。元和郡縣圖志：亳州蒙城縣：「西北至州一百四十里。」按唐亳州治譙縣，即今亳縣，蒙城縣即今縣，二地相距實爲二百多里，與李書記載相符，此「一」蓋爲「二」字之誤。

〔四二〕隋初改渦陽爲淝水　隋書地理志中：「開皇十六年改渦陽爲肥水。」則改名不在隋初。

〔四三〕二山相對　「二」，底本脱，據萬本、庫本、傅校及嘉慶重修一統志卷一二八潁州府引本書補。

〔四四〕宋將檀道濟爲征北將軍居此　「北」，底本作「西」，庫本同，據萬本及宋書卷四三、南史卷一五檀道濟傳、元和郡縣圖志亳州改。

〔四五〕皆自後魏孝文太和七年築之　「築」，底本作「爲」，據萬本、庫本、傅校及嘉慶重修一統志潁州府引本書改。

〔四六〕太祖于譙東五十里澤中築起精舍　「五十」，底本作「十五」，萬本、庫本同。太平御覽卷一五九引魏略曰：「太祖于譙東五十里澤中築起精舍。」三國志卷一魏書武帝紀引魏武故事載：「於譙東五十里築精舍。」此「十五」乃「五十」之倒文，據以乙正。

〔四七〕漢鄲縣之地　「鄲」，底本作「蘄」，萬本作「單」。按漢蘄縣在今宿縣南，西距唐鹿邑縣甚遠，唐鹿邑當非漢蘄縣之地。讀史方輿紀要卷五〇歸德府以鹿邑爲漢鄲縣地，庫本作「鄲」，漢書卷二八地理志上鄲屬沛郡，正是，據改。

〔四八〕涸河　底本作「固一作涸河」，據萬本、庫本、傅校及嘉慶重修一統志卷一九三歸德府引本書改。

〔四九〕東北一百四十五里　「四十五」，萬本、庫本作「四十一」。元和郡縣圖志亳州作「四十」。

〔五〇〕春秋芒縣之地　按春秋時無「芒縣」，元和郡縣圖志亳州永城縣：「本秦芒縣地。」此「春秋」當爲「秦」之誤。

〔五一〕馬甫城　「甫」，元和郡縣圖志亳州同，舊唐書地理志一作「浦」，下同。

〔五二〕隋初改爲仙源　原校：「按隋書地理志：譙郡谷陽縣『後齊省，開皇六年復。』初無『改仙源』事。新舊唐書地理志皆云『谷陽，乾封元年改爲真源，載初元年改爲仙源，神龍元年復曰真源』，與元和郡縣志所序略同。唐祖老聃，故以名縣，今記恐誤。」按元和郡縣圖志：「隋開皇六年復置谷陽縣，理苦城，屬亳州。」唐會要卷七〇州縣改置上所載，與新舊唐書地理志同，原校是也。

〔五三〕平生時教化學堂故基也　「生」，底本脱，據萬本、庫本及傅校及藝文類聚卷六四引賴鄉記補。

〔五四〕在老子祠北三里　「三」，太平御覽卷三六一引瀨鄉記作「二」。

〔五五〕足蹈二五　「二十」，底本作「三十」，據萬本、庫本、傅校與史記卷六三老子列傳正義引朱韜玉札及神仙傳、太平御覽卷三七二引瀨鄉記改。

〔五六〕靈溪池　「溪」，底本作「奚」，據萬本、庫本、傅校及嘉慶重修一統志卷一九三歸德府引本書改。下同。

〔五七〕在縣西南五十五里　「南」，底本作「北」，萬本、庫本、中大本同。元和郡縣圖志亳州真源縣：「寧平故城，在縣西南五十五里。」嘉慶重修一統志卷一九四歸德府：「寧平故城，在鹿邑縣西南五十里。」按唐真源縣，宋大中祥符七年改名衞真縣，元併衞真入鹿邑縣，移鹿邑縣治衞真，即清鹿邑縣治。此「北」乃「南」字之誤，據改。

太平寰宇記卷之十三

河南道十三

鄆州　曹州　廣濟軍

鄆州

鄆州，東平郡。今理須城縣。禹貢兖州之域。星分奎、婁。春秋屬宋，即魯附庸須句音劬。〔一〕國，太皞之後，風姓。左傳云：「公伐邾，取須句。」戰國時屬魏。秦兼天下，屬碭郡，又爲薛郡地。漢爲東平國，又地理志云：「東平，故梁國，景帝中六年别爲濟東國，武帝元鼎元年爲大河郡，宣帝甘露二年爲東平國。」晉、宋及後魏爲東平郡。周大象二年於此置魯州，尋廢。隋開皇十六年分兖州萬安縣置鄆州，〔二〕大業三年罷州爲東平郡，理古須句城。唐武德五年平徐圓朗，于鄆城置鄆州，領鄆城、須昌、宿城、鉅野、乘丘五縣，又以廢壽州之壽張來屬；其年置總管府，管鄆、濮、兖、戴、曹五州；七年改爲都督府。貞觀元年罷都督府，仍以鉅野屬戴州，又廢宿城、乘丘二縣；八年鄆以城下濕，移治須昌。景龍元年又置宿城縣。〔三〕天寶元年改爲東平郡。乾元元年復爲鄆州。貞元三年升爲都督府。迨至皇朝爲天平軍節度。

元領縣十。今七：須城，壽張，中都，平陰，東阿，盧縣，陽穀。二縣割出：鉅野，入濟州。鄆城。入濟州。一縣廢：東平。併入須城。

州境：東西一百五十九里。南北二百三十五里。

四至八到：西南至東京六百里。西南至西京一千里。西南至長安一千八百里。東至兖州二百里。西至濮州一百八十八里。〔四〕南至曹州三百三十里。北至博州一百七十里。東南至兖州一百三十五里。西南至濮州一百四十五里。東北至濟州二百五十里。西北至渡河取朝城縣路至魏州二百三十里。

户：唐開元户三萬三千三百八十七。皇朝户主一萬五千一百八，客二萬七千七百二十四。

風俗：地連鄒、魯，境分青、齊。碩學通儒無絶，今古家尚質直。人多魁岸，不規商賈，肆力農桑，亦風土之使然也。

姓氏：東平郡四姓：萬、呂、畢、康。

人物：劉楨，字公幹，東平人。張公藝，壽張人。九世不分居。〔五〕馬隆，平陸人。爲武威太守，以磁石夾道，賊負鐵不得過，以爲神也。王彦章。壽張人。〔六〕

土産：阿膠，虵牀子，綿，官虵。

須城縣，舊四鄉，今八鄉。漢舊縣，屬東郡。古須句國。按前須昌縣在今縣東南三十里須昌故城是也。隋改須昌爲宿城縣，更立須昌縣于今理，屬鄆州。後唐改爲須城縣，避國諱也。

梁山，在縣界。

州理故須句城。左傳：「任、宿、須句、顓臾，皆風姓。」注：「須句雖別國，〔七〕而削弱不能自通，爲魯私屬，如顓臾之比。」

無鹽故城，在縣東三十六里。漢舊縣。古宿國也。〔八〕列女傳：「無鹽有醜女，名宿瘤，齊宣王善之，立爲夫人。」即此縣女也。

清水石橋，在縣西三里。隋仁壽元年造。石作華巧，與趙州石橋相埒，長四百五十尺。

郈鄉亭。左傳「季子鬬雞之所」，杜注：「郈，魯地，東平無鹽縣東南有郈鄉亭。」

桓公溝。晉永和中將軍毛穆之所鑿。〔九〕義熙十三年王師濟河，朱超石重開鑿。水經注云「桓温率衆北入，掘通濟渠，今謂之桓公溝」是也。

劉公橋，在縣東二十七里。宋武北伐至此造，故號之。

柳舒故城。左傳：「晉伐鄭，齊陳成子救之。及留舒，去穀七里，穀人不知。」

東平憲王陵。光武子蒼也。章帝幸東平，感念蒼，謂其諸子曰：「思其人，至其鄉；其處存，其人亡。」

伏生城。伏生所居，傳尚書于太常掌故晁錯，因號之。

吕母垞。音茶。〔一〇〕後漢東海吕母合衆于此。

東阿故城。漢東平國故城，在今縣東。〔一一〕魏志：程昱謂范令靳允曰：「曹使君智殆天授，君必固范，我守東阿，田單之功可立。」謂此也。

阿井。東阿有大井，巨若輪，深七八丈，每歲取此水煮膠入貢，本草重之。

烽倉故城。宋武立烽堠于此，今有小城尚存。

景子殿。東平憲王所起，有二殿，〔一二〕東西相向。

東平思王墓。漢東平思王，宣帝之子，在國思還京師，後葬，其冢松柏皆西靡。

羊牧。黄初平叱石成羊之所，今石猶存。

廢東平縣，漢縣，故城在今鄆州東南三十二里。隋于故城置宿城縣，仍置須昌縣于今所。唐貞觀八年州自鄆城移于須昌縣，後廢宿城縣。景雲二年以郡邑頗大，人物繁極，復分須昌置宿城縣。〔三〕貞元四年改宿城爲東平縣，移就郭下。太和四年改爲天平縣，六年七月廢天平縣入須昌縣。

壽張縣，西南四十五里。依舊四鄉。漢爲壽良縣，屬東郡，故城在今縣界。應劭曰：「光武叔父名良，故改爲壽張縣。」屬東平國。隋開皇三年罷郡，縣屬濟州，十六年割屬鄆州。唐武德四年屬壽州，五年廢壽州，屬鄆州。

壽州故城，在縣東南十五里。隋末百姓築爲堡，唐武德四年于此置壽州。

梁山，在縣南三十五里。漢書：「梁孝王北獵梁山，有獻牛，足上出背上，孝王惡之，尋病而薨。」

穀城山，在邑界。

焦氏山。山北有漢司隸校尉魯峻冢，前有石祠，堂中四壁皆青石隱起，自書契以來，忠臣、孝子、貞婦，孔子及弟子形像，徧皆刻石記之。有磬石數枚，後爲宰牧所取，魯氏置訴後，坐免官。

范城。左氏傳云：范宣子對魯大夫穆叔曰：「昔匄之祖，在周爲唐杜氏，晉主夏盟爲范氏。」今城即句食邑于范。漢爲縣。左氏注云：「范縣西北有秦亭。」即庚子山云「人有秦亭之哭」是也。

中都縣，東六十五里。依舊四鄉。古中都之地。漢爲東平陸縣，屬東平國。亦古之厥國地，今邑界有厥亭存。又按史記：「魯敗齊于平陸。」即此地。後漢併爲須昌縣地。據邑界有殷密古城，〔四〕即古之中都國城也。自漢至隋，或爲平陸縣，屬兗州。唐天寶元年三月改爲中都縣，所隸不改。貞元十四年割入鄆州。後自鄆復隸兗州，尋又復歸鄆焉。

古闞城。皇覽冢墓記云：「鄆州壽張縣闞城中有蚩尤冢，支體異葬也，故此亦有冢焉。常以十月有氣如匹絳，自上屬下，號曰蚩尤旗。」今屬濟寧鉅野。

汶水，北去縣二十四里。

桓水，在縣西八十里。晉桓温進軍，北次金鄉，令鑿鉅野三百里通舟運，自清水入河。以温所鑿，故曰桓水，俗呼爲桓河。

平陰縣，東九十里。舊十三鄉，今三鄉。本漢肥城縣，屬泰山郡。古肥子國。隋開皇十四年于今縣西北二十八里置榆山縣，大業二年移于今理，改名平陰，屬濟州，取界内平陰故城以爲名。天寶十三載州廢，縣割隸鄆州。太和六年七月廢，以地併入東阿、盧二縣。至開成二年七月，王源中奏：「境内闊遠，東西百二十里，南北近二百里，無縣邑以理居人，制禦寇盜，請復平陰縣。」從之。

黄河，去縣十里。

陶山，在縣東三十五里。史記云：「范蠡浮海出齊，變姓名，自號鴟夷子皮，閒行止于陶，因號陶朱公焉。」

巫山，一名孝堂山。左傳云「齊侯登巫山以望晉師」，即此山。山上有石室，俗傳云郭巨葬母之所，因名孝堂山。

平陰城，在縣東北三十五里。左傳襄公十八年，「晉侯沈玉濟河，會于魯濟，尋湨音狊。〔一五〕梁之盟，同伐齊。齊侯禦諸平陰」。今有故城，在今縣東南。

長城。故長城首起縣北。竹書紀年云：梁惠王二十年，「齊築防以爲長城」。又太山記曰：「太山西北有長城，緣河經太山千餘里，至琅邪臺入海。往往有壁門邸閣，四五處猶在。」史記：蘇代説燕王，燕王曰「齊有長城、鉅防，足以爲固」是也。

鞍城。左氏謂「齊戰于鞍」，城在縣東。

故肥城。漢縣，後漢省。廢城在今縣東南。

左丘明墓，在縣東南五十五里。

東阿縣，西北四十五里。舊十五鄉，今四鄉。春秋時爲齊之阿地也。漢爲東阿縣，今爲祝阿縣焉。〔一六〕魏武帝始封于此。晉屬濟北國。隋開皇中屬濟州。唐天寶十三年濟州廢，縣屬鄆州。郡國志：「其地出繒縑，故秦王服阿縞。」即此地也。

魚山，一名吾山。漢書溝洫志：武帝臨河決，作瓠子歌曰：「吾山平兮巨野溢，魚怫鬱兮迫冬日。〔一七〕」吾山即魚山。述征記：「濟北郡史弦超，魏嘉平中有神女成公智瓊降之，超同室疑其有姦以告監國詰問，超具言之，智瓊乃絶。後五年，超使將至洛，西到濟北魚山下陌上，〔一八〕遥望曲道頭有車馬，似智瓊。前到，果是，同乘至洛，克復舊好。太康中仍存。」魏陳思王曹植嘗登此山，有終焉之志，遂葬其西，亦其所封國也。周迴十二里。〔一九〕

穀城山，一名黄石。漢書：黄石公出一編書，授張良曰：「讀是則爲王者師，後十三年見我，濟北穀城山下黄石即我也。」

浮山。故老相傳云堯時大水，此山浮于水上，時有人纜船于巖石間。今猶有斷鐵鎖存焉。

故穀城。在今縣東。漢于此立縣，後廢，故城存焉。按郡國志云：「穀城，管仲私邑，其城内有夫子五冢存焉。」

管仲井。西征記云：「穀城南山有管仲井焉。」

周首亭。郡國志云：「周首亭，即埋長狄榮如首于此。」即此地也。水經注謂之盧子亭。

東阿故城，在縣西二十里。〔二〇〕漢東阿縣城，晉太康後省。魏志：程昱謂范令靳允曰：「曹使君智殆天授，君必固范，我守東阿。」即此也。

陽穀亭，在縣東南四十二里。左傳「齊桓公會諸侯于陽穀」，即此也。

阿膠井。水經注：「大井在東阿，深七八丈，〔二一〕每歲取井水煮膠入貢，本草所謂阿膠也。」

項羽墓，在縣東二十七里。初，羽封魯公，羽死，魯猶爲楚守，漢王示以羽首，魯方降，乃以公禮葬羽于此。

陳思王墓，在魚山。

盧縣，西北二十里。〔二二〕依舊二鄉。〔二三〕漢舊縣，屬太山郡，都尉理之，濟北王所都。後漢盧縣，屬濟北國。宋屬濟北郡。隋開皇三年罷郡，縣屬濟州，大業三年復爲濟北郡。唐武德四年討平王世充，復爲濟州。理碻苦高反。磝音敖。〔二四〕城，本秦東郡之茌平縣地，其城西臨黄河，晉末爲河水所毁，移理河北博州界，事具博州。宋元嘉二十七年，寧朔將軍王玄謨前鋒入河，〔二五〕平碻磝，立戍守之。都督劉義恭以沙城不堪守，召玄謨毁城而還。後又城之。後魏畧得河南，泰常八年於此置濟州。〔二六〕至唐天寶十三年，州爲河所陷，廢。

碻磝津，在縣北一里。後魏于此置關，名濟州關，隋末廢。

劉公橋，架濟水，在縣南二十七里。〔二七〕宋高祖伐燕過此造橋，故呼爲劉公橋。隋末廢，貞觀元年重造，長十二丈，闊一丈二尺。

盧醫。史記云：「扁鵲生盧，故云盧醫。」盧水經是邑，縣因是名也。

臨邑故城，在縣東。即今謂之馬防城是也。

長城，經是邑。

陽穀縣，西七十里。舊十五鄉，今十六鄉。〔二八〕本漢須昌縣地，按漢須昌在鄆，今縣界亦有須昌故城。隋開皇十六年于此置陽穀縣，屬濟州，取縣界故陽穀亭爲名。唐天寶十三年濟州爲河水陷没，以縣屬鄆州。至皇朝開寶六年，又河水衝破縣城，至太平興國四年移于上巡鎮，即今縣理。

黄河，在縣北十二里。

故伏城，在縣東南三里。蓋伏生所居，故號之。

曹州

曹州，濟陰郡。今理濟陰縣。禹貢豫州之域。星分氐宿二度。禹貢曰：「荆、河惟豫州，導菏音柯。〔二九〕澤，被孟豬。」菏澤，在州東北九十里濟陰縣界。于周，又爲曹國之地，後屬宋。左傳哀公八年，「宋景公滅曹」。按曹國，在州東北三十七里濟陰縣界故定陶城是也。七國時屬齊，宋爲齊、楚、魏所滅，三分其地，齊得其濟陰、東平。漢爲濟陰郡之地，在濟水之南，故以爲名。景帝中六年别爲濟陰國。宣帝甘露二年更名定陶。哀帝更爲濟陰郡，屬兖州。按此前濟陰理在今州東北四十七里定陶故城，宋移理城陽。按城陽，今濮州雷澤縣理是也。後魏于定陶城置西兖州，後又徙理左城，〔三〇〕即今州理是也，仍移濟陰郡理此，郡與州同理。周武帝宣政元年改西兖州爲曹州，取曹國爲名也。隋大業三年改爲濟陰郡。唐武德四年平孟海公，復爲曹州，領濟陰、定陶、冤句、離狐、乘氏，併置蒙澤、普陽等七縣；〔三一〕其年省普陽；五年以廢梁州之考城來屬。貞觀元年省定陶、蒙澤二縣入濟陰，十七年以廢戴州之成武來屬。天寶元年改爲濟陰郡。乾元元年復爲曹州。晉天福十二年降爲刺史州。周廣順二年復升彰信軍。至皇朝因之。

元領縣六。今四：濟陰，冤句，乘氏，南華。二縣割出：考城，入開封府。成武。入單州。

州境：東西二百五十九里。南北二百五十九里。

四至八到：西南至東京二百二十里。西至西京六百五十里。〔三二〕西至長安一千五百二十五里。東至單州一百八十里，至廣濟軍三十五里。南至宋州一百八十里。北至濮州一百八十里。東至宋州楚丘縣八十里。西南至開封府考城縣八十里。東北至濟州鉅野縣一百四十里。西北至澶州衛南縣一百八十二里。

户：唐開元户七萬四千三百。皇朝户主一萬九千三十六，客七千五百九十八。

風俗：同宋州。

姓氏：濟陰郡五姓：蔡、丁、江、曹、易。

人物：冉雍，曹州人。卞壼，曹州人。拜御史中丞。〔三三〕郗詵，〔三四〕濟陰人。唐英公李勣，離狐人。左僕射劉晏。南華人。〔三五〕

土産：絹，貢。葶藶子，蛇床子，貢。犬。

濟陰縣，舊十五鄉，今六鄉。本漢定陶縣之地，屬濟陰郡。自漢至周皆爲定陶縣之地。按定陶縣，在今縣東北四十七里定陶故城是也。隋開皇六年于此置濟陰縣，屬曹州。

曹南山，在縣東二十里。詩所云：「薈兮蔚兮，南山朝隮。」是此也。

左岡，在縣東北五里。岡阜連屬，林木交映，以近左城，故以名焉。

菏水，水經云：「菏水，俗謂之五丈溝，亦名南濟水。西自考城縣界來，東經陶丘，尚書所謂『東出于陶丘北，又東至于菏』。」

汜水，在縣南，上承菏水。昔漢高祖既定天下，即帝位于定陶汜水之陽。張晏曰：「汜水在濟陰界，取其汜愛弘大而潤下也。」按今汜水東經縣南，亦有高祖即位壇，據叔孫通傳云：「高祖爲皇帝，通于定陶就其儀。〔三六〕」即在濟陰是也。

菏澤，在縣東北九十里，定陶城東北。禹貢云：「導菏澤，被孟豬。」注云：「菏澤在胡陵，孟豬在菏東北，水流溢覆被之也。」

州理中城，蓋古之陶丘也，一名左城。帝王世紀：「舜陶于河濱，即禹貢之陶丘，今濟陰定陶之西南有陶丘是也。〔三七〕」爾雅云：「再成爲陶丘。」成，猶重也。

左城，亦名之曰葬城，蓋恭王之陵寢也。

漢祖壇，在縣東北二十里。漢高祖五年即位于定陶汜水之陽，故立壇。張晏謂「泛愛」之「汜」也。

濟堤，即濟水之故堤也。國都城記曰：「自復通汴渠已來，舊濟遂絶，今濟陰定陶城南唯有濟堤及枯河而已，皆無水。」

三鬷亭，古國也，在縣東北四十九里。尚書云：「湯伐桀，戰于鳴條之野，夏師敗績，遂伐三鬷，俘厥寶玉。」注云：「三鬷，國名，桀走保之，今定陶是也。」

慎子墓，在縣西南四里。慎子，慎到也，著書四十四篇。

穰侯城，在縣西十七里。〔三八〕秦宣太后弟也，封于穰，益封于陶，故葬于此。

董昭墓，在縣東二十里。昭，定陶人，爲魏河南尹。

堯溝。九州記云：「陶即堯國，昔帝堯于此所開溝也，因名之。」

龍池。九州要記云：「春秋飂叔氏有裔子董父，好龍，舜遣養龍于陶丘，是爲豢龍氏。」今池存焉。

貫城，即古貫國也，今名蒙澤城。禮記明堂位曰：「崇鼎、貫鼎，天子之器。」左氏亦謂「齊、宋盟于貫」是也。

伯樂冢。秦人善相馬者葬此。

莘仲故城，在縣東南三十里。蓋古之莘國也。夏本紀云：「昔鯀納有莘氏女，生禹。」帝王紀曰：「伊尹耕于莘野，湯聞其賢，聘以爲相。」即此城。

冤句縣，西四十七里。舊十鄉，今八鄉。本漢舊縣也，漢初屬梁國，景帝時屬濟陰郡。後漢及晉同，宋無冤句縣。後魏復置，屬郡不改。隋開皇三年罷郡，以縣屬曹州。

煮棗故城，在縣西北四十里。史記：魏王謂張儀曰：「煮棗將叛，齊兵又進，爲之柰何？」漢書：「樊噲攻煮棗，屠之。」

濟陽故城，在縣西南五十里。〔三九〕漢濟陽縣地也。五行志：宣帝七年，「濟陽地裂五丈」。又曰：「徵昌邑王賀，自定陶至濟陽，求長鳴雞，笷竹杖。〔四〇〕」即此處。東觀漢記云：「光武以建平元年生于濟陽縣，光照一室，是歲有嘉禾生，一莖九穗，大于凡禾，因名秀。」光武皇考爲濟陽令時生光武。

袁紹故城，在縣北七十里。〔四一〕紹所築，故名。

大瀰溝，一名冤水。詩云：「出宿于泲，飲餞于瀰。」即此也。

園客祠，在縣西南五十三里。故老云：「園客，濟陰人也，庭種香草，有神蛾大繭之異而立祠。」

甯武子墓，在縣東十五里。

漆園城，在縣北五十里。莊周爲吏之所，舊置監。今漆園城北有莊周釣臺。

乘氏縣，北五十四里。舊八鄉，今六鄉。本漢舊縣也，屬濟陰郡。至晉同。〔四二〕按此前乘氏縣，在今鉅野西南五十七里乘氏故城是也，宋廢，後魏太和十二年于今縣置乘氏縣，取漢乘氏縣爲名也。隋開皇三年罷濟陰郡，屬曹州，大業末年廢。唐武德四年重置，屬曹州。

大饗故城，在縣西北三里。故老云古之鄸音蒙。〔四三〕城也。後改名大饗城。

重丘故城，一名廩丘，在縣東北三十一里。左傳襄公十七年：「衛孫蒯田于曹隧，飲馬于重丘，重丘人毁瓶，因詾同詬。〔四四〕之。」即此也。

句陽故城，在縣北三十五里。地理志云：「句陽，句瀆之丘也。」春秋隱公八年：「宋公、衛侯遇于垂。」後漢郡國志云：「句陽有垂亭。」

故桂城。史記：「齊威王以田忌爲將，孫子爲師，與魏戰于桂陵，大破魏師。」

葭密城。竹書紀年幽公十三年：「魯季孫會晉侯于楚，取葭密，遂城之。」漢以爲縣。

閔損墓，在縣城内。損字子騫，魯人也。

南華縣，西北一百二十里。原七鄉半。〔四五〕本漢離狐縣，屬東郡，莽曰瑞狐。舊傳初置縣在濮水南，常爲神狐所穿穴，遂移濮水北，故曰離狐。後漢屬濟陰郡，晉、宋不改。按此前離狐在今縣西北三十三里離狐故城是也。後魏時移于今理。高齊及周屬郡不改。隋開皇三年罷郡，屬曹州。唐天寶元年改曰南華。

濮水，西自滑州韋城縣界入，在縣南五里，又東入乘氏縣界。昔殷紂使師延作靡靡之樂，武王伐紂，師延自投濮水而死，謂此水也。

廣濟軍

廣濟軍。理定陶縣。按雜説：「定陶，即帝堯之所都也。」宋永初山川記云：「堯先居唐，後居陶，故曰陶唐氏。」十道志云：「堯冢在曹州界。」又雜説：「范蠡相越，平吴，變姓名爲朱公，居于陶，號陶朱公。」即此。漢爲定陶縣，屬濟陰國，宣帝甘露二年更名定陶國，封皇子囂爲王，以處其地。晉爲濟陰郡。後魏置沛郡，後改爲西兖州。後周改西兖州爲曹州，定陶縣屬不改。隋大業十三年大亂，爲賊帥孟海公所陷，遂廢。唐武德四年割屬戴州，其年又隸曹州。貞觀元年省，唐三百年只爲鎮戍。至周廣順中，于定陶建廩庾，摧鹽鹺音醝。〔四六〕之利。至皇朝乾德元年，東疏菏水，漕轉兵食，于鎮置發運務，開寶元年尋改爲轉運司，〔四七〕太平興國二年轉運使和峴奏請升定陶鎮爲廣濟軍，〔四八〕至四年轉運使張去華又奏請分曹、單、濮、濟四州之境民置定陶縣，以隸軍。

領縣一：定陶。

軍境：東西三十七里。南北四十里。

四至八到：西至東京二百七十里。西至西京六百七十里。東至單州成武縣六十五里。西至曹州濟陰縣二十五里。〔四九〕南至濟陰縣界二十四里。北至乘氏縣五十二里。東南至成武縣界三十六里。西北至乘氏縣界三十二里。西南至濟陰縣界十一里。東北至濟州鉅野縣一百三十里。

户：皇朝新割户主五千四十八，客八百八。

風俗：同曹州。

人物：魏相，字弱翁，濟陰定陶人。爲漢丞相。張馴。後漢人，字子儁，定陶人。通春秋，與蔡邕共定六經。爲丹陽太守，徵拜尚書。

土産：置軍後，無所貢。

定陶縣，五鄉。漢縣，貞觀元年省，今軍城是也。太平興國四年割曹、單、濟、濮四州近軍境人户置縣，復古名也。定陶故城，今軍城是也，西南一隅廢。

荆城，在縣東北二十里。舊經云：「按皇覽冢墓記，是戰國時魏將龐涓與孫臏相持處。」

孟海城，在縣東北三十里。隋賊帥孟海公陷曹州，築此南北二城。

髣山廟，在縣西北五里層阜之上。按髣山，古曹國葬地，連屬十五里，髣髴似山，因名。自曹叔振鐸至伯陽二十五代，皆葬于此。

漢高祖即位壇，在縣南十里。

曹南山，在縣南二十里。

獨孤山，在縣東北十九里。

戚姬，定陶人。漢高帝略地至定陶獲焉。

孝子村，即孟昌宗，定陶人，母疾，〔五〇〕割股以饋，母疾愈。本定陶古城，此名孝子村。〔五一〕

漢定陶恭王廢殿基，在縣南一里古城内。

三鬷亭，在縣東北三十里。

彭越臺，在縣東一里。

卷十三校勘記

〔一〕音劬　萬本、庫本無。

〔二〕隋開皇十六年分兖州萬安縣置鄆州　隋書卷三〇地理志中：「開皇十年置鄆州。」

〔三〕景龍元年又置宿城縣　「縣」，底本脱，據萬本、中大本及舊唐書卷三八地理志一補。又「景龍元年」，新唐書卷三八地理志二作「景龍三年」，本書下文叙廢東平縣又作「景雲二年」，舊唐書地理志一、唐會要卷七〇州縣改置上别作「景雲三年」，疑此有誤。

〔四〕東至兖州二百里西至濮州一百八十八里　萬本、庫本並無此十七字。按元豐九域志卷一：鄆州，「東至本州界六十里，自界首至兖州八十里。西至本州界一百里，自界首至濮州八十里。」所載鄆州東至兖州、西至濮州方向正合，唯里數稍差，蓋萬本、庫本脱。

〔五〕張公藝壽張人九世不分居　萬本無張公藝傳略，庫本同。

〔六〕王彦章壽張人　萬本無王彦章傳略，庫本同。

〔七〕須句雖别國　「别」，底本作「列」，萬本同，按左傳僖公二十二年杜注作「别」，庫本同，據改。

〔八〕古宿國也　「古」上底本多「云」字，萬本、庫本無，元和郡縣圖志卷一〇鄆州同。此衍，據删。

〔九〕晉永和中將軍毛穆之所鑿　晉書卷九八桓温傳：太和四年北伐慕容暐，「時亢旱，水道不通，乃鑿鉅野三百餘里以通舟運，自清水入河。」同書卷八一毛穆之傳：「温伐慕容暐，使穆之監鑿鉅野百餘里，引汶會于濟川。」資治通鑑卷一〇二亦載：太和四年桓温伐燕，「使冠軍將軍毛虎生鑿鉅野三百里，引汶水會于清水。」胡注：「水經注：濟水東北入鉅野，其故瀆又東北右合洪水；洪水上承鉅野薛訓渚，謂之桓公瀆。」按虎生爲穆之字。足證此「永和」爲「太和」之誤。

〔一〇〕音茶　萬本、庫本無此二字。

〔一一〕東阿故城漢東平國故城在今縣東　按兩漢東阿縣屬東郡，見於漢書卷二八地理志上、續漢書郡國志三，在唐東阿縣西南，載於本書下文東阿縣，故城在今陽穀縣東北。兩漢東平國治無鹽縣，見於漢書卷二八地理志下、漢書卷八〇東平王宇傳及續漢書郡國志三，又稱東平國城，在唐鄆州東南，在今東平縣東。是東阿城、東平國城實爲二城，此混成一城，本文云在鄆州治須城縣東，當指東平國城，此「東阿故城」四字疑衍。又下文所引魏志云云，指東阿城而言，與東平國城無關。

〔一二〕東平憲王所起有二殿　萬本「起」下「有」上空二字格，中大本作「餘踰」，庫本、傅校同。

〔一三〕景雲二年至分須昌置宿城縣　「二年」，萬本作「三年」，庫本、傅校改同。按本書鄆州總序云「景龍元年置」，疑誤。新唐書地理志二作「景龍三年」，舊唐書地理志一、唐會要州縣改置上並作「景雲三年」，參見本卷校勘記〔三〕。

〔一四〕殷密古城　「殷密」，元和郡縣圖志鄆州、舊唐書地理志一同，續漢書郡國志三、水經汶水注並作「致密」，嘉慶重修一統志卷一六六兗州府：「致密」作「殷密」，「蓋傳寫之誤」。

〔一五〕音臭　萬本無，庫本同，傅校删，蓋非樂史原文。

〔一六〕今爲祝阿縣焉　萬本「今」下「爲」上有「呼」字，庫本同。

〔一七〕魚佛鬱兮迫冬日　「佛」，庫本同，萬本作「弗」；「迫」，萬本作「柏」。史記卷二九河渠書作「沸」、「柏」，集解引徐廣曰：「柏猶迫也。」漢書卷二九溝洫志作「弗」、「柏」。

〔一八〕濟北郡史弦超至西到濟北魚山下陌上　「弦」，底本作「延」，據萬本、庫本及搜神記卷一、太平御覽卷四二引郭延生述征記改。「陌」，底本作「隕」，萬本、庫本缺載。搜神記：「超奉郡使至洛，到濟北魚山下陌上。」太平廣記卷六一成公智瓊引集仙録載同，此「隕」當爲「陌」字之誤，據改。

〔一九〕周迴十二里 「十二」，底本作「三十」，據萬本、中大本、庫本、傅校及嘉慶重修一統志卷一七九泰安府引本書改。

〔二〇〕在縣西二十里 史記卷七項羽本紀正義引括地志：「東阿故城在濟州東阿縣西南二十五里。」此處蓋有脱誤。

〔二一〕深七八丈 水經河水注作「深六七丈」。

〔二二〕西北二十里 元和郡縣圖志鄆州盧縣：「東南至州一百里。」按唐鄆州治須昌縣，在今東平縣西北，盧縣在今茌平縣西南，東南至鄆州正合李書記載，此里數當誤。

〔二三〕依舊二鄉 「二」，萬本作「六」，庫本同。

〔二四〕苦高反音敖 萬本無此五字，庫本同。

〔二五〕寧朔將軍王玄謨前鋒入河 「入河」，中大本、庫本及宋書卷七六、南史卷一六王玄謨傳、水經河水注並同；萬本作「入河北」，同元和郡縣圖志鄆州。

〔二六〕泰常八年於此置濟州 「泰常」，底本脱，萬本、庫本同。魏書卷一〇六地形志中：「濟州，治濟北碻磝城。泰常八年置。」元和郡縣圖志鄆州盧縣：「泰常八年於此置濟州。」據補。

〔二七〕架濟水在縣南二十七里　「架」，底本作「駕」，據萬本、庫本及元和郡縣圖志鄆州、傅校改。又「南」，元和志作「東」。

〔二八〕今十六鄉　萬本、中大本、庫本並無「十」字。

〔二九〕音柯　萬本無此二字，庫本同，傅校删，蓋非樂史原文。

〔三〇〕後又徙理左城　「左」，底本作「在」，萬本、庫本同。魏書地形志中：「西兖州，孝昌三年置，治定陶城，後徙左城。」此「在」爲「左」字之誤，據改。中大本「左城」作「城陽」，誤甚。

〔三一〕普陽　「普」，底本作「晉」，庫本同，據萬本及舊唐書地理志一改。下同。新唐書地理志二作「陽晉」，恐誤。

〔三二〕西至西京六百五十里　「五十」，萬本、中大本、庫本並作「六十五」，同元和郡縣圖志卷一一曹州。

〔三三〕冉雍曹州人卞壼曹州人拜御史中丞　萬本無冉雍、卞壼傳略，庫本同，傅校删，蓋非樂史原文。

〔三四〕郄詵　萬本此前首列「吴質濟人」，庫本同，傅校補「吴質濟陰人」。按三國志卷二一魏書王粲傳：「吴質，濟陰人。」應作「濟陰」。按本書卷一四濮州又列有吴質。

〔三五〕左僕射劉晏南華人　萬本無劉晏傳庫本同。

〔三六〕通于定陶就其儀　按史記卷九九、漢書卷四三叔孫通傳「儀」下並有「號」字，此疑脱。

〔三七〕今濟陰定陶之西南有陶丘是也　「南」，底本無，萬本、中大本、庫本同。史記卷一五帝本紀集解引皇甫謐、續漢書郡國志注引帝王世紀、詩魏風注並作「西南」。又水經瓠子河注：「定陶西南陶丘，舜所陶也。」此脱「南」字，據補。

〔三八〕在縣西十七里　「西」，萬本、中大本、庫本並作「西北」，疑此脱「北」字。

〔三九〕在縣西南五十里　「五十里」，史記卷六九蘇秦列傳、卷九八靳歙列傳正義引括地志都作「三十五里」。

〔四〇〕笰竹杖　「笰」，傅校作「邛」。按漢書卷六三昌邑哀王劉髆傳作「積」。

〔四一〕在縣北七十里　「七十」，中大本及元和郡縣圖志曹州同，萬本、庫本無「七」字，疑誤。

〔四二〕至晉同　萬本、中大本、庫本並作「後漢至晉不改」。

〔四三〕音蒙　萬本、庫本並無此二字，傅校删，蓋非樂史原文。

〔四四〕同詬　萬本、庫本並無此二字，傅校删，蓋非樂史原文。

〔四五〕七鄉半　萬本、庫本並無「半」字。

〔四六〕音醝　萬本、庫本並無此二字，傅校删，蓋非樂史原文。

〔四七〕開寶元年尋改爲轉運司　「元」，宋會要方域五之一七、宋史卷八五地理志一並作「九」，疑此「元」爲「九」字之誤。

〔四八〕和峴　「和」，底本作「何」，萬本、中大本、庫本及嘉慶重修一統志卷一八一曹州府引本書並作「和」。宋史卷四三九和峴傳：「太平興國二年，知兖州，改京東轉運使。」按廣濟軍屬京東路，太平興國二年京東路轉運使和峴奏請升定陶鎮爲廣濟軍，此「何」爲「和」字之誤，據改。

〔四九〕西至曹州濟陰縣二十五里　「五」，底本作「二」，據萬本、庫本、傅校改。

〔五〇〕母疾　萬本「疾」下有「甚」字，傅校同。

〔五一〕本定陶古城此名孝子村　萬本作「今定陶故城北號孝子村」，傅校改同。

太平寰宇記卷之十四

河南道十四

濮州　濟州　單州

濮州

濮州，濮陽郡。今理鄄城縣。禹貢兖州之域。古昆吾舊壤，顓頊遺墟，故曰帝丘，亦曰高丘。春秋時爲衛地，春秋：「齊桓公會諸侯于鄄。」注云：「鄄，衛地，今東郡鄄城也。」按鄄城，即今理是也。〔一〕戰國時屬齊，威王九年，趙伐我，取鄄，衛獨有濮陽。秦滅濮陽，併天下，置三十六郡，今州即秦之東郡地，在漢爲濟陰郡之鄄城縣。後漢獻帝于此置兖州。晉分置濮陽郡，後改爲濮陽國，封皇子允爲王。後魏爲濮陽郡，後周因之。隋開皇二年以濮陽屬東郡，以鄄城屬鄆州；十六年于此置濮州。大業二年廢濮州，分入東郡、東平、濟北三郡。唐武德四年平王世充，復置濮州，領鄄城、廩城、雷澤、臨濮、昆吾、濮陽、永定、安丘、長城九縣；五年廢安丘、長城二縣；八年廢昆吾、永定、廩城三縣。貞觀八年割濟州之范縣來屬。天寶元年改爲濮陽郡。乾元元年復爲濮州。

元領縣五。今四：鄄城，臨濮，雷澤，范縣。一縣割出：濮陽。入澶州。

州境：東西二百二十五里。南北一百四十五里。

四至八到：西南至東京三百一十二里。西南至西京七百九十五里。西南至長安一千六百五十五里。東至鄆州一百八十里。南至曹州二百一十里。西至滑州二百一十五里。北隔黄河二十里，渡河至魏州一百六十里。東南至兖州三百六十九里。西北至相州三百三十三里。東至齊州二百四十八里。

户：唐開元户五萬七千七百八十三。〔二〕皇朝户主一萬一千七百二十六，〔三〕客四千二百八十三。〔四〕

風俗：同鄆州。

姓氏：濮陽郡七姓：吴、徐、黄、慶、房、袁、扶。

人物：蘧伯玉，史鰌，卜商，〔五〕計然，隱海澤，與范蠡善。〔六〕端木賜，吴汲黯，皆濮陽人。前奏事，帝不冠不敢見。武帝嘗曰：「甚矣，黯之戇也！古有社稷臣，黯近之矣！」〔七〕

質，鄄城人。

吴隱之，濮陽鄄城人。爲廣州刺史，酌貪泉而飲，因爲詩曰：「古人云此水，一歃懷千金。試使夷齊飲，終當不易心。」唐杜暹，濮陽人。爲相，五世同居。〔八〕　王元感，濮州人。〔九〕

土産：綿，絹。貢。

鄄城縣，舊八鄉。本漢舊縣，屬濟陰郡。漢獻帝于此置兖州，魏又自此移兖州理東郡之廩丘。晉時屬濮陽國。宋無鄄城。後魏重置，屬濮陽郡。隋開皇三年罷郡，縣改屬鄆州；十六年於此置濮州，以縣屬焉。大業二年廢濮州，縣屬東平郡。唐武德四年重置濮州，縣又隸焉。

黄河，西自濮陽縣界流入，北去縣二十一里，又東流入范縣界。

州理城，在故鄄城中。魏文帝以臨淄侯植爲鄄城侯，晉武帝以皇子允爲濮陽王，皆理于此。述征記曰：「魏武帝征徐州，陳宫説東郡太守張邈迎吕布，于時縣悉叛，荀彧等保阿、鄄、范三縣而已。」

堯城，在縣東北五里。〔一〇〕

偃朱城，在縣西北十五里。〔一一〕

新臺，在縣東北十七里。〔一二〕詩：「衛宣公納伋之妻，作新臺于河上而要之。」北去河四里。

陳思王臺，在縣西二里。曹植爲鄄城侯，因築臺于此。

臨濮縣，南六十里。舊五鄉。本漢成陽縣地，屬濟陰郡。按漢成陽縣，今雷澤縣是也。隋開皇十六年分鄄城南界、雷澤西界置臨濮縣，屬濮州，南臨濮水，故以名焉。大業二年廢濮州，縣亦廢，其地入雷澤、鄄城二縣。唐武德四年重置，屬濮州。

瓠子河，西北自濮陽界流入，北去縣二十一里，又東流入雷澤縣界。

清丘，在縣西三十五里，高五丈。春秋：「晉人、宋人、衞人、曹人同盟于清丘。」杜注云：「清丘，衞地，在今濮陽東南。」

垂亭。左傳：「宋公、衞侯遇于垂。」

雷澤縣，東南九十里。依舊五鄉。本漢郕陽縣也，古郕伯，姬姓之國。〔一三〕史記曰「周武王封弟季戴于郕」，〔一四〕今縣北三十里郕都故城是也。漢以爲縣，屬濟陰郡。〔一五〕晉自南遷之後，濟陰縣移理于此。隋開皇十六年于此置雷澤縣，因縣北雷夏澤以爲名，屬濮州。大業二年省濮州，縣屬鄆州。唐武德四年重置濮州，縣又屬焉。

歷山，在縣西北十六里。史記云：「舜耕歷山，耕者讓畔。」鄭玄云：「山在河東。」應劭以爲即雷澤中之歷山，皇甫謐以爲在濟陰，〔一六〕與雷澤相次。三說不同，未詳孰是。

灉水、沮水，二源俱出縣西北平地。尚書曰：「雷夏既澤，灉、沮會同。」去縣北十四里。

雷夏澤，在縣北郭外。灉、沮二水會同此澤。河圖云：「大跡出雷澤，華胥履之，而生伏羲。」山海經云：「雷澤有雷神，龍首人頰，鼓其腹則雷。」史記云：「舜漁雷澤，漁者讓澤。」

郕都故城，在縣北三十里。即郕伯初封之國也。說苑曰：「昔孔子遊于泰山，行于郕之野，見榮啟期歌三樂。」即此城也。

姚城，在縣東十三里。〔七〕援神契曰：「帝舜生于姚墟。」應劭曰：「姚墟與雷澤相近。」

堯母廟，在縣西南四里。述征記云：「郕陽城東南有堯母慶都之墓，上有祠廟，繞墓有池，池中有魚，頭間有印，謂之印頰魚。」

中山夫人廟，在縣西五十步。夫人即堯之四妃也。

堯陵，在縣西三里。自堯即位，至永嘉三年，二千七百二十一年，記于碑。唐貞觀十一年有詔：「禁人芻牧，春秋奠酹。」

仲山甫墓，在縣西北一里。墓前有祠堂石室，儼然若新。

南北濮水。水經云：「濮水又東，分爲二瀆。〔八〕昔師延爲紂作靡靡之樂，紂滅，延投此水。衞靈公將至晉，聞而寫之。」

廩丘。左氏傳云：「齊烏餘以廩丘奔晉。」是此地。漢置縣，今有故城存，在縣北。

重壁臺。穆天子傳云：「天子遊于河、濟，盛君獻女，天子爲造重壁臺以處之。」

范縣，東北六十里。舊六鄉，今四鄉。本漢舊縣，屬東郡。春秋時晉大夫士會之邑。後漢同晉，屬東平郡，宋及後魏同，高齊廢。隋開皇六年又置范縣，屬濟州，至十六年改屬濮州。大業二年廢濮州。唐武德二年於此置范州，領范一縣；五年廢范州，以縣屬濟州。貞觀八年改屬濮州。

故顧城，在縣東南二十八里。夏之顧國也。詩曰：「韋、顧既伐，昆吾、夏桀。」注云：「三國黨于桀，皆爲湯所誅。」

秦亭。左氏傳云：「魯築臺于秦。」杜注云「范縣西北有秦亭」是也。

閔子騫墓，在縣東南二十里孟村，高一丈。

左伯桃墓，在縣東南五十里新安村，高一丈。

濟州

濟州，濟陽郡。今理鉅野縣。禹貢兗州之域。春秋時，其地屬齊，亦齊、衞二國之境。今郡理，即碻磝城。按地理志云：「碻磝，古津也，城名因字之。」秦爲東郡茌仕淄切。〔一九〕平縣地。按漢地理志云茌平，屬東郡。後亦屬東郡及濟北國。宋元嘉七年到彦之北伐，拔此城，後又失之；至二十七年，以王玄謨爲寧朔將軍，前鋒入河北，拔之，因以固守于此，又置碻磝戍，或爲濟北郡。後魏泰常八年于此立濟州，〔二〇〕又爲濟北郡，其外城即後魏正光中刺史刁宣所築。按郡國志云：「後魏置濟州于單于城中，即石勒於耕處聞鼓角之聲，〔二一〕此其地也。」至周建德七年又築第二重城，置肥城郡。隋初置濟州，煬帝初復爲濟北郡。唐武德四年平王世充，改爲濟州，或爲濟陽郡，皆此。天寶十三載廢郡，以所隷五縣併歸鄆州。至大曆中復立濟州。唐末又廢入鄆州。周高祖廣順二年九月平兖州，迴至鉅野，因詔于此復置濟州，仍割兖州之任城金鄉、鄆州之中都等縣隷之，〔二二〕其年十二月又割鄆州鄆城縣隷之，中都却入鄆州。

今領縣四：鉅野，鄆州割到。鄆城，同。〔二三〕任城，兖州割到。金鄉。同。〔二四〕

州境：東西一百五里。南北一百五十五里。

四至八到：西至東京四百五十里。西南至西京八百七十里。西南至長安一千七百二十里。東至兖州鄒縣一百三十五里。西至濮州雷澤縣八十五里。南至單州成武縣一百一十里。北至鄆州一百一十五里。東南至徐州豐縣二百二十五里。西南至曹州一百五十里。東北至兖州一百三十五里。西北至濮州一百四十五里。

户：唐開元户在鄆州，長慶户三萬八千五百一十。皇朝户主一萬四千一百九十一，客二千八百四十三，孤老女户六千二百一十七。

風俗：同鄆州。

人物：冉耕，鄆人。龔遂，字少卿，金鄉人。漢宣帝詔爲渤海太守，頗輕其形短年老，遂請得便宜行事。到郡，罷捕吏，賊聞風而散。勸民賣劍買牛，賣刀買犢，郡大治。范式，字巨卿，金鄉人。與汝陽張劭善，臨別謂劭曰：「二年後當過，拜尊人。」乃訂期。至期，劭白母，殺雞炊黍候之，果至。後夢劭呼曰：「巨卿，吾以某日葬，子能相及否？」式奔赴之，喪已發，柩不肯前，母曰：「元伯豈有望耶？」式素車白馬，號泣而來，因執紼引，柩乃前。式留止冢旁，封植周固，始去。何休，字劭公，任城人。研練六經，世儒罕有及者。太傅陳蕃辟參政事，蕃敗坐錮，乃作公羊，墨守不窺門者十七年。鄭均，字仲虞，任城人。兄爲吏，受金，均性潔，酷諫後感動，俱著廉名。肅宗時，累辟不就。上東巡，幸其舍，敕賜尚書食禄終身，號「白衣尚書」。江淹，字文通，濟陽人。六歲能屬詩，及長，愛奇異，嘗夢得五色筆，由是文藻日新。後夢有人稱郭璞，索筆還，遂無美句，時人謂之才盡。天監中爲金紫光禄大夫，卒。仲長統，鉅野人。拜尚書郎，憤時事，著昌言論。孫期，濟陰人。家貧，牧豕澤中，養母。郡舉方正，賫羊酒請期，期驅豕入艸莽不顧。郗鑒，金鄉人。嘗面折王敦不軌，舉義兵討蘇峻，有社稷功，進太尉。魏舒，任城人。少育外家甯氏，方起宅，術者謂此宅當出賢甥，舒蓋甯氏甥也。嘗赴鍾毓辟，善射，發無不中，毓嘆曰：「吾之不足以盡卿才，如此射矣！」後拜司徒。程昱，東阿人。少時夢上泰山，捧日。本名立，太祖加「日」字上，爲「昱」。

王粲，鉅野人。蔡邕異其才，聞粲至，倒屣迎之。郗愔。鑒子。〔二五〕

土産：同鄆州，尤出荻蕭。

鉅野縣，舊四鄉，今五鄉。漢舊縣，屬山陽郡。後魏屬任城郡。隋于此置麟州，尋廢，縣屬戴州。唐貞觀十七年戴州廢，屬鄆州。周高祖于此置濟州。

清涼洞，在金鄉山北，深十餘丈，内鑿石作有四小閣。古老云秦始皇帝避暑宫也。〔二六〕

金山。西征記：「金鄉山有穿石爲冢。」

獲麟堆。春秋魯哀公十四年「西狩獲麟」。注：「麟，仁獸，聖王之嘉瑞也。時無明王，出而遇獲。」傳曰：「西狩于大野，叔孫氏之車子鉏商獲麟，以爲不祥，以賜虞人。」

鉅野澤，在縣東五里。南北三百里，東西百餘里。一名大野澤。爾雅十藪，魯有大野，西狩獲麟于此澤也。

蚩尤墓，在縣東北九里。今山陽鉅野縣有蚩尤肩髀冢，〔二七〕昔黄帝殺蚩尤于涿鹿之野，身體異處，故別葬焉。冢高三丈，四時民祭，多赤氣，直貫衝天，名曰蚩尤旗。

鄆城縣，北五十里。元四鄉。左傳：「晉人執季文子于苕丘，公還，待于鄆。」此即其地。

漢、魏皆爲壽張縣地。後周置高平郡，後併入廩丘縣。隋開皇四年改爲萬安縣，十六年于此置鄆州，〔二八〕十八年改萬安爲鄆城縣。貞觀八年移鄆州于須昌縣，此復改爲鄆城，縣屬不改。

黎丘，在縣西四十五里。黎侯寓于衛，故黎臣諷衛侯詩曰：「胡爲乎泥中？」蓋惡其卑濕也。

青陵臺。郡國志云：「宋王納韓憑之妻，使憑運土築青陵臺。」至今臺迹依然。

單父城。宓子賤爲宰之地。

韓憑冢。搜神記：「宋大夫韓憑娶妻美，宋康王奪之，憑怨王自殺。妻陰腐其衣，與王登臺，自投臺下，左右攬之，著手化爲蝶。」又云：「憑與妻各葬相望，冢樹自然交柯，有鴛鴦鳥棲其上，交頸悲鳴。」〔二九〕

任城縣，東七十五里。舊七鄉。古之任國，太皞之後，風姓也。漢縣，屬東平國。左氏謂「任、宿、須句，皆風姓也，實司太皞與有濟之祀故也」。魏志：「文帝封鄢陵侯彰爲任城王。」高齊天保七年移高平郡于此，任城屬焉。隋開皇三年罷高平郡，縣屬兖州。

承匡山，在縣東南七十五里。〔三〇〕云女媧生處，今山下有女媧廟。

桓公溝，源出縣理西四十里萌山下。宋武北征記：「桓宣武以太和四年率衆平趙、魏時，遣冠軍將軍毛彪生鑿此溝，因號桓公溝。于今四十九年矣，溝已填塞，公遣朱超石更鑿通之。」

女媧陵，在縣東南三十九里。

魏王粲墓，在縣南五十二里。

亢父城，漢爲縣，廢城在今縣南五十里。

邾婁城，在縣南二十里。春秋哀公六年，「城邾瑕」。杜注：「任城亢父縣北邾婁城也。」「邾婁」，語訛。

金鄉縣，東南八十五里。舊八鄉，今七鄉。本漢東緡縣，屬山陽郡，即古緡國城，陳留風俗傳：「東緡者，古陽武户牖鄉，漢丞相陳平，即此鄉人也。」後漢于今兗州任城縣西南七十五里置金鄉縣，蓋因穿山得金，故名之，屬山陽郡。唐武德四年于此置金州，五年爲戴州。貞觀中廢戴州，縣屬兗州。此用李吉甫郡縣志叙。

桓元子河，東晉桓温，字元子，領平北將軍、徐兗二州刺史，率弟南中郎沖、西中郎袁真步騎五萬北伐慕容暐于鄴，軍次金鄉，時亢旱，水道不通，乃鑿鉅野三百餘里以通舟運，自清水入河。暐將慕容垂、傅末波等率衆八萬拒温，戰于林渚。温擊破之，遂至枋頭。先使袁真伐譙、梁，開石門以通運。真討譙、梁皆平之，而不能開石門，軍糧竭盡。

温焚舟步退，自東燕出倉垣，經陳留，鑿井而飲，行七百餘里。垂以八千騎追之，戰于襄邑，温軍敗績，死者三萬人。温行役既久，又疾疫死者十四五，百姓怨咨，温名實頓減。〔三一〕

昌邑故城，漢爲縣，高齊天保七年省，廢城在今縣北四十二里。又按郡國志云：「城内有鐵柱，大五圍，出地五六尺。曾有人掘之，及泉，未見其本。」其中城周十餘里，〔三二〕外城周三十餘里。漢景帝三年，吴、楚、趙、膠西、濟南、菑川、膠東七國俱反，天子命條侯周亞夫將三十六軍擊吴、楚，亞夫至淮陽，問客鄧都尉策安出？〔三三〕對曰：「莫若引兵東北，壁昌邑，以梁委吴。將軍深溝高壘，徑使輕兵絶淮、泗口，〔三四〕塞吴饋道，吴、梁相敝，乃以全制其極，破吴必矣。」條侯從之。吴、楚以正月起，三月皆敗，即此城也。

司馬城，在邑界。郡國志云：城内有鐵碑云：「漢浮陽侯司馬耀所封邑。」

單州

單州，〔三五〕今理單父縣。本宋州之單父縣，續漢書云：「單父，侯國也，屬濟陰郡。〔三六〕」後魏置北濟陰郡。隋開皇六年廢郡，〔三七〕遂置單父縣，屬戴州。唐貞觀十七年廢戴州，縣入宋州。朱梁開平初于單父縣置輝州。後唐同光二年改輝州爲單州。

元領縣四：單父，宋州割到。碭山，同。〔三八〕成武，曹州割到。魚臺。兖州割到。

州境：東西一百四十五里。南北八十五里。

四至八到：西至東京三百五十里。西至西京七百七十里。西至長安一千六百八十里。東至徐州二百六十里。南至亳州二百七十里。西至曹州一百三十里。東南至宿州三百七十里。北至濟州一百四十五里。東北至兖州二百七十里。西南至宋州一百五十里。西北至濮州二百五十里。

户：唐開元户入宋州。皇朝管户主一萬九千四百四十三，客四千三百三十九。

風俗：同曹州。

土産：碭山縣出枸杞，賦。〔三九〕紬，絹。

單父縣，元十鄉。古魯邑，漢以爲縣，屬山陽郡。即子賤爲宰，身不下堂，彈琴而理。後漢以爲侯國，屬濟陰郡。後魏置北濟陰，理單父城。隋開皇六年廢郡，又置單父縣，屬濟陰郡；十六年于成武置戴州，縣又屬焉。大業二年州廢，縣屬曹州。唐武德五年重置戴州，縣又屬焉。貞觀十七年廢戴州，改屬宋州。今隸單州。

西防故城，在縣北四十九里。漢爲防置兵戍于此。故城在今縣北，猶存。

宓子賤廟，在縣東南城外一里。唐大中九年置。

漢平城，在縣東四十里，高三丈。〔四〇〕漢書：「呂后，單父人也。」今平城南六十里有呂堌村。〔四一〕

琴臺，在縣北一里，高三丈。即子賤彈琴之所。

子賤碑，在縣廳。

巫馬期碑，在縣西一百步聽訟臺上。

碭山縣，東南九十里。元十鄉。漢碭縣，屬梁國，後漢不改。晉以其地併入下邑。宋復置碭縣，屬梁郡。後魏置曰安陽，屬碭郡。高齊文宣帝並廢，以安陽縣屬彭城郡。隋開皇十八年改安陽爲碭山，大業二年改屬宋州。碭，文石也，以其山出文石，故以爲縣名。梁升爲輝州，仍以爲赤縣，又併入單父，移理于此。後唐同光二年復舊。

故麻城，漢爲麻鄉，今故城在縣西北。

香城。水經注云：「碭陂中香城，在四水之中。趙人有琴高者，善鼓琴，爲康王舍人，行彭、涓之術，浮遊碭郡間二百餘年，後在碭水中取龍子，乘赤鯉魚出入也。」

成武縣，西北五十里。舊十五鄉，今七鄉。漢舊縣，屬山陽郡，莽曰成安。續漢志曰成武屬濟陰郡。隋屬戴州，州廢，屬曹州。今隸單州。

梁丘山。左傳：「齊侯、宋公遇于梁丘。」杜注：「宋地，高平昌邑縣西南有梁丘。」

南北兩部國。都城記：「文王庶子所封。」左傳：「取郜大鼎于宋。戊申，納于太廟。」杜注：「成武東南有郜城，宋邑也。」漢置郜城縣于此，以北有郜城，故以此爲南郜，實郜城縣也。

唐樂朋龜墓，在縣西二十里路南一百步。

魚臺縣，東北九十里。舊五鄉。漢方與縣，漢書謂「高祖取胡陵、方與」是也，屬山陽郡。晉屬高平國。高齊天保七年廢。隋開皇十六年復置。唐寶應元年改爲魚臺縣，以城北有魯侯觀魚臺，故以名縣。元和四年八月淄青李師道請移縣置于黄臺市，從之；至十四年正月權隸徐州，尋復隸兖州。今隸單州。

湖陵故城。秦、漢爲縣，今廢城在今縣東南一里。〔四三〕「湖陵」，蓋字偏傍誤耳。

菏水，即濟水，一名五丈溝，西自金鄉縣界流入，去縣十里，又東南流合泗水。水經云：「濟水又東過方與縣北爲菏水也。」

泗水，東北自任城縣界流入，經縣東與菏水合，又東流入徐州沛縣界。

觀魚臺，在縣北十三里。高一丈五尺，周迴一里。左傳云：「公將如棠觀魚，臧僖伯諫曰：『凡物不足以講大事，其材不足以備器用，則君不舉焉。君，將納民於軌、物者也。不軌不物，謂之亂政。亂政亟行，所以敗也。』公遂往，陳魚而觀之，僖伯稱疾不從。書曰

『公矢魚于棠』，非禮也。」注云：「今方與縣北有武唐亭，魯侯觀魚臺。」

卷十四校勘記

〔一〕即今理是也　「理」，萬本、庫本作「縣理」。

〔二〕唐開元户五萬七千七百八十三　「八十三」，萬本作「八十」，中大本作「八十二」，庫本同。

〔三〕皇朝户主一萬一千七百二十六　「六」，萬本、庫本同，中大本無。

〔四〕客四千二百八十三　「三」，中大本、庫本同，萬本作「二」。

〔五〕卜商　萬本此下有「居西河，爲文侯師」七字，庫本、傅校同；中大本亦同，「文侯」作「魏文侯」，與史記卷六七仲尼弟子列傳記載合。

〔六〕計然隱海澤與范蠡善　萬本、庫本並無此九字，傅校删。

〔七〕前奏事至黯近之矣　萬本、庫本並無此二十八字，傅校删。

〔八〕五世同居　萬本、庫本並無此四字，傅校删。

〔九〕王元感濮州人　萬本、庫本並無此六字，傅校删。

〔一〇〕堯城在縣東北五里　中大本此下引竹書紀年云：「昔堯之末年德衰，爲舜所囚，蓋此城。」庫本、傅校同。據括地志載，在縣東北十五里，此疑脱「十」字。詳下校勘記〔一一〕。

〔一〕偃朱城在縣西北十五里　中大本此下引竹書紀年云：「舜囚堯，復偃塞丹朱，使不與父相見，蓋此城也。」又云：「十道志已録，今不欲去之。」庫本、傅校同。萬本校注云：「按原本二城（指堯城、偃朱城）下皆引竹書紀年云云，且云『十道志已録，今不欲去之。』究竟事涉荒誕，不見經傳，非聖者無法，不如去之。」按本書所記「堯城在縣東北五里」，史記卷一五帝本紀正義引括地志作在縣「東北十五里」，此疑脱「十」字，本書所載偃朱城，與正義引括地志之文同，括地志於二文後即二引竹書，記堯城在「縣東北十五里」後引竹書云「昔堯德衰，爲舜所囚也」，記偃朱城在縣「西北十五里」後引竹書云「舜囚堯，復偃塞丹朱，使不與父相見也」，萬本、中大本所謂「十道志已録」，蓋十道志亦録自括地志，並改竹書爲竹書紀年。

〔二〕在縣東北十七里　萬本、庫本並無「東」字，傅校删。

〔三〕本漢郕陽縣也古郕伯姬姓之國　原校：「按前漢書地理志濟陰郡成陽縣注：『有堯冢、雷澤。』後漢志同。又山陽郡有城都縣，後漢省。今雷夏澤、堯陵皆在縣境，則今記謂『本漢成陽縣』，是也。又云『古郕伯，姬姓之國』，似與諸書不合。按左傳：隱公五年杜注云：『東平剛父縣西南有郕鄉。』又後漢書濟北國有成縣，『本國』，劉昭即引杜注爲證。詳此，則成縣本屬濟北，至晉時已併入東平之剛父，與前漢濟陰郡之成陽各異郡，今記既以雷澤爲漢之成陽，又以爲古郕國，恐誤。又按前漢泰山郡，後漢分爲濟北國，並有剛縣，無『剛父』，至晉爲東平國之剛平，亦無『剛父』，未詳杜預同異之故。」據史記卷三五管蔡世家載：武王之弟叔武封於成，正義引括地志云：「在濮州雷澤縣東南九十一里，漢郕陽縣。古郕伯，姬姓之國，其後遷於成之陽。」水經瓠子河注：「雷澤之東南即成陽縣，故史記曰『武王封弟叔武於成』。」元和郡縣圖志卷一一濮州載漢成陽縣爲古郕伯國，可信，或謂續漢書郡國志濟北國之成縣，誠可疑。參見楊伯峻春秋左傳注隱公五年「衞師入郕」注文。又晉書卷一四地理志上東平國有剛平縣，魏書卷一〇六地形志中：剛，「晉曰剛平，後改。」「剛父」之「父」當爲「平」字之誤。

〔一四〕史記曰周武王封弟季戴于郕　原校：「按左傳云『管、蔡、郕、霍，文之昭也。』郕，固文王之子所封，然莫詳其名氏。史記管蔡世家但云『封季載于冄』，又云『季載後世無所見』，今記引史記而言『季戴封于郕』，蓋誤也，未知本何書爾！」按史記管蔡世家載：武王封弟叔武于成，季戴少，未得封，至成王始封季戴于冄，而索隱引應劭云「武王封弟季戴于成」，乃應劭承引史記誤云季戴所封，括地志、本書亦沿誤。又本書「史記」，原作「史」，據史記卷七項羽本紀正義引括地志及原校文補「記」字。

〔一五〕今縣北三十里郕都故城是也漢以爲縣屬濟陰郡　原校：「按前漢山陽郡有城都縣，非屬濟陰郡，爲『城』，非『郕』也。後漢無此縣。今記既誤以『郕國』爲『成陽』，又以『城都』爲『郕國』，轉爲訛舛，據縣境有郕都故城，似是漢之城都故縣，而誤書爲『郕』者，然所序又引孔子行于郕之野，以爲證，則直以爲『郕』矣。又後漢濟北國，和帝分泰山郡所置，領五城，其一爲茌平，本屬東郡，其四無文，而成縣又不言始置，則皆泰山之舊矣。據前漢泰山但有式縣，無成縣，又無注，疑『式』是『成』字相近而誤，然諸本皆同，未易臆創，皆當詳考。」按漢城都屬山陽郡，見于漢書卷二八地理志上，非屬濟陰郡，原校是也，然「城」亦作「郕」，水經瓠子河注：「按地理志，郕都亦是山陽之屬縣矣。」又云：「瓠河之北，又有郕都城。春秋隱公五年，『郕侵衛。』京相璠曰：『東郡廩丘縣南三十里有故郕都城』。」並證「城」又作「郕」。李賡芸云：「志泰山郡有『式』無『成』，後漢分置濟北，有『成』而皆無『式』，蓋東都省『式』置『成』也。……豈得據東漢濟北之成縣，而以西漢泰山之式縣爲誤耶！」（王先謙漢書補注引）

〔一六〕皇甫謐以爲在濟陰　「陰」，底本作「陽」，萬本、庫本同。水經瓠子河注：「鄭玄曰：『歷山在河東，今有舜井。』皇甫謐或言今濟陰歷山是也。」續漢書郡國志三濟陰郡成陽縣下注引帝王世紀曰：「濟陰有歷山。」此「陽」乃「陰」字之誤，據改。

〔一七〕在縣東十三里　「十三」，底本作「三十」，萬本、庫本及傅校作「十三」。史記卷一五帝本紀正義引括地志：「姚墟在濮州雷澤縣東十三里。孝經援神契云舜生於姚墟。」元和郡縣圖志濮州亦載「姚墟在縣東十三里」。此「三十」爲「十三」倒誤，據以乙正。

〔一八〕分爲二瀆　「二」，底本作「三」，萬本、中大本、庫本同。水經濟水注：「濮渠又東，分爲二瀆。」此

「三」當爲「二」字之誤，據改。

〔一九〕仕淄切　萬本、庫本並無此三字。

〔二〇〕後魏泰常八年于此立濟州　「泰常」，底本作「太武」，萬本、庫本同。魏書地形志中：「濟州，治濟北碻磝城。泰常八年置。」通典卷一八〇州郡一〇濟州：「後魏書，泰常八年於此立濟州中城。」此「太武」爲「泰常」之誤，據改。並參見本書卷一三校勘記〔三五〕。

〔二一〕即石勒於耕處聞鼓角之聲　「於」，底本作「所」，據萬本、庫本及太平御覽卷一六〇引郡國志改。

〔二二〕仍割兖州之任城金鄉鄆州之中都等縣隸之　「兖州之任城金鄉鄆州之中都」，萬本同，中大本作「兖州之任城中都金鄉」，庫本作「兖州之任城中都軍州之金鄉」。五代會要卷二〇：「割兖州任城、中都，單州金鄉等縣隸之。」新五代史卷六〇職方考：「割鄆州之鉅野、鄆城，兖州之任城，單州之金鄉爲屬縣。」並與本書異。庫本之「軍州」爲「單州」之誤。

〔二三〕同　萬本、庫本作「鄆州割到」，傅校改同。

〔二四〕同　萬本、庫本作「兖州割到」，傅校改同。

〔二五〕冉耕鄆人至郗愔鑒子　萬本只列程昱、江淹二人，程昱下叙文同，江淹只記「濟陽人」，餘並不載，庫本同。傅校亦云「只江淹、程昱二人」。

〔二六〕清涼洞至秦始皇帝避暑宫也　萬本無此三十一字，庫本同。

〔二七〕今山陽鉅野縣有蚩尤肩髀冢　水經濟水注：「皇覽曰：『山陽鉅野縣有肩髀冢』。」太平御覽卷五六〇引皇覽同，則「今山陽鉅野縣有蚩尤肩髀冢」一語本於皇覽，「今」上蓋脱「皇覽」二字。

〔二八〕十六年于此置鄆州　隋書卷三〇地理志中載：「開皇十年置鄆州。」

〔二九〕憑與妻各葬相望至交頸悲鳴　萬本作「與妻各葬，冢樹自然交柯」，傅校同。

〔三〇〕在縣東南七十五里　「五」，底本脱，據萬本、中大本、庫本補。元和郡縣圖志卷一〇兖州作「承注山」，云在任城縣「東南七十六里」，可資參證。

〔三一〕百姓怨咨温名實頓滅　萬本作「百姓怨嗟温名頓滅」，庫本同。

〔三二〕其中城周十餘里　「其」下底本衍「城」字，據萬本、庫本及元和郡縣圖志兖州删。

〔三三〕問客鄧都尉策安出　萬本、庫本同。元和郡縣圖志兖州「客」上有「父」字，傅校從補。

〔三四〕徑使輕兵絶淮泗口　「輕」，底本脱，據萬本、傅校及元和郡縣圖志兖州補。

〔三五〕單州　原校：「今記闕郡名，按九域志，當作碭郡。」

〔三六〕濟陰郡　「陰」，底本作「陽」，庫本同，據萬本、中大本及續漢書郡國志三改。

〔三七〕隋開皇六年廢郡　「六年」，本書下文單父縣沿革載同，元和郡縣圖志卷七宋州作「三年」。按隋書卷一高祖紀，開皇三年，「罷天下諸郡」，北濟陰郡之廢，當在是時，作「三年」是。下單父縣序同。又隋書地理志中、輿地廣記卷七並載，北齊廢北濟陰郡，疑此誤。

〔三八〕同　萬本、庫本並作「宋州割到」，傅校從改。

〔三九〕賦　庫本同，萬本無此字。

〔四〇〕高三丈　「三」，萬本、中大本並作「二」，傅校從改。

〔四一〕呂堌村　「堌」，底本作「后」，庫本同，萬本作「固」，嘉慶重修一統志卷一八一曹州府引本書作「堌」。讀史方輿紀要卷三二單縣：「呂堌村，在縣南。相傳呂后所居。又有晏堌，在縣東三十里。志云：『縣山皆平地突起，類如丘垤，小者謂之堌。』」此「后」爲「堌」字之誤，據改。

〔四二〕今廢城在今縣東南一里　嘉慶重修一統志卷一八三濟寧州引本書：湖陵故城，「在今魚臺縣東南六十里」。此「一」蓋爲「六十」之誤。

太平寰宇記卷之十五

河南道十五

徐州　利國監

徐州

徐州，彭城郡。今理彭城縣。古大彭氏國，地則青、兖之域。星分房宿四度。按周之九州，〔一〕青州得沂山及沂、泗、淮三水，兖州得大野，無復徐州矣。今州即宋之分也。左傳謂「鄭、楚取宋彭城」，是爲宋邑。六國時屬楚。秦併天下，以彭城屬泗水郡。項羽自號爲西楚霸王，建都于此。漢改泗水爲沛郡，又分沛郡立楚國，復置徐州；宣帝地節元年更爲彭城郡。後漢及晉爲彭城國。宋元嘉中王玄謨上表：「以六郡人民，三十萬户，獲安于東南，實以此爲重鎮。」後陷。後魏復置徐州，兼立東南道行臺。又輿地記云：「郡城由來非攻所能拔。」言其險固也。按十道志云：「自南北朝，彭城爲要害之地，隋鑿御河以來，南控埇橋，以扼梁、泗，歷古名鎮，莫重于斯。」後周立總管府，大將王軌破陳軍于吕梁，擒吴明徹，悉虜其衆。隋初罷總管，大業三年改爲彭城郡。唐武德四年平王世充，復置徐州總管府，管徐、邳、泗、鄫、沂、仁六州，徐州領彭城、蕭、沛、豐、滕、符離、諸陽七縣。貞觀元年廢諸陽入符離；二年省鄫、邳二州，仍以譙州來屬；七年以沂州入海州都督；八年廢仁州入譙州，其徐州都督管徐、泗、譙三州；十七年罷都督府，以廢譙州之蘄縣來屬。天寶元年改徐州爲彭城郡。乾元元年復爲徐州。至皇朝爲武寧軍節度。

元領縣七。今五：彭城，沛縣，滕縣，蕭縣，豐縣。二縣割出：下邳，置淮陽軍。宿遷。入淮陽軍。

州境：東西二百八十五里。〔三〕南北二百二十五里。

四至八到：西至東京七百里。西至西京一千二百二十里。西至長安二千八十里。東至海州三百六十一里。南至宿州一百四十里。西至宋州三百六十里。北至兖州三百里。東南至泗州四百六十里。西南至亳州三百九十里。西北至單州三百七十里。東北至沂州三百五十里。

户：唐開元户四萬六千七百。皇朝管户主一萬六千八百四十六，客一萬七千五百八十。

風俗：風俗好尚與鄒、魯同，無林澤之饒。俗廣義愛親，趨禮樂，好敦行。地理志謂沛楚之言多楚音，又云沛楚之樸直舒徐。

姓氏：彭城郡六姓：劉、袁、曹、到、徐、巢。沛郡三姓：朱、張、周。蘭陵郡一姓：蕭。

人物：蕭何，豐人。相高祖，封酇侯。〔三〕　曹參，沛人。破秦佐漢，累功封平陽侯。〔四〕　王陵，沛人。漢高微時兄事之，後以兵屬高祖，封安國侯，力爭呂后之立諸呂。〔五〕　季布，〔六〕　夏侯嬰，〔七〕　叔孫通，　周昌，　樊噲，沛人。起自屠狗，後佐漢滅項，封舞陽侯。〔八〕　周勃，沛人。封絳侯。〔九〕　申屠嘉，梁人。拜丞相，封故安侯。〔一〇〕　劉詔，〔一一〕　兩龔，彭城廉里人。勝字君賓，舍字君倩，二人相友，並著名節，世號楚兩龔。〔一二〕　周亞夫，勃次子，封條侯。〔一三〕　韋孟，彭城人。爲楚元王傅。　丁寬，梁人。讀易善悟，作易說。　劉向，本名更生，彭城人。校書天祿閣，太乙燃藜。　劉平，彭城人。奉母避亂匿澤中，出求食，遇賊將烹之，平乞歸養乃就烹，果如期往，賊義之得免。後帝詔徵，特賜辦裝錢一萬，官侍中。〔一四〕　姜肱，彭城人。與二弟共被卧起，以孝友聞，桓帝命工圖其像徵之，不起。〔一五〕　張昭，彭城人。〔一六〕　丁儀，字正禮，沛人。〔一七〕　宋有朱齡石，　到彥之，　唐劉禹錫，字夢得。彭城人。　劉知幾。字子元，彭城人。著史通內外篇。〔一八〕

土產：禹貢謂「浮磬、孤桐、蠙珠暨魚」，今蠙珠已絕，浮磬時有歲貢，五色土各一斗。

何首烏。〔一九〕

彭城縣，舊十八鄉，今六鄉。古之大彭國地。楚懷王自盱眙徙都于此。後項羽徙懷王于郴，自都之。漢爲縣，屬楚國，尋立徐州焉，有鐵官。今爲彭城縣。按彭門記云：殷之賢臣彭祖，顓頊之玄孫，至殷末，壽及七百六十七歲。今墓猶存，故邑號大彭焉。

百里嵩祠。後漢百里嵩，字景公，爲徐州刺史。境内旱，嵩行部，甘雨隨車，唯東海兩縣僻在山間，嵩不到，無雨。父老請嵩入界，即雨。至今有祠存焉。

九里山。玄中記云：「彭城北有九里山，有穴，潛通琅邪，又通王屋，俗呼爲黄池穴。」郡國志云曹參井。

泗水，在縣東十步。周顯王四十三年，〔二〇〕九鼎淪没于泗水。秦始皇時，鼎氣浮于泗，始皇自以爲德合三代，大喜，使數千人没水求之，不獲，謂之鼎伏。

吕梁，在縣東南五十七里。左傳：「楚子辛侵宋吕、留。」杜注：「彭城，吕縣也。」漢爲吕縣。宋武北征，改爲壽張。又十道志云：「泗水吕縣，〔二一〕積石爲梁。」莊子曰：「吕梁懸水三十仞，魚鼈所不能過。」今則不然。又陳書曰：「將軍吴明徹以舟師北伐，破下邳，進屯吕梁，堰泗水，灌徐州。周烏丸軌、達奚長儒率兵來援，軌取車輪數百，連鎖貫之，横斷水路，然後募壯士夜決堰。至明，陳兵始覺，潰亂爭歸，至連鎖之處，生擒明徹。」

定國山，在縣東四里。東魏武定五年，慕容紹宗欲擊梁貞陽侯蕭明，營于此。

州理城。唐貞觀五年築。其外城即古大彭國，漢高帝定天下，以爲楚國，封弟交爲王。東晉封劉裕爲宋公，至宋武帝以皇子義康爲彭城王，並都于此。後宋平北將軍、徐州刺史薛安都乃以城歸魏也。

竹邑。續漢書郡國志云：「沛郡有竹邑縣。」

廉里。漢書：「龔勝居彭城之廉里。」

戲馬臺，在縣南三里。項羽築戲馬臺于此。宋武北征至彭城，遣長史王虞等立第舍于項羽戲馬臺，起齋，〔二一〕作閣橋渡池。重九日，公引賓佐登此臺，會將佐百僚賦詩以觀志，作者百餘人，獨謝靈運詩最工，曰：「季秋邊朔苦，旅鴈違霜雪。凄凄陽卉腓，皎皎寒潭潔。良辰感聖心，靈旗興暮節。〔二二〕鳴笳戾朱宮，蘭卮獻時哲。〔二三〕餞宴光有孚，和樂隆所缺。」云云。宋于臺上置寺。

赭土山，在縣北三十五里。尚書禹貢：「徐州厥貢惟土五色。」漢書郊祀志云：「王莽使徐州歲貢五色土。」即此山也。

彭城山，在縣東北六十里。上有黄石公廟，漢書：張良得圯上老父書曰：「後十三年濟北穀城山黄石即我也。」

茱萸山，在縣東北八十五里。俗傳採藥山。魏地形志曰：「呂縣有茱萸山。」出茱萸、麥門冬。本草：「山茱萸出東海承縣。」此山昔隸承縣。

坨城，在縣北三十里，北面臨泗水。輿地志云：「坨城，古嵩國，兖州人謂實中城曰坨。直加切。城西南有嵩侯虎廟。」〔二五〕

呂梁城，在縣東五十里。按左氏傳云：「楚子辛侵宋呂、留。」杜注：「呂、留二縣，今屬彭城郡。」城臨泗水，高百四十尺，周十七里。此城東二里有三城，一在水南，一在水潭中，〔二六〕一在水北，並高齊所築，立鎮以防陳寇。

寒山堰，在縣東南一十八里。梁蕭明伐魏，堰清水以灌彭城。

呂布城，在縣東南五十里。按魏地形志：「呂布自下邳與曹操相持築城于此。」〔二七〕

雍門城，在縣東南五十里。按桓譚新論云：「雍門周彈琴見孟嘗君。」

石佛井，在縣南四里石佛山頂。方一丈二尺，深三里。自然液水，雖雨旱，無增減，或云飲之愈疾。時有雲氣出其中，去地七百餘尺。〔二八〕

王仲德墓，在縣北四十一里。苻堅亂，兄弟同起兵關中，爲慕容垂所攻，水暴至，不知所向，忽有白狼來，向仲德號，因從之渡，獲免。又爲丁零翟遼所敗，單馬南歸，夜行丘澤，常有炬火引路。後爲宋高祖佐命，位至徐州刺史，因立白狼祠于彭城祀之。

桓魋墓，在縣北二十七里。水經云：「泗水南經宋大夫桓魋冢西，枕泗水，鑿石爲冢。」郭緣生述征記：「槨隱鏤金爲龜、龍、麟、鳳之象。」石門扇、石墓堂猶存。

龔勝墓，在縣東南三里。按前漢書：「龔勝，楚人，居彭城。王莽篡位，遣璽書安車奉迎，勝稱疾不起，閉目十四日而死。」魏地形志：「彭城有龔勝墓。」石碣猶存，至今禁芻牧。

樊噲墓，在縣北五十九里。按漢書：「樊噲，沛人，封舞陽侯。」

漢高祖廟，在縣東南六里，臨泗水。

彭祖廟。魏神龜二年刺史王延明移于子城東北樓下，俗呼樓爲彭祖樓。〔二九〕

沛縣，西一百四十里。舊十六鄉，今六鄉。郡國志云古偪陽國地。漢爲縣，屬泗水郡，蓋取史記齊景公畋于沛，又許由隱于沛澤，皆其地，因立邑名。漢又改泗水爲沛郡，理相城，以此爲小沛。魏分立譙郡，又以沛爲王國，晉不改。宋爲沛郡，改屬徐州。隋文帝罷郡，〔三〇〕縣屬仍舊。唐武德四年，天下平寧，復移沛邑于此，正漢邑名也。

泗水，西北流入，東去縣五十步。

泡水，在縣西一百五十步。即豐水也。

縣理城，即秦沛縣城。初，陳涉起兵，沛令欲以沛應之，乃令樊噲召高祖。沛令後悔，閉城拒守。高祖書帛射城上曰：「諸侯並起，今屠沛。」父老乃殺沛令，迎高祖，立爲沛公。十二年高祖破黥布，〔三〕還過沛，謂沛父老曰：「遊子悲故鄉，吾雖都關中，萬歲後吾魂魄猶樂思沛。且朕自沛公以誅暴亂，其以沛爲朕湯沐邑。」

微山，在縣東南。上有微子冢，山下有故沛城存焉。

枌榆社。漢書曰：「高祖禱豐、沛之枌榆社。」即高祖之鄉社名也。

沛宫，在縣東南一里。漢書：「高祖置酒宴鄉中父老。」今在廣戚城中。

合鄉故城。古互鄉之地。按劉芳徐州記云：「古之互鄉，蓋孔子云難與言者。」

泗水亭，在縣東南一里。高祖昔爲亭長，今有廟焉。

留城，在縣東南五十五里。〔三〕昔張良遇高祖之處，後平天下，高祖欲封之，曰：「臣昔遇陛下于彭城東南留地，願陛下封臣于此。」〔三〕高祖許之，遂封留侯。今有張良廟存焉。

歌風臺，在縣城東南一百八十步。古老傳云高祖征英布還，過沛，于此臺歌曰：「大風起兮雲飛揚。」因爲名。

張良墓，在縣東南六十里。有廟。

仲虺廟。湯左相邑也。〔三四〕

滕縣，北一百九十四里。舊十八鄉，今四鄉。古小邾之國。漢爲蕃、昌慮二縣地，屬魯國，〔三五〕應劭注云：「蕃縣，即小邾國也。」爲魯附庸邑，有邾國。濫邑故城，在今縣東南，即漢之昌慮縣也。隋開皇六年於此置滕縣，〔三六〕屬徐州，取古滕國爲名。古滕國，〔三七〕在縣西南十四里滕城是也。

桃山，即華菜山也。〔三八〕郡國志云：「一名義珠山。山上有井不可窺，窺者不盈年輒死。有鳥巢于井中，金喙黑色，見則大水。」

雪山。上有梵王太子廟。〔三九〕

抱犢山。抱朴子云出芝草。

奚公山，在縣東南六十里。劉芳徐州記云：〔四〇〕「奚仲造車處，山上有軌轍見存。」後魏書薛縣有奚仲廟。

濫城，在今縣東南五十九里。左氏謂「邾黑肱以濫來奔」，即此地。後漢建安中曾于此立昌慮郡，隋大業二年省。今名昌慮城是也。

古薛城，漢爲縣。古城在今縣東南五十里。史記：「靖郭君田嬰，齊威王少子，宣王弟，湣王封嬰于薛。」即此邑也。又郡國志云：「薛城高厚無比，多英傑子弟，蓋有孟嘗君之遺風也。」

公丘故城，在縣西南十五里。〔四一〕夏侯嬰初爲滕令，故號滕公。〔四二〕按此時高祖未立郡縣，故滕爲秦縣。至武帝改爲公丘縣，屬沛郡。

孟嘗君冢，在縣南五十里。水經注云：「孟嘗君墓，結石爲槨，制作甚麗。」今薛城南猶有跡也。

奚仲墓，在縣東南六十里古清丘村。

蕭縣，西北六十里。舊十七鄉，今六鄉。古之蕭國，春秋時爲宋邑。周以封子姓之國，別爲附庸。左傳謂「宋羣公子奔蕭」是也。漢舊爲縣，屬沛郡。北齊天保七年改爲承高縣，隸彭城郡。隋開皇三年罷郡，屬徐州，改爲龍城縣，尋復爲蕭縣。

丁公山，在縣東南三十里。楚、漢相攻，高祖敗，薛人丁固追之，即此也。號曰丁公山。

綏輿山，在縣東三十五里。〔四三〕宋高祖綏輿里人，蓋因山爲里名也。

古汴河，在縣南十步。

杼秋城，在縣西七十五里。漢書地理志云杼秋屬梁國。闞駰十三州記：「杼秋，光武封劉般爲杼秋侯。明帝以屬沛。」

龍城，在縣東三十里。後魏屬彭城郡。酈道元注水經云：「獲水東經蕭縣歷龍城。」

是此。

扶陽城，在縣西南六十五里。漢丞相韋賢之後世封侯于此。〔四四〕

智井，在縣北二百步，古蕭城内。左傳云：「楚莊王伐蕭，蕭潰，還無社與司馬卯言隱于智井中。」即此。

紅亭。左傳昭公八年秋，「蒐于紅」是也。注：「蕭縣西有紅亭。」

豐縣，西北一百四十里。舊十八鄉，今六鄉。〔四五〕戰國時，其地屬梁。漢高祖乃沛豐邑中陽里人，後得天下，沛爲郡，豐爲縣。宋改隸濟陰郡。〔四六〕北齊改郡爲永昌，縣仍隸焉。隋改屬徐州。〔四七〕

豐西澤。即高祖斬白蛇之所。

厭氣臺，在縣城中。漢書：「秦皇以東南有天子氣，〔四八〕故東遊以厭之。」因築此臺。

大澤，在縣北六里。前漢書：「高祖母常息大澤，夢與神遇。是時雷電晦冥，太公往視，則見蛟龍于上。已而有娠，遂誕高祖，隆準龍顔。」

古宅，在城内。即高祖故宅也。

丁公墳，在縣東北六里。漢書：「季布母弟，爲項羽將，窘高祖于彭城。高祖急，顧丁公曰：『兩賢豈相厄哉！』公遂緩追。及高祖得天下，公謁見，高祖徇衆曰：『丁公爲項羽臣不忠，使項羽失天下。』遂斬之，以勵人臣。」葬于此。

利國監

利國監，本徐州之狄丘冶務烹鐵之所，至皇朝升爲利國監，以董其事。

卷十五校勘記

〔一〕按周之九州　「周」，萬本、庫本作「周禮」，傅校改同。按漢書地理志始以周禮職方九州爲周代制度。

〔二〕東西二百八十五里　「五」，萬本、庫本並無。

〔三〕豐人相高祖封鄼侯　萬本、庫本並無此八字，傅校删，蓋非樂史原文。

〔四〕沛人破秦佐漢累功封平陽侯　萬本、庫本並無此十二字，傅校删，蓋非樂史原文。

〔五〕沛人至呂后之立諸呂　萬本、庫本並無此二十七字，傅校删，蓋非樂史原文。

〔六〕季布　萬本、庫本並無，傅校删，蓋非樂史原文。

〔七〕夏侯嬰　萬本、庫本「夏」上有「前漢」二字。

〔八〕樊噲至封舞陽侯　萬本、庫本並無樊噲傳略，傅校删，蓋非樂史原文。

〔九〕沛人封絳侯　萬本、庫本並無此五字，「周勃」下有「子亞夫」三字，傅校改同，此蓋衍脱。

〔一〇〕申屠嘉梁人拜丞相封故安侯　萬本、庫本並無申屠嘉傳略，傅校删，蓋非樂史原文。

〔一一〕劉韶　萬本、庫本並作「劉昭」。

〔一二〕世號楚兩龔　「楚」，底本作「爲」，萬本、庫本並作「楚」，同漢書卷七二兩龔傳，據改。又此下萬本、中大本、庫本均列有「後漢桓譚」，此蓋脱。

〔一三〕周亞夫勃次子封條侯　萬本、庫本並無，傅校改同，蓋非樂史原文。參見本卷校記〔九〕。

〔一四〕韋孟至官侍中　萬本、庫本並無韋孟、丁寬、劉向、劉平傳略，傅校删，蓋非樂史原文。

〔一五〕彭城人至不起　萬本、庫本並無此二十五字，傅校删，蓋非樂史原文。

〔一六〕張昭彭城人　「彭城人」，萬本、庫本並無，傅校删，蓋非樂史原文。「張昭」上萬本、庫本並有「吴有」二字。

〔一七〕丁儀字正禮沛人　萬本、庫本並無，傅校删，蓋非樂史原文。

〔一八〕唐劉禹錫至史通内外篇　萬本、庫本並無劉禹錫、劉知幾、傅略，傅校删，蓋非樂史原文。

〔一九〕何首烏　萬本、庫本並無，傅校删，蓋非樂史原文。

〔二〇〕周顯王四十三年　漢書卷二五上郊祀志：「周顯王四十二年，「鼎淪没於泗水彭城下」。水經泗水注亦載周顯王四十二年，九鼎淪没泗水，此「三」蓋爲「二」字之誤。

〔二一〕泗水吕縣　按元和郡縣圖志卷九徐州：「泗水至吕縣，積石爲梁。」通鑑地理通釋卷一三引郡縣志同，此「泗水」下脱「至」字。

〔二二〕起齋　「齋」，底本作「齊」，據中大本改。萬本、庫本無此二字。

〔二三〕靈旗興暮節　「靈」，萬本作「雲」，傅校改同。

〔二四〕蘭巵獻時哲　「時」，萬本作「詩」。

〔二五〕古嵩國兖州人謂實中城曰坨城西南有嵩侯虎廟　二「嵩」字，萬本皆作「崇」。按水經泗水注作「崇」，楊守敬水經注疏：「寰宇記彭城縣下引輿地志，坨城古嵩國，城西南有嵩侯虎廟。嵩、崇同。」

〔二六〕一在水潭中　「中」，萬本據元和郡縣圖志徐州改「上」。

〔二七〕按魏地形志吕布自下邳與曹操相持築城于此　按魏書地形志無此文。讀史方輿紀要卷二九徐州：吕布城，「相傳布與曹操相拒時築」。此云「魏書地形志」，當誤。

〔二八〕去地七百餘尺　「尺」，萬本、庫本作「丈」。

〔二九〕俗呼樓爲彭祖樓　前一「樓」字底本脱，據萬本、庫本及嘉慶重修一統志卷一〇一徐州府引本書補。

〔三〇〕隋文帝罷郡　「隋文帝」，底本作「隋又」，庫本同，據萬本及元和郡縣圖志徐州改。

〔三一〕黥布「黥」，底本作「黔」，誤，據萬本、庫本及史記卷九一、漢書卷三四黥布傳改。

〔三二〕縣東南五十五里　底本前一「五」字作「二」，據萬本及史記卷五五留侯世家正義引括地志、元和郡縣圖志徐州改。

〔三三〕曰臣昔遇陛下于彭城東南留地願陛下封臣于此　萬本從史記卷五五留侯世家、漢書卷四〇張良傳改爲：良曰：「始臣起下邳，與上會留地，臣願封留足矣。」

〔三四〕湯左相邑也　庫本同，萬本無「邑」字，當是。

〔三五〕漢爲蕃昌慮二縣地屬魯國　原校：「按漢蕃縣屬魯國，昌慮縣屬東海郡，今以二縣併屬魯國，亦舉其概耳。他類此者非一。」

〔三六〕隋開皇六年於此置滕縣　隋書卷三一地理志中：開皇十六年改蕃縣置滕縣。

〔三七〕古滕國「國」，底本脱，據萬本、傅校及元和郡縣圖志徐州補。

〔三八〕華菜山「菜」，嘉慶重修一統志卷一六五兖州府引本書作「采」，傅校改同。萬本、庫本作「萊」，當誤。

〔三九〕雪山上有梵王太子廟　萬本、庫本無此九字，傅校删，蓋非樂史原文。

〔四〇〕劉芳徐州記云「劉芳」，萬本同；太平御覽卷四二作「楊曄」，庫本作「陽曄」，「陽」爲「楊」之譌，爲有證之事。

〔四一〕在縣西南十五里「西」，底本作「東」，萬本、庫本同。按古藤國即漢公丘，在唐滕縣西南十五里。史記卷九五夏侯嬰列傳：「賜爵封轉爲滕公。」集解：鄧展曰「今沛郡公丘」。正義：「滕即公丘故城是，在徐州滕縣西南十五里。」漢書卷二八地理志上：「公丘，侯國。故藤國，周懿王子錯叔繡所封，三十一世爲齊所滅。」元和郡縣圖志徐州滕縣：「公丘故城，在縣西南十五里。夏侯嬰初爲滕令，故號滕公。按此時高祖未立屬縣，故滕爲秦縣。至武帝改爲公丘縣，屬沛國。」此「東」爲「西」之誤，據改。

〔四二〕故號滕公「號」，底本作「爲」，據萬本、庫本、傅校及漢書卷四一夏侯嬰傳、元和郡縣圖志徐州改。

〔四三〕在縣東三十五里「三」，庫本同，萬本作「二」，同元和郡縣圖志徐州。

〔四四〕漢丞相韋賢之後世封侯于此「侯」，底本無，據萬本、庫本及傅校補。

〔四五〕今六鄉「六」，萬本、庫本作「八」，傅校改同，蓋是。

〔四六〕宋改隸濟陰郡元和郡縣圖志徐州豐縣：「宋改屬北濟陰郡。」按宋書卷三五州郡志一，北濟陰郡領有豐縣，此「濟陰郡」上蓋脱「北」字。

〔四七〕隋改屬徐州「改」，底本作「復」，庫本同，據萬本、中大本及元和郡縣圖志徐州改。

〔四八〕秦皇以東南有天子氣「皇」，底本作「王」，據萬本、庫本、傅校及漢書卷一高帝紀改。

太平寰宇記卷之十六

河南道十六

泗州

泗州，臨淮郡。今理臨淮縣。禹貢徐州之域。星分斗宿四度。周十二州，又爲徐州之境。春秋時宋地，故曰「宋人遷宿」，又在宿之封内也。七國時齊之南境。秦爲薛郡地。漢高祖分薛郡立東海郡，又爲東海郡地。元鼎四年分東海郡别爲泗水國，封常山憲王子商爲王，領縣三，都淩。又按淩在今郡北一百四十里，當宿遷東南古淩城是也。至玄孫靖，王莽時國絶。武帝末分沛置臨淮郡之厹音求。猶縣，〔一〕即此邑，故有東海、沛、臨淮三郡之地，皆今州界也。後漢以其地合下邳國，兼置徐州，領郡國五，理于此。晉置宿預縣，屬淮陽國。宋爲南彭城、下邳二郡地。後魏亦爲下邳郡，兼置東徐州。〔二〕自晉至後魏爲宿預縣不改。後魏末又於此置東徐鎮及宿預郡，後又爲東徐州，又爲東楚州。陳太建五年改爲安州。〔三〕後周建德五年改爲東楚州，兼立宿遷郡；大象二年改爲泗州。隋改爲下邳郡。唐武德四年平王世充，又爲泗州，領宿預、徐城、淮陽三縣。貞觀元年省淮陽入宿預，以廢邳州之下邳，廢漣州之漣水來屬；八年又以廢仁州之虹縣來屬。總章元年割海州之沭陽來屬。咸亨五年以沭陽還海州。長安四年置臨淮縣。開元二十三年，〔四〕河南道採訪處置使、嗣魯王道堅奏移州就臨淮，即今理也。天寶元年改爲臨淮郡。乾元元年復爲泗州。

元領縣七。今三：臨淮，盱眙，楚州割到。招信。濠州割到。三縣割出：漣水，爲漣水軍。宿遷，入淮陽軍。下邳。同。〔五〕一縣廢：徐城。併入臨淮。

州境：東西二百九十里。南北三百一十八里。

四至八到：西北至東京一千七十里。西北至西京一千四百七十里。西北至長安二千三百三十里。東至楚州二百二十里。南至淮水一里，與盱眙分界。西至濠州二百一十里。正北微東至海州五百四十里。東南至盱眙縣以淮水分界。〔六〕西南至濠州同上。〔七〕東北至海州界海口四十里。〔八〕西北至埇橋四百二十里。西北至沂州六百七十里。〔九〕

户：唐開元户三萬七千五百二十六。皇朝管户主七千三百三十，客一萬四千五百九十六。

風俗：漢書：「魯分野，其人好學，尚禮義，重廉恥。其俗儉嗇愛財，趨商賈，好訾毀，多巧僞，然好學愈于他俗。」

姓氏：下邳郡三姓：陳、祁、谷。

人物：陳嬰，盱眙人。東陽少年殺其令，欲立嬰爲王。嬰母曰：「吾自爲汝家婦，未聞汝先有貴者。今暴得大名，不祥。」嬰乃止。封棠邑侯。〔一〇〕魯肅。臨淮人。家富。周瑜求糧，肅有米二囷，各三千斛，直指一囷與瑜。〔一一〕

土産：頗有桑麻之業，無林澤之饒。綿，絹，貲布，絁。

臨淮縣，舊八鄉，今六鄉。本徐城縣地，地當水口，爲南北禦要之所。長安四年分徐城地置，開元中移郡于此。

甈山，有祠，在縣西五十里，居山頂。古老傳云石大如㪷，音斗。〔一二〕樹無三尺，直木約高三丈。隋大業十二年趙徵君于此讀書，時人慕其德行，遂立祠。遇旱，州人祈禱。

磬石山。郡國志云即尚書所謂「泗濱浮磬」。

紅藍河，在縣東十里。上有土橋。南入淮，其河上源有村，取紅藍河爲名，故隋煬帝宫人種紅藍于此，以名焉。

徐偃王廟，在舊徐城北三十里故徐城内立廟。

挂劍臺，在縣舊徐城北三十里古大徐城東北，臨朱沛水，今無餘址。

故徐城，一名大徐城，即古徐國也，在徐城縣北三十里。漢地理志云「故徐國」也。其城周十二里。又郡國志云「薄薄城，即徐偃王權造，故曰薄薄城」，今呼爲故故城。

吴城，亦名高平郡城，在舊徐城北三十里，東臨廢通濟渠。舊經云：「太建六年，陳將吴明徹于此置高平郡。隋開皇四年廢。」

瀝橋城、梁戍城，在徐城縣西南二十五里，南臨瀝水。舊經云：「梁天監二年築，置戍。南臨瀝水橋，因以爲名。」

南重岡城，亦隋重岡縣城也，〔三〕在舊徐城縣西北九十里，通濟渠南一里平地。大業八年移縣于此置，十年築城，隋末廢。緣重岡山爲名。

李千城，即後魏戍也，在徐城縣西北三十里。後魏熙平元年李千于此築城置戍，〔四〕因名。

高冢城，魏義興郡城也，在徐城縣西北七十里平地。舊經云：「梁以爲興安郡，領高冢城，屬東徐州。高齊初廢。」

淮陽城，在徐城縣東北一百五十里，西臨泗水。晉義熙年中于此置淮陽郡。宋元嘉二十五年封皇子彧爲淮陽王。貞觀二年廢。又按郡國志云：「淮陽縣有抱月城，城抱淮、泗之水，形勢如月也。」

古屯城，在徐城縣西南八十五里。陳太建五年，大將吴明徹于此置堰，斷淮水，以灌濠州，緣此築城，置兵防守。其城内南北作隔，〔一五〕分爲兩城。淮南招義縣界又有一城，臨水，南北相對，亦是同時築，名爲屯城。

馬給事祠，在縣東一里臺子山上。按魏志云：〔一六〕「名鈞，字德衡。魏明帝時官至給事中，〔一七〕有伎巧之妙，造指南車，轉注百戲。」後人慕其德，遂立祠焉。

都梁宫，周迴二里，在縣西南十六里。隋大業元年，〔一八〕煬帝立名宫在都梁，東據林麓，西枕長淮，南望巖峰，北瞰城郭。其中宫殿三重，長廊周迴。院之西又有七眼泉，湧合爲一流。于東泉上作流杯殿，又于宫西南淮側造釣魚臺。臨淮高峰，別造四望殿。其側有曲河，以安龍舟大舸，枕向淮湄，縈帶宫殿。至十年，爲孟讓賊于此置營，遂廢。

義帝祠，在盱眙縣東一里臺子山上。按漢書云，秦二世二年初，立楚懷王都此。漢立廟。

淮瀆祠，在淮南岸斗山下。

淮渦神，在龜山之下。淮陽記：〔一九〕按古嶽瀆經云：「禹治水，三至桐柏山，乃獲淮渦水神，名曰無支祁。善應對言語，辨江、淮之淺深，原隰之遠近，形若獼猴，縮鼻高額，青軀白首，金目雪牙，頸伸百尺，力踰九象，搏擊騰踔，疾奔輕利倏忽閒，人視之不可久。

禹授之童律，童律不能制；授之烏木田，烏木田不能制；授之庚一作「庚」。辰，〔三〇〕庚辰能制。頸鵶音脛。脾柏、木魅、水靈、山妖、〔三一〕石怪，奔號叢繞以千數，庚辰以戟逐之，遂頸鎖大索，鼻穿金鈴，徙淮泗陰，〔三二〕鎖龜山之足，淮水乃安流注于海。」後唐永泰初，李湯任楚州刺史，時有漁人夜釣于龜山之下，其鈎爲物所制，不復出，漁者健水，疾沈于底，可五十丈，見大鐵鎖盤繞山脚，〔三三〕尋不知極，漁人遂告湯。湯命漁人及能水者數十人獲其鎖，力不能制，加以大牛五十頭，鎖乃振動，稍稍就岸，時天無風，驚波翻浪，觀者大駭。緣之鎖末見一獸，狀如青猿，白首長鬣，雪牙金爪，闖然出岸，高五丈許，蹲踞起伏若獼猴，但兩目不能視，兀若昏醉，耳目口鼻，皆悉水流如泉，涎沫腥穢，不可近，久乃引頸伸欠，雙眸忽開，光彩若電，顧視人焉，欲發狂怒，觀者疾走，獸亦徐徐引鎖拽牛没于水去。時楚多名士，與湯相顧愕然，不知其由。獸竟不復見，邇來漁者時知鎖所在。

韓信壇，在縣東南七里。今有壇基。

見在井，地境南至潁水，北至榆城，東至海渠，西至淮、泗。

雲母山。出雲母石，彭祖嘗采服之。〔三四〕

漂母冢，在縣北十里，河北岸。

鄧艾廟，在白水陂上，去縣南一百二十里。艾于此置屯田四十九所。其陂東西長三十五里，去縣百里。

朱買臣墓、華陀墓、韓朋墓，三墓皆在邑界。

淮、泗、沭三水，經邑界。

永泰湖，在縣北五十里。隋大業三年開通濟渠，〔三五〕塞斷瀝水，自爾成湖，因鄉爲名。出赤背鯽魚，時人呼爲朱衣鮒。

九山，在徐城縣西北七十里，臨淮。

廢徐城縣，在州西五十里，六鄉。漢志：「徐縣，故嬴姓國。」都城記云：「伯益之後。伯益有二子：大曰大廉，封鳥俗氏，〔三六〕秦其後也；小曰若木，〔三七〕别爲費氏，居南裔爲諸侯。至夏氏末，其君費昌去夏歸商，佐湯伐桀有功，入爲卿士，以其本國爲畿内之采地，而湯更封費子之庶子于淮、泗之間徐地，以奉伯益之祀，復命爲伯，使主淮夷。至成王即位，封伯禽于魯，徐子率淮、泗之夷並叛，即書序云：『魯公宅曲阜，徐夷並興，東郊不開。』當是時，成王以徐戎之屬，錫之山川、土田、附庸。又曰：『保有鳧、繹，遂荒徐宅。』至周穆王末，〔三八〕徐君偃有德，好仁義，東夷之國歸之者四十餘國。穆王西巡，聞徐君威德日遠，乘八駿之馬，使造父御之，更遣楚師襲其不備，大破之，殺偃王。其子遂北徙彭城武原東山之下，百姓赴之者萬數，因名其所依之山曰徐山，即此地也。後爲吴所滅。」

亦號大徐城，漢爲縣。至皇朝建隆二年併入臨淮縣。〔二九〕

睢陵，在縣界。

徐君墓，季札挂劍之所。按輿地志云：「季札初使魯，北過徐。徐君好其劍，不敢言。季札心知之，爲使上國未還，及還，徐君已死，解佩劍懸于墓。從者曰：『尚誰與乎？』季子曰：『吾心許之，豈以死背吾心哉！』」

盱眙縣，淮河南，去州五里。依舊管十鄉。本秦舊縣地也。阮昇之南兖州記云：「春秋時，本善道地。魯襄公五年，會吴之處。秦胡亥二年，項羽立楚懷王孫心爲王，都于此，三年徙都彭城。漢爲縣，又封江都易王子蒙之爲盱眙侯。又按輿地志云：「盱眙，六國時楚邑。漢因爲縣，屬臨淮，王莽改曰武匡。後漢屬下邳。晉初又屬臨淮郡，晉義熙中又置盱眙郡。宋文帝時，後魏南侵，臧質守盱眙，魏師以數十萬衆攻圍三旬，不拔而退。」又宋書云：「宋元嘉二十八年廣陵徙理盱眙，三十年還舊揚州。」梁屬兖州。後魏爲盱眙戍。乾明元年又爲縣，仍屬淮州。後周又立盱眙郡，屬揚州。隋開皇三年郡廢爲縣。唐武德四年以其地當水陸衝要，遂立爲西楚州，領盱眙一縣；八年廢州，縣屬楚州。建中二年來屬。

都梁山，在縣南十六里。廣志云：「都梁山生淮蘭草，一名都梁香草，故以爲名。在楚州西南二百九里。」又阮昇之記云：「都梁山通鍾離郡，廣袤甚遠，出桔梗、芫花等藥。」

伏滔北征記云：「有都梁香草，因以爲名。」

斗山，在縣西南。與都梁山相連，枕當淮水，險峻，〔三〇〕名曰斗山。

東陽山，在縣東七十五里。阮昇之記云：「東陽山有池水，一名天井，春夏水深五丈。」今見在，又有故城，〔三一〕不詳所置年代。

臺子山，在縣東一里。按宋書云：「元嘉二十七年，宋將臧質屯兵盱眙城内，以拒魏師。魏引軍士造弩臺以射城中，因以爲名。」按臺子山在楚州西南百九十四里。

長圍山，在縣北七里。按宋書云：「元嘉二十七年，宋文帝遣臧質拒魏，武帝遂于梁山築長圍城，造浮橋，絶水路。」即此山。又改爲長圍山，當在楚州西南一百八十里。

盱眙山，在縣東四十里。〔三二〕按阮昇之記云：「其山形若馬鞍，遂名馬鞍山。天寶中改爲盱眙山。在楚州西南二百三十里。」

赤欄浦，在縣城南二里。上作赤欄橋，因名。其水淺曲，不通舟楫。

鳴鶴塘，在縣東十五里。其塘衆鶴所集，尤多鶴唳，以爲名。

新開直河，在縣北六十步縣郭内。〔三三〕其淮河決開，至黄土岡。太極元年勅使魏景清奏開淮水，〔三四〕向揚州。

義帝祠，置在臺子山上，去縣東一里。按漢書：「秦二世初，天下大亂，項羽爲盟長，立楚懷王孫心爲義帝，都盱眙縣。後羽遷義帝于彭城。」至晉義熙中，于此置盱眙郡，至東魏郡廢。其城，古老相傳謂之皇城，蓋義帝舊居也。今祠見存。

王彭父墓，在縣東北一十七里。按宋書云：「王彭者，盱眙人也。少喪母。元嘉中又喪父，家貧無以營葬，鄉里各出夫力助作塼，塼須水而天旱，遠汲不周。彭號天自訴，一旦大霧，霧歇，塼竈前忽生泉水。葬事畢，水便自竭。」今墓存。

廢臧質城，西近淮水。按宋書云：「元嘉二十七年，遣將臧質屯兵于盱眙，築城以拒魏師。」隋大業十年，孟讓賊據都梁宫，其年江都通守王世充修理此城，屯兵破賊。至唐武德六年，輔公祏江南作逆，徐州道副元帥任瓌與李勣等在此屯軍，聚造器械；至七年破輔公祏，以定江南。軍去之後，空廢。

東陽故城，北至東陽山，周迴十里，在縣東七十五里。按史記項羽紀注云：「東陽縣，本屬臨淮郡，漢明帝分屬下邳，後復分屬廣陵。」又陳嬰爲東陽令史。又云楚漢之際，曾以爲荆國，封劉賈爲荆王，而王東陽，〔三五〕即此地也。

廢魯城，在縣南三十里。按後魏地形志，魯縣屬淮陰。隋初廢。

古營屯，在今縣西北八十里。乃三國以來營屯之所。

都梁驛宫，在縣東南十五里。隋開皇六年，煬帝在都梁山避暑，回向揚州，因此路置。向東一百一里入揚州高郵界。

招信縣，西五十一里。舊十三鄉，今六鄉。本漢淮陵縣，屬臨淮郡。宋僑立濟陰郡，宋書云：「泰始三年以濟陰流人寓于此土，遂分鍾離東界置濟陰郡。」又立池南縣，〔三六〕屬徐州。北齊河清三年于城西二里又築城，移州理，即今縣城是也。隋大業元年以元德太子名昭，改爲化明縣。〔三七〕武德七年復名招義縣。至國朝建隆四年割隷泗州，太平興國元年改爲招信。

古奔精城，在縣南六十里平地。古老相傳云是蠻奔精王所築，未詳年代。唐武德二年刺史楊益德置爲睢陵縣，〔三八〕至武德四年刺史夏侯雄才廢。

古淮陵城，在縣西北二十五里。漢地理志云：「漢爲淮陵縣，王莽改爲淮陸。」未詳廢置。

古濟陰城，在縣東二里。宋泰始二年築，置濟陰郡，北帶長淮。河清三年水溢淹倒，緣淮州郡多徙，此郡遂廢。至唐武德二年，土人楊益德自據爲化州刺史，未知所屬，于此城内置濟陰縣，四年歸國，七年廢化州并縣。〔三九〕

古公路城，在縣北六十里平地。城北帶淮水。後漢書袁術傳云：「術，字公路，獻帝建安二年僭號九江。術率兵擊殺陳王寵，曹操征之。術聞大駭，乃渡江築此城以自據。」

啄戈河，在縣東二百步。〔四〇〕其河闊四十丈。

玉環山，在縣西二十五里。又名女山。狀如玉環，形勢迴旋。

浮山，在縣西七十里。下有石穴，每淮波泛溢，不能没其穴。

卷十六校勘記

〔一〕厹音求猶縣　「厹」，底本作「⿱九山」，萬本同，據庫本及漢書卷二八地理志改，王先謙漢書補注：「說文『⿱九口』下云，高氣，從口九聲，臨淮有⿱九口猶縣。集韻亦作『⿱九口』，然則『厹』字誤也。」又「音求」，萬本、庫本並無，傅校删，蓋非樂史原文。

〔二〕兼置東徐州　水經泗水注：宿預城，「魏太和中，南徐州治」。隋書卷三一地理志下：「下邳郡，後魏置南徐州，梁改爲東徐州，東魏又改曰東楚州。」通典卷一八〇州郡一〇臨淮郡泗州：「後魏亦爲下邳郡，兼置南徐州。」輿地廣記卷六宿遷縣：「後魏太和中，南徐州治此。」是北魏曾於宿預置南徐州，此「東」當作「南」。

〔三〕陳太建五年改爲安州　陳書卷五宣帝紀載：太建七年改梁東徐州爲安州。

〔四〕開元二十三年　「三」，底本作「二」，萬本、庫本作「一」，據舊唐書卷八玄宗紀、卷三八地理志一、元和郡縣圖志卷九泗州改。唐會要卷七〇州縣改置上作「二十五年」，誤。

〔五〕同　萬本、庫本作「入淮陽軍」，傅改同。

〔六〕東南至盱眙縣以淮水分界　萬本、中大本、庫本並無「南」字。通典州郡一〇臨淮郡泗州，「東南到淮陰郡盱眙縣，淮水中流爲界。」萬本、中大本、庫本誤。

〔七〕西南至濠州同上　萬本、中大本、庫本並無此七字。通典州郡一〇：臨淮郡泗州：「西南到鍾離郡二百二十里。」按鍾離爲濠州郡名。元和郡縣圖志泗州：「西南至濠州二百一十里。」是泗州西南至濠州有交通，蓋萬本、中大本、庫本誤。

〔八〕東北至海州界海口四十里　通典州郡一〇：臨淮郡，「東北到東海郡界海口四百四十里。」按東海爲海州郡名，此「四十」上當脱「四百」二字。

〔九〕西北至沂州六百七十里　萬本無「十」字，傳校删，庫本「十」下有「五」字。通典州郡一〇：臨淮郡泗州，「西北到瑯琊郡六百七里」。則與萬本相合。

〔一〇〕陳嬰至棠邑侯　萬本、庫本無陳嬰傳略。

〔一一〕直指一囷與瑜　萬本、庫本此下並列「唐王義方，泗州漣水人」。

〔一二〕音斗　萬本、庫本無此二字，傳校删，蓋非樂史原文。

〔一三〕隋重岡縣城也　「城」，底本作「地」，據萬本、庫本改。

〔一四〕于此築城置戍　「築」，底本脱，據萬本及嘉慶重修一統志卷一三四泗州引本書補。

〔一五〕其城内南北作隔　「内」，底本脱，據萬本、中大本、庫本及讀史方輿紀要卷二一泗州補。

〔一六〕魏志　萬本、庫本作「魏國志」，傅校改同，此蓋脱「國」字。

〔一七〕魏明帝時官至給事中　「中」，底本脱，據萬本、中大本、庫本補。

〔一八〕隋大業元年　「隋」，底本脱，據萬本、庫本、嘉慶重修一統志泗州引本書及傅校補。

〔一九〕淮陽記　太平御覽卷八八二引作「淮地記」。

〔二〇〕庚一作庚辰　萬本、庫本作「庚辰」，無「一作庚」三字，傅校改同。下「庚」字同。

〔二一〕山妖　「山」萬本、庫本並作「火」，與上文「水靈」相對，疑是。

〔二二〕徙淮泗陰　萬本、庫本同，中大本無「泗」字。太平御覽卷八八二引淮地記作「從淮之陰」，此「泗」疑爲衍字。

〔二三〕見大鐵鎖盤繞山脚　「繞山脚」，萬本、庫本作「龜山足」，傅校改「脚」爲「足」。

〔二四〕雲母山出雲母石彭祖嘗采服之　萬本、庫本無此十三字，傅校删，蓋非樂史原文。

〔二五〕隋大業三年　「隋」，底本脱，據宋版、萬本、庫本補。

〔二六〕烏俗氏　「烏」，底本作「鳴」，據宋版、萬本、庫本及史記卷五秦本紀改。

〔二七〕若木　「木」，底本作「水」，庫本同，據宋版、萬本、傅校及史記秦本紀改。

〔二八〕周穆王　底本脱「周」字，據宋版、萬本補。

〔二九〕建隆二年　「二」，宋版、萬本、中大本、庫本皆作「三」。按元豐九域志卷五、宋朝事實卷一八、宋史卷八八地理志四皆載建隆二年廢徐城縣，本刊是。

〔三〇〕枕當淮水險峻　按輿地紀勝卷四四盱眙軍引本書作「枕當淮水之險峻」，宋本方輿勝覽卷四七招信軍同，此當脱「之」字。

〔三一〕春夏水深五丈今見在又有故城　「春」，萬本作「冬」，嘉慶重修一統志泗州引本書同，疑此「春」爲「冬」字之誤。又「故城」，萬本作「城」，無「故」字。

〔三二〕在縣東四十里　「東」，輿地紀勝盱眙軍引本書作「東南」。

〔三三〕在縣北六十步縣郭内　底本「縣」下衍「城」字，據萬本、庫本、嘉慶重修一統志泗州引本書及傅校删。

〔三四〕魏景清　「清」，底本作「倩」，萬本、庫本同，據嘉慶重修一統志泗州引本書、新唐書卷三八地理志二改。

〔三五〕而王東陽　「王」，底本脱，萬本、庫本同，據中大本補。史記卷五一荆燕世家：漢六年春，「立劉賈爲荆王，王淮東五十二城。」漢書卷一下高帝紀：漢六年春，「以故東陽郡、鄣郡、吴郡五十三縣，立劉賈爲荆王。」知荆王封域有淮水以東之東陽、鄣郡、吴郡三郡五十三縣，此處所載，與史實不符。

〔三六〕又立池南縣　「立」，輿地紀勝盱眙軍招信縣序引本書作「改」。按隋書地理志下：化明縣，故曰睢陵，「後齊改縣曰池南」。此「立」疑爲「改」字之誤。

〔三七〕隋大業元年以元德太子名昭改爲化明縣 「大業元年」，底本作「開皇二年」；「元德」，底本作「光德」，萬本、庫本同。隋書卷三煬帝紀：大業元年，「立晉王昭爲皇太子」。同書卷五九煬三子傳：元德太子昭，仁壽初，爲晉王，「大業元年，帝遣使者立爲皇太子」。元和郡縣圖志卷九：濠州招義縣，「隋大業元年爲化明縣」。據改。又隋書卷三一地理志下：化明，「故曰睢陵，置濟陰郡。後齊改縣曰池南，陳復曰睢陵，後周改爲招義。開皇初郡廢，大業初縣改名焉。」元和郡縣圖志亦載：「宋孝武帝自淮北徙睢陵縣，改爲池南縣。陳爲招義縣。隋大業元年爲化明縣，屬濠州。」知池南縣後曾改名睢陵、昭義，至隋大業初改名化明，屬濠州，本書缺載。

〔三八〕楊益德 「德」，底本脱，萬本、庫本同，據輿地紀勝卷四四、盱眙軍引本書及新唐書地理志二補。下古淮陵城同。

〔三九〕七年廢化州并縣 新唐書地理志二載，貞觀元年廢化州及濟陰縣。

〔四〇〕在縣東二百步 「東」，底本脱，據中大本、庫本及嘉慶重修一統志泗州引本書補。萬本作「西」，蓋誤。

太平寰宇記卷之十七

河南道十七

宿州　淮陽軍　漣水軍

宿　州

宿州，符離郡。今理符離縣。徐州之域，爲沛地。按唐史，元和四年正月以徐州符離之地，南臨汴河，有埇橋爲舳艫之會，襟帶梁宋，運漕所歷，防虞是資，乃以符離、蘄縣并泗州之虹縣三邑立宿州，取古宿國爲名；九年又割亳州之臨渙屬焉，遂爲上州，仍屬徐泗等州觀察使。太和三年三月徐泗觀察使崔羣奏：「頃以蔡孽未平，遂割三縣并徐州兵一千四百人，權置宿州，扼其奔軼，事關備禦，非務便人。今寰宇無虞，封圻罷警，權創支郡，理合併除，其宿州請却廢，三縣各還本州。」勅依之。至太和七年復置，仍移于埇橋置，即虹縣之地。後復移理符離，即今郡理是也。皇朝開寶元年升爲保靜軍節度。

元領縣四：符離，虹縣，蘄縣，臨涣。

州境：東西三百五里。南北三百一十一里。

四至八到：西北至東京六百三十里。西北至西京一千二十里。西北至長安一千九百四十里。東至泗州三百三十五里。〔一〕西至亳州永城縣一百五里。西至壽州壽春縣二百五十里。〔二〕北至徐州一百四十里。東南至濠州一百九十八里。東北至下邳縣二百三十里。西南至濠州城父縣二百九十九里。〔三〕西北至徐州蕭縣一百一十里。

户：唐開元户具徐州，元和户八千六百七十六。皇朝管户主一十一萬二千五百四十二，客一萬四千六百九十三。

風俗：同徐州。

人物：桓榮，沛國龍亢人。桓典，榮孫。獻帝時封關内侯。桓彝，榮九世孫。〔四〕趙孝，弟禮爲賊所得，孝自縛云：「禮瘦孝肥。」朱浮，沛國人。桓譚，沛國相人。相縣在符離西北。帝好讖，對曰：「臣不讀讖書。」魏武帝，沛國譙人。劉伶，沛國人。劉惔，宿州人。善談易，簡文帝重之。陳咸，相人。官至御史中丞。〔五〕嵇康，嵇紹，〔六〕嵇喜。俱譙人。

土産：絹。貢。

符離縣，舊二十鄉，今十鄉。本秦舊縣也。漢書陳涉傳云：「涉初起兵，有符離人朱雞石。」然則漢前已有符離，故爲秦縣也。漢屬沛郡，以縣隸譙郡。〔七〕晉武帝以爲沛國，封獻王，又爲斛城縣。高齊天保七年復爲符離縣，移于古符離城内。爾雅：「莞，苻蘺。」以地多此草，故取名。隋大業二年移于朝斛城。唐貞觀元年移于朝斛城西南七十里竹邑城。〔八〕元和四年于縣置宿州，以縣隸焉。

定陶山，在縣北四十里。魏地形志云「濟陽郡有定陶縣」，〔九〕在山下，因爲名。

汴河，在縣南百步。

睢水，在縣北二十里。水經注云「睢水出梁郡鄢縣，經竹邑城」是也。

新城，在縣西北百三十里。〔一〇〕北齊武平七年復置睢南郡，于此西北百步置符離縣，〔一一〕隋開皇年間廢。〔一二〕

靈壁城，在縣西北八十里。漢書音義云：〔一三〕「靈壁，故小縣也，在彭城南。」楚擊漢軍彭城，項羽以精兵三萬出胡陵，至徐州蕭縣，于靈壁東睢水上，大破漢軍，睢水爲之不流。

北陵城，在縣東北一百八十里。漢地理志淩縣屬泗水國。輿地志有淩縣。太康地理志云：「屬下邳，晉武帝以南有廣陵，故曰北陵。」

閔子騫冢，在縣東北九十里。

相山碑，在縣西北九十里相山南。按碑辭云：晉武帝太康五年，縣令有國諸侯祀界内山川。時相山屬沛國，令郭卿云：相山主應房心之星，能興雲雨。會天旱，祈雨即應，乃建廟刻石記，銘曰：「巍巍相山，盤紆穹崇，上應房心，與天靈沖，興雲播雨，稼穡以豐。」唐永徽元年立。

虹縣，東南一百五十六里。舊十鄉，今三鄉。漢縣，屬沛郡。按輿地志云：「堯封夏禹爲夏伯，邑于此，即天子位，徙都陽翟。漢爲夏丘縣，屬沛國。」北齊改爲夏丘郡。後周大象中改爲晉陵縣。隋開皇十八年復爲夏丘縣，屬仁州。唐武德四年于故虹城置虹縣，屬仁州。貞觀八年廢仁州爲虹縣，以隸泗州。元和初立宿州于此，後理符離。

朱山，在縣東北三十里。魏地形志曰潼縣，〔一四〕在朱山，即會稽朱買臣之舊里也。

潼水，在縣西三百步。水經注云：「今潼水自萬安湖南流。」〔一五〕隋大業元年開汴河，塞潼水。〔一六〕

故虹城，在縣南一百里。漢虹縣也，漢書地理志虹屬沛郡。魏初屬汝陰郡。

僮城，在縣東北七十里。漢時僮縣也，地理志云僮隸臨淮郡。後漢爲侯國，永平元年封沛獻王之子嘉爲僮侯。

汳城，在縣西南七十八里。即漢汳縣也，屬沛郡。垓下，汳縣之聚落名。汳音絞。〔一七〕

潼都城，在縣北百二十里。即漢取慮縣，屬臨淮。後漢書「楚王英都徐州，光武三十年以臨淮之取慮益楚國」是也。

垓下，在縣西五十里。〔一八〕漢兵圍項王于垓下，大敗之。有廟，在縣西五十里。

赤坎故城，在縣西南一百九十五里。〔一九〕梁天監八年置赤坎戍，大同二年廢戍，置仁州。唐武德四年廢。

故相城，蓋即相土所居，後因名之。宋共公自睢陽徙都此城。唐入符離縣。今在縣西北。

渚陽故城，隋置渚陽縣，後廢。

朝斛故城，隋符離縣理。

廣濟渠。唐開元二十七年，河南採訪使齊澣以江、淮運漕經淮水波濤，有沈溺之憂，遂開廣濟渠下流，自虹縣至楚州淮陰縣北十八里合于淮，踰時畢功。水流峻急，行旅艱阻，旋又停廢，却由舊河也。

蘄縣，南三十六里。舊十七鄉，今五鄉。〔二〇〕本秦舊縣，屬沛郡。後漢屬沛國。有大澤鄉，陳涉起兵于此，爲狐鳴。宋于此置譙郡。齊以爲北譙郡。後魏改蘄縣爲蘄城縣。隋開皇三年去「城」字，屬仁州。即今宿州蘄縣是。大業二年屬徐州，八年屬譙州。唐貞觀十七年復還徐州。元和中又于埇橋置立宿州，緣此邑北去徐州稍遠，因隸宿州。州廢，復屬徐州。至太和又立宿州，因又來屬。

渙水，西自臨渙縣界流入。

淮水，在縣南二百里。

渦水，在縣東百里。按漢書，渦水在扶溝，「首受蒗蕩渠」。魏文帝臨渦賦云：「建安十八年至譙州，予兄弟拜墳墓，乘馬遊觀，經東園，遵渦水，乃駐馬書鞭，〔三〕作臨渦賦。」即此也。

蘄水，在縣北四十里。水經注云：「蘄水受睢水。」本經臨渙縣，大業元年疏通濟渠，東流至縣界。

龍亢故城，在縣南八十里。漢書地理志云龍亢縣屬沛郡。輿地志云「魏武至龍亢縣，士卒多叛」，即此地。隋開皇六年廢，隸蘄縣。

穀陽城，在縣東七十里。漢地理志穀陽屬沛郡，應劭云：「在穀水之陽。」後漢建武十三年封岑彭爲侯。唐顯慶元年移此城于今縣置。

艾子城，在縣西十五里。魏地形志蘄縣有艾子城，〔三〕周、齊以前于中置蘄縣，隋開皇中屬仁州，大業二年廢仁州，縣屬彭城郡。唐貞觀元年移州并縣就穀陽城置，遂廢。

葛城戍，在縣南九十里。後魏地形志葛山縣屬龍亢郡，北齊天保七年廢入龍亢縣。隋開皇六年爲戍，十六年廢。

項羽墓，在縣東七十里。漢高祖以魯公禮葬于穀城，今濟北穀城有項羽冢，此又有墓。按漢紀：「斬羽東城，楚悉定，獨魯不下，乃持羽頭示其父老，〔三〕魯乃降，故以魯公禮葬羽于穀城。」羽傳云「楊喜等五人各分其一體」，〔四〕豈此葬其體，穀城葬其頭也？

臨渙縣，西南九十里。舊二十鄉，今六鄉。漢銍縣地，屬沛郡。梁書云：「普通六年北伐銍城，置臨渙郡，以郡界臨渙水爲名，仍置下邑縣以隸焉。」後魏改置渙北縣。北齊省臨渙郡，改渙北縣爲臨渙縣，屬譙郡。隋開皇三年廢郡留縣，改置譙州，唐神堯嘗爲譙州刺史。大業二年改屬亳州。武德四年屬譙州。貞觀十七年廢譙州，縣隸亳州。太和元年隸宿州。

嵇山，在縣西北三十五里。晉書：「銍縣有嵇山。嵇康本姓奚，會稽人。遷于銍，家于嵇山之側，遂氏焉。」水經注云：「取『嵇』字以爲姓，蓋志其本也。」

北平城，在縣西南五十二里。水經注云：「山桑邑，俗謂之北平城。後漢王常封山桑侯，即此。」

嵇康墓，在縣西北三十五里嵇山東一里。嵇康仕晉，至中散大夫。

廢龍山城，在縣西四十五里。北齊武平四年置，隋開皇九年廢入臨涣縣。

古臨涣縣城，在縣西北二十五里。〔三五〕隋大業十年移縣于此。唐貞觀十一年遭水，移入銍城内。

淮陽軍

淮陽軍，理下邳縣。本泗州下邳縣也，皇朝太平興國七年于縣理置淮陽軍，仍割下邳、宿遷二縣屬焉。

今領縣二：下邳，宿遷。

軍境：東西一百五十里。南北一百四十七里。

四至八到：新置軍未有至東西京、長安里數。東至海州二百九里。西至徐州彭城縣界六十里。南至宿州虹縣界八十里。北至沂州臨沂縣二百三十里。東南至泗州臨淮縣三百五十里。西南至徐州符離縣二百五十里。〔三六〕東北至海州沭陽縣二百五十里。西北至沂州承縣一百二十里。

户：唐舊户具泗州。皇朝户主六千一百六十七，客一萬二百二十二。

風俗：同泗州。

人物：于定國，　薛宣，　劉虞，皆郯人。　嚴延年，字次卿，下邳人。官御史，劾霍光擅廢立，無人臣禮。朝廷憚之。遷河南守，鋤惡過多，時號曰「屠伯」。　陳登。字元龍，下邳人。許汜與劉先主共論人物，許曰：「元龍湖海之士，豪氣不除。」劉問故，許曰：「昔過下邳，見元龍無主客禮，自卧上牀，使客卧下牀。」劉曰：「如我自當卧百尺樓上，卧君于地下，何但上下床之别？」〔二七〕

土産：菖蒲。一寸九節及十節，出偃武鄉。

下邳縣，舊十三鄉，今九鄉。〔二八〕本夏時邳國，後屬薛。春秋云：「薛之祖奚仲遷于邳。」韓信爲楚王，都此。魏武于此城擒吕布。按郡國志云：「下邳城有白門樓，〔二九〕即曹公征吕布所登。」晉太康元年自徐城移下邳國理此，封安平王子晃爲王。宋爲下邳郡理此。北征記云：「中城，吕布所守也，南臨白門樓。」梁改下邳爲歸政，仍于此置武州。尋入後魏，明帝又改爲東徐州，復歸政爲下邳縣，置郡不改。後周改東徐州爲邳州。隋開皇三年罷郡，所領縣並屬邳州。大業二年省邳州，以縣屬泗州。唐武德四年又置邳州。貞觀元年又省爲縣，即今理是也。皇朝建淮陽軍，今縣屬焉。

嶧陽山，在縣西六里。禹貢：「嶧陽孤桐。」西征記：「下邳城西五里有葛山，即禹貢所謂嶧陽山也。」

沂水，經縣北分爲二水，一水于城北西南入泗水，一水經城東屈曲從縣南亦注泗，謂之小沂水。郡國志：「沂水，〔三〇〕今號爲長利池，上有橋，即張良遇黃石公于圯上。」南人謂橋爲圯，即此橋也。

古郯城，古郯子國，在縣東北百五十里。故郯子國城，仲尼學官名於郯子，即此地也。宋滅郯，〔三一〕以爲縣。其故城周十餘里，在沂、沭二水之間。後漢徐州刺史理此。高齊省，後周大象元年復置。貞觀元年又省。

縣理城。古邳國城也，魏武征呂布于下邳，決泗沂水以灌其城，即此處。按下邳有三重，大城周十二里半，〔三二〕中城周四里，呂布所守也。魏武擒布于白門，即大城之門也。小城累磚堅峻，周二里許。西南又有一小城，周三百七十步，征虜將軍石崇所築。

石鱉屯。晉穆帝升平初，荀羡爲北部都尉，鎮下邳，起屯田于東陽之石鱉，在臨淮郡界，公私利之。北齊廢帝乾明中，尚書左丞蘇珍之又議修石鱉等屯，歲收數十萬石，自是淮南軍防，糧儲充足矣。

武原故城，漢爲縣。今廢城在縣北。

東海王故城。一名金城，後漢廢太子彊理于此城。

古良城，在今縣北六十里良城。是即春秋「晉侯會吳子于良」，在此。漢爲縣，屬東海郡。高齊天保七年省。

下相故城，項羽生處。東漢初平四年，曹操攻徐州，屠男女數十萬，泗水爲之不流，即此地也。

取慮故城，在今縣西南。漢縣，屬臨淮郡。十三州志：「取讀如星分觜陬，慮若公羊邾婁之婁。」顧野王曰：「取慮讀爲秋閭。」漢時汝南步游張少孤，四歲，母拾麥，爲人所賣。游張後爲取慮令，春月按行高平，〔三三〕至里頭，有病嫗，馬便不前，自下馬問訊，乃其母也。

北陵故城。晉太康地記云北陵縣屬下邳。

睢陵故城。漢縣，廢城在今縣東南。

司馬碑。伏滔北征記云：「下邳大城内有大司馬碑，石聲如磬。」

項羽井。北征記云：「下邳西南有石，崇四丈，碑云『項羽井在下相城也。』」

郯子廟，在古郯城。

泗水。西從彭城縣界正東流，至縣城西南。

黄石公廟，在黄鄉城，東南一里。〔三四〕

劉綱祠。綱，下邳人，祠在縣南一百步。舊云祠前有皂樹，乃昇仙之所。舊圖經云：「樹高十丈，天寶元年因大風折，至三年，枯樹東南有根上再生，祠樹俱廢。」

孔望山，在郯城鄉。傳云孔子昔于此山登望。

磬石山，在縣西南八十里。即尚書云：「泗濱浮磬。」孔安國注云：「水中見石，可以爲磬。」按泗水中無此石，其山在泗水之南四十里。今取磬石，上供樂府，其山出石，可以爲磬，大小擊之，其聲清亮，與孔説不同，恐禹治水之時，水至此山矣。

宿遷縣，東一百一十里。〔三五〕舊十四鄉，今三鄉。春秋時鍾吾子之國，亦宿國所遷之地也，南附于宋，東逼于魯，遂内遷其人，而更封其君也。宿預城，在下邳縣東南一百八十里，蓋本宋遷宿處也。後吴滅爲邑。漢爲厹猶縣，〔三六〕屬臨淮郡。晉安帝立宿預縣。隋開皇三年屬泗州。唐寶應元年以犯代宗諱，改宿遷。

淮水，入縣境南，與楚州山陽分中流爲界。

峒峿，在今縣西北七十里司吾故城是也。〔三七〕即古鍾吾子國，吴滅之。漢爲縣，後魏省。

泗口。晉明帝大寧中，兖州刺史劉遐自彭城退屯泗口，即此也。

故泗陽。漢爲縣，後漢省，故城在今縣東南八十里魏陽故城是也。〔三八〕蓋因魏文帝幸廣陵，因而改名。

淩城，在今縣東南五十里。漢縣，屬廣陵。〔三九〕晉永嘉後省。故城存。

角城，在今縣東南一百一十一里。縣道記云：「舊理在淮之北，泗之南，亦謂之泗城。〔四〇〕即晉安帝義熙中于此置淮陽郡，仍置角城縣。梁改爲臨清縣。後魏改爲角城縣。高齊又改角城爲文城縣。周又改文城爲臨清縣。隋開皇三年罷郡，乃省臨清縣，其城因而荒廢。又按郡國志云：「晉安帝義熙中置此城，在今縣東南，東臨泗水，南近淮水，自晉至隋，迄爲重鎮。」

市丘城。郡國志云：「市丘，即古市丘侯來獻鼎處。」

睢水、沭水，皆經縣界。

魯肅廟，在縣東南一里。肅，臨淮人，後爲之立廟也。

漣水軍

漣水軍，理漣水縣。本楚州漣水縣也，皇朝太平興國三年十二月建爲漣水軍。〔四一〕

領縣一：漣水。

軍境：東西八十里。南北一百四十九里。

四至八到：新置軍，未有至兩京、長安里數。東至利奉村三十里，〔四二〕與楚州山陽分淮水中流爲界，都至楚州一百三十里。西至郎石溝五十里，與宿遷分淮水中流爲界，都至宿遷縣一百九十六里。南至淮二里，與楚州山陽縣分淮水中流爲界，兩縣相去九十二里。北至海州朐山縣決水溝一百四十七里，中流爲界，至海州東門二百二十七里。西南至楚州山陽縣六十一里，分淮水中流爲界。東至大海一百四里。西北至竹墟村西一百七里，與海州沭陽縣分界。又南至楚州淮陰縣，分淮水中流爲界，兩縣相去一百五十三里。

户：舊户載楚州籍。皇朝管户主一千一百八十三，客七千三百四十一。

風俗：同楚州。

人物：王義方。漣水人。負經術，補晉王參軍。魏文貞公妻以女姪，辭，後文貞公卒，乃娶。人問其故，曰：「初避宰相，今感知己也。」〔四三〕

土産：淮白魚，海鯔音菑。〔四四〕魚。

漣水縣，舊十四鄉，今六鄉。漢厹猶縣地。按厹猶城，今宿預也。後漢爲徐州之地，〔四五〕魏曰海安縣。〔四六〕晉爲宿預之境。宋泰始五年于此置東海郡，仍于此城北三十里東海王城别置襄賁音肥。〔四七〕縣以屬焉，南界又置冀州，寄理于此，以爲邊鎮防扼之所。後魏改東海郡爲海安郡，仍分置海西、臨海二縣以隸焉。隋開皇三年廢郡，以縣屬海州；五年改襄賁爲漣水縣，因縣界有漣水爲名。唐武德四年置漣州，仍分置金城縣。貞觀元年廢漣州，并省金城縣，以漣水縣屬泗州。總章元年改屬楚州。咸亨五年還泗州，自後又隸楚州。至皇朝建軍。

大海，在縣東北百四十里。禹貢：「海、岱及淮惟徐州。」注云：「東至海，北至岱，南至淮也。」又云：「沿于江、海，達于淮、泗。」注云：「沿江入海，自海入淮，自淮入泗。」即此海也。

北漣水，西從海州沭陽縣沭水分流，南入縣界。在沭陽名南漣水，北入縣界名北漣水，〔四八〕南流四十九里，與南漣水合流。

淮水，西南自宿遷縣界流入。

碩濩湖，在縣西一百一十六里，〔四九〕與海州朐山縣中分界。

卷十七校勘記

〔一〕東至泗州三百三十五里　萬本、中大本、庫本並無「五」字。

〔二〕西至壽州壽春縣二百五十里　元豐九域志卷五：宿州，「南至本州界一百六十六里，自界首至壽州七十里。」按北宋宿州治符離縣，即今安徽宿州市；壽州治下蔡縣，即今鳳臺縣，壽春爲壽州屬縣，即今壽縣，並在宿州之南，此「西」蓋爲「南」字之誤。

〔三〕西南至濠州城父縣二百九十九里　按本書卷一二載，城父縣屬亳州，其地即今安徽亳縣東南城父，在宿州之西，此「濠」當爲「亳」字之誤。

〔四〕桓典至榮九世孫　萬本、庫本並無桓典、桓彝傳略，傅校刪，蓋非樂史原文。

〔五〕劉伶至官至御史中丞　萬本、庫本並無劉伶、劉惔、陳咸傳略，傅校刪，蓋非樂史原文。

〔六〕嵇紹　萬本、庫本並無，傅校刪，蓋非樂史原文。

〔七〕以縣隸譙郡　吴增僅三國疆域表附考證：「魏志明帝紀：『景初二年分沛國蕭、相、符離、竹邑、蘄、銍、龍亢、山桑、洨、虹十縣爲汝陰郡，宋縣、陳郡苦縣皆屬譙郡。』諸家據爲汝陰置郡之始，洪亮吉則以魏初已立汝陰，是年以沛國十縣來屬。今按志文及洪説皆可疑。元和志云黄初三年以汝陰縣屬汝陰郡，明立郡不得在景初，一也；郡名汝陰，屬縣當近汝水，而十縣皆在渦水北，與汝水不相涉，二也；割度屬縣必視形便，如謂是年以十縣來屬，而十縣之在渦水，與洪志所録郡屬諸縣之在汝水者，中隔二百餘里，不能相屬，三也；晉志所列汝陰屬縣，無一與十縣同者，四也。反覆審正，知志文爲汝陰郡『爲』字衍也。志凡例書以某某縣屬某某郡，均不加『皆』字，如只宋、苦二縣移屬譙郡，則亦如鄀、葉二縣之移屬義陽，并景初二年紀。不必言皆也。今曰『皆屬』，則統上十縣言之矣。元和志銍、山桑二縣皆云魏屬譙郡，晉志譙郡屬尚有銍、蘄、山桑、龍亢四縣，可知魏明帝末年移沛國十縣屬譙，至晉初又分竹邑等六縣還屬於沛也。譙爲曹氏豐、鎬，名列五都，故割度多縣，蔚成大郡。晉受禪後，徙其屬縣，所以削其本根也。今移十縣入譙郡。」據吴氏考證，魏明帝景初二年以符離縣改隸譙郡，此「以」上當有脱字，或脱「魏」字，或脱「魏明帝」三字，或脱「魏景初二年」五字。

〔八〕朝斛城　二「朝斛城」，萬本並作「斛城」。本刊下文虹縣載：「朝斛故城，隋符離縣理。」萬本亦作「斛城」。據魏書卷一〇六地形志中載，東魏武定六年改沛郡爲睢南郡，治斛城縣，縣於武定中改淮陽縣置；本書云斛城縣於北齊天保七年復爲符離縣，移於古符離城，隋大業二年又移於朝斛城，唐貞觀元年移於朝斛城西南七十里竹邑城，是朝斛城在竹邑城東北七十里，與東魏改置之斛城縣，似爲二地，萬本均作「斛城」，疑不確。

〔九〕濟陽郡有定陶縣　魏書地形志中，南濟陰郡，治竹邑城，領有定陶縣。隋書卷三一地理志下，彭城郡符離縣有竹邑廢縣，有定陶山。按竹邑城，即今宿州市北符籬鎮。嘉慶重修一統志卷一二五鳳陽府：「定陶山，在宿州北。」引本書云：「符離定陶山，在縣北四十里，魏時定陶縣在山下。」此疑「陽」爲「陰」字之誤。

〔一〇〕在縣西北百三十里　「西北」，萬本、中大本、庫本並作「西」，「三十」，萬本、中大本、庫本並作「三十一」，傅校同，此蓋脱「一」字。

〔一一〕北齊武平七年復置睢南郡于此西北百步置符離縣　魏書地形志中：「睢南郡，蕭衍置沛郡，武定六年改。」按此「北齊武平七年」疑當作「東魏武定七年」。「西北」，萬本、中大本、庫本並作「西」。

〔一二〕隋開皇年閒廢　「閒」，萬本作「中」。

〔一三〕漢書音義云　萬本作「漢書注」。按此下文「靈壁，故小縣也，在彭城南」，見於漢書卷一上高帝紀注引孟康曰，則萬本是。

〔一四〕魏地形志曰潼縣　按魏書地形志中載，下邳郡領有僮縣，作「僮」，不作「潼」，同漢書地理志、續漢書郡國志、晉書地理志、宋書州郡志，水經睢水注、淮水注作「潼」。

〔一五〕萬安湖　按水經睢水注、淮水注作「潼陂」，元和郡縣圖志卷九宿州：「潼陂，一名萬安湖。」此處所引不確。

〔一六〕塞潼水　「塞」，萬本、庫本、嘉慶重修一統志卷一三四泗州引本書皆作「斷」，此「塞」蓋爲「斷」字之誤。

〔一七〕洨音絞　萬本、庫本無此三字。

〔一八〕在縣西五十里　元和郡縣圖志宿州虹縣：「垓下聚，在縣西南五十四里。」疑此處誤。

〔一九〕在縣西南一百九十五里　讀史方輿紀要卷二一宿州引本書同，元和郡縣圖志宿州記在虹縣西南五十九里，未知孰是。

〔二〇〕今五鄉　「五」，萬本、中大本、庫本並作「七」，傅校同，此「五」蓋爲「七」字之誤。

〔二一〕經東園遵渦水乃駐馬書鞭　「遵」，底本脱，萬本、庫本同；「書」，底本作「停」，萬本、庫本作「書」。初學記卷九引魏文帝臨渦賦：「經東園，遵渦水，高樹之下，駐馬書鞭。」藝文類聚卷八、太平御覽卷三五九引魏文帝臨渦賦及本書卷一二亳州譙縣引魏文帝集同，據以補改。

〔二二〕魏地形志蘄縣有艾子城　「縣」，萬本、中大本、庫本作「郡」。魏書地形志中：「蘄城郡，蕭衍置，魏因之。」領有廣平縣，「武定六年置，有艾平城。」隋書卷三一地理志下：蘄縣，「梁置蘄郡」。嘉慶重修一統志卷一二六鳳陽府以魏志艾平城即本書艾子城。據此，魏志之蘄城郡，即隋志之蘄郡，此處應作「蘄城郡」，或作「蘄郡」，萬本、中大本、庫本是。

〔二三〕乃持羽頭示其父老　「老」，萬本、庫本作「兄」，同漢書卷一下高帝紀。

〔二四〕楊喜　「楊」，底本作「陽」，萬本、庫本同，據史記卷七項羽本紀、漢書卷三一項籍傳改。

〔二五〕在縣西北二十五里　「二」，底本作「三」，據萬本、中大本、庫本及嘉慶重修一統志鳳陽府引本書改。

〔二六〕徐州　據本書宿州總序，唐元和四年以徐州符離縣置宿州，太和三年廢，七年復置，此後宿州治符離縣，此處應作「宿州」，才合。

〔二七〕嚴延年至何但上下床之别　萬本、庫本無嚴延年、陳登傳略，傅校删，蓋非樂史原文。

〔二八〕今九鄉　「九」，底本作「七」，據萬本、中大本、庫本及永樂大典卷二八〇七引本書改。

〔二九〕白門樓　底本作「白樓門」，萬本同，永樂大典卷二八〇七引本書此同，後文作「白門樓」。三國志卷七呂布傳：「布與麾下登白門樓，兵圍急，乃下降。」裴松之注引獻帝春秋：「布于白門樓上謂軍士」云云。元和郡縣圖志卷九泗州：下邳城有三重，「魏武帝擒布於白門，即大城之門也。」本書下文記下邳城同。讀史方輿紀要卷二二引宋武北征記：「下邳城凡三重，大城周十二里半，其南門曰白門。中城周四里，吕布所築，南臨白門。」又云：曹操「擒布斬之白門樓下」。此「白樓門」乃「白門樓」之倒誤，據以乙正。下同。

〔三〇〕沂水　太平御覽卷六三引郡國志作「小沂水」，輿地廣記卷六淮陽軍亦作「小沂水」，此蓋脱「小」字。

〔三一〕宋滅郯　水經沂水注引竹書紀年：「晉烈公四年，越子朱句滅郯，以郯子鴣歸。」史記卷四一越王句踐世家索隱：紀年於粤朱句「三十五年滅郯」。范祥雍古本竹書紀年輯校訂補：「據越世家索隱所引越紀年排算，此事當在晉烈公二年，見附表。疑沂水注『四』字或爲『二』字之誤。」方詩銘等古本竹書紀年輯證從其説，是越滅郯，此載「宋滅郯」，疑非。

〔三二〕大城周十二里半　「二」，底本脱，據萬本、中大本、庫本及元和郡縣圖志卷九泗州、讀史方輿紀要卷二二邳州引宋武北征記補。

〔三三〕春月按行高平「平」，萬本、庫本作「年」，未知孰是。

〔三四〕在黄鄉城東南一里　嘉慶重修一統志卷一〇一徐州府引本書作「在下邳縣東南一里黄鄉」，疑此「城」下「東」上脱「縣」字。

〔三五〕東一百一十里　按嘉慶重修一統志徐州府引本書云：「宿遷縣，在淮陽軍東一百二十里。」此「一十」蓋爲「二十」之誤。

〔三六〕厹猶縣　按「厹」蓋爲「厺」字之誤，本卷下文漣水縣序記「厹猶縣」同，詳見本書卷十六校勘記〔一〕。

〔三七〕在今縣西北七十里司吾故城是也　「七」，底本脱。嘉慶重修一統志卷一〇〇徐州府：「峒峿山，在宿遷縣北七十里，一名司吾山，又名司鎮山，俗譌爲峒峿山，漢置司吾縣，以此山名。……寰宇記，在縣西北七十里司吾故鄉。」同書卷一〇一徐州府記司吾故城引本書：「峒峿，在宿遷縣北七十里司吾故鄉。」二引本書均作「七十里」，此本當脱「七」字，據補。萬本、庫本作「峒峿在今縣西一十里」，「西」下脱「北」字，「一」爲「七」字之誤。中大本作「西一百一十里」，誤。

〔三八〕在今縣東南八十里魏陽故城是也　「十」，底本脱，萬本、庫本同，據嘉慶重修一統志卷九四淮安府引本書補。

〔三九〕漢縣屬廣陵　按漢書卷六武帝紀、卷二八地理志下載，漢武帝元鼎四年置泗水國，封常山憲王子商爲泗水王，都淩。續漢書郡國志三載，建武中省泗水國，淩改屬廣陵郡，此載不確。

〔四〇〕舊理在淮之北泗之南亦謂之泗城　「南」，底本作「西」，萬本、中大本、庫本同。嘉慶重修一統志卷九四淮安府引本書作「南」。水經泗水注：「泗水又東逕角城北，而東南流注于淮。」泗水在角城北，城在水南，此「西」爲「南」字之誤，據改。「泗城」，嘉慶重修一統志引本書同，萬本、中大本、庫本作「泗口城」。水經淮水注：「淮、泗之會，即角城也。左右兩川，翼夾二水，決入之所，所謂泗口也。」

〔四一〕十二月　「二」，萬本、中大本、庫本並作「一」。

〔四二〕利奉村　「利」，萬本、中大本、庫本並作「劉」，傅校同，此「利」蓋「劉」之譌。

〔四三〕王義方至今感知己也　萬本、庫本無王義方傳略，故無人物一門類，傅校同。

〔四四〕音菑　萬本、庫本無此二字，傅校删，蓋非樂史原文。

〔四五〕後漢爲徐州之地　「徐州」，元和郡縣圖志泗州作「徐縣」，疑此「州」爲「縣」字之誤。

〔四六〕魏曰海安縣　按本書上下文，此指三國魏，考之史籍，三國魏實無此縣。據宋書卷三五州郡志一載，宋明帝泰始七年立東海縣屬東海郡，領襄賁、贛榆二縣。隋書地理志下：漣水縣，「舊曰襄賁，置東海郡，東魏改曰海安。」元和郡縣圖志泗州：漣水縣，「宋明帝於此置東海郡，又於城北置襄賁縣屬焉，後魏改爲海安郡。」本書下文所載略同，是北魏，一云東魏，改東海郡爲海安郡，通典卷一八〇州郡一〇：漣水，「漢厹猶縣，魏曰海安郡。」亦指北魏之海安郡，此處謂三國魏「曰海安縣」，疑誤。

〔四七〕音肥　萬本、庫本無此二字。

〔四八〕在沭陽名南漣水北入縣界名北漣水　萬本作「在沭陽名漣水，入縣界名北漣水」，嘉慶重修一統志卷九三淮安府引本書同。按讀史方輿紀要卷二二安東縣（即宋漣水縣）：「漣水，縣西北三里，即沭陽之沭水分流也。在沭陽者曰南漣，在縣境者曰北漣。」是在沭陽名漣水，又名南漣，此「北入縣界」之「北」疑爲衍字。

〔四九〕在縣西一百一十六里　「西」，元和郡縣圖志泗州作「北」。據讀史方輿紀要卷二二、嘉慶重修一統志卷九三淮安府記載，應作「西北」。

太平寰宇記卷之十八

河南道十八

青州　濰州

青州

青州，北海郡。今理益都縣。古青州境。星分虚宿九度。當少皞時有爽鳩氏，虞、夏有季葥，湯時有逢公伯陵，殷末有蒲姑氏居之。蒲姑與四國作亂，周成王滅之，以封太公，所謂營丘。秦併天下，爲齊郡地焉。漢置北海郡。後漢爲北海、樂安二國地，又爲青州理所，謂理廣固。魏因之。晉爲齊及樂安二國，亦爲青州理所，永嘉末陷石勒。苻氏平燕，復有其地，苻堅末，刺史苻朗以青州降晉，晉又于此置幽州，仍以辟閭渾爲刺史，理于此。安帝初，以廣陵已僑立南青州，故此爲北青州。後又陷慕容垂，復爲慕容德所據，建都於此。至慕容超，宋武帝北伐克之，以羊穆之爲刺史。武帝後又省南青州，改北青州曰青州，仍移置東陽城，今州東城也。武帝末，又爲青州，理臨淄。後爲魏所得，又置青州。後周及齊，郡府創立，莫得詳述。至隋初郡廢，復爲青州。大業三年罷州，爲北海郡。唐武德二年海岱平，〔一〕又置青州總管府，管青、濰、登、牟、莒、密、萊、乘八州，青州領益都、臨朐、臨淄、般陽、〔二〕樂安、時水、安平等七縣；七年改總管府爲都督府；八年省濰、牟、登、乘四州，以廢濰州之北海，廢乘州之千乘、壽光、博昌來屬，省般陽、樂安、時水、安平四縣。貞觀元年罷都督府。天寶元年改爲北海郡。乾元元年復爲青州。後升平盧軍節度。晉開運元年降爲防禦州，以楊光遠叛，初平故也。天福十二年復舊爲平盧軍節度使。皇朝因之。

元領縣七。今六：益都，臨淄，壽光，臨朐，音劬。〔三〕博興，千乘。一縣割出：北海。入濰州。

州境：東西二百七里。南北二百五十里。

四至八到：東至東京一千一百三十里。西至西京一千五百五十里。西南至長安二千四百一十五里。東至萊州界二百一十六里。東至密州三百三十里。南至沂州四百五十里。南至密州三百四十五里。西至淄州一百二十里。北至棣州二百四十八里。東南至密州三百三十三里。西南至淄州一百里。西北至棣州三百一十九里。東北至海一百八十八里。又東北至萊州三百四十五里。

户：唐開元户五萬五千一百三十一。皇朝户主二萬二千五百四十九，客二萬八千七百三十五。

風俗：輿地志云：「夫齊東有即墨之饒，南有泰山之固，懸隔千里，齊得十二焉，此得東秦之地。」漢書云：「太公以齊地負海舄鹵，少五穀而人民寡，乃勸以女工之業，通魚鹽之利，而人物輻輳。故其俗彌侈，織作冰紈綺繡純麗之物。太公治齊，修道術，尊賢智，賞有功，故至今其士多好經術，〔四〕矜功名，舒緩闊達而足智。其失則奢夸朋黨，言與行謬，虚詐不情，言不可得其情也。〔五〕急之則離散，緩之則放縱。」南燕尚書潘聰曰：「青齊沃壤，號曰東秦，土方二千，户餘十萬，〔六〕四塞之固，負海之饒，可謂用武之國。」貨殖傳云：「齊俗賤奴虜。」

姓氏：樂安郡九姓：孫、任、高、薛、閻、仲、蔣、房、亢。千乘郡二姓：倪、庾。齊郡四姓：史、甯、左、梁。成陽郡三姓：〔七〕成、毋、益。

人物：陳敬仲，〔八〕晏嬰，陳仲子，居於陵。田單，臨淄人。復齊七十二城，封安平君。〔九〕魯仲連，臨淄人。嘗遊趙，不肯帝秦。後齊欲爵之，逃海上，曰：「與其富貴而詘，寧貧賤而肆志。」〔一〇〕黔婁，臨淄人。守道不屈，威王師事之。騶衍，臨淄人。著書十餘萬言，燕昭王擁篲先驅，請爲弟子。王蠋，臨淄人。燕破齊，聞蠋賢，將封以萬家，蠋固辭，曰：「忠臣不事二姓。」遂經死。顔蠋，臨淄人。隱士。田横，主父偃，臨淄人。一歲四遷，拜齊相。兒寬，博興人。家貧賃作，帶經而鋤。官御史大夫，以經術飭吏事。〔一一〕婁敬，公孫弘，薛方，臨淄人。王莽以安車迎方，方謝曰：「堯、舜在上，下有巢由，願守箕山之節。」遂杜門著書。〔一二〕管寧，臨朐人。平居一木榻，積五十五年未嘗箕踞，榻上當膝處皆穿，十徵不起。〔一三〕邴原，北海朱虛人。與管寧、華歆爲友。公孫度累聘不赴，歎曰：「邴君雲中白鶴，非燕雀之網所能羅也。」〔一四〕左思，臨淄人。博學羣書，作三都賦，張華見而歎曰：「班、張之流也。」陸機欲作棄筆，不能加。任昉，博興人。唐房玄齡。臨淄人。與杜如晦並稱賢相，卒，謚文昭。〔一五〕

土産：海魚，鹽，絲，綿，絹，今貢：〔一六〕猫兒，仙紋綾，漢書云：「齊俗織冰紈綺繡之物，號爲冠帶衣履天下。」樂氏棗。齊民要術云：「青州有樂氏棗，長肥香細多膏，肥美爲天下第一。傳云樂毅破齊時從燕齎棗于此種，故曰樂氏棗。」

益都縣，舊十二鄉，今六鄉。本漢廣縣地，益都亦漢侯國。魏于今壽光縣南十里益都城置益都縣，屬齊國。宋至後魏，縣並屬齊郡。慕容德都廣固，即此地也。北齊天保七年移于郡城之北門外，今縣理也。

箕山。左思齊都賦云：「箕嶺鎮其左。」水經云：「箕山無樹木而圓峭。」〔一七〕又郡國志云：「紀侯冢在箕山之陰。」宋書云：「焦恭祭冢得五礓焉。」

神嶽。左思齊都賦云：「則有神嶽造天。」

堯山。三齊記：「堯巡狩所登，故以爲名。」伏琛齊記又云：「此山南有二水，名東西丹水也。」又述征記云：「太公冢在堯山西。」

峱奴刀反。〔一八〕山。詩云：「遭我乎峱之閒兮。」

凡山。郡國志云：「黄帝封太山，禪凡山，合符得不死藥。」即此山。

地鏡。州城南，地遠望有水，多倒影，故人謂之「地鏡」。

平盧河。河水與地平，故號平盧。

少海。韓子曰：「齊景公與晏子遊于少海。」

天齊。漢書謂「祠天齊」，蘇林注云：「當天中央齊也。」

澠水，一名陽水。風俗通云「羸馬不渡澠水」，言澠水之急也。

稷門。劉向别録云：「齊有稷門，齊之城西門也。」外有學堂，即齊宣王立學所也，故稱爲稷下之學。又莒子如齊，盟于稷門。又史記云：「談説之士會于稷下。」皆此地也。

玄龜之野。徐幹齊都賦云：〔一九〕「齊國者，玄龜之精，降爲厥野。」

棘下。郡國志云：張逸問鄭玄，云：「我先師棘下生。」按棘下，即齊城内地名耳。

東陽城，即郡理東城是也。宋將沈文秀所守。

廣固城，在縣西五里。晏謨齊地記云：「晉永嘉五年，東萊曹嶷爲刺史所築，有大澗甚廣，因之爲固，謂之廣固城。初，南燕慕容德議所都，尚書潘聰曰：『青齊沃壤，號曰東秦，土方二千，户餘十萬，四塞之固，負海之饒，可謂用武之國。廣固者，曹嶷之所營，山川阻峻，爲帝王之都。』德從之。及宋武征慕容超于廣固，城側有五龍口，險阻難攻，兵力疲乏，河間人玄文説裕曰：『昔趙攻曹嶷，望氣者以爲澠水帶城，非可攻拔，若塞五龍口，城當必陷。〔二〇〕石季龍從之，嶷請降。後五日，大雨震雷，復開。後冉閔之亂，段龕被慕容恪攻圍數月，不克，又塞五龍口，龕遂降。無幾，又震開之。今舊基猶存，宜亟修塞。』裕從之。超城中男女皆患脚弱，病者大半，超遂出奔，爲裕所擒。」

高士冢。漢高士逢萌避王莽亂，遂隱居，後漢累徵不起。

劉善明宅。南史云：「善明仕宋爲北海太守，元嘉中，〔二一〕青州饑荒，人相食。善明家有積粟，躬自饘粥，開倉以救，鄉里皆獲全濟，百姓呼其家爲續命田。」

堯廟。郡國志云：「堯廟在澠水側。」

臨淄縣，西北四十里。舊七鄉，今二鄉。古臨淄城，一名齊城，漢齊郡亦理此。史記云：「齊所以爲齊，以天齊也。」項羽封田都爲齊王，都于此。漢爲縣，齊郡理也。後漢爲營陵縣，〔二二〕晉復爲臨淄，高齊省。隋開皇十六年移高陽縣理此，改爲臨淄，復舊名。按郡國志云：「淄水在縣城南，澠水在縣城東，即易牙別二水之味于此。」

縣理古臨淄城，漢齊郡亦理于此。蘇秦說齊王曰：「臨淄城中七萬户，不下户三男子，〔三〕三七二十一萬人。」又燕王謂蘇代曰：「吾聞清濟濁河，可以爲固，長城、巨防，可以爲塞。」漢書：田肯曰：「夫齊，東有琅邪、即墨之饒，南有泰山之固，持戟百萬，懸隔千里之外，齊得十二焉。此東西秦也。非子弟勿王。」漢六年封皇子肥爲齊王，盡得故齊地，人能齊言者悉隨之。

牛山，在縣南二十五里。韓詩外傳：「齊景公遊于牛山之上，北望齊國云：『美哉國乎！鬱鬱葱葱，使古而無死者，則寡人將何去此？』俯而泣下沾襟。國子、高子曰：『然臣賴君之賜，疏食惡衣，可得而食也，駑馬柴車，可得而乘也，且猶不欲死，而況君乎！』又俯而泣。晏子笑曰：『樂哉！今日晏嬰之遊也，見怪君一，〔三四〕諛臣二，使古無死者，則太公、丁公至今猶存，吾君方將披蓑苙而立畎畝，〔三五〕惟農事之恤，何暇念死乎！』景公慙，乃引觴自罰。」

愚公谷，在縣西二十五里。本社山，一名愚公山，有愚公谷。按說苑曰：齊桓公入社山，問老人愚谷公曰：「公儀狀非愚而名愚，何也？」對曰：「臣畜牸牛生犢子，以犢買駒，少年謂牛不能生馬，遂持駒去而不告。鄰人謂臣曰愚，故爲谷名。」管仲曰：「此夷吾過也，使堯在上，咎繇爲理，安有取人駒者乎！」又郡國志云：「社山之西，愚公谷之東，有愚公冢存。」

營丘，在縣北百步外城中。史記：「太公封營丘。」漢志營陵縣，或曰營丘，應劭云：「尚父所封，陵亦丘也。」

鐵山。崔琰述征賦云：「涉淄水，過相都，登鐵山，望齊密。〔二六〕」即此也。

鼎足山，桓公墓在上。按郡國志：「山上有墳，是管仲陂。」又述征記云：「永嘉末，人發冢得珠襦、玉匣。」貞觀十一年詔致祭，〔二七〕禁樵採。

葵丘，在縣西二十里。左氏云：「齊襄公使連稱、管至父戍葵丘。」杜注：「臨淄縣西地名也。」

康浪水。三齊記云：甯戚叩牛角歌曰：「康浪之水白石粲，中有鯉魚長尺半。」即此也。

沬水。耿弇破張步于臨淄，追至沬水是也。〔二八〕

聖水。郡國志云：「鹿皮公作轉輪，縣閣，上峰，〔二九〕飲此水而成仙。」一名陽水。

畫邑，本齊之邑名也。〔三〇〕史記：「樂毅破齊，聞畫邑人王蠋賢。」即此邑也。

烏常泛。續述征記云：「烏常泛，齊人謂『湖』爲『泛』，中有臺，皆生結蒲。」云秦始皇遊此臺結蒲，繫馬于此。」今蒲生皆結。

涓涓水。隋圖經云：「在湖陸城東也，西南注泗。或云吴王夫差伐齊，掘溝商、魯之間也。」

左右池。郡國志云：「齊桓公宮内有七市，即閻職與懿公遊于池。」今謂左右池是也。

天齊池，在縣東十五里。〔三一〕史記封禪書謂「秦始皇遊海上，祠名山大川及八神，求仙人羡門之屬。八神，一曰天主，祠天齊。天齊淵水，居臨淄南郊山下。」左思齊都賦云：「天齊之池，因名國也。」

齊桓公冢。隋圖經云：「在齊城南二十里鼎足山上，因山爲墳。冢東有女水，或云齊桓公女冢在其上，〔三二〕東北流至安平城南，伏流十五里，然後更流，注北陽水也。齊人諺曰：世治則女水流，亂則女水竭。慕容超在廣固，乾涸彌載，暨潰滅，而激湍洪注到今。」唐貞觀十一年詔致祭，禁二十步内不得樵採。

陰陽里。郡國志云：縣東有陰陽里，〔三三〕即諸葛亮梁父吟曰：「步出齊東門，遥望陰陽里。里内有三墳，纍纍皆相似。借問誰家墳？田開、〔三四〕古冶子。」

雍門。郡國志云：雍門，齊門也。韓娥東至齊，乏糧，過雍門，鬻歌于市，即此。

梧臺，亦名梧宮。説苑云：「楚使適齊，齊襄王饗之梧宮臺」是也。因有大梧樹而建名。又郡國志云：「宋人得燕石之所。」

雪宫基，在縣東北六里。齊侯見孟子于雪宫，〔三五〕即此也。

管仲墓，在縣東南二十三里。〔三六〕

晏嬰墓，在縣東北三里。唐貞觀中禁十五步内不得樵採。

鄒衍墓，在邑界。

壽光縣，東北七十里。舊七鄉，今六鄉。漢舊縣，屬北海郡，後改屬樂安郡。〔三七〕宋無壽光縣。隋開皇六年于縣北一里博昌故城置壽光縣，屬青州。

淄、澠水，西自千乘縣界流入，至此合流，去縣四十里。淮南子云：白公問微言：「若水投水，如何？」孔子曰：「淄、澠合流，易牙味而别之。」是此也。

斟灌城，亦名東壽光。左氏傳云：「寒浞使其子過澆，滅斟灌。」

紀城。古紀侯之國，姜姓也。今廢城在縣南。

劇南城。故紀國，漢曾爲劇縣焉。今城亦在縣南。

臨朐縣。南四十里。舊四鄉，今二鄉。漢舊縣，屬齊郡。亦伯氏駢邑之地。因朐山名縣。〔三八〕隋開皇六年改爲逢山縣，屬青州，取縣西逢山爲名。大業二年又改爲臨朐。

靈山。晏子春秋：「齊大旱，景公問羣臣曰：『卜祟在高山廣澤，寡人欲祀靈山，可乎？』晏子對曰：『靈山以石爲身，以草木爲毛髮，天久不雨，髮將焦枯，身將爇，猶不欲雨乎，祀之何益！』」

逢山。漢志臨朐有逢山。述征記：「逢山有石鼓，齊地將亂，人擊石鼓必鳴，聞數十里。」

朐山，在縣東七十里。縣因山建名。

破車峴，在縣東南三十五里。高七十丈，周迴二十里，道徑惡，〔三九〕故曰破車峴。

都昌故城，漢縣，廢城在今縣東北。〔四〇〕

東陽城，一名凡城。左氏曰「晏弱城東陽以逼萊」，乃齊境上邑也。

朱虛故城，漢爲縣，在今縣東六十里古城是。後漢改屬北海郡。孔融爲黄巾賊所敗，曾保此城。高齊天保七年省。

故校城。漢書「武帝封城陽頃王子雲爲侯」，〔四一〕即此地。十三州志云：「朱虛東十三里有校亭縣。」

漢祓城，漢縣，蓋在今縣九十里，〔四二〕當北海之西南界，其城並無遺址。

臨原故城。漢書：「武帝封菑川懿王子始昌爲侯。」後漢省併入朱虛，在今縣之東，即輔唐縣之北是其地。

博興縣，西北一百二十里。舊三鄉，今四鄉。漢縣，屬千乘郡。按十三州志云：「昌水其勢平博，故曰博昌。」後漢改千乘郡爲樂安國，博昌縣仍屬焉。晉、宋及魏並同。高齊省，仍自今縣東十二里樂陵故城移樂陵縣理于此，屬樂安郡。隋開皇三年罷郡，樂陵屬青州；十六年改爲博昌。後唐諱「昌」，改爲博興。

濟水，北去縣百步，又東北流入海。

海浦，在縣東北二百八里。濟水入海之處，因謂水口爲海浦。

沛。周禮謂齊川曰沛，〔四三〕經此縣界。

貝丘聚。左氏：「齊侯畋于貝丘。」在今縣南。

樂安故城。漢樂安國，故城在今縣東南。

蒲姑城，齊之舊都，殷末有蒲姑氏國，即此城。〔四四〕周初作亂，成王滅之。

千乘縣，西北八十里。〔四五〕舊七鄉，今三鄉。漢舊縣，屬千乘郡，有鐵官。後漢和帝永元七年改千乘郡爲樂安國，縣仍屬焉。隋廢郡，屬青州，仍移縣于今所，即漢廣饒縣地。唐武德二年于此置乘州，八年州廢，縣仍屬青州。

青丘。齊景公有馬千駟，畋于青丘，是此也。

柏寢臺。韓子曰：「景公與晏子遊于少海，登柏寢之臺而望其國，曰：『美哉堂堂乎！後代將孰有此？』晏子對曰：『其田氏乎！』公曰：『寡人之國而田氏有之，柰何？』對曰：『君欲奪之，則近賢遠不肖，賑窮恤孤，雖十田氏，其如君何！』

淄水，南去縣二十八里。

濰州

濰州，理北海縣。〔四六〕本青州地北海縣也，隋開皇十六年于縣置濰州，大業八年因賊陷俱廢。唐武德二年又于縣置濰州，領北海、連水、平壽、華池、城都、下密、東陽、寒水、訾亭、濰水、汶陽、膠東、營丘、華宛、昌安、都昌、城平等十七縣；六年唯留北海、營丘、下密三縣，餘十四縣並廢；八年廢濰州，仍省營丘、下密二縣，以北海屬青州。至皇朝建隆三年建爲北海軍，至乾德三年改爲濰州，復舊名也。

今領縣三：北海，昌邑，昌樂。

州境：東西一百九十里。〔四七〕南北一百八十里。

四至八到：西至東京一千三百二十里。西南至西京一千七百里。東至萊州膠水縣一百六十六里。西至壽光縣界三十五里。南至密州輔唐縣七十三里。北至海一百二十里。東南至密州高密縣界七十五里。西北至壽光縣九十四里。東北至萊州掖縣界二百二十里。

户：皇朝管户主一萬一千二百七十八，〔四八〕客一萬三百一十五。

風俗：同青州。

人物：逢萌，昌邑人。〔四九〕家貧，爲亭長。後挂冠都城門，攜家浮海，隱于勞山。徐幹。北海人。

土産：舊貢：仙紋綾。今貢：紵絲素絁，樂氏棗，絹，綿。

魏文嘗歎其有箕山之節。〔五〇〕

北海縣，舊九鄉，今五鄉。本漢平壽縣地，屬北海郡。後漢爲北海國在此，北齊置北海郡，皆此地。隋開皇三年罷郡，置下密縣于廢郡城中，屬青州；十六年又于此置濰州，取界内濰水爲名。大業二年州廢，改下密縣爲北海縣。

節女山，在縣西北三十五里。郡國志云：「北海縣節女，當齊湣王伐楚，蘇渾死焉，有五女終身不嫁，呼父魂，葬于此山，因名。

阜山。按齊記云：「此山是地胏，可以免三災。」

溉源山，在州東南六十里。山形如塔，舊名塔山。地理志云：「覆甑山，溉水所出。」水經注云：「溉水出塔山。」是山有二名，故兩存焉。天寶六年勅改爲溉源山。

霹靂山，在縣南五十八里。古老相傳其山常出霹靂鐵，〔五一〕本號鐵山，天寶六載勅改爲霹靂山。

小几山，在縣西南七十里。山形曲如几形。又臨朐縣有几山，此山似之，故曰小几山。

海水，在縣東北百二十里。禹貢：「海、岱惟青州。」今按海東接萊州，西抵壽光縣界。

濰水，南去縣界五十五里。〔五二〕即禹貢之濰、淄二水。地理志：「濰水出琅邪郡箕縣，北至昌都入海。」昔韓信與龍且戰于水上，信以萬餘囊盛沙壅水上流，〔五三〕明日夾水戰，龍且涉水，信遂斬龍且，破楚軍二十萬，即此水也。西有韓信祠，今存。

膠水，在州東八十六里。漢書云：「郏縣東，膠水所出。」齊記云：「膠水出琅邪五弩山。」圖經云：「水色如膠，北流三百里入海。」

汶水，在縣東南六十里。源出沂水縣小泰山，入縣界合濰水入海。漢書云：「琅邪朱虛縣東泰山，汶水所出。」論語云：「如有復我者，則吾必在汶上矣。」即此。

廢平壽縣，在州西南三十里。左傳注云：「平壽縣者，商、周故號。」後魏皇興三年置，以舊號爲縣名。北齊天保七年廢。隋義寧二年復置，武德四年廢。

廢西下密縣，在州西二里。〔五四〕隋開皇十六年于北海縣置濰州，移下密縣于此置，至大業二年廢州，縣併入北海縣。

廢東下密縣，在州東四十五里。隋開皇七年分下密東界爲膠東縣，屬北海郡，唐武德九年廢。

廢膠東縣，在州東南八十里。後魏皇興二年置，〔五三〕北齊天保七年廢。

廢桑犢縣，在州東南三十里。漢書云北海桑犢縣，即此。

公孫弘墳，在州西二十里，高二丈三尺。漢書云：「公孫弘，菑川薛人也。爲丞相，封平津侯。」葬于此。冢後有泉，號曰補生泉。

徐幹墳，在州東五十一里。俗呼爲「博士冢」。魏志云：「徐幹，北海劇人。」卒葬于此。

寒亭，在州東二十三里。左傳云：「寒浞，伯明氏之後。」杜預云「寒，國。北海平壽縣東寒亭」也。此即寒浞本國，伯明氏之所立也。

斟亭。左傳云：「寒浞使子澆滅斟灌及斟鄩氏。」杜注云「北海平壽縣東南有斟亭」也。漢書斟屬北海，班固以爲故國，禹後也。其亭在州東南五十里。此亭近斟，故曰斟亭。

鄭公鄉。鄭公康成，北海郡高密人也。北海相孔融謂其所居鄉爲鄭公鄉，門爲通德門。

昌邑縣，東六十里。無鄉，管三里。古都昌之地，即齊七十二城之一也。漢更昌邑縣，魏、晉因之，〔五六〕後廢。至皇朝建州後再立。

霍侯山，在縣南四十里。漢書：「霍光爲博陸侯，封在北海。」其山本名陸山，天寶六年勅改爲霍侯山。

子騫阜，在縣西北十里。上有閔子騫廟。

伯牛阜，在縣西北十二里。

子游池，在縣東南十五里。

訾城，在縣西北十五里。〔五七〕左傳：「齊師遷紀郱、鄑、郚。」杜注云：「北海郡都昌縣西有訾城。」俗呼爲瓦城。

都昌古城，齊頃公封逢丑父食菜之邑。晏子春秋云：〔五八〕「景公封晏子以都昌，辭而不受。」即此城也。漢、魏、晉爲縣，屬北海郡，後廢。今爲昌邑縣。

逢丑父墳，在縣南五里。

昌樂縣，西五十五里。無鄉，管三里。本夏邑，商以前故國，太公前封之處。隋開皇六年于營丘故城置營丘縣〔五九〕屬濰州。大業八年因賊陷俱廢。唐武德二年又于北海縣置濰州，復立營丘縣；至九年，州縣又廢。至皇朝析壽光縣長壽鄉於營丘故縣置安仁縣，〔六〇〕尋改爲昌樂縣。

方山，在縣東南二十五里。晏謨齊記云：「劇城東南二十五里有方山，遠望正方。」

西丹水，在縣西北五十七里。源出臨朐縣凡山，〔六一〕入縣界，溉田。

東丹水，在縣西六十里。合西丹水。

廢劇縣，在縣西五十五里。地理志云劇，故紀城也。漢置劇于紀城，後爲縣，屬北海郡。爾雅云：「七達謂之劇驂。」郭璞注云：「北海劇縣有此道。」〔六二〕魯連云：「孟子，劇之辯者。〔六三〕」

紀臺，在縣西六十里劇城内，高九尺。地理志云劇縣，昔紀侯國臺，紀侯所築。〔六四〕

叢角山，在州東五十里。山有三峰，岌如叢角。

古營丘城，太公所封之處。隋開皇六年于故城置縣，屬濰州。唐武德二年，邑人汲嗣因賊率黎庶守之，權置紀州；四年廢，置營丘縣；九年縣廢。

卷十八校勘記

〔一〕武德二年　「二」，萬本及元和郡縣圖志卷一〇青州同；庫本作「四」，同舊唐書卷三八地理志

一、唐會要卷七〇州縣改置上青州。

〔二〕般陽 「般」，底本作「殷」，萬本同。新唐書卷三八地理志二作「般陽」，廿二史考異卷五八：「殷陽疑是般陽之譌。」庫本作「般」，是，據改。下同。

〔三〕音劬 萬本、庫本並無此二字，傅校删，蓋非樂史原文。

〔四〕故至今其土多好經術 「土」，底本作「士」，萬本、庫本同，據傅校及漢書卷二八地理志下改。

〔五〕言不可得其情也 「可」，底本作「能」，據萬本、庫本、傅校及漢書地理志下顔師古注改。

〔六〕户餘十萬 「餘」，底本作「踰」，據萬本、庫本、傅校及晉書卷一二七慕容德載記改。後文益都縣廣固城改同。

〔七〕成陽郡 「成」，萬本、庫本並作「咸」，即謂咸陽郡，未見「成陽郡」之名，此「成」蓋爲「咸」字之譌。

〔八〕陳敬仲 「陳」，庫本同，萬本作「齊」。按史記卷四六田敬仲完世家：「陳完，陳厲公他之子，爲陳大夫，後奔齊，爲齊工正，卒，謚爲敬仲。」此敬仲本陳公子，後爲齊臣。又左傳：襄公二十九年，「齊人立敬仲之曾孫酀，良敬仲也。」此爲齊臣敬仲。云「陳敬仲」者，當爲前者。

〔九〕臨淄人至封安平君 萬本、庫本並無此十三字。

〔一〇〕臨淄人至寧貧賤而肆志 萬本、庫本並無此三十一字。

〔一一〕黔婁至以經術飭吏事 萬本、庫本並不列黔婁、騶衍、王蠋、顔蠋、田横、主父偃、兒寛諸傳略。

〔一二〕薛方至遂杜門著書　萬本、庫本並無薛方傳略。

〔一三〕臨朐人至十徵不起　萬本、庫本並無此二十八字。

〔一四〕公孫度累聘不赴至非燕雀之網所能羅也　萬本、庫本並無此二十四字。

〔一五〕左思至卒謚文昭　左思、任昉、房玄齡傳略，萬本、庫本並無。

〔一六〕今貢　庫本同，萬本爲注文，注於上文「絹」下。

〔一七〕水經云箕山無樹木而圓峭　按此載於水經巨洋水注，作峨山，即箕山，文云：「無事樹木，而圓峭孤峙。」此引文少「事」及「孤峙」字。

〔一八〕奴刀反　萬本、庫本並無此三字。

〔一九〕徐幹　「幹」，底本作「翰」，據萬本、庫本、傅校及水經河水注、藝文類聚卷六一引徐幹齊都賦改。

〔二〇〕城當必陷　「當必陷」，底本作「必自陷」，據萬本、庫本及水經淄水注改。

〔二一〕元嘉中　南齊書卷二八、南史卷四九劉善明傳皆作「元嘉末」，此「中」疑爲「末」字之誤。

〔二二〕後漢爲營陵縣　據漢書卷二八地理志上、續漢書郡國志四載，臨淄縣，漢爲齊郡治，後漢爲齊國治；營陵縣，漢爲北海郡治，後漢爲北海國屬縣，二縣不相涉，疑此誤。

〔二三〕不下户三男子　「不」，底本脱，據萬本、庫本及史記卷六九蘇秦列傳補。

〔二四〕見怪君一　「怪」，太平御覽卷一六〇引韓詩外傳作「怯」，此「怪」疑爲「怯」字之誤。

〔二五〕吾君方將披蓑笠而立畎畝　「君」，底本作「今」，萬本、庫本無「吾君」二字，據太平御覽卷一六〇引韓詩外傳改。「蓑笠」，底本作「菜豆」，萬本、庫本同，太平御覽引韓詩外傳作「萊笠」。傳校改爲「蓑笠」，據改。

〔二六〕過相都登鐵山望齊密　「相」，讀史方輿紀要卷三五臨淄縣、嘉慶重修一統志卷一七〇青州府皆引作「桓」，此「相」疑爲「桓」字之誤。「密」，嘉慶重修一統志引作「岱」。

〔二七〕貞觀十一年　「一」，底本脱，萬本同，據庫本及元和郡縣圖志卷一〇青州補。

〔二八〕沬水　後漢書卷一九耿弇傳：弇追張步「至鉅昧水上。」水經巨洋水注：「巨洋水即國語所謂具水也，袁宏謂之巨昧，王韶之以爲巨蔑，亦或曰朐瀰，皆一水也。」讀史方輿紀要卷三五青州府：瀰水，「國語謂之具水，袁宏以爲巨昧，王韶之以爲巨蔑，或曰朐瀰，或曰巨沬，實一水也。」此蓋脱「巨」字。

〔二九〕上峰　中大本、庫本同，萬本作「上岑山」。水經淄水注引列仙傳：「鹿皮公者，淄川人也，少爲府小吏，才巧，舉手成器，岑山上有神泉，人不能到。小吏白府君，請木工斤斧三十人，作轉輪造縣閣，意思横生。數十日，梯道成，上其巔，作祠屋，留止其旁。」則諸本皆是。

〔三〇〕畫邑本齊之邑名也　「畫」，底本作「晝」，據庫本、史記卷八三田單列傳改。下文同。「本」，底本作「水」，萬本、庫本同，中大本作「本」。史記卷八二田單列傳：「燕之初入齊，聞畫邑人王蠋賢。」集解引劉熙曰：「齊西南近邑。」正義引括地志云：「戟里城在臨淄西北三十里，春秋時棘邑，又云澅邑。」後漢書卷一九耿弇傳：「弇進軍畫中。」李賢注：「畫中，邑名也。」此作「水」當爲「本」字之形譌，據改。

〔三一〕在縣東十五里　史記卷三二齊太公世家正義、詩地理考卷二齊引括地志，元和郡縣圖志卷一〇青州並作「在縣東南十五里」，此蓋脱「南」字。

〔三二〕齊桓公女冢在其上　「公」，底本脱，據萬本、庫本及傳校補。

〔三三〕陰陽里至縣東有陰陽里　「陰陽」，萬本、太平御覽卷一五七州郡三里引郡國志同；庫本作「蕩陰」，同水經淄水注。「縣」，底本作「郡」，萬本、庫本並作「在縣」，太平御覽卷一五七州郡三里引郡國志：「齊臨淄縣東有陰陽里。」據改。庫本作「在縣東，有三冢焉」。

〔三四〕田開　庫本作「田疆」，太平御覽卷一五七州郡三里引郡國志同。按水經淄水注：淄水東有冢，「是列士公孫接、田開疆、古冶子之墳也」。北堂書鈔卷九四、太平御覽卷五五九引三齊略記云：「田開疆、公孫接、古冶子三壯士冢，在齊城東南三百步。」是「田開」、「田疆」均指「田開疆」。

〔三五〕齊侯見孟子于雪宮　「孟子」，萬本、庫本同，孟子梁惠王下：「齊宣王見孟子於雪宮。」中大本作「晏子」，元和郡縣圖志青州引晏子春秋所謂「齊侯見晏子於雪宮也。」

〔三六〕在縣東南二十三里　史記卷三二齊太公世家正義引括地志：「管仲冢在青州臨淄縣南二十一

里牛山上，與桓公冢連。」同書卷六二管仲列傳正義引括地志云：「管仲冢在青州臨淄縣南二十一里牛山之阿。」並與此不同，未知孰是。

〔三七〕後改屬樂安郡　漢書地理志上載，壽光縣屬北海郡。續漢書郡國志四：樂安國，「壽光，故屬北海。」是後漢改屬樂安國。元和郡縣圖志青州：壽光縣，「後漢改屬樂安國。」輿地廣記卷六青州：壽光縣，「後漢、晉並屬樂安國。」此「後」下疑脱「漢」字，「郡」爲「國」字之誤。

〔三八〕因朐山名縣　庫本同，萬本作「因縣東朐山爲名」，同元和郡縣圖志青州，此「因」下疑脱「縣東」二字。

〔三九〕道徑惡　萬本據元和郡縣圖志青州「惡」上補「險」字。

〔四〇〕漢縣廢城在今縣東北　嘉慶重修一統志卷一七一青州府載：漢都昌縣，在今昌邑縣，劉宋寄治青州州治，北魏移治於臨朐縣東北。此云漢都昌縣在臨朐縣東北，疑誤。

〔四一〕故校城漢書武帝封城陽頃王子雲爲侯　漢書卷一五上王子侯表：「挍靖侯雲，城陽頃王子，元鼎元年四月戊寅封。」史記卷二一建元已來王子侯者年表也作「挍」。

〔四二〕蓋在今縣九十里　按「縣」下當有脱字，王先謙漢書補注地理志琅邪郡祓下引本書作「在臨朐縣東九十里」，疑脱「東」字。

〔四三〕周禮謂齊川曰沛　「齊」，傅校改「濟」。按「濟」、「沛」二字通用，惟周禮職方及毛詩泉水、漢書地理志等作「泲」，他如尚書禹貢、爾雅釋水、左傳、水經注等無不作「濟」，傅氏之説可信。

〔四四〕蒲姑城齊之舊都殷末有蒲姑氏國即此城　「蒲」，傅校作「薄」，讀史方輿紀要青州府：薄姑，「亦曰蒲姑。」「此城」，萬本、庫本作「此地」，中大本作「即此城」，據補「即」字。

〔四五〕西北八十里　「西」，底本作「東」；「八十」，底本作「十八」，萬本、庫本同。元和郡縣圖志：青州千乘縣，「東南至州八十里。」元豐九域志卷一：青州千乘縣，「州北八十里。」按唐宋青州治益都縣，即今山東青州市；千乘縣即今廣饒縣，在今青州市西北，方向道里正合李書、王書所載，此「東」乃「西」之誤，「十八」爲「八十」之倒誤，據改。

〔四六〕理北海縣　「縣」，底本作「郡」，庫本同，據萬本、中大本、傅校及本書下文改。

〔四七〕東西一百九十里　「九十」，萬本、庫本並作「九十一」，傅校同，此蓋脱「一」字。

〔四八〕主一萬一千二百七十八　「七」，萬本、庫本並作「八」，傅校同。

〔四九〕昌邑人　後漢書卷八三逢萌傳：「北海都昌人。」按兩漢都昌縣，在宋昌邑縣西，北魏以後廢，北宋建隆三年於古縣地置昌邑縣，此記後漢逢萌事，作「昌邑」，不確。

〔五〇〕人物逢萌至魏文嘗歎其有箕山之節　萬本、庫本並不列逢萌、徐幹傳略，故無人物，傅校删。

〔五一〕古老相傳其山常出霹靂鐵　「常」，萬本、庫本並作「曾」，傅校改同，此「常」蓋「曾」字之誤。

〔五二〕南去縣界五十五里　萬本、庫本並無「界」字，元和郡縣圖志青州同，此「界」字蓋衍。

〔五三〕盛沙壅水上流　「盛」，底本脱，庫本同，萬本據史記卷九二淮陰侯列傳補，據補。

〔五四〕在州西二里　「二里」，嘉慶重修一統志卷一七四萊州府引本書同；萬本、中大本並作「二里半」，傅校同。

〔五五〕皇興二年　「二」，萬本、庫本並作「三」。

〔五六〕漢更昌邑縣魏晉因之　按漢置都昌縣，屬北海郡，東漢、魏屬北海國，西晉屬北海郡，見於漢書地理志上、續漢書郡國志四、吴增僅三國郡縣表附考證、方愷新校晉書地理志。魏書卷一〇六地形志中：北海郡都昌縣，「二漢屬，晉屬齊郡，後屬。」都昌縣，北魏以後廢，北宋初在故縣地設昌邑縣，本書下文都昌古城云：「漢、魏、晉爲縣，屬北海郡，後廢，今爲昌邑縣。」此「昌邑」蓋爲「都昌」之誤。

〔五七〕在縣西北十五里　「五」，底本作「三」，據萬本、中大本、庫本及嘉慶重修一統志萊州府引本書改。

〔五八〕晏子春秋　底本作「春秋」，萬本、庫本同。按以下引文「景公封晏子以都昌，辭而不受」，載於晏子春秋内篇雜下第六梁丘據言晏子食肉不足景公割地將封晏子辭，此脱「晏子」二字，據補。

〔五九〕隋開皇六年于營丘故城置營丘縣　據隋書卷三〇地理志中載，開皇十六年置營丘縣，疑此脱「十」字。

〔六〇〕於營丘故城置安仁縣　「於」，底本無，萬本同，據嘉慶重修一統志青州府引本書及傅校補。

〔六一〕凡山　「凡」，底本作「几」，萬本同，據庫本及水經巨洋水注改。

〔六二〕北海劇縣有此道　「道」，底本作「路」，據萬本及爾雅釋名郭璞注改。

〔六三〕劇之辯者　「辯」，底本作「辨」，據萬本、傅校及水經巨洋水注改。

〔六四〕昔紀侯國臺紀侯所築　萬本、庫本並作「昔紀侯所築」，無「紀侯國臺」四字，傅校删，此蓋衍文。

太平寰宇記卷之十九

河南道十九

淄州　齊州

淄　州

淄州，淄川郡。今理淄川縣。禹貢青州之域。星分危宿十四度。周之九州爲幽州之境。職方氏「幽州其浸菑、時」，州蓋取淄水爲名也。春秋戰國時屬齊。秦置三十六郡，爲齊郡之地。在漢爲濟南郡之般陽縣，屬濟南、樂安二國，尋又置臨淄國于此。〔一〕其城迄今，一名臨淄城，一名齊城。晉屬樂安國。宋元嘉五年于此置清河郡，仍于州理立貝丘縣。後魏又爲東清河郡。高齊天保七年廢清河郡，以貝丘屬齊郡。開皇十六年于今理改置淄州。大業二年廢淄州，三年屬齊州，又改爲齊郡。隋亂，陷于寇賊。唐武德元年重置淄州，領淄川、長白、萊蕪三縣；六年廢長白、萊蕪二縣；八年又以廢鄒州之長山、高苑、蒲臺三縣來屬。天寶元年爲淄川郡。乾元元年復爲淄州。景龍元年分高苑置濟陽縣，又併入高苑，又割蒲臺隸之，後割隸棣州。

元領縣五。今四：淄川，長山，高苑，鄒平。一縣廢：濟陽。入高苑。

州境：東西一百二十五里。南北一百八十二里。

四至八到：西南至東京八百四十五里。西南至西京一千二百四十里。西南至長安三千二十五里。東至青州一百二十里。南至兖州三百七十里。西至齊州二百里。北渡河至棣州二百一十里。東南至沂州五百二十里。西北至齊州同上。〔二〕東北至青州一百里。

户：唐開元户四萬二千七百三十七。皇朝户主一萬一千二百八十二，客一萬八千七百七十。

風俗：同青州。

人物：田何，淄川人。家貧，守道不仕。惠帝親幸其廬受易，齊魯之士多宗之。禰衡，淄川人。與孔融爲忘形交。嘗奏漁陽鼓，裸身辱操。又于江夏賦鸚鵡，援筆立就。後爲黄祖所殺。鄒長倩。淄川人。〔三〕

土産：貢：防風，長理石。出：絁絹，麻布。

淄川縣，舊十七鄉，今五鄉。本漢般陽縣也，屬濟南郡。在般水之陽，故名。後漢屬齊國。晉省。宋元嘉五年于此置貝丘縣，屬清河郡。高齊廢郡，縣屬齊州。隋開皇十六年于此置淄州，貝丘縣屬焉；十八年改貝丘爲淄川縣。大業二年廢淄州，縣屬齊州。唐武德元年重置淄州，縣仍隸之。

原山，在縣東南七十里。地理志云：「原山，淄水之所出也。」

西一作商。山，〔四〕在縣北七十里。有鐵鑛，古今鑄焉，亦出磁石。

籠水，古名孝水。輿地志云：「齊有孝婦顏文姜，事姑孝養，遠道取水，不以寒暑易心，感得靈泉，生于室內。文姜常以緝籠蓋之，姑怪其須水即得，非意相供，值姜不在，私入姜室，去籠觀之，水即噴湧，壞其居宅。故俗亦呼爲籠水。」今按水之發源，〔五〕去縣五十里，始流經州西，去城一百五十步，有般水注之，又流入長山縣界。

般水，亦名左阜水，源出縣東南龍山，般陽縣在般水之陽，謂此水也。今按般水發源，去縣二十里，經縣理南去一百二十步，又西北流入籠水。

州理城，本漢般陽縣城也。道書福地記云：「般陽山自生黍，可食。」按此縣界無「般陽山」，當爲般陽縣界有此山也。

釁山，在縣東北十里。三齊略記云：「鄭玄刊註詩書日，棲遲于此山。上有古井不竭，獨生細草，葉形似韰，俗謂「鄭公書帶草」。」

康浪水，即甯戚叩角歌之處。

淄水，源出縣東南原山。禹貢：「濰、淄其道。」鄭注：「淄水出泰山萊蕪縣。」淮南子謂之水出目飴山，〔六〕蓋原山別名。又田巴對齊王曰：「臣侍妾皆謂臣美，及臣鑑淄水，方知自醜。」

萊蕪故城。按縣昔齊靈公滅萊，萊人播流于此地，邑落荒蕪，故以萊蕪爲稱。漢屬泰山郡。後漢范史雲爲萊蕪長，清儉守節，百姓歌之曰：「甑中生塵范史雲，釜中生魚范萊蕪。」蓋此邑也。

故反蹤城。齊記云：「齊景公失馬，尋蹤遂失于此，故有反蹤城。」又按輿地志云：「魏明帝景初三年，以遼東新沓縣吏民渡海來去，還于此地，置新沓縣以居之，屬齊郡也。」

逢陵故城，在縣西北四十里。左傳云：「齊大夫逢丑父與君易位，爲晉師所獲，晉人捨之，齊頃公獲免。」俗傳此即丑父之城。

淳于髡墓，在縣東六十七里。史記曰：「齊宣王好士，髡等談説之士七十餘人，並食上大夫禄。」髡，滑稽多智，時人號曰「炙輠」。音禍。〔七〕髡死，諸弟子三千人爲縗絰。

長山縣，西北六十二里。舊十八鄉，今十九鄉。〔八〕本漢於陵縣地也。按漢於陵縣，在今縣理南二十五里於陵故城是也，自漢至晉，恒爲於陵縣地不改。宋武帝于此僑立廣川郡，又于郡理僑立武强縣。高齊天保七年改廣川郡爲平原郡。隋開皇三年廢平原郡，乃移武强縣入廢城中，屬齊州；十六年分置淄州，復以武强屬焉；十八年改武强爲長山縣，取今縣西南三十五里長白山爲名，屬淄州。大業二年廢淄州，縣隸齊州。武德元年置鄒州，縣又屬焉；八年廢鄒州，依舊屬淄州。

長白山，在縣西南四十里。〔九〕按顧野王輿地志云：「齊城西南百五十里有長白山，陳仲子夫妻所隱處。」

濟水，西自齊州章丘縣界流入，在縣西北三十五里。

於陵故城，在縣南二十五里。漢於陵縣城也，屬濟南郡。水經注：「陳仲子，齊國人，兄禄萬鍾，仲子非而不食，避兄離母，家于於陵，即此地也。」

縣理城，即宋廣川郡理也。

高苑故城，在縣北二十四里。齊高苑縣也。

濟南故城，古郡城，在縣西北。

十二斤溝。〔一〇〕郡國志云：〔一一〕「十二斤溝，即百脈水，亦曰合流水。」

高苑縣，北百一十里。舊十四鄉，今二鄉。按漢地理志云高苑縣屬千乘郡。後漢屬樂安國。宋無高苑縣，别于今縣理西二里漢狄故城置長樂縣，〔一二〕屬渤海郡。高齊廢渤海，改屬長樂郡。隋開皇三年罷郡，縣屬青州；十六年隸淄州；十八年改爲會城縣。大業三年改爲高苑縣，取縣東南高苑故城爲名。隋末陷賊。唐武德元年重置，屬鄒州；八年廢鄒州，縣屬淄州。按縣兼有漢千乘國地。〔一三〕

濟水，西南自鄒平縣界流入，經縣北七十步。

被陽故城，在縣西南八十步。本漢舊縣也，侯國，屬千乘郡。高齊自漢狄故城移長樂縣理于此。

南千乘故城，在縣北二十五里。漢千乘郡，高帝置，領縣十五，屬青州。後漢和帝更名樂安國，領縣九。宋於此置樂安郡。隋開皇三年移千乘縣于廣饒城，屬青州，今青州千乘縣理是也。

廢濟陽縣，唐景龍元年析高苑置，以在濟水之北，故名。縣尋廢，還高苑。在州北九十四里。

鄒平縣，西北一百二十里。舊十二鄉，今四鄉。本漢舊縣，屬濟南郡。後漢及晉並不改，永嘉之亂，其縣遂廢。後魏地屬臨濟縣，按臨濟在今高苑縣界漢狄故城是也。高齊天保七年，自今長山縣界濟南故城移平原縣于今理東南三十五里漢梁鄒故城地屬焉，〔一四〕隸廣川郡。周不改。隋開皇三年自梁鄒城移平原縣入鄒平城，屬齊州，今理是也；十六年改屬淄州；十八年改平原縣爲鄒平縣，復漢舊名也。大業二年罷淄州，縣屬齊郡。唐武德元年屬鄒州，八年州廢，縣屬譚州。貞觀元年譚州廢，隸淄州。

黄河，西北自齊州臨濟縣東流入，經縣西北，去縣八十里。〔一五〕

濟水，西自齊州臨濟縣界流入，南去縣三十五里，又北入高苑縣界。

鄒平故縣城，俗名趙臺城，在縣西南十五里。唐武德二年築置鄒平縣，八年移于今理。

齊州

齊州，濟南郡。今理歷城縣。亦兖州之域。星分危宿一度。春秋屬齊，所謂晉平公伐齊，戰于歷下，因山以名地。秦屬齊郡。漢韓信伐齊，至歷下，即此也。文帝分齊郡立濟南國，今州即濟南國之歷城縣理所。景帝三年爲濟南郡，理東平陵，屬青州。晉永嘉末，自東平陵城移于歷城，今州理是也。〔一六〕後爲石勒所據，慕容氏亦有其地，義熙五年，劉裕平之。宋元嘉九年割青州西部于此僑立冀州。後魏改爲齊州，兼置濟南郡，蓋齊之故地以爲名。

隋開皇三年廢郡，復爲州。煬帝初爲齊郡。唐武德元年改爲齊州，領歷城、山茌、〔一七〕祝阿、源陽、臨邑五縣；二年置總管府，管齊、鄒、東泰、譚、淄、濟六州；七年改總管府爲都督府。貞觀元年廢都督府及譚州，仍省源陽縣，又以廢譚州之平陵、臨濟、亭山、章丘四縣來屬；七年又置都督府，管齊、青、淄、萊、密五州。天寶元年改爲臨淄郡，五年改爲濟南郡。乾元元年復爲齊州。元和十五年，平盧軍節度奏所管五州共二十九縣，内四縣户口凋耗，計其本縣税錢，〔一八〕自供官吏不足，今請權宜併省，豐齊、山茌二縣入長清縣，全節縣入歷城縣，亭山縣入章丘縣。

元領縣十。今六：歷城，禹城，臨邑，章丘，長清，臨濟。四縣廢：全節，併入歷城。山茌，併入長清。豐齊，同上。〔一九〕亭山。併入章丘。

州境：東西二百七十五里。南北二百四十五里。

四至八到：西南至東京九百里。西南至西京一千二百四十五里。西南至長安二千一百八十里。東至淄州二百里。正南微西至兖州三百三十四里。西渡河至博州二百九十六里。〔二〇〕北至德州二百四十里。北渡河至棣州三百五十三里。東南至兖州四百四十五里。〔二一〕東南至鄆州二百四十里。〔二二〕西北至德州同上。〔二三〕東北至棣州二百四十里。

户：唐開元户四萬九千一百五十七。皇朝户主一萬二千八百三，〔二四〕客一萬九千三百一十五。

風俗：同青州。按十三州記云：「濟南教子倡優歌舞，後女死，骨騰肉飛，傾絶人目，俗言齊倡，蓋由此也。」〔二五〕

姓氏：濟陰郡四姓：苗、董、卞、郄。〔二六〕

人物：馮驩，齊人。爲田文客，彈鋏作歌，後爲文收債于薛，焚券市義。嘗曰：「三窟已就，君高枕無憂矣！」〔二七〕伏勝，齊人。秦博士，授晁錯尚書，年老口吶，令幼女傳言教錯。〔二八〕終軍，濟南人。弱冠入關，棄繻，後建節出關，吏爭識曰：「此棄繻生也。」拜諫大夫，請受長纓，繫南越王致之闕下。世號「終童」。〔二九〕鄒陽，齊人。牟長，〔三〇〕唐崔融，全節人。何彦。全節人。

土産：綿，絹，絲，葛，今貢：防風，陽起石，白墡石。〔三一〕

歷城縣，舊一鄉，今二鄉。古齊歷下，城對歷山之下。韓信渡河破齊歷下之師，即此也。漢爲歷城縣，屬濟南國。晉隸濟南郡。隋開皇三年罷郡，屬齊州。城東有故譚國城焉。

州理，〔三二〕古歷下城。史記：「晉平公伐齊，戰于歷下。」漢書：「酈食其説齊王田廣罷歷下軍。韓信自平原渡河襲歷下，因入臨淄。」述征記：「歷城到營城三十里，自城以東，水瀰漫數十里，南則迫山，實爲險固。」

歷山，在縣南五里。水經注云：「歷山，縣南山上有舜祠，下有泉穴。」

廟山，在縣東南十里。按晏謨三齊記云：「縣東南山後人思舜之德，置廟于此。」

華不注山，在縣東北十五里。按春秋成公二年，「魯季孫行父帥師會晉郤克及齊頃公戰于鞍，齊師敗績。逐之，三周華不注」，即此也。水經注云：「華不注山，虎牙傑立，孤峰突起，青崖翠發，望同點黛。」又輿地志云：「一名金輿山。」

奎山，在縣西南十五里。按三齊記云：「縣西有奎山公神，似猪頭戴珠。殷時有道士在縣隱，〔三〕野火四發，道士祈天，即時降雨。今人遇旱，燒山乞雨，多驗。」

歷水，在縣東門外十步。按晏謨三齊記云：「歷水出歷祠下，泉源競發，與濼水同入鵲山湖。」

孝感水，在縣北門。按三齊記云：「其水平地湧出爲小渠，與四望湖合流入州，歷諸廨署西入濼水。耆老傳云昔有孝子事母，取水遠，感此泉湧出，故名孝水。」天寶六年勅改爲孝感水。

濼水，在縣西南二百步。春秋桓公十八年，「公會齊侯于濼」。杜注云：「在齊州歷城縣西南。」水經注云：「俗謂爲娥英水，以泉源有舜妃娥皇、女英廟。」又謂之羅姜祠。

歷水。〔三四〕水經注：「湖水引瀆上承東城歷祠下，泉源競發，其水北流，經歷城東，又北，引水爲流杯池。」

舜井，在縣東百步。舜所穿之井也。

華泉。左傳：「逢丑父使齊頃公下，如華泉取飲。」又續述征記云：〔三五〕「歷山有一井無底，與此泉通也。」

四望湖，在縣西二百餘步。〔三六〕其水分流入縣城，至街中，與孝感水合流，入州城，西出，四水合流。〔三七〕

鮑城，在縣東三十四里。三齊記云：「鮑叔牙所食邑也。」

廢全節縣，在故東平陵西北十五里。春秋時譚國也，齊桓公滅譚，爲齊地。漢爲東平陵縣，地理志云「在今縣東南平陵城」是也；十六年封悼惠王子辟光爲濟南王，〔三八〕都平陵，即此也。宋省「東」字，後魏又加「東」字，〔三九〕至後周省。隋末，土人李義滿卒鄉人據堡，〔四〇〕贍以家財，唐武德二年，義滿以城歸，因于堡置譚州及平陵縣，以義滿爲總管。貞觀元年州廢，縣屬齊州；至十七年廢平陵、章丘、亭山、歷城等縣，〔四一〕又以都督齊王據州反，土人李君球據縣不從，〔四二〕縣人房繼伯等抗表聞奏，太宗勅曰：「齊州平陵縣百姓爰自隋末以至於今，常懷忠誠，不從寇亂，宜加優獎，以旌義烈，其縣可依舊置，乃改以全節爲名。」其後廢入歷城。

臺城，在縣北一十三里。按漢書，平臺，濟南縣也，漢高祖封功臣戴野爲臺侯。又三齊記云：「高唐縣西南四十里有臺城，其閒空廢。」至魏孝昌三年馬日珍移郡入焉。高齊天保七年改爲濟南郡，還入歷城縣，其城廢。

營城，在縣西二十七里。按漢書云「本始元年趙充國以定策封營平侯」，濟南邑也。又三齊記云：「歷城縣東四十里有營城。」又括地志云：「隋開皇十六年改置營城縣，大業二年省。唐武德二年置營城縣，屬譚州，八年省入平陵縣。其城在平城。〔四三〕」

平陵城，在縣東十五里。〔四四〕按三齊記：「高唐縣西南三十里有平陵城，殷帝乙所都也。東平陵縣，屬濟南郡，宋改爲平陵縣。十三州志云：「本東陵，後改爲平陵。」

譚城，在縣東南一十五里。按春秋莊公十年，「齊師滅譚，譚子奔莒」。杜預注云：〔四五〕「譚國，在濟南平陵西南。」水經注云：「武原水北逕譚城東，〔四六〕又北逕東平陵縣故城西，故陵城也，後乃加『平』。譚，國也。」

巨合城，在縣東南三十五里。〔四七〕水經注云：「巨合水南出雞山西北，北經巨合故城西，耿弇之討張步，守巨里，即此城也。」

禹城縣，西北八十三里。舊一鄉，今十一鄉。〔四八〕本春秋齊邑，謂祝柯，猶東柯也，古祝國，黄帝之後。按古東柯，齊爲阿，〔四九〕漢爲祝阿縣，屬平原郡，故城在今豐齊縣東北二里。宋屬太原郡。隋開皇十六年改屬齊州。唐天寶元年改爲禹城縣，以縣西南三十里有廢禹息故城爲名，在今州西北八十五里。乾元二年，逆黨史思明侵河南，守將李銑于長清縣界邊家口決大河東至，〔五〇〕縣因而淪溺，今理遷善村。

漯水。竹書穆天子傳云：「丁卯，天子東征，釣于漯水，以祭淑人。己巳，天子東征，食馬于漯水之上。」

野井亭。郡國志云：「即齊侯唁公于野井。」

晏嬰城。城内有井，水和膠入藥方。

阿陽故城。漢縣，在廢禹城西北五十五里阿陽故城是也。〔五一〕後漢省其城。隋開皇初，有人于此城側掘古冢得銘云：「阿陽縣令李君之墓。」〔五二〕

龍頟，同額。〔五三〕在廢禹城縣東南二十五里，有龍頟城，漢縣，後漢省。周宣帝時祝阿縣曾理于此。

濟河，在縣西一百三十里。〔五四〕從長清縣東北界分流，入廢豐齊縣界。

黄河，在縣南七十里。上從長清縣來，東北入臨邑縣。

古高唐城，在縣南五十里。春秋襄公十九年，〔五五〕「齊夙沙衛奔高唐以叛」。杜注云：「高唐在祝阿縣西北。」此則古爲齊邑也。漢地理志云平原郡有高唐，則漢縣也，即齊威王使盼子治高唐之地。闞駰十三州記以爲漢古縣在平原郡南五十里。宋置高唐縣。

瑗城，在縣南一百里。按春秋魯哀公十年，〔五六〕「晉趙鞅伐齊，取犁及轅」。杜注云：「犁一名隰。」轅即瑗也，濟南郡禹城縣西瑗地也。漢地理志云平原郡有瑗縣，後改爲東順縣，此乃王莽之東順亭也。

阿陽城，在縣南七里。地理志云平原郡有阿陽縣，漢爲侯國，其城先屬平原郡，漢魏以下却改爲阿陽縣。

高唐亭城，在縣南一百里。按魏地理志禹城有高唐亭，在縣南。括地志云：「禹城，〔五七〕在山茌縣北，後魏移于濟北，此城是也。」

曹城，在縣南百里。詩：「衛懿公爲狄所滅，東徙渡河，野處曹邑。」春秋閔公二年冬，〔五八〕「及狄人戰于滎澤而敗，宋桓公迎衛之遺民渡河，立戴公」。齊桓公攘夷狄而封之，就在河東，即曹邑也。

源陽城，在縣南一百里。隋末喪亂，縣令桓孝才立壄于家側，率宗親共守，不屬諸賊。唐武德初，大使崔同就築城，奏授孝才爲縣令。城在源陽河側，因以爲名。武德六年廢。

廢禹城，在縣南八十里。乾元二年，史思明作亂，侵凌縣界，義營防遏將軍李銑引師南奔，遂決黃河水隔師，因此河水散流，漂没城邑，百姓流散，其城遂廢。

臨邑縣，北五十里。舊一鄉，〔五九〕今五鄉。本漢舊縣，〔六〇〕屬東郡。晉屬濟北國。宋武帝孝建二年立東魏郡，理臺城，以臨邑縣屬焉。隋開皇三年罷郡，縣屬齊州。唐武德二年屬譚州。貞觀元年譚州廢，縣還齊州。

隰陰縣。漢縣，今廢城在縣西十里，一謂黎丘。宋武帝平廣固，遂移理于今臨邑縣西北五十里北隰陰城。今縣有北故城，漢城亦謂之南隰陰城。

古黄河，在縣南二十里。上從禹城經縣，下入臨濟縣界。

蓍城，〔六一〕在縣東南五十里。古老相傳地生神蓍草，每年貢四十九莖。

章丘縣，東北百二十里。舊二鄉，今三鄉。本漢陽丘縣地，屬濟南郡。按古高唐，即春秋時齊邑，在廢禹城西四十里高唐故城，史記所謂「齊威王使肦子守高唐，趙人不敢東漁于河」，即此城是也。高齊天保七年移高唐于此，即古黄巾城也。隋開皇十八年以博州亦有高唐縣，改此爲章丘縣，因縣東南章丘爲名。唐武德二年屬譚州。貞觀元年廢州，以縣隷齊州。

章丘。爾雅曰：「上正曰章丘。」齊爲邑，即甯戚食邑于此。

女郎山。郡國志云：「山有祠焉。」齊記云：「章侯有三女溺死，葬于此。」

長白山，在縣東南三十里，高十五里。〔六二〕按晏謨齊記云：「於陵西三里有陳仲子夫妻隱處。」述征記云：「長白山雲雨長白。西南有太湖山，並有石室，又有漆船，俗謂之堯時物。」

龍盤山，在縣南二十八里。晏謨齊記云：「殷末周初，有神龍潛于此山，遂以爲名。」兩縣中分，南屬全節，北屬章丘，上有神迹祠，皇覽云是姜嫄所履處。伏琛齊記「宋濟南太守蕭承之立祠于山上」，承之妻亦學履産齊帝也。

雞山，在縣西十里。按晏謨齊記云：「衛國縣西有雞山，人云昔有神雞，晨鳴于此，有人候之，獲一石，潔白如玉，因以爲名。」

百脈水，在縣北十步，闊三丈。按晏謨齊記云：「源出亭山縣東界，水源方百步，百水之脈俱合流，因以名。西北入縣界，屈曲六十里入濟。」

楊緒水，一名獺河，在縣東十里，闊一丈。按水經注云：「楊緒水出逢陵故城西南二十里，經土鼓城東，又西北經章丘城，〔六三〕又經甯戚城西，北入于濟水。」

陽丘城，在縣東南十里。按前漢地理志齊有陽丘縣，文帝封齊悼惠王子安爲陽丘侯，今城南有陽丘，故以名。

甯戚城，在縣東北三十里。按酈道元水經注云：「楊緒水經甯戚城西。」又漢孝武元朔三年封魯共王子恬爲寧陽侯，食濟南邑，即此是也。

樂盤山，在縣南二十七里。齊記云：「縣有樂盤城，〔六四〕即平陵王與章丘侯餞送處，因名。」

東陵山，在縣南二十八里。盜跖死處，陵南有盜跖墓，高一丈。

陽貨墓，在縣西北十里，高一丈。按春秋陽貨，季氏家臣。定公九年，自魯奔齊、晉，〔六五〕適趙氏。不詳死所，不知墓因何在此？〔六六〕

平陵王墓，在縣東北二里，高三丈。按漢書，文帝十六年封齊悼惠王子爲齊孝王，景帝三年，孝王與吴、楚反，自殺，葬于此，墓在危山之頂。

鄒衍墓，在縣東十里，高一丈。

臨淄定公墓，在縣西三十里，高三丈，在趙山之陽。公姓房，隋故司隸、刺史，唐徐、泗、江、淮、浙五州刺史，追封臨淄公，謚曰定，即故司空梁文父也。有碑，庶子安定公文，〔六七〕率更令歐陽公書。

廢亭山縣，在州東南九十里。漢東平陵縣地，〔六八〕宋元嘉五年于此置衛國縣，屬頓丘郡。隋開皇六年改爲亭山縣，屬齊州。唐元和十五年以户口凋殘，併入章丘。

長清縣，西南八十里。〔六九〕舊一鄉，今三鄉。本漢盧縣地，後魏孝明帝孝昌二年自山茌故城移東太原郡于此。隋開皇五年于此置鎮；十四年廢，置長清縣，屬齊州，因清水以爲名。六年割隸濟州。〔七〇〕唐貞觀十七年廢濟州，以縣入齊州。元和十五年併山茌縣入焉。

清水，西南去縣十里。〔七一〕西南自平陰界流入。水經注云「盟津河别流十里，與清水合」，謂此也。

石窌，在盧城之東，去縣三十里。左傳：「齊、晉戰于鞍，齊師敗績。齊侯自徐關入見，女子曰：『君免乎？』曰：『免。』『鋭司徒免乎？』曰：『免。』既而問之，鋭司徒之女，辟司徒之妻也。齊侯以其有禮，賜之石窌。」

黄河，北去縣五十里。

濟水，北去縣八十里。〔七二〕其山頂上有長城，北屬長清縣，南接魯郡。

隔馬山，在縣東南三十里。按春秋魯襄公十八年，〔七三〕「晉師伐齊，齊侯禦諸平陰，塹防門而守之，廣里。齊師懼，夜遁。夙沙衛連大車以塞隧而殿。殖綽、郭最曰：『子殿國師，齊之辱也。子姑先乎！』乃代之殿。衛怨二子，遂殺馬于隘以塞道，欲使晉人得之」。即此。後人呼爲隔馬山。

四口關，在縣西南五十里。後魏置，唐武德九年廢。

湄溝泊，〔七四〕在縣西南五十里。〔七五〕東西三十里，南北二十五里。水族於此生，數州人取給。

廢茌城，在縣東四十里。漢之舊縣也，屬泰山郡。隋廢，唐武德九年復置，在州西三十六里。又魏志，黃龍見于此茬，〔七六〕即漢之茬縣也。天寶元年八月改爲豐齊縣，元和十五年廢入長清縣。

壬水，東南自歷城縣流入。

祝柯縣故城，在縣東北四十五里。按春秋魯襄公十九年春正月，「諸侯同盟于祝柯」，即此也。

盧城，在縣南五十里。內有隔城。春秋隱公三年冬，「齊、鄭盟于石門，尋盧之盟」。杜注云「盧盟在春秋前，莫知年代。盧，即齊地，今濟北盧縣故城」是也。

故濟北縣城，在縣西三十里。耆舊相傳云移于今縣，改爲長清。

廢豐齊縣城，在縣東北四十里。唐憲宗元和十五年隸入當縣。

燕昭王墓，在縣南十五里。按史記六國年表云燕昭王三十年卒時，〔七七〕不言葬處，今稱墓于此。又按春秋後語云：「燕昭王使樂毅伐齊，下七十餘城，惟即墨與莒未拔。」齊用田單計敗燕，恐是燕軍之墓，後人誤傳也。

趙盾墓，在縣東北六十五里。按趙世家云：「盾，景公五年薨，謚曰宣孟。」〔七八〕葬于此。

班超墓，在縣東北二十五里。按後漢列傳：「超字仲升，本平陵人也，立功西域，封定遠侯。居邊塞三十一歲，因其妹上書，願生入玉門關，乃得還。」卒，葬于此。

臨濟縣，東北一百二十里。舊二鄉，今一鄉。本漢管縣地，〔七九〕屬濟南郡。按晉地志云：〔八〇〕「管叔後又封于此城。」齊滅管，故其子孫仕齊。唐武德元年于此立鄒州，後廢州爲臨濟縣。

朝陽城，漢縣名。應劭云：「在朝水之陽。」今縣東四十里。

故樂安城，在縣東北八十里。漢書地理志注云「更千乘郡爲樂安國」，即此是也。

馬融冢，在縣南一里一百七十步。融爲郡太守，卒，葬于此。

酈商冢，在縣西南一百七十步。又云是終軍冢也。

赫胥氏墓，在縣東故朝陽城内一里。

伏生冢，在縣朝陽故城東五里。按尚書傳濟南伏生，按地理志濟南郡，是此也。

卷十九校勘記

〔一〕在漢爲濟南郡之般陽縣屬濟南樂安二國尋又置臨淄國于此　原校：「按般陽，前漢屬濟南郡，後漢屬齊國，今但以般陽一縣言之，則當云漢爲濟南郡之般陽，後漢屬齊國，其曰『屬濟南、樂安二國』者，誤也。若概州境而言，則今之淄川，兼有漢濟南之般陽、泰山之萊蕪之地，今之高苑，兼有前漢千乘郡，後漢樂安國之地，又不當云『屬濟南、樂安二國』也。又云『置臨淄國於此』，兩漢無『臨淄國』，但齊故都臨淄耳。今當云又置齊國於此。」按通典卷一八〇州郡一〇：淄川郡（即淄州），「漢屬濟南、樂安二國之地，又置淄川國」。郡治淄川縣：「漢淄川國亦在此。」作「淄川國」，不作「臨淄國」。考漢無「臨淄國」，據漢書卷三八高五王傳載，漢文帝十六年置菑（菑、淄通用）川國，以齊悼王子賢爲菑川王，則此「臨淄國」疑爲「淄川國」之誤。又漢書卷二八地理志上：濟南郡，「文帝十六年別爲濟南國，景帝二年爲郡」。是漢文帝十六年至景帝元年濟南爲國，本書及通典所云「屬濟南」，即指該時制度。唯「樂安國」，續漢書郡國志四：樂安國，東漢永元更千乘郡置。則樂安國爲東漢和帝更置，此云漢「樂安國」，當誤。

〔二〕同上　萬本、庫本作「五百二十里」，傅校同。

〔三〕田何至淄川人　田何、禰衡、鄒長倩諸傳略，萬本、庫本皆不列，故「人物」下注「無」，傅校同，蓋非樂史原文。

〔四〕西一作商山　萬本、庫本並作「商山」，傅校改删。按嘉慶重修一統志卷一六二濟南府引本書作「商山」，無「西，一作商」四字。

〔五〕今按水之發源　「之」，萬本、庫本並作「自」，傅校改同。

〔六〕淮南子謂之水出目飴山　「目飴山」，底本作「鉛山」，萬本同。淮南子卷四墬形訓：「淄出目飴。」此「鉛」乃「目飴」之誤，據改。水經淄水注引淮南子曰：「淄水出自飴山。」「自」當爲「目」字之誤。

〔七〕音禍　萬本、庫本並無此二字，傅校删，蓋非樂史原文。

〔八〕舊十八鄉今十九鄉　原校：「按别本『舊十鄉，今五鄉』，未知孰是。」

〔九〕在縣西南四十里　「十」下底本有「五」字，萬本、中大本、庫本並無。元和郡縣圖志卷一一淄州作「在縣西南四十里」，此「五」蓋爲衍字，傅校删，是，據删。

〔一〇〕十二斤溝　「斤」，萬本據水經濟水注改爲「芹」。按水經注作「芹溝水」，即「十二斤溝」。齊乘卷二作「十二斤溝」，則「斤」、「芹」皆是。

〔一一〕郡國志　底本作「周志」，庫本作「郡國記」，據萬本、中大本及傅校改。

〔一二〕漢狄　底本作「如狄」，萬本同，庫本作「漢狄」。按狄縣，漢置，漢書地理志千乘郡領有狄縣，東漢安帝改名臨濟縣，續漢書郡國志：「樂安國臨濟本狄，安帝更名。」據此，庫本是，據改。下被陽故城及鄒平縣同。

〔一三〕按縣兼有漢千乘國地　萬本無「國」字。據周振鶴西漢政區地理，千乘郡自漢武帝元封元年析齊國置後，至漢末不改。（下文沿漢書地理志説漢高帝置，誤。）又據續漢書郡國志四，東漢和帝永元七年改千乘郡爲樂安國，則此云「千乘國」，當誤。又唐高苑縣不會兼有漢千乘一郡之地，疑此「郡」爲「縣」字之誤。

〔一四〕自今長山縣界至漢梁鄒故城地屬焉　嘉慶重修一統志卷一六三濟南府引本書無「地屬焉」三字。齊乘卷四：「梁鄒城，鄒平縣東南三十五里，漢鄒平縣。高齊天保間自長山界内濟南故城移平原縣于此城。」疑此「地屬焉」爲衍文。

〔一五〕去縣八十里　「八十」，底本倒誤作「十八」，據萬本、庫本、傅校及元和郡縣圖志淄州乙正。

〔一六〕今州理是也　「理」，底本脱，庫本同，據萬本及元和郡縣圖志卷一〇齊州補。

〔一七〕山茌　按漢置茌縣，三國魏改爲山茌，魏書卷一〇六地形志中作「山茌」，隋書卷三〇地理志中、舊唐書卷三八地理志一、新唐書卷三八地理志二並作「山茌」，「茌」宜作「茌」。下同。

〔一八〕計其本縣税錢　「計」，底本脱，據萬本、庫本及唐會要卷七〇州縣改置上補。

〔一九〕同上　萬本、庫本作「併入長清」，傅校同。

〔二〇〕西渡河至博州二百九十六里　「六」，萬本、中大本、庫本並作「七」，傅校同。

〔二一〕東南至兖州四百四十五里　元和郡縣圖志齊州載「正南微西至兖州三百三十里」，本書卷二一記兖州「北至齊州三百三十里」。按唐宋齊州治歷城縣，即今山東濟南市；兖州治瑕丘縣，即今兖州縣，在齊州正南微西，李書所載方向是。此處所載里距，疑有誤。

〔二二〕東南至鄆州二百四十里　按唐宋初齊州治歷城縣，即今濟南市；鄆州治須昌縣（後唐改名須城縣），今東平縣西，在齊州西南。元和郡縣圖志卷一〇載鄆州「東北至齊州二百八十里」，此「東南」蓋爲「西南」之誤，所記里數疑亦有誤。

〔二三〕西北至德州同上　萬本作「西北至德州二百四十里」；「四十」，庫本作「四十二」。

〔二四〕主一萬二千八百三　萬本、庫本同，中大本無「三」字。

〔二五〕濟南教子倡優歌舞至蓋由此也　萬本作「漢書地理志云：『俗多織作，士務功名。』又唐杜牧云：『多才力，重許可，能辛苦。』」與此全異。

〔二六〕郄　庫本同，萬本作「郗」。

〔二七〕馮驩至君高枕無憂矣　萬本、庫本並無馮驩傳略，傅校同，蓋非樂史原文。

〔二八〕伏勝至令幼女傳言教錯　萬本、庫本並列名伏生，無「齊人」以下二十一字，傅校改删同。據史記卷一二一儒林列傳集解引張晏、漢書卷八八儒林傳伏生顔師古注引張晏説，伏生，名勝。

〔二九〕終軍至世號終童　萬本、庫本「終軍」上有「前漢」二字，首列，無「濟南人」以下四十三字。

〔三〇〕牟長　中大本同，萬本「牟長」上有「後漢」二字。　萬本、中大本、庫本此下並另列：「左思，齊臨淄人。作三都賦，張華見而歎曰：『班、張之流也。』陸機欲作棄筆，不能加也。」下又列：「唐房玄齡，臨淄人。」傅校同。按左思、房玄齡並爲臨淄人，故本書已列入卷一八青州人物，萬本、中大本、庫本、傅校列於齊州，當非。

〔三一〕今貢防風陽起石白墡石　萬本「今貢」爲注文，注於「防風」下，又無「白墡石」三字，傅校删。

〔三二〕州理　庫本同，萬本「州理」下有「城」字，同元和郡縣圖志齊州。

〔三三〕殷時有道士在縣隱　「在縣隱」，嘉慶重修一統志卷一六二濟南府引本書作「隱於此」，齊乘卷一作「隱此」。

〔三四〕歷水　「歷」，底本作「麻」，庫本同，萬本據水經注改爲「歷」。按水經濟水注：「陂水上承東城歷祠下泉，泉源競發，其水北流，逕歷城東，又北，引水爲流杯池，州僚賓燕，公私多萃其上。分爲二水：右水北出，左水西逕歷城北。西北爲陂，謂之歷水。」此「麻」爲「歷」字之誤，據改。

〔三五〕又續述征記　「又續」，底本脱，據萬本、中大本、庫本及傅校補。初學記卷八引作「續征記」，疑脱「述」字。

〔三六〕在縣西二百餘步　「餘」，底本脱，庫本同，據萬本及嘉慶重修一統志卷一六二濟南府引本書補。

〔三七〕西出四水合流　「出」，萬本同，永樂大典卷二二七〇引本書作「去」。「水」，萬本作「泉」，永樂大典引本書同，傅校改同，按此「水」蓋爲「泉」字之誤。

〔三八〕十六年封悼惠王子辟光爲濟南王　史記卷一七漢興以來諸侯王年表、漢書卷一四諸侯王表並載，孝文十六年，立悼惠王子辟光爲濟南王，疑此「十六年」上脱「孝文」二字，或脱「漢文帝」三字。

〔三九〕後魏又加東字　魏書地形志中：濟南郡平陵：「二漢、晉屬，曰東平陵，後改。」則北魏時爲平陵縣。

〔四〇〕李義滿　「義」，底本脱，萬本同。舊唐書卷一八五上李君球傳：「齊州平陵人也。父義滿，屬隋亂，糾合宗黨，保固村閭。」新唐書地理志二：齊州章丘縣，「武德二年，縣民李義滿以縣來降，於平陵置譚州。」此脱「義」字，據補，下同。元和郡縣圖志齊州作「李滿」，脱「義」字。

〔四一〕十七年廢平陵章丘亭山歷城等縣　按舊唐書地理志一、新唐書地理志二並無「貞觀十七年廢章丘、亭山、歷城等縣」之記載，而載「元和十五年併亭山入章丘」，本書齊州總序同，疑此有誤。

〔四二〕李君球　「球」，底本作「求」，庫本同，萬本據元和郡縣圖志齊州改爲「球」。按舊唐書卷一八五上良吏傳有李君球傳，此誤，據改。

〔四三〕其城在平城　按本書上文云「唐武德二年置譬城縣，八年省入平陵縣」，所記譬城地址當以平陵而言，「平」下疑脱「陵」字。又據齊乘卷四載，東平陵故城（即平陵城）在歷城縣東七十五里，本書引三齊記云譬城在歷城縣東四十里，則譬城在平陵城西，此「城」下疑脱「西」字。賀次君括地志輯校卷三改爲「其城在平陵城西」，當是。

〔四四〕在縣東十五里　「十五」，萬本、庫本同，嘉慶重修一統志卷一六三濟南府引本書作「七十五」。

〔四五〕杜預　底本脱，據萬本、中大本、庫本及春秋莊公十年杜預注補。

〔四六〕武原水　「原」，底本作「源」，據萬本、庫本及水經濟水注改。

〔四七〕在縣東南三十五里　「五」，萬本、中大本、庫本並作「三」，傅校同。元和郡縣圖志齊州載「在全節縣東南二十三里」，此記巨合城也承上廢全節縣言，所載里距與李書有差。

〔四八〕今十一鄉　「十一」，萬本作「八」，庫本作「十」。

〔四九〕齊爲阿　「阿」，萬本、庫本作「柯」。按本書上文云「本春秋齊邑，謂祝柯」，水經濟水注引春秋襄公十九年：「諸侯盟于祝柯」，又云「漢興，改之曰阿也」。通典州郡一〇：「春秋時亦曰祝柯，猶古東柯，後爲東阿。」蓋作「柯」是。

〔五〇〕守將李銑于長清縣界邊家口決大河東至　「至」，萬本、庫本同，嘉慶重修一統志卷一六三濟南府引本書作「注」，當是。

〔五一〕在廢禹城西北五十五里阿陽故城是也　「五十五」，萬本、中大本、庫本及嘉慶重修一統志卷一六三濟南府引本書並作「五十」，疑此下一「五」字衍。

〔五二〕阿陽縣令李君之墓　「陽」，底本脱，萬本同，據庫本補。

〔五三〕同額　萬本、庫本無此二字，傅校删。

〔五四〕濟河在縣西一百三十里　據水經濟水注載，濟水流逕今山東長清、濟南、濟陽，略當今黄河，唐時濟水逕流相同，本書下文云「從長清縣東北界分流，入廢豐齊縣界」，是也。唐禹城縣於乾元二年遷治善村，即今禹城縣，濟河在其東，里數正合本書記載，則此「西」蓋爲「東」字之誤。萬本、庫本作「齊河」，疑誤。

〔五五〕春秋　按本處所記「齊夙沙衛奔高唐以叛」，載於左傳襄公十九年，此作「春秋」，不確。

〔五六〕春秋　按本處所記晉「取犁及轅」，載於左傳哀公十年，此作「春秋」，不確。

〔五七〕禹城　賀次君括地志輯校：「按元和郡縣圖志卷一一齊州禹城縣云『縣西南二十里有禹息故城』。舊唐書地理志卷三八齊州禹城縣說，漢祝阿縣天寶元年改名禹城，因縣西有禹息故城故。此引『禹』下缺『息』字。」

〔五八〕春秋　按本處所記「及狄人戰於滎澤而敗，宋桓公迎衛之遺民渡河，立戴公」，載于左傳閔公二年，此作「春秋」，不確。

〔五九〕舊一鄉　「一」，庫本同，萬本作「十」。

〔六〇〕本漢舊縣　按漢東郡臨邑縣，即今東阿縣，此劉宋僑置之臨邑，漢爲平原郡漯陰縣地，非漢舊臨邑縣。

〔六一〕著城　庫本同，萬本亦同，並注云：「按漢時有著縣，顏師古曰：『著，音竹庶反，又直庶反。』韋昭誤以爲著蔡之著，音弛咨反，失之遠矣。」又一統志於著縣故城下引寰宇記曰：『著城在臨邑縣東南五十里。』非『著城』，明矣，原本作『著城』，恐誤。」按嘉慶重修一統志卷一六三濟南府引本書作「著城」，讀史方輿紀要卷三一濟南府載：著城「在臨邑縣東南五十里」，正合，此「著」蓋爲「著」字之誤。

〔六二〕高十五里　「十五里」，庫本同，萬本作「二千九百丈」，同元和郡縣圖志齊州，疑此誤。

〔六三〕又西北經章丘城　萬本同。水經濟水注：「楊緒溝水逕土鼓城東，又西北逕章丘城東。」此「章丘城」下脱「東」字。

〔六四〕縣有樂盤城　「縣」，庫本同，萬本作「山」，嘉慶重修一統志卷一六二濟南府引本書同。齊乘卷一樂盤山引齊記云「下有樂盤城」，指樂盤山下有城，作「山」是。

〔六五〕自魯奔齊晉　萬本作「自魯奔齊、宋，遂奔晉」，注云：「原本作『自魯奔齊、晉，適趙』，據左傳補正。」按楊伯峻春秋左傳注：陽虎（即論語陽貨之陽貨）「載葱靈，寢於其中而逃。追而得之，囚於齊。又以葱靈逃，奔宋，遂奔晉。」注云：「阮刻本無『宋遂奔』三字，今從石經、宋本、淳熙本等及金澤文庫本增訂。」則萬本是。

〔六六〕不知墓因何在此　「墓」，底本作「葬」，據萬本、庫本及傳校改。

〔六七〕安定公　「定」，萬本、中大本、庫本並作「平」。

〔六八〕東平陵縣　底本作「平陵縣」，萬本、庫本同。按漢書地理志上、續漢書郡國志四並作「東平陵」，此脱「東」字，據補。

〔六九〕西南八十里　「西」，底本作「東」，萬本、庫本同。按唐、宋初齊州治歷城縣，即今山東濟南市，長清縣在今長清縣西南，位於齊州西南，元和郡縣圖志齊州長清縣，「東北至州八十里」，此「東」爲「西」字之誤，據改。

〔七〇〕六年割隸濟州　「六年」前當脱年號，舊唐書地理志一盧縣：「隋置濟北郡。武德四年改濟州，領盧、平陰、長清、東阿、陽穀、范六縣。」則此脱「唐武德」三字，「六年」爲「四年」之誤。

〔七一〕西南去縣十里　「西南去縣」，底本作「去縣西南」，據萬本、庫本及元和郡縣圖志齊州乙正。

〔七二〕北去縣八十里　「八十」，元和郡縣圖志齊州作「十」，無「八」字。

〔七三〕春秋　按本書下文記載晉師伐齊事，見於左傳襄公十八年，此云「春秋」，不確。

〔七四〕湄溝泊　原校：「按元和郡縣志作『湑溝泊』，未知孰是。」考水經濟水注：「濟水東北，與湄溝合，水上承湄湖。」作「湄」是，「湑」恐形近而譌。

〔七五〕在縣西南五十里　「五十」，元和郡縣圖志齊州作「五」，嘉慶重修一統志卷一六二濟南府同，疑此「十」爲衍字。

〔七六〕黄龍見于此茌　三國志卷三魏書明帝紀：「景初元年春正月壬辰，山茌縣言黄龍見。」按「此茌」宜作「山茌」。

〔七七〕燕昭王三十年卒時　按史記卷一五六國年表，燕昭王共三十三年，同書卷三四燕召公世家：「昭王三十三年卒。」此「三十」下當脱「三」字。

〔七八〕景公五年薨謚曰宣孟　「孟」，底本脱，萬本、庫本同。史記卷四三趙世家：「晉景公時而趙盾卒，謚爲宣孟。」據補。又趙盾卒時不在景公五年，史記云：趙盾卒，「子朔嗣。趙朔，晉景公之三年，朔爲晉將下軍救鄭。」則盾卒在景公元年或二年，此「五」字疑誤。

〔七九〕管縣　「管」，漢書地理志上作「菅」，應劭曰：「音姦。」錢坫新斠注地理志集釋：「菅在今章丘縣西北二十五里，應劭讀爲姦，王子侯表有管恭侯劉罷軍，即此縣，字通用。」

〔八〇〕晉地志　「地志」，萬本、庫本作「太康地志」，傅校從改。畢沅晉太康三年地志王隱晉書地道記總序：「晉太康地志，不著撰人。舊唐書五卷，云太康三年撰。新唐書十卷。其稱太康三年地志者，一見於宋書州郡志會稽郡始寧令下，一見裴松之三國志注孫皓起顯明宫下。……沈約止稱之爲地志，酈道元稱爲地記，司馬貞、張守節稱爲地理記，新唐書稱爲土地記，其實一也。」此云地志，疑爲太康地志之簡稱。

太平寰宇記卷之二十

河南道二十

登州　萊州

登　州

登州，東牟郡。今理蓬萊縣。禹貢青州之域。古萊子之國，春秋：「齊侯滅萊。」至漢，爲東萊郡，漢武帝封齊孝王子渫爲牟平侯，此即渫之邑也。按牟平，在今蓬萊縣東南九十里牟平故城是也。後魏武定元年分東萊縣于黄縣東一百步中郎故城置東牟郡，〔一〕高齊天保七年廢東牟郡，自今昌陽縣東五十三里長廣故城移長廣郡理中郎城。隋開皇三年改爲牟州。大業三年爲郡，廢州。唐武德四年又置州，後因文登縣人不從賊黨，遂于縣理置登州。貞觀元年，牟州及牟平縣、登州俱廢。麟德二年析文登縣地于東牟故城置牟平縣。如意元年又于牟平縣置登州，領文登、牟平、黄三縣。神龍三年自牟平徙登州于蓬萊鎮南一里，析黄縣置蓬萊縣于州理，即今登州所理也。天寶元年爲東牟郡。乾元元年復爲登州。

元領縣四：蓬萊，文登，黄縣，牟平。

州境：東西四百九十五里。南北一百六十三里。

四至八到：西南至東京一千九百五十里。西南至西京二千三百七十里。西南至長安三千里。東至文登縣界大海四百九十里。南至萊州昌陽縣二百一十里。西至大海四里，當中國往新羅、渤海大路。北至大海三里。東南至海州四百六十里。〔二〕西南至萊州四百里。正北微東至海北岸都里鎮五百三十里。

户：唐開元户一萬二百九十八。皇朝户主一萬五千四百五十六，客一萬一千四百五十八。〔三〕

風俗：同青州。

人物：淳于髡，黄縣人。劉寵，東萊牟平人。遷會稽太守，有善政。太史慈。黄縣人。北海相孔融敬之。〔四〕

土産：文蛤，牛黄，以上舊貢。水葱音聰。〔五〕席，今貢。紗布。

蓬萊縣，依舊五鄉。本漢黄縣地，屬東萊郡。昔漢武帝于此望海中蓬萊山，因築城以爲名，在黄縣東北五十里。唐貞觀八年于此置蓬萊鎮。神龍三年析黄縣置蓬萊縣，在鎮南一里，即今登州所理是也。

羽山，在縣南十五里。尚書云：「殛鯀于羽山。」孔安國注云：「其山在東齊海中。」〔六〕即此也。

九目山，在縣東南七十里。按晏謨齊記云：「山有竅，因名九目。」

沙門島，在縣北海中五十里。

之罘水，在縣南十五里。源出羽山，與石門水合流入海。

鯀城，在縣南六十里。古老相傳云是魏將田豫領兵禦吴將周賀築之，蓋近殛鯀之地，因名。

烏湖戍，在縣北海中一百六十里，〔七〕置烏湖島上。唐貞觀二十年爲伐東夷，當要路，遂置爲鎮，至永徽元年廢。

大謝戍，在縣北海中三十里，周迴百二十步。亦唐太宗征高麗時，與烏湖戍同時置。

鹹泉池。其泉鹹，百姓取之爲鹽。

牟平故城，漢爲縣，理于此，在縣東南九十里故城是也。高齊天保七年移于今黄縣東七十三里馬嶺山南置。隋廢，唐武德三年又置，貞觀元年又廢。

文登縣，東南二百八十里。舊十二鄉，今五鄉。本漢牟平縣地。按漢牟平縣，在今黄縣東一百三十里牟平故城是也，本屬東萊郡，自漢、魏皆爲牟平縣地，〔八〕高齊後主天統四年分牟平置文登縣，屬長廣郡，取縣界文登山爲名。隋開皇三年廢長廣郡，文登屬萊州。唐武德四年于此置登州，領文登、觀陽二縣；六年以觀陽屬牟州，又置清陽、廓定二縣，屬登州。貞觀元年廢登州，又廢清陽、廓定二縣入文登縣。神龍三年徙登州於蓬萊鎮，文登縣又隸焉。

之罘山，在縣西北百九十里。史記：「始皇二十九年，登之罘，刊石紀功。三十七年，又自琅邪使徐福採藥，福言常苦大魚爲患，於是連舟下海，登之罘山，射巨魚，還自平原。」郊祀志云：「齊有八祠，之罘山爲陽主。武帝太始三年幸琅邪，禮日成山，登之罘，山稱萬歲。」子虚賦云「射乎之罘」是也。其山在海中，山東南海水中有疊石，俗傳云武帝造橋，有兩石銘仍在。山高九里，周迴五十里。

召石山，在縣東八十五里。三齊畧記云：「始皇造石橋，渡海觀日出處。有神人召石下，城陽一十三山石遺東下，〔九〕岌岌相隨如行狀，石去不駛，神人鞭之皆見血。今驗召石山之色，其下石色盡赤焉。」

鐵官山，在縣西百四十里。按此山去牟平縣百里，錮鐵之處猶存。漢置鐵官。

石橋海神，在縣南六十里，縣北百里，縣東百八十里。三面俱至于海。縣東北海中有秦始皇石橋，伏琛齊記：「始皇造橋，欲渡海觀日出處，海神爲之驅石竪柱，始皇感其惠，通敬于神，求與相見。神曰：『我醜，莫圖我形，當與帝會。』始皇從石橋入海四十里，與神相見，帝左右有巧者，潛以足畫神形。神怒曰：『帝負約，可速去。』始皇轉馬，馬之前脚猶立，後脚隨崩，僅得登岸。今驗成山東入海道可廣二十步，時有竪石，往往相望，似橋柱狀。海中又有石橋柱二所，乍出乍入，俗云漢武帝所作也。」

東牟故城，在縣西北十里。〔一〇〕漢東牟縣地，屬東萊郡。有鐵官、鹽官。高后六年封齊悼惠王子興居爲侯。至宋省。

通路，西北自黄縣界，更經烏趣、石臯二山之閒，又東經縣理，東達于海。海東諸國朝貢，必由于此道。

文登山，在縣東二里。古老相傳，秦始皇東巡，召集文人登此山，論功頌德，因名。

鵂鶹山，在縣東南二十里。此山常有鵂鶹棲止。

石門山，在縣東南八十里。山有二石聳立，高二丈，東西相去一丈，望之如門。

五壘山，在縣南五十里。其山南北成行入海，如壘焉。

白鹿山，在縣北四十里。唐神龍三年，白鹿復見，刺史畢元愷入進。

雞鳴島，在縣東北一百三十里。晏謨齊記云：「不夜城北有雞鳴島。」

昌陽湯，在縣西南四十里。周迴十二步，南流入黑水。此縣都有温湯七所。

秦宮，在縣東北百八十里。古老相傳云秦始皇所造，東南兩面臨海，南有七井水。

望海臺，在縣東北一百八十里。古老相傳始皇在成山壘石造此臺望海。〔一一〕伏琛齊記云：「始皇欲渡海，立石標之爲記。」

成山。史記：「始皇二十八年，行郡縣，上泰山，乃並渤海以東，過黄、腄，窮成山。」郊祀志：「齊有八祠，成山爲日主。」

斥山。爾雅：「東北之美者，有斥山之文皮焉。」

昌山。按宋永初山川記云：「昌陽縣有昌水。」郡國志云：「昌陽縣有巨神島，有祠，能興雲雨。」崔琰避黄巾賊于此山。」

不夜城。即春秋時萊子所置邑，以日出于東，故以不夜爲名。漢縣，屬東萊，在今縣東北八十里。有不夜故城，有成山祠。莽曰夙夜。後漢省併昌陽。故城東北五十里有雞鳴島，〔一二〕即海也。

育犂。漢立縣，後漢省併入牟平，蓋在今郡東南一百二十里瀰港水側近，以地良沃，故以育犂名邑。

腄，音繾。漢縣，〔一三〕省併牟平。按漢志注云「東萊腄縣有之罘山祠，并丹水所出，〔一四〕

東北入海」是也。蓋在今縣西七十里清陽水側近，與海畔之罘山相對。

海牛島。郡國志云：「不夜城北有海牛島，無角，紫色，足似龜，長丈餘，尾若鮎音黏。〔一五〕魚，性捷疾，見人則飛赴水，皮堪弓韃，脂可燃燈。」

海驢島。島上多海驢，常以八九月於此島上乳產，〔一六〕皮毛可長二分，其皮水不能潤，可以禦雨。時有獲者，可貴。

黄縣，西南五十三里。舊十七鄉，今三鄉。古萊子國都于此。漢縣，屬東萊郡，莽曰意母，故城在今縣東南二十五里故黄城是也。高齊天保七年移于今理。唐武德四年屬牟州。神龍三年置登州，黄縣割屬焉。按漢書云：「秦欲伐匈奴運糧，使天下飛芻輓粟，起于黄、腄、琅邪負海之郡，轉輸北河，率三十鍾而致一石。」黄，即今黄縣，腄，即今文登縣，漢並屬東萊郡；北河，朔方以北。六斛四斗曰鍾，計道路所費，凡用百九十二斛，乃致一石。

故黄城，在縣東南二十五里。古萊子之國，春秋傳云：「齊侯滅萊。」杜注云：「今東萊黄縣是也。」

大入故城，在縣東北二十里。司馬宣王伐遼東，造此城，運糧船從此入，今新羅、百濟往還常由于此。

蓬萊鎮，在縣東北五十里。

海瀆祠，在縣北二十四里大入城上。

萊山。封禪書：「萊山，在齊八祠，爲月主。」一曰萊陰山，多仙聖所居。

九目山。連接縣界。

蹲狗山，在縣西南三十里。〔一七〕山上有石如蹲狗，伏氏記云：「山極靈，劉寵微時途由此石，犬吠之，後爲太尉。」

大海，在縣北三里。又縣西至海四里，當中國往新羅、渤海大路由此。

故徐鄉城。漢縣，成帝封膠東共王子炔音桂。〔一八〕爲侯，後漢省其地，即今邑界也，失其故城遺址。

惤。音賢。〔一九〕漢縣，在今縣西南二十五里，有惤故城存。高齊天保七年省入黄。

中郎城。郡國志云：「石勒遣中郎將石同築此城以防海，故曰中郎城。」

士鄉城。後漢書云「齊有士鄉，越有君子里」，謂此。

牟平縣，東二百里。舊十鄉，今三鄉。本漢縣也，屬東萊郡。有鐵官、鹽官。王子侯表云：「齊孝王子渫爲牟平侯。」後漢屬郡不改。晉屬東萊國。〔二〇〕在牟山之陽，其地夷坦，故曰牟平。高齊天保七年自牟平故城移縣于今黄縣東北七十三里，改屬長廣郡。隋開皇三年改長廣郡爲牟州，牟平仍屬焉。大業二年廢牟州，屬萊州。唐武德四年又于中郎城置牟州，牟平屬焉。貞觀元年州縣俱廢。麟德二年析文登縣于此重置牟平縣，屬登州。

盧山，在縣東十八里。北與東牟縣峴山相連，峴山上，正北至海一百里，有望海臺。〔二〕

峴山，在縣東北二十里。與盧山相連，上有東牟侯祠。按晏謨齊記云：「盧山東北有東牟大峴山。」

繫馬山，在縣東四十里。古老相傳始皇遊此山，攬草繫馬，至今山中草春生，並皆垂屈，若人繫結之狀，俗云「繫馬礎」。

大崑崙山，〔三〕在縣東南四十里。按仙經云：「姑餘山因麻姑曾于此山修道上昇，有餘址尚在，因以爲名。後代以姑餘、崑崙聲相類而俗名。」又有小崑崙相連。

兩欹山，在縣西南六十里。其山兩峯欹側相背爲名。

萊州

萊州，東萊郡。今理掖縣。禹貢青州之域，禹貢曰：「嵎夷既畧，萊夷作牧。」注云：「嵎夷，地名。用功少曰畧。萊夷可放牧也。」即萊子之國。左傳云：「齊侯伐萊，〔三〕萊人使正輿子賂夙沙衛以索馬牛，皆百匹，齊師乃還。」後齊復「入萊，共公浮柔奔棠。晏弱圍棠，滅之，遷萊子于郳。」在國之東，故曰東萊。按古萊子國，在今黄縣東南二十五里黄城是也。周之九州，又爲幽州之境。職方氏：「幽州其澤藪曰貕養。」按貕養澤，在今萊陽縣界。〔二四〕史記：「周武王封太公于營丘，萊侯聞之，遂與太公争營丘。」然則萊爲殷時諸侯也。秦置三十六郡，爲齊郡。漢高帝四年，韓信虜齊王廣，分齊郡，因置東萊郡，領縣十七，理掖縣，屬青州。後漢移理黄縣，魏不改。晉武帝太康四年，徙遼東王蕤爲東萊王，郡復理掖。宋時郡改理曲城。後魏初亦然，及皇興四年分青州置光州，取界内光水爲名，領東萊郡，州與郡同理掖縣。高齊及後周不改。隋文帝罷郡，仍改光州爲萊州。煬帝二年罷州，復爲東萊郡。唐武德初改爲萊州。天寶元年改爲東萊郡。乾元元年復爲萊州。

元領縣四：掖縣，萊陽，即墨，膠水。

州境：東西一百二十里。南北二百四十五里。

四至八到：西南至東京一千五百里。西南至西京一千九百里。西南至長安二千七百六十里。東至登州四百里。東北至登州同上。〔二五〕南至青州三百四十五里。正南微西至密州三百六十里。西至大海二十九里。北至海五十里。東南至海二百五十里。西南至青州界一百二十九里。西北至海二十一里。

户：唐開元户二萬六千九百九十。皇朝户主一萬五千五百二十三，客一萬六千五百八。

風俗：土疏水闊，山高海深。人性剛强，志氣緩慢，語聲上形容大，此水土之風也。

人物：王吉，字子陽，即墨人。〔二六〕爲昌邑尉，〔二七〕遷博士。少與貢禹善，世稱「王陽在位，貢禹彈冠。」〔二八〕李忠，字仲都，東萊黄人。光武以爲右大將軍。劉岱。字公山，弟繇，字正禮，所謂騁騏驥于千里。

土産：牡礪，決明，海藻，綿，絹，麻布，茯苓，牛黄，貢。文蛤，貢。石器。貢。

掖縣，舊十四鄉，今五鄉。本漢舊縣也，屬東萊郡。按掖水出縣東南三十五里寒同山，〔二九〕故縣取爲名。後漢屬郡不改。晉屬東萊國。宋屬東萊郡。隋開皇三年罷郡，屬萊州。

望海臺。秦始皇所造。

沙丘城。紂所造，始皇崩處。

膠東庸生宅，在縣界。

墜星石，在縣東北七十里。

海水，在縣北五十二里。水經注云：「平度故縣有土山，北眺巨海，杳冥無際。」

輪井，在縣東北十里石穴下。洞于泉口如車輪，無彫琢之迹，自然而成，故號「天井」，能興雲雨，人多祈祭。

海神祠，在縣西北十七里。地理志云東萊郡有海神祠，〔三〇〕謂此也。

掖水，在縣東南二十五里。源出崗掖山。

膠水，在縣西南七十五里。北流經土山西注于海。

三山，在縣北五十里，海之南岸。史記封禪書云八祠，三山爲陰主，其祠見在此山。

萬里沙。漢書郊祀志云：「武帝元封元年大旱，禱萬里沙。」又封禪書云：「天子既出，禱萬里沙，還祀泰山。」按沙長三百里，據史記注，在縣東北三十里，夾萬歲水兩岸是也。

成山。武帝太始三年幸東海，作朱鴈之歌，拜日于成山，還而下恤鰥寡。又齊記云：「成山有牛島，常于五月有海貍上島産乳，逢人則化魚入水。」

當利故城。漢志注云「有鹽官」，在今萊州西南三十六里有當利故城。高齊天保七年廢。

曲成故城，漢縣，廢城在今縣東北六十里。晉改爲曲城。大業二年廢，〔三一〕武德四年復，六年又廢。〔三二〕

轉鮒。〔三三〕左思齊都賦云：「轉鮒、朝舞，奇觀可說。」又晏子春秋：景公謂曰「吾欲遊轉鮒、朝舞，循海而南」是也。

燕臺，在縣東北二里。南燕慕容德以東萊掖城爲青州理所築。

故臨朐城，漢故城，在郡北二十三里臨朐故城是也。後漢省。郡國縣道記云「臨朐有海水祠」，今故城北去海二十里，南去海神祠約五六里，與漢志注同。陽樂，漢縣，後漢省併當利。按十三州志云「在當利縣東北二十里」，蓋在今萊州西南二十里内是其地。

故陽石，漢縣。成帝封膠東共王子慶爲陵石侯，後漢省併當利。又十三州志云「當利縣東有陵石城」，「陵」爲「陽」字之悮。蓋在今縣南當利故城東，即其地也。

盞石，在縣北五十七里。北臨大海有一磐石，方圓五步，上有污鐏，狀若盞石，古老相傳云秦始皇于此鑿盞，以盛酒醢，祈祭百神。

萊陽縣，東南百八十里。〔三四〕舊十三鄉，今五鄉。本漢昌陽縣，屬東萊郡，置在昌水之陽，故名昌陽。有鹽官。後漢屬郡不改。晉無昌陽縣。按此前昌陽縣理，在文登縣西南三十里昌陽故城是也。顧野王曰：「晉惠帝元康八年復立昌陽縣，屬長廣郡，今理是也。」宋及後魏同。高齊文宣天保七年廢長廣郡，復以昌陽縣屬東萊郡。隋開皇三年罷郡，昌陽屬萊州。按今縣兼有漢長廣、掖縣、觀陽、鄒盧四縣之地。後唐莊宗同光元年避國諱，改爲萊陽縣。

黄銀坑，在縣東一百四十里。隋開皇十六年，牟州刺史辛公義于此坑冶鑄，得黄銀獻之。大業末絶，貞觀初更沙汰得之。

七子山，在縣東南九十三里。山有八峯，大峯居中，七山在側，俗謂之七子山，若大峯之子也。〔三五〕

五龍山，在縣南二十里。有水五道于山下合流，穿入南海，〔三六〕俗以五龍爲名。

韭山，在縣南二十里。周迴三里，多藿菜。爾雅云：「藿，山韭也。」

高麗山，在縣西南九十里。司馬懿討遼東，于此置戍，以高麗爲名。

火山，在縣北三十六里，高一里。山多赤石，其色如火，因以爲名。

廢萊陽城，在縣東南二十三里。隋大業中築，屬東萊郡。唐永徽元年，水淹破。

挺城，在縣南七里。漢書地理志挺城屬膠東國，後隸入東萊郡。

奚養澤。漢地理志長廣縣西有奚養澤，周禮職方：「幽州之澤藪曰豯養。」

故長廣城，亦漢縣，屬琅邪郡。後漢改屬東萊郡。高齊天保七年因長廣郡自膠東城入中郎城，復移長廣縣于膠東城，此城遂廢。故城在今縣東五十里，有萊王山祠，奚養澤在西也。

即墨縣，東南二百三十里。舊八鄉，今二鄉。漢舊縣，屬膠東國。城臨墨水，故曰即墨，在今膠水縣東南六十里。〔三七〕田單敗燕兵之處。隋開皇十六年于古不其城東北二十七里置今縣所理城，復古即墨爲名，隸萊州。史記：蘇秦云「東有琅邪、即墨之饒」。

天井山，在縣東十三里。周迴二里，頂上有一井，水味甘美，因號天井。

陰山，在縣東南八十里。上有石池，深三寸，旱不減，雨不漲，冬夏清徹，曾無滓穢。池東石上有馬蹄跡，又有五石人，廣數圍，高一丈。古老相傳云秦始皇幸琅邪，因至牢盛山，望蓬萊，蓋立馬于此，又遣石人驅牢山不得，〔三八〕遂立于此。石人，諸山往往有之。

中祠山，在縣東南五里。漢書云「不其山有太乙、仙人祠九所」，此其一也。

不其山，在縣東南四十五里。三齊記云：「鄭玄教授于不其山，山下生草大如䪥，葉長一尺餘，堅刃異常，〔三九〕土人名曰『康成書帶』。」

女姑山，在縣西南三十八里。其山北舊有基，〔四〇〕古老傳云此爲明堂。漢地理志：「不其，太乙、仙人祠九所及明堂，武帝所起。」不其城西南有七神，號曰「女姑」，即此是也。

皋虞故城，在縣東北五十里。漢書云「元封元年封膠東康王子建爲皋虞侯」，子孫相承，六代，王莽篡位，〔四一〕改爲盈盧。

田横島，在縣東北一百里。横衆五百餘人，皆死于此島。四面環海，去岸二十五里，可居千餘家。

天室山。漢書云「即墨縣有天室山祠」。

大勞山、小勞山。按郡國志「吴王夫差登之得靈寶度人經」。齊記云：「泰山自言高，不如東海勞。昔鄭康成領徒于此。」神仙傳云：「欒子長好道，遇仙人，授以巨勝赤散方，仙人云：『蛇服此藥，化爲龍，人服此藥，老成童子，長服之年百八十，色如少女。』入海登勞山，仙去。」山高十五里，周八里，〔四二〕在縣東南三十八里。

海，在縣東四十三里，又在縣南百里。

温湯，在縣東北三十里。平地湧出，有三穴焉，風若西北來，湯極熱，不可入。

壯武故城，在縣西六十里。古夷國，漢壯武縣也。晉封張華爲壯武侯，至宋省。

沽水。左氏云：「聊、攝以東，姑、尤以西，其爲人也多矣。」姑、尤，即齊界也。〔四三〕

不其城，漢縣，屬琅邪郡。〔四四〕在縣西南三十七里古城是也，今約周十餘里。後漢改屬東萊郡。晉于此置長廣郡，高齊天保七年省。地理志：「有太乙、仙人祠九所及明堂，皆武帝所起。」亦因山爲名。

古冢。郡國志云：「即墨城北有古冢，或發之，有黄牛從埏門出，犯之即吼，不可動也。」

夏侯皋墓。郡國志云：「昔徐誕弟子夏侯皋死後，有人遇皋，以手巾寄信于誕，誕視之，乃棺中物也。」

膠水縣，南八十里。〔四五〕舊八鄉，今三鄉。本漢膠東國之地，按漢膠東國，在今縣東南六十里即墨故城是也。後漢省膠東國爲縣，屬北海國。後魏屬北海郡，高齊及周不改。開皇三年罷郡，屬萊州。仁壽元年改爲膠水縣，取縣西膠水爲名。

即墨故城，在今縣東南六十里。古東齊之地，〔四六〕史記：蘇秦曰「齊有琅邪、即墨之饒」，即其處也。齊威王召即墨大夫語之曰：「自子之居即墨也，毁言日至。然吾使人視即墨，田野闢，民人給，官無留事，東方以寧，是子不事吾左右以求譽也。」湣王時，燕將樂毅伐齊，下七十餘城，唯莒、即墨不下，田單東保即墨，六年，設奇策破燕軍，迎襄王于莒，盡復齊地，封單爲安平君。漢書：漢高帝元年，「項羽徙齊王田市于即墨，爲膠東王。田榮怒殺市于即墨，自立爲王，遂併三齊之地」。漢膠東郡領八縣，理即墨，此其城也。

故平度城，漢縣，在今縣西北六十七里平度故城。後漢省。有膠水經故城，又北流入大海。

盧鄉故城，漢縣，故城在今縣西北五十里。高齊天保七年省併入膠東。

大谿山，在縣西北二十里。按伏琛齊記云盧鄉城東南有谿口，故曰大谿口，〔四七〕即此也。又有小谿山相連。

嶆岈山，在縣北三十里。其山形勢嶆岈，因名。

明堂山，在縣東北四十八里。齊記曰：「盧鄉城東三十里有明堂山，與巨青山連，出烏頭、天雄。」

墨山，在縣東北六十里。石色如墨，又有墨水出焉。

金泉山，在縣東南四十里。其山出桔梗及防風。

藥石水，在縣西北五十里。源出明堂山，合石瀆河。

膠水，在縣西八十里。源出密州諸城縣東嵈山。按山海經，膠水縣東有故縣，有膠水出焉，西流經掖縣入海。〔四八〕

定渚渠，在縣南七十里，西流入膠水。漢書：「武帝征和四年正月行幸東萊，臨大海。三月上耕于鉅定。」即此。

樂毅城，在即墨城北。史記，樂毅攻田單築此城。

甯戚冢，在縣西六十里。齊記云：「東亭、西亭西北七十里有甯戚冢，因山爲墳，俗呼鳴角阜。」

仙人臺，在縣東北五十里青山下。列仙傳：「膠東公沙宿飲白鶴泉得仙，常遊石臺之上。」即此也。其臺四絶，今不可登陟。

卷二十校勘記

〔一〕後魏武定元年分東萊縣于黄縣東一百步中郎故城置東牟郡　「東萊縣」，萬本、庫本同。按漢置東萊郡，歷東漢、三國魏、晉、北魏因襲不改，各代東萊郡皆無「東萊縣」，元和郡縣圖志卷一一登州總序：「漢爲東萊郡之地，後魏孝静帝分東萊於黄縣東一百步中郎故城置東牟郡。」所謂「東萊」是指東萊郡而言，則此「東萊縣」之「縣」爲「郡」字之誤。

〔二〕東南至海州四百六十里　按唐宋登州治蓬萊縣，即今山東蓬萊縣，海州治朐山縣，在今江蘇東海縣東北，登州至海州遠達千里，疑此有誤。

〔三〕客一萬一千四百五十八　「一千」，萬本、中大本、庫本並作「七千」，傅校改同，此「一」字蓋爲「七」字之誤。

〔四〕淳于髡至北海相孔融敬之　萬本、庫本不列淳于髡、劉寵、太史慈諸傳略，於「人物」注「無」，而於本卷萊州列劉寵、太史慈，考後漢書卷七六循吏列傳：「劉寵字祖榮，東萊牟平人，……後四遷爲豫章太守，又三遷拜會稽太守。」三國志卷四九吴書太史慈傳：「東萊黄人也，……北海相孔融聞而奇之。」正合本刊，則萬本誤。

〔五〕音聰　萬本、庫本無此二字，傅校删，蓋非樂史原文。

〔六〕其山在東齊海中　尚書舜典孔安國注：「羽山，東裔，在海中。」此「齊」宜作「裔」。

〔七〕在縣北海中二百六十里　「六十」，嘉慶重修一統志卷一七三登州府引本書同；萬本、中大本、庫本並作「六十五」，齊乘卷四同。

〔八〕自漢魏皆爲牟平縣地　萬本、庫本「漢」下「魏」上並有「迄」字，傅校補，此蓋脱「迄」字。

〔九〕城陽一十三山石遣東下　「一十三」，萬本、庫本作「一十」，傅校同。藝文類聚卷七九引三齊略記：「城陽一山石，盡起立，嶷嶷東傾，狀似相隨而去。」太平御覽卷八八二引同，齊乘卷一引三齊略記也作「城陽一山石，岌岌相隨而行」，引本書文曰：「城陽山石豈有定數，恐亦誤也。」

〔一〇〕在縣西北十里　元和郡縣圖志登州：漢東牟故城，「在文登縣西北一百一十里」。按唐宋文登縣，即今文登縣；漢東牟故城，即今牟平縣，東南距文登縣里數，正合李書記載，此「十」上蓋脱「一百」二字。

〔一一〕古老相傳始皇在成山壘石造此臺望海　「臺」，底本脱，據萬本、中大本、庫本及傅校補。

〔一二〕故城東北五十里有雞鳴島　「五十」，萬本、庫本並作「五十一」。

〔一三〕音緧漢縣　「音緧」，萬本無此二字。史記卷六秦始皇本紀：「於是乃並勃海以東，過黄、腄，窮成山。」齊乘卷四：腄城，「秦、漢負海縣」。則秦時設縣。

〔一四〕并丹水所出　庫本同，萬本作「羊丹水所出」。按漢書卷二八地理志上：「居上山，聲洋、丹水所出，東北入海。」此「并」是衍字，「丹水」上脱「居上山聲洋」五字。太平御覽卷一六〇引漢書曰：「腄有之罘山，丹水所出。」可知宋世已誤。

〔一五〕鮎音黏　「鮎」，庫本同，萬本作「鱴」；「音黏」，萬本、庫本並無，傅校删，蓋非樂史原文。

〔一六〕常以八九月於此島上乳産　「於」，底本作「守」，據萬本、庫本及傅校改。嘉慶重修一統志登州府引本書作「常以八九月上島産乳」。

〔一七〕在縣西南三十里　「三」，底本作「二」，據萬本、中大本、庫本傅校及齊乘卷一改。

〔一八〕音桂　萬本、庫本並無此二字，傅校删，蓋非樂史原文。

〔一九〕惤音賢　「惤」，續漢書郡國志四、魏書卷一〇六地形志中同，漢書地理志上、晉書卷一五地理志下作「幍」。「音賢」，萬本、庫本並無此二字，傅校删，蓋非樂史原文。

〔二〇〕晉屬東萊國　按晉廢牟平縣，晉書地理志下東萊國無此縣，魏書地形志中：東牟郡牟平：「二漢屬東萊，晉罷，後復。」

〔二一〕峴山上正北至海一百里有望海臺　齊乘卷一：盧山，「與大峴山、東牟山相連，北至海百里，上有望海臺。」則盧山上有望海臺，與峴山無關，此「峴山」二字疑衍，「上」字應連屬「有望海臺」。

〔二二〕大崑崙山　「崙」，庫本同，萬本作「嵛」，云：「原本訛『崙』，據山東通志改正。」下文「崑崙」、「小崑崙」之「崙」，並改爲「嵛」。按齊乘卷一、嘉慶重修一統志登州府並作「嵛」，讀史方輿紀要卷三六作「崙」。

〔二三〕齊侯伐萊　「侯」，底本作「人」，據萬本、庫本及左傳襄公二年改。

〔二四〕萊陽縣　「萊」，底本作「昌」，庫本作「長」，萬本作「萊」。按本書後叙萊陽縣沿革云：「唐名昌陽縣，後唐莊宗同光元年避國諱，改爲萊陽縣」。縣列有奚養澤，則作「萊」是，據改。

〔二五〕同上　萬本作「四百里」。

〔二六〕即墨人　漢書卷七二王吉傳：「琅邪皋虞人也。」非漢即墨人。漢即墨縣，屬唐宋膠水縣地，漢皋虞縣，屬唐宋即墨縣地，此以唐宋即墨縣，當漢即墨縣，誠非。

〔二七〕昌邑尉　按漢書王吉傳：「爲昌邑中尉。」漢書卷一九百官公卿表：諸侯王，「中尉掌武職」。此蓋脱「中」字。

〔二八〕王吉至貢禹彈冠　萬本、庫本並無王吉傳略。

〔二九〕按掖水出縣東南三十五里寒同山　原校：「按縣總叙掖水所出及道里，與掖水條下所載不同，未詳其説。」按元和郡縣圖志卷一一萊州掖縣下載：「掖水出縣南三十五里寒同山。」讀史方輿紀要卷三六萊州府掖縣：「寒同山，在府東南三十五里，一名神山，掖水出於此。」與此同，本書下文掖水條載「掖水，在縣東南二十五里，源出崗掖山」，不符。

〔三〇〕海神祠　「神」，萬本作「水」。漢書地理志上載東萊郡臨朐「有海水祠」，此「神」應作「水」。本書下文故臨朐城條引郡國縣道記云「臨朐有海水祠」，又云：「今故城北去海二十里，南去海神祠約五六里，與漢志注同。」蓋以海水祠爲海神祠。

〔三一〕大業二年廢　按隋書卷三〇地理志中載：掖，「後齊併曲成、當利二縣入焉。」與此不同。

〔三二〕六年又廢　舊唐書卷三八地理志一載同，新唐書卷三八地理志二：掖，「貞觀元年省曲城、當利、曲臺三縣入焉。」與此不同。

〔三三〕轉鮒　「鮒」，萬本、庫本並作「附」，晏子春秋卷四、孟子梁惠王下並同。下同。

〔三四〕東南百八十里　「東」，底本作「西」，萬本、庫本同。元和郡縣圖志萊州昌陽縣：「西北至州一百九十九里。」元豐九域志卷一萊州萊陽縣：「州東南一百四十里。」按唐宋萊州治掖縣，即今山東萊州市；唐昌陽縣於永徽元年移治今萊陽市，至五代後唐同光元年改名萊陽縣，在萊州東南，正與上引二書所載方向相合，此「西」乃「東」字之誤，據改。

〔三五〕若大峯之子也　「之」，萬本、庫本作「七」。

〔三六〕有水五道于山下合流穿入南海　萬本、庫本「入」下有「於」字，中大本「南」作「於」，嘉慶重修一統志登州府引本書作「有水道五于山下合流入海」。齊乘卷一：「五龍山，萊陽南二十里。四水自西北，昌水自東北，皆南流至山前，五水相合，俗名五龍，南入于海。」此「南」疑是「於」字之誤。

〔三七〕在今膠水縣東南六十里　「南」，底本脱，萬本、庫本同。史記卷一一孝景本紀正義引括地志云：「即墨故城在密州膠水縣東南六十里。」按密州爲萊州之誤。元和郡縣圖志萊州亦云「即墨故城，在膠水縣東南六十里」，本書膠水縣即墨故城條載同，此脱「南」字，據補。

〔三八〕又遣石人驅牢山不得　「得」，齊乘卷一、嘉慶重修一統志卷一七四萊州府引本書並作「動」，此「得」宜作「動」。

〔三九〕山下生草大如鬣葉長一尺餘堅刃異常　「生」，底本作「有」，據萬本、庫本及續漢書郡國志四劉昭注引三齊記改。又「刃」，續漢志注引三齊記同，萬本作「韌」，同齊乘。

〔四〇〕舊有基　「基」，底本作「墓」，萬本、庫本作「墓基」，中大本作「基」。嘉慶重修一統志萊州府引本書、齊乘卷一並作女姑山「北舊有基」，此「墓」爲「基」字之誤，據改。

〔四一〕王莽篡位　底本作「莽篡」，據萬本、庫本、傅校及漢書卷一五上王子侯表改補。

〔四二〕周八里　齊乘卷一作「周八十里」，疑此脱「十」字。

〔四三〕即齊界也　左傳昭公二十年杜預注：「姑、尤，齊東界也。」齊乘卷二：「沽水起北海，至南海，行三百餘里，絶齊東界，故曰『姑、尤以西』。」此「齊」下疑脱「東」字。

〔四四〕屬琅邪郡　「郡」，底本脱，庫本同，據萬本、傅校及漢書地理志上補。

〔四五〕南八十里　「南」，底本作「東」，萬本、庫本同。元和郡縣圖志萊州：膠水縣，「北至州一百里。」元豐九域志卷一萊州：「膠水，州南八十里。」按唐宋萊州治掖水縣，即今山東萊州市，膠水縣即今平度縣，則膠水縣在萊州之南，上引二書所載方位是，此「東」乃「南」之誤，據改。

〔四六〕古東齊之地　「齊」，底本作「夷」，萬本、庫本同，據中大本及元和郡縣圖志萊州改。

〔四七〕大豁口　齊乘卷一引伏琛云：「盧鄉城東南有豁口，曰大豁山。」嘉慶重修一統志萊州府引晏謨齊記：「盧鄉城東南有豁口，又有小豁山相連，故曰大豁山。」此「口」蓋爲「山」字之誤，傅校改。

〔四八〕按山海經至西流經掖縣入海　按此文不載於山海經，不知所據。

太平寰宇記卷之二十一

河南道二十一

兖州　萊蕪監

兖州

兖州，魯郡。今理瑕丘縣。禹貢兖州之域。星分奎、婁，自奎五度至胃六度，于辰在戌，歷奎、婁、胃，爲魯之分野。春秋時爲魯國。史記：「武王即位，封周公子伯禽于曲阜，〔一〕爲魯公。」六國時屬楚。秦滅楚，屬秦，秦以魯爲薛郡。漢高祖更立魯國，以封公主，〔二〕又立泰山、山陽二郡。〔三〕後漢改爲任城國，〔四〕以泰山、山陽郡地兼置兖州，〔五〕晉改爲魯郡。〔六〕宋武帝平河南，兖州治滑臺；文帝元嘉十三年治鄒山，又寄治彭城，二十年省兖州，三十年立兖州于瑕丘。後魏宣武正始中又置南兖州于譙城，〔七〕孝明孝昌二年又置西兖州于定陶城。〔八〕北齊爲任城郡。〔九〕隋大業二年改爲魯郡。〔一〇〕唐武德五年平徐圓朗，置兖州，領任城、瑕丘、平陸、龔丘、曲阜、鄒、泗水七縣。貞觀元年省曲阜，其年又省東泰州，以博城縣來屬；八年復置曲阜；十四年置都督府，管兖、泰、沂三州；十七年以廢戴州之金鄉、方與來屬。長安四年置萊蕪縣。天寶元年改爲魯郡。乾元元年復爲兖州。自唐末至漢，並爲泰寧軍節度。周廣順二年降爲防禦州，以慕容彦超叛命仍平故也。今復爲泰寧軍節度使。

元領縣十。今七：瑕丘，曲阜，鄒縣，萊蕪，龔丘，乾封，泗水。　三縣割出：任城，入濟州。金鄉，入濟州。魚臺。入單州。

州境：東西一百七十里。南北三百一十九里。

四至八到：西南至東京六百里。西南至西京一千里。西南至長安二千里。東至沂州三百八十五里。南至徐州三百九十六里。西至濟州一百五十里。北至齊州三百三十里。西南至單州三百二十里。東南至徐州三百四十里。東北至淄州三百七十里。西北至鄆州一百八十里。

户：唐開元户六萬七千三百九十七。皇朝管户主一萬二百一十一，客八千四十八。

風俗：漢書云：「周封周公子伯禽爲魯侯，有聖人之教化，故孔子曰『齊一變至于魯，魯一變至于道』，言近正也。俗既益薄，孔子憫王道將廢，乃修六經，以述唐、虞、三代之道，是以其人好學，尚禮義，重廉恥。周公遺化銷微，孔氏庠序衰壞。地狹人衆，頗有桑麻之業，無林澤之饒。其俗儉嗇愛財，趨商賈，好訾毀，多巧僞，其喪葬之禮文備實寡，然而好學猶愈于他俗。」貨殖傳云：「魯人俗儉嗇，而曹邴氏尤甚，〔一一〕富至鉅萬，鄒、魯以其故多去文學而趨利。」

姓氏：魯國郡七姓：夏、孔、唐、車、顔、粟、宰。山陽郡三姓：鞏、郄、蹇。□□郡五姓：胡、周、羊、曹、孫。平昌郡三姓：管、孟、牟。□□郡五姓：邵、隸、徐、史、錢。

人物：臧僖伯，〔一二〕臧哀伯，僖伯之子。〔一三〕臧文仲，僖伯曾孫。〔一四〕展禽，梓慎，衆仲，至聖孔子，顔回，商瞿，字子木。孟軻，公儀休，相穆公。顔闔，秦巴西，〔一五〕孔光，〔一六〕邴吉，史丹，封武陽侯。〔一七〕韋賢，孟之後。朱家，〔一八〕朱雲，王龔，〔一九〕檀敷，魏應，羊續，范式，字巨卿，山陽金鄉人。陳平子病，謂妻曰：「吾聞山陽范巨卿，烈士也，可以託死。」孔融，〔二〇〕劉表，山陽高平人。魯恭王之後。高堂隆，王粲，羊祜，〔二一〕唐彬，郗隆，〔二二〕羊欣，〔二三〕孔淳之，檀超，〔二四〕後魏羊敦，已上並魯人。羊侃，〔二五〕泰山梁父人。挽弓二十石，爲侍中。唐徐洪，字彦伯，兗州瑕丘人。郗士美。〔二六〕高平金鄉人。與顔真卿討論，應對如流。

土産：禹貢：「漆、絲、織文。」汶陽之篠，可以爲笙。金，貢。〔三七〕鏡花綾，絹，綿，防風，紫石英，茯苓。

瑕丘縣，舊十四鄉，今四鄉。春秋謂「以邾子益來，因諸負瑕」。杜注云：「魯邑也，高平郡南平陽縣西北有瑕丘城。」〔三八〕漢立縣，屬山陽郡。今隸兖州。

洙水，東北去縣二十二里。〔三九〕

泗水，東自曲阜縣界流入，合洙水。

淮安王神通營。在瑕丘城中，唐武德五年平賊徐圓朗屯兵之處。

堯祠，在縣東南七里，洙水之西。

杏壇鄉，因夫子杏壇爲名。

樊縣故城，漢縣，廢城在今縣西南。按郡國志云：「卿士樊仲皮國也。」

曲阜縣，東三十里。舊八鄉，今三鄉。春秋之魯國，伯禽所都之地。古炎帝之墟。按郡國志云：「神農氏自陳徙都于此。昔大庭坡故有大庭之庫存焉。」漢爲魯縣。魏爲曲阜。委曲長七八里，故曰曲阜。

防山，在縣東二十五里，高二里。按防，禮記：「孔子母合葬于防。」史記：「孔子父叔梁紇死，葬于防，在魯城東。」

女陵山，在縣北二十六里。相傳秦始皇東巡，女死葬于此山，因名。今山頂墓陵存，其山多美石。

九山，在縣北三十里。其山有九峯，因以爲名。

嶮水，在縣北四十二里。源出九山，東南流入洙水，其谿澗嶮隘。左氏經云：桓公十二年，「公會杞侯、莒子盟于曲池」。注云：「魯國汶陽縣北有曲水亭。」今其水常流不絶。地理志漢舊縣也，王莽改曰汶亭。

逵泉溝，在縣東南十里。源出縣東南平澤，西南流合卜沙溝，共流數里，同入于沂。左傳莊公三十二年：「僖叔飲酖歸，及逵泉而卒。〔三〇〕」一名連泉。

靈光殿，高一丈，在魯城内，縣西南二里。魯恭王餘所立。

古魯城，春秋之時魯國都也。其城凡有十二門，東有二門，其北名上東門，今名始明門。〔三一〕按左傳定公八年：「公斂處父帥成人自上東門入。」注云：「魯東城之北門也。」又國語：「臧文仲祭爰居于魯東門之外。」皆此門也。

古魯城門，魯城，伯禽邑也。西五門，第一曰鹿門，即臧孫紇斬鹿門關以出。第三曰稷門，即圉人犖能投蓋于稷門。按魯國記云：「古城凡有七門，東西有三門，最北者名萊門，左傳哀公六年：「公子陽生請與南郭且于乘，出萊門而告之故。」注云：「魯郭門也。」次南第二門，名曰石門，按論語：「子路宿于石門。」注云：「魯城外門。〔三〕」呂氏春秋云：「宋有桐門右師，魯有石門歸父。」即此門也。南面有一門，未詳其名。北面有三門，最西者名子駒門，按左傳文公十一年，「獲長狄僑如，埋其首于子駒之門」。注云：「子駒，魯郭門。」次東二門，無名。

闕里，在縣西南三里魯城，東北去洙水百餘步。

洙、泗二水，在縣北五里。泗水東自泗水縣流入，在縣與洙水並流，南爲泗水，北爲洙水，二水之閒即夫子所居也。孔子家，在故魯城中歸德門内，闕里之中，背洙面泗，矍相圃之東北也。後漢明帝東巡狩，幸焉。

古邾城，無濠塹，在縣東北四十里。邾，魯之附庸國。左傳哀公七年：「魯擊柝聞于邾。」注云：「言近也。」邾人于此築小城以備魯，故名邾城。

古汶陽城，在縣東北四十里。左傳桓公十二年：「盟于曲池。」注云：「魯國汶陽縣北有曲水亭。」又輿地志：「漢舊縣，王莽改曰汶亭。」

雩門。左傳謂公子偃曰：「宋師不整，可敗也。」自雩門竊出，蒙臯比而先犯之，大敗宋師于乘丘。」即此門也。

泮宫二池，在縣南二里泮宫臺南。按詩魯頌頌僖公云：「思樂泮水，薄采其芹。魯侯戾止，在泮飲酒。」

奄中。續漢書郡國志云：「古奄國。」史記云：「從郭出魯奄中。」張茂先云：「即魯之奄里。〔二〕」

窮桑。郡國志云：「少皞自窮桑登帝位。」按窮桑在魯國之北，後徙曲阜，顓頊亦自窮桑徙帝丘。又干寶云：「徵在生孔子于空桑之地，〔三〕今名孔竇，在魯南山之穴。」

伯禽墓，高四丈四尺，在縣南七里。按左傳定公四年：「成王因商奄之民，命以伯禽而封于少皞之墟。」注云：「少皞墟，在魯城内。」書序云「魯侯伯禽宅曲阜」是也。

魯文公冢，高五丈五尺，在縣南九里。冢北有石人四、獸二。

魯共王墓，高一丈，在縣南九里。漢書云：「共王餘，景帝程姬之子，封之于魯，謚曰共王。」

孔子墓，高一丈二尺，在縣西北三里。史記云：「孔子葬魯城北泗上，弟子三年心喪畢，相訣而去，惟子貢廬于冢上，凡六年。弟子及魯人從冢而家者百有餘室，因命曰孔里。」皇覽冢墓記云：「孔子冢塋百畝，本無祠堂。塋中樹以百數，皆異種，魯人世世無能名其樹者。民傳言『孔子弟子異國人，各持其方樹來種之。』塋中不生荆棘及刺人草。」

今惟有柞樹成林，更無異木。論衡云：「孔子當泗水而葬之，泗水爲之卻流。」〔三四〕

伯魚墓，在孔子墓東一十步。

子思墓、顔回墓，在縣東二十里防山下。

孟軻墓，在縣南四十里。原屬鄒縣界，唐貞觀八年，大使杜正倫置曲阜縣，隸入曲阜。

顔叔子墓，在縣東南三十五里。亦名清陵墳。

三良冢。郡國志：即二桃殺者，梁父吟曰：「問是誰家冢？田疆、古冶子。」

陳博達墓，在縣西北二十里。前有石獸四，石碑一，云「齊郡刺史武平五年立」。

宰我墓，在縣西南二十里。郡國志：「宰我，魯人，爲臨淄大夫，與田常作亂，夷其族，孔子恥之。」

莊公臺，在魯城内，縣西北二里。按左傳莊公三十二年：「築臺，臨黨氏，見孟任。」即此臺也。

昭公臺，高二丈九尺，在莊公臺西南五十步。魏地形志「魯有昭公臺」是也。

東門襄仲臺，周迴四十步，高五丈，在縣東三里魯城内，建春門南，故以姓氏爲臺之名。

季武子臺，高三丈五尺，在縣東二百五十步。按春秋左傳定公十二年，「公山不狃率費人襲魯，公與三子入于季氏之宮，登武子之臺」是也。

鬬雞臺二所，高一丈五尺，相去各四步，在高門内，縣南三里。〔三五〕左傳昭公二十五年，「季、郈之雞鬬。季氏介其雞，郈氏爲之金距」。注云：「二家相近也。」

孔子祠，一名闕里。漢高十二年過魯，以太牢祠之，在魯城内，今縣西南二里。即鍾離意發懸瓮，張伯藏璧，皆此祠。累代修之不絶。郡國志云：「闕里，背洙面泗。有夫子牀，前有石硯一枚，石作甚樸，云夫子生平所用物。」唐乾封中祀嶽東回駐輦，親祀于廟。開元中封王。

兩觀臺，各高一丈，在縣東五十步。左傳定公二年：〔三六〕「雉門及兩觀災。」杜注云：「闕也，孔子誅少正卯于兩觀之下。」

壽丘，高三丈，在縣東北六里。按皇甫謐帝王世紀云：「黄帝生于壽丘，長于姬水，居軒轅之丘。」山海經：「地在窮桑之際，〔三七〕西射之南。」史記：「舜作什器于壽丘。」

大庭氏庫，高二丈，在魯城内，縣東一百五十步。春秋昭公十八年，梓慎登大庭之庫以望氣，曰：「宋、衛、陳、鄭火。」注云：「大庭氏，古國名也。」譙周云：「炎帝居大庭。」

矍相圃，周迴三里，高一丈，在魯城内，縣西南二里，孔子廟西南。孔子射所。

陋巷，在縣城西南二里，孔子廟北二百步。按論語云：「賢哉！回也，一簞食，一瓢飲，在陋巷，人不堪其憂，回也不改其樂。」

義婦宅。昔齊欲伐魯，齊師至郊，見一婦人抱一兒，攜一兒，軍至，棄小者，抱大者而去。軍乃問：「何棄小抱大？」婦人曰：「大者，亡兄之子，小者，妾之所生，寧棄所生，亡兄嗣不可絶也。」〔三八〕軍義之，與食而去，軍乃旋師，曰：「魯有義婦者若此。」

五父衢，在縣東南二里。左傳襄公十一年：「季武子將作三軍，盟諸僖閎，詛諸五父之衢。」杜注云：「五父衢，道名，在魯國東南。」

季桓子井，深八十八尺，在縣中法集寺中。按史記「季桓子穿井得土缶」，即此也。

臧武仲井，深六十尺，在縣東南一百步。按白褒魯記云：「鹿門有兩井：稍小于季桓子井，在鹿門西四里；一爲季桓子所穿者。」

舞雩壇，在沂水之南，當縣南六里，臨沂水。論語云：「浴乎沂，風乎舞雩，詠而歸。」又樊遲從遊于舞雩之下，有壇墠、樹木，于下可遊焉。

南郊圓丘，在縣南七里。按孝經云：「昔者周公郊祀后稷以配天。」禮記明堂位曰：「成王封周公于曲阜，地方七百里，革車千乘，孟春之月，祀帝于郊。」周公得郊天，故有圓丘。

鄒縣，東南六十里。舊十四鄉，今五鄉。漢爲騶縣，屬魯國，莽曰騶亭。即邾嶧山之地，曹姓，二十九世爲楚所滅，因魯繆公改「邾」作「鄒」，縣復以山爲名。按郡國志云：「騶縣，本邾婁之國，魯繆公改爲鄒，即邾人獲公冑，懸于魚門，是此邑。」

嶧山，在縣南二十里。亦名鄒山。史記：「秦始皇東行郡縣，上鄒嶧山。立石，與魯諸儒議，刻石頌秦德。」魯繆公改「邾」作「鄒」，山從「邑」，故謂之鄒山。嶧陽猶多桐柏也。李斯所刻石嶺，名曰「書門」，始皇乘羊車登之，其路猶在。黄河去鄒山三百餘里，晴明日望之纔見。又郡國志云：「鄒山，古之嶧山也。有穴遥與洞庭通，其孔可以逃難。晉太尉郗鑒避胡賊于此。〔三九〕山下有大嶧，名郗公嶧。〔四〇〕」

鳧山，在縣東南三十八里。詩曰：「保有鳧、繹，遂荒徐宅。」

鄒城。叔梁紇所治之邑，漢爲縣，又曰南平陽縣。今廢城存。

邾國。黄帝後陸終之胤曹姓，封于邾，其後中絶，武王復之。故國城在今縣東南，周迴四里，上冠山峰，下矚巖壑，窮邾國之勝景。一曰邾國有數處，今黄州亦是也。

萊蕪縣，東北二百六十里。舊八鄉，今二鄉。本漢縣，屬泰山郡。後漢書：「范史雲爲政之所。」按水經注云：萊蕪，「昔齊靈公滅萊，萊人播流此谷，邑落蕪没，故曰萊蕪」。范史雲曾爲此縣長，百姓歌其清儉。至晉廢，後魏移古嬴縣于此。唐貞觀元年廢入博城縣，至長安四年又于廢嬴縣置萊蕪縣，取漢舊名，屬兖州。元和十四年六月，兖海節度使曹華奏以縣在山路三百餘里，人户絶少，官吏名數亦與大縣不殊，虚置無所取，請併入乾封縣。詔從之。後復置。

韶山，在縣西北二十里。其山産鐵，漢置鐵官，至今鼓鑄不絶。

汶水出此邑，即閔子騫所謂「則吾必在汶上矣」是也。西南流入泲。

雙石。郡國志云：「萊蕪縣南夾道有巨石，長二丈，雙立，即漢昭帝時自立也。」

龔丘縣，北五十里。舊八鄉，今二鄉。漢寧陽縣，屬泰山郡。後漢改屬東平國。〔四一〕後魏移置平原縣于寧陽縣城北十七里，〔四二〕今縣是也。隋開皇十六年以此縣與德州平原縣名同，遂改龔丘縣焉，以東南二十里有古龔丘城焉。

青石山，在縣西三十里。後魏有青石山祠，即此也。其山都是一大石耳，發地架立，高四十餘丈，周迴三里。有石池二所，東西行列，有類人功，冬夏澄清，初無耗溢，祈雨輒應，故古今祠之。

故汶陽縣，在縣東北五十四里。其城側土田沃壤，故魯號汶陽之田。成公二年，「齊人歸我汶陽之田」是也。

故剛城，漢爲剛縣，廢城在今縣東北。

甑山，東魏張華原爲兖州刺史，先是州境有猛獸爲暴，華原爲令，州北七十里甑山中，〔四三〕忽有虎食猛獸都絶，時人稱化感之至。

乾封縣，東北一百六十里。元二鄉。本齊之博邑，春秋謂「公會吴子伐齊」，即此也。延陵季子往齊，子死，葬于嬴、博之間。至漢武帝封禪，分嬴、博二縣立奉高縣，以奉泰山之祀。後魏改博縣爲博平。隋開皇十七年改博平爲博城。唐乾封元年，高宗封東嶽，改爲乾封縣，屬兖州。

泰山，一曰岱宗，在縣西北三十里。尸子曰泰山中有神房阿閣，三十六天之一也。

社首山，在縣西北二十六里。

蒿里山，在縣西北二十五里。

徂萊山，亦曰尤萊山。詩曰：「徂萊之松。」後漢赤眉渠帥樊崇保守此山，自號尤萊三老。

汶水，源出縣東北原山，西南流經縣理南，去縣三里。

五汶。述征記曰：「泰山郡水皆名曰汶。」今縣凡有五汶，有北汶、嬴汶、牟汶、柴汶、浯汶，皆源别而流同。

東嶽廟，在縣西北三十里泰山下。郡國志云：「廟前有柏樹，武帝所種，赤眉賊斫一樹，見血乃止。」有嶽令掌之。唐開元十三年，玄宗登封泰山。登封之夕，凝氛昏晦，迅風激烈，皇帝出齋宮，〔四四〕露立以請，及明清霽，斾常不摇。事畢至山下，日光重戴，明曜五色，千官稱賀，其日大赦，以靈嶽昭感，封泰山神爲天齊王。

梁父。古者封泰山，禪梁父者七十二君，玄宗開元十三年十二月東封泰嶽，因禪梁父焉。

大夫松。始皇避雨處，今猶在。

謝過城，有汶陽田，齊以此歸魯，以謝過，故有城存。

廢梁父縣，在縣東南五十九里。隋開皇二年移梁父縣于此，唐武德七年移入博城置。〔四五〕今廢。

廢岱山縣，在縣東南四十里，依徂萊山。北齊于此置。隋開皇三年廢爲奉高縣，五年又改爲岱山縣，〔四六〕大業二年廢入博城縣。

泗水縣，東北一百一十里。〔四七〕舊十二鄉，今四鄉。左傳成公十八年，「晉侯使士魴來乞師，仲孫蔑會晉侯、宋公同盟于虚朾。音汀。〔四八〕」杜注：「虚朾，地闕。」學者舊傳此地即虚朾也。漢爲卞縣之地。隋分汶陽縣于此城置泗水縣，屬兖州。

尼丘山，在縣南五十里。叔梁紇禱尼丘山生孔子。

龜山，在縣東北七十五里。詩云：「奄有龜、蒙。」春秋定公十年，「齊人來歸龜陰之田」。水經注：「昔夫子傷政道之陵遲，故望山而懷操，今琴曲有龜山操是也。」

泗水，源出縣東陪尾山，源有泉四，四泉俱導，因以爲名。

盜泉，源出縣東北高徑山之陰。淮南子曰：「孔子不飲盜泉。」

漏澤，在縣東七十里。此澤漏穴有五，皆方丈餘，深二丈已上。其澤每春夏積水，秋冬漏盡。將漏之時，居人知之，不過三日，漏水都盡，以竹木作薄籬圍之，水族山積也。

菟裘故城，在縣北五十五里。魯隱公曰：「使營菟裘，吾將老焉。」

泮水。詩謂泮宫是也。

汶陽故城，漢爲縣，今故城在縣西。

梁父故城，漢爲縣，故城在今縣北。

萊蕪監

萊蕪監，在兖州萊蕪縣之界，古冶鐵之務也，管一十八冶，縣監不相統。

監境：東西一百一十五里。南北一百一十里。

四至八到：圖經未有至東西二京里數。西至乾封縣四十五里。南至泗水縣四十里。

東至沂州新泰縣界七十里。北至齊州亭山縣界七十里。西南至乾封縣界五十七里。東南至沂州新泰縣界七十里。東北至淄州淄川縣界八十里。西北至齊州歷山縣界六十三里。〔四九〕

户：今管户主五百六十二，客一千八百八十九。

風俗：同兖州。

土産：貢：防風。出鐵。

管鐵坑三：

礦坑阜，在監北五里。

石坑阜，在監東一十里。〔五〇〕

甘土坑，在監東南一十五里。

管一十八冶：

魯北冶，在監南一百步。〔五一〕

銅務冶，在監西一里餘。

杏山冶，在監東五里。

崞陽冶，在監東六十里。

萬家冶，在監東五里。
安僊冶，在監東南七里。〔五二〕
汶陽冶，在監東一十五里。
道士冶，在監西南七里。
何家冶，在監西二十九里。
汶北冶，在監西二十四里。
魯西冶，在監西三十里。
石門冶，在監北三十五里。一作四十三里。〔五三〕
新興冶，在監西南五十二里。
魯東冶，在監西南五十三里。一作四十三里。
汶城冶，在監西五十五里。
太叔冶，在監西北五十二里。
宜山冶，在監西北五十一里。
汶南冶，〔五四〕在監西南七里。

卷二十一校勘記

〔一〕武王即位封周公子伯禽于曲阜　史記卷三三魯周公世家：武王「封周公旦於少昊之虚曲阜，是爲魯公。周公不就封，留佐武王。……武王既崩，……周公卒相成王，而使其子伯禽代就封於魯。」此云「武王封周公子伯禽于曲阜」，誤。

〔二〕漢高祖更立魯國以封公主　原校：「按西漢地理志：『高后元年以薛郡爲魯國。』則以魯封公主，恐出于高后，凡前言魯元年，皆追書耳，今云高祖立魯國，未詳所本。」史記卷一七漢興以來諸侯年表、漢書卷二八地理志上並以魯國置于高后元年，據史記卷八九張耳傳載，魯國應置于高后六年，因是年宣平侯張敖死，以魯國封其子張偃，此云「漢高祖更立魯國」，誤。

〔三〕又立泰山山陽二郡　原校：「按西漢地理志：『景帝分故梁國置山陽國，後爲郡。』『泰山郡，高帝置。』無分薛郡以立二郡之文。若以古伯禽之國言之，則泰山、山陽二郡兼有宋、齊、鄭、衛之境，不專爲舊魯國，今記所書，未詳所本。」據史記卷五八梁孝王世家、漢書地理志上載，景帝中六年，分梁國置山陽國，封梁孝王子定，武帝建元五年，定死無子，國除爲山陽郡。史記卷一二孝武帝紀：「濟北王以爲天子且封禪，乃上書獻泰山及其旁邑。天子受之，更以他縣償之。」同書卷二八封禪書載同，則泰山郡之置在武帝時，周振鶴西漢政區地理：武帝元狩元年，「割濟南郡南部置泰山郡。」此云「漢高祖立泰山、山陽二郡」，又不載由何郡國分置，疏誤。

〔四〕後漢改爲任城國　原校：「按後漢郡國志，任城國乃分東平國之三城爲之，與泰山、山陽二郡不相涉，今記所書，未知所本。」按西漢魯國，至東漢不改，見續漢書郡國志四，元和郡縣圖志卷一〇：兗州，「漢高后時，更爲魯國，後漢仍爲魯國」是也，任城國乃東漢元和元年分東平國而置，與魯國、泰山郡、山陽郡並不相涉，此誤。

〔五〕以泰山山陽郡地兼置兗州　原校：「按泰山、山陽，二漢皆屬兗州，無更改，而魯國則前漢屬徐，光武改屬豫州，今記所云『以泰山、山陽郡地兼置兗州』，蓋衍文也。」按西漢設置兗州，泰山、山陽二郡屬兗州，東漢沿襲不改，此誤，或衍文，原校是也。

〔六〕晉改爲魯郡　方愷新校晉書地理志：「本書索靖傳，惠帝即位之前爲魯相，考晉初諸王無封魯者，豈相爲太守之誤耶？又按武帝紀，受禪之始，封石苞樂陵郡公，陳騫高平郡公，賈充魯郡公，裴秀鉅鹿郡公，核之本志，樂陵、高平、鉅鹿，皆稱國，蓋緣此得名，然獨于魯則稱郡，本志例不合矣。武帝紀：『任城、魯國池水赤如血。』又紀、志之不合也。杜預春秋釋例，隱元年作魯國。」按春秋桓公十二年、左傳襄公十一年杜注均作魯國，則西晉時應是魯國。

〔七〕後魏宣武正始中又置南兗州于譙城　原校：「按後魏地形志：『南兗州，正光中置，治譙城。』正光乃孝明帝，今云『宣武正始中』，未詳所據。」中華書局出版魏書卷一〇六地形志中校勘記〔三〕：「按墓誌集釋寇演墓誌圖版二二六稱『時南兖州初開，樹基譙郛，屈君爲征虜府長流參軍』。集釋五云：『按魏書卷七九范紹傳：中山王英攻鍾離敗，詔以徐、豫二境，民稀土曠，令紹量度處所，更立一州。紹以譙城形要之所，置州爲便，遂立南兖。以世宗紀繫元英坐鍾離敗退除名爲民事於正始四年證之，州蓋正始年置。演卒於神龜初，則南兖之置在正光前無疑矣。』按『正光』當是『正始』之訛。」

〔八〕孝昌二年　「二」，魏書地形志中作「三」。

〔九〕北齊爲任城郡　原校：「按隋書地理志曲阜縣注，今記當云北齊改魯郡爲任城郡，文義方暢。自漢以來，皆以州統郡，隋初始廢郡爲州，今記自漢而下，歷記兖州廢置，然置州之所，與今魯郡多不相涉，似是圖經概序兖州之詳，今記因之，故州與郡頗雜揉耳。」按所云是也。

〔一〇〕隋大業二年改爲魯郡　據隋書卷三煬帝紀，大業三年改州爲郡，元和郡縣圖志：兖州，「隋大業元年於兖州置都督府，二年改爲魯州，三年改爲魯郡。」此「二」當是「三」字之誤。

〔一一〕而曹邴氏尤甚　「曹」，底本脱，「邴」，作「丙」，庫本同，據萬本及史記卷一二九貨殖列傳補改。

〔一二〕臧僖伯　萬本、庫本「臧」上有「春秋」二字，傅校補。

〔一三〕臧哀伯僖伯之子　萬本、庫本並不列。

〔一四〕僖伯曾孫　萬本、庫本並無。

〔一五〕至聖孔子至秦巴西　此七人，萬本並删去，其云：「按樂氏於兖州人物内列孔子、顔子、孟子，非是。史記列孔子於世家，尚有議之者，以至聖而系於臧僖伯、文仲、展禽、梓慎、衆仲之後，尤屬不經。史稱樂氏著述博而寡要者，病在此，今不録。」按萬氏任意删改，誠不足取。庫本無商瞿、公儀休、顔闔、秦巴西四人。

〔一六〕孔光　萬本「孔」上有「前漢」二字，傅校補，此蓋脱。

〔一七〕封武陽侯　萬本、庫本並無。

〔一八〕朱家　萬本、庫本並不列。

〔一九〕王龔　萬本、庫本「王」上有「後漢」二字，傅校補，此蓋脱。

〔二〇〕孔融　萬本、庫本不列。

〔二一〕羊祜　萬本、庫本「羊」上有「晉有」二字，傅校補，此蓋脱。

〔二二〕郗隆　萬本、庫本此下列「唐彬」，又下列有「郗鑒、魏舒」，傅校補「郗鑒、魏舒」，此蓋脱。

〔二三〕羊欣　萬本、庫本「羊」上有「宋有」二字，傅校補，此蓋脱。

〔二四〕檀超　萬本、庫本「檀」上有「齊有」二字，傅校補，此蓋脱。

〔二五〕羊侃　萬本、庫本「羊」上有「梁」字，傅校補，此蓋脱。

〔二六〕郗士美　「郗」，底本誤作「郄」，萬本、庫本同，據舊唐書卷一五七、新唐書卷一四三郗士美傳改正。

〔二七〕金貢　萬本、庫本無此二字，而於「鏡花綾」下注「今貢」，傅校改同。按元和郡縣圖志、新唐書卷三八地理志二兖州貢無「金」，此「金貢」蓋爲「今貢」之誤，下列鏡花綾、絹、綿、防風等，均屬今貢之産。

〔二八〕高平郡南平陽縣西北有瑕丘城　「高平郡」，左傳哀公七年杜注作「高平」，無「郡」字，晉書卷一四地理志上兖州領有高平國，此作「郡」，不確。

〔二九〕東北去縣二十二里　「二十二」，元和郡縣圖志兖州作「二十三」。

〔三〇〕及逵泉而卒　「而卒」，底本脱，萬本、庫本同。左傳莊公三十二年，成季使以君命命僖叔，待于鍼巫氏，使鍼季酖之，「飲之，歸，及逵泉而卒。」據補。

〔三一〕始明門　「始明」，底本倒誤爲「明始」，據萬本、中大本、庫本及讀史方輿紀要卷三二兖州府魯城乙正。

〔三二〕魯城外門　萬本作「魯城門」，無「外」字。

〔三三〕徵在生孔子于空桑之地　「空桑」，底本作「窮桑」。史記卷四七孔子世家正義引括地志：「干寶三日紀云『徵在生孔子空桑之地，今名空竇，在魯南山之空竇中』。」作「空」是。據庫本傅校改。

〔三四〕泗水爲之卻流　「泗」，底本脱，庫本同，據萬本及論衡卷四書虚編補。

〔三五〕縣南三里　史記卷四七孔子世家正義引括地志：「鬬雞臺二所，「在兗州曲阜縣東南三里魯城中。」此「南」應作「東南」。萬本作「西」，誤。

〔三六〕左傳　按本書下文所引，見于春秋定公二年，左傳無，此云左傳，不確。

〔三七〕窮桑　史記卷一五帝本紀集解引山海經作「窮山」。

〔三八〕亡兄嗣不可絶也　「兄」，底本作「父」，庫本同，據萬本、中大本及本書本條上文改。

〔三九〕郗鑒　「郗」，底本作「郄」，萬本、庫本同。水經泗水注：「嶧山，「晉永嘉中，太尉郗鑒將鄉曲保此山，胡賊攻守不能得。」晉書卷六七郗鑒傳：宗族及鄉曲孤老「共推鑒爲主，舉千餘家俱避難於魯之嶧山。」此「郄」乃「郗」字之誤，據改。

〔四〇〕山下有大嶧名郗公嶧　二「嶧」字，底本作「驛」，「郗」作「郄」，萬本、庫本同。水經泗水注：「太尉郗鑒將鄉曲保此山（嶧山），胡賊攻守不能得。今山南有大嶧，名曰郗公嶧。」齊乘卷一：嶧山，「永嘉之亂，太尉郗鑒將鄉曲千餘家逃此。今山南有大嶧，名郗公嶧。」此二「驛」字爲「嶧」之誤，「郄」爲「郗」字之誤，據改。

〔四一〕後漢改屬東平國　「屬」，底本作「爲」，萬本、庫本、傅校作「屬」。續漢書郡國志三東平國寧陽：「故屬泰山。」元和郡縣圖志兗州：漢寧陽縣，「屬泰山郡，後漢改屬東平國。」此「爲」乃「屬」字之誤，據改。

〔四二〕後魏移置平原縣于寧陽縣城北十七里　元和郡縣圖志兗州龔丘縣：「高齊文宣帝移置平原縣於漢寧陽縣城北十七里，今縣理也。」按平原縣，劉宋孝武帝大明中置，北魏因之，載於宋書卷三五州郡志一、魏書地形志中，在今山東汶上西南。隋書卷三一地理志下：「龔丘，後齊曰平原縣，開皇十六年改焉。」北齊移置之平原縣，隋改名龔丘縣，即今寧陽縣，故隋志言「北齊曰平原縣」，當以李書記載爲是。

〔四三〕州北七十里甑山中　北史卷八六循吏張華原傳：爲兗州刺史，「自華原臨政，州東北七十里甑山中，忽有六駮食猛獸，咸以爲化感所致。」讀史方輿紀要卷三三兗州府：「甑山，在府東北七十里。」此「北」上蓋脱「東」字。

〔四四〕皇帝出齋宮　「齋」，底本作「齊」，庫本同，據萬本、傅校及元和郡縣圖志兗州改。

〔四五〕唐武德七年移入博城置　「七」，萬本、中大本、庫本並作「四」。舊唐書卷三八地理志一、新唐書地理志二並載，唐貞觀元年省梁父縣入博城縣，蓋此誤。

〔四六〕五年又改爲岱山縣　「五年」，隋書地理志下作「六年」。

〔四七〕東北一百一十里　「一十」，萬本、中大本、庫本並作「十一」，傅校同。

〔四八〕音汀　萬本、庫本無，傅校删，蓋非樂史原文。

〔四九〕歷山縣　據本書卷一九載，齊州治歷城縣，領章丘等六縣，無「歷山縣」；另有亭山縣，元和末廢入章丘縣。按萊蕪監即今萊蕪縣，歷城縣即今濟南市，亭山縣在今章丘縣西南，以地理形勢而言，萊蕪監西北與亭山縣相鄰，而歷城縣遠處西北，此「歷山」疑爲「亭山」之誤。

〔五〇〕在監東一十里　「東」，底本脱，據萬本、中大本、庫本補。

〔五一〕在監南一百步　「南」，萬本、中大本、庫本並作「西南」。

〔五二〕在監東南七里　「東南」，萬本、庫本作「東」，無「南」字。

〔五三〕在監北三十五里一作四十三里　「北三十五」，中大本作「西南三十五」；萬本作「西南四十三里」，無「北三十五里一作」七字，庫本作「西南十三里」，無「一作四十三里」，傅校改作「北四十三」。

〔五四〕汶南冶　「南」，萬本、庫本作「陽」，中大本作「陰」。按本書上文已載有汶陽冶，萬本、庫本當誤。

太平寰宇記卷之二十二

河南道二十二

海州

海州，東海郡。今理朐山縣。禹貢徐州之域。書曰：「海、岱及淮惟徐州。」東至海，北至岱，南及淮。虞舜亦爲徐州之境。周無徐州，併爲青、兗州，則爲青州之域。周官職方氏：「青州，浸曰沂、沭。」按沭在今沭陽縣界。春秋魯國之東界，詩魯頌：「泰山巖巖，魯邦所瞻。遂荒大東，至于海邦，淮夷來同。」海邦即今海州之地。七國時屬楚。秦兼六國，以爲薛郡，後分爲郯郡。漢爲東海郡。後漢至晉改爲東海國。〔一〕後魏改東海爲郯郡。〔二〕高齊郡縣俱廢。〔三〕宋明帝失淮北地，于鬱洲更置冀州。〔四〕梁改東海郡爲北海郡，武帝末年，大江以北，並附于魏，武定七年改青、冀二州爲海州，移理于舊州南龍沮故城。隋開皇三年自琅邪城移州于今理，大業三年罷州爲郡。唐武德四年，臧君相以郡歸順，復爲海州，置總管府，領海、漣、環、東楚四州，海州領朐山、龍沮、新樂、曲陽、沭陽、厚丘、懷仁、利城、東海九縣；〔五〕六年改新樂爲祝其；七年以東楚州屬揚府，〔六〕又以沂州來屬；八年廢環州及龍沮、祝其、曲陽、厚丘、利城五縣，仍以廢環州之東海來屬；九年廢漣州。貞觀元年罷都督府。天寶元年改爲東海郡。乾元元年復爲海州。

元領縣四：朐山，東海，懷仁，沭陽。

州境：東西一百九十八里。南北二百九十里。

四至八到：西北至東京一千四百六十里。西北至西京一千八百八十五里。西北至長安二千七百四十五里。東至東海縣水道九十里。南至泗州五百四十里，至揚州七百里。西至下邳縣五百五里，至徐州五百六十里。北至密州三百八十四里。西南取沭陽、宿遷徑至泗州五百里。東南至漣水軍取官河水路三百四十里，陸路二百五十里。東南至楚州四百一十里。西北至沂州二百七十里。東北至東海縣界八十里。

户：唐開元户二萬三千七百二十八。皇朝管户主六千八十八，〔七〕客七千二百四十六。

風俗：同沂州。

姓氏：東莞郡四姓：臧、闞、一作「闕」。〔八〕何、公孫。

人物：蕭望之，東海蘭陵人。王肅，東海郯人，朗之子。繆斐，東海朐人也。其先楚元王大夫繆生避難居此。〔九〕繆襲，鮑照，東海人。詩入文選。何無忌，東海郯人。桓玄曰：「何無忌，劉牢之甥，酷似其舅。」何承天，東海郯人。何遜，承天曾孫，八歲能詩。孟卿，東海人。以禮學傳二戴。〔一〇〕蕭惠開，東海蘭陵人。明識過人，嘗有三千沙門，一閲其名，退無所失。徐勉，東海郯人。六歲能屬文，爲吏部尚書。徐摛，梁朝爲左衛率。鮑泉，東海人。撰新儀二十卷。〔一一〕徐弘敏，〔一二〕字有功，東海人。則天時，官至司刑卿，凡活者五百家。盧黄門曰：「當雷霆之振，能全仁恕，千載未見其儔。」嘗據法廷諍，張文成贊曰：「躡虎尾而莫驚，觸龍鱗而不懼。鳳跱鴟梟之内，直以全身；豹變豺狼之間，忠能遠害。」〔一三〕吴通玄。海州人。與弟通微，德宗時，同爲翰林學士。

土産：綾，絹，海味，鹽，楚布，以其地當楚分，其布精好，故名。紫菜。産在郡東北五十里海畔石上，舊貢也。

朐山縣，舊二鄉，今四鄉。本漢朐縣也，屬東海郡。秦始皇立石海上，以爲秦東門闕。〔一四〕有鐵官。後漢屬東海國，晉不改。宋志無朐縣。按此前朐縣，今縣西九十里故朐城是也。梁于今縣北二里琅邪故城置招遠縣，屬琅邪郡，後屬魏，改爲朐縣，高齊不改。周武帝建德六年改琅邪爲朐山郡，改朐縣爲朐山縣，取界内朐山爲名也。隋開皇三年廢郡，縣屬海州。大業三年以海州爲東海郡，縣仍屬焉。

碩濩湖，在縣南一百四十二里。神異傳曰：「秦始皇時，童謠云：『城門有血，城將陷没。』有一老母聞之憂懼，每旦往窺城門，門傳兵縛之，母言其故，門傳兵乃殺犬以血塗門上。母往，見血便走。須臾，大水至，郡縣皆陷，老母牽狗北走六十里至伊萊山，得免。」西南隅今仍有石屋，名爲神母廟，廟前石上狗跡猶存。高齊天統中，此湖遂竭。西南隅有小城，餘址猶存，繞城古井有數十處，又有銅鐵、瓦器，如壥肆之所，乃知縣没非虚。

龍沮故城，在縣南六十里。

鍾離眛故城，在縣南百里。項羽將鍾離眛所築，眛即此縣人也。

植石廟，在縣北四里。史記曰：「始皇三十五年，立石東海上朐界中，以爲秦東門。」今石門猶存，傾倒爲數段，在廟北百許步，今尚可識，其文曰：「漢桓帝永壽元年，東海相任恭修理此廟。」

盧石山，在縣東南六十里。按漢書云：「韓信爲楚王，都下邳。」又曰：「韓信鎮于三盧，石、伊、句等三山，〔一五〕石色黑，因以爲名。」

伊盧山，一名大伊萊山，在縣南七十五里。按史記云：「項王亡將鍾離眛家在伊盧。」徐廣曰：「東海朐縣。」又按續郡國志東海朐縣有伊盧鄉。又云中盧，盧石在東，句盧在西，故云中盧。〔六〕又名伊萊者，「盧」、「萊」二字相近，流俗音訛爾，實伊盧也。

句盧山，一名馬鞍山。山在縣西南一百二里，縣在山東。史記所傳縣有三盧之山形勾曲，狀似馬鞍。

孔望山，在縣西南一百六十里。春秋□□□□云此山與郯城相近，〔七〕當是孔子之郯問禮之時，因登此山，遂以名之。其山上有嵌石，其下方平，可坐十餘人。山前石上有二盆，故老相傳云秦始皇洗頭盆，盆邊髮隱隱，并山上馬跡猶存。

蠣山，在縣東南二百里。其山在海中，四面平坦，潮上半没，潮落方見，故其上多蠣，即螺蚌之類也。

朐山，在縣南二里。按舊經云「秦始皇東巡至朐山界」，此時已有朐山之名。

南墜星山，〔八〕在縣南六十里。古老相傳云商時星墜于此。又有北墜星山，在縣東五十里，並高一里。

羽山，在縣西北九十里。漢志：東海郡祝其縣，「羽山在縣南，鯀所殛處也」。

羽潭，在縣西九十里，去羽山一百步，一名羽池。左傳云：「鯀化爲黄熊，入于羽淵。」淵東有羽山，池上多生細柳，野獸不敢踐。又郡國志云：「鍾離眜城南有羽泉，亦殛鯀之處，其水恒清，牛羊不飲。」

沭水，在縣西一百四十里。按水經注云「沭水出琅邪東莞縣西北大弁山」，流經沂州沂水縣，西南入泗州下邳縣。

永安堤，在縣東二十里。唐開元十四年七月三日海潮暴漲，百姓漂溺，刺史杜令昭課築此堤，北接山，南環郭，連綿六七里。〔一九〕

韓信堰，在縣西十里。相傳云韓信爲楚王時，以地洿下，遂立此堰，今爲大路。

廢沂州城，在縣西北百四十步。按輿地志云：「宋泰始三年失舊沂州，至五年于朐山東北僑置沂州，至泰豫元年移朐縣就沂州。後周建德六年改沂州爲朐州。隋開皇四年省。〔二〇〕」今城基存。

曲陽故城，漢縣，故城在今郡西南一百一十里。後漢省。唐武德四年復置，八年又省。

平曲故城，漢縣，莽曰端平，即漢書以此封公孫渾邪之所，又宣帝封廣陵厲王子曾爲侯。後漢省。在今縣界。〔二一〕

故朐城，漢爲縣，今廢城在縣西南。

古盧王城，在縣西九里。按輿地志云：「漢舊朐縣，今海州是也。宋泰豫元年移朐山縣于廢沂州。」又梁典云：「天監十年三月，盜殺朐山戍主劉晰，〔二二〕引虜徐州刺史盧昶，遣振遠將軍馬仙琕討之。盧昶自徐州以兵來援朐山，屯兵據此城，權假王號，自稱盧王，因名盧王城。」

古摩坡城，在縣南。按梁典云：「天監十年遣振遠將軍馬仙琕來討朐山，至十二月克之，盧昶挺身走，仙琕遣張惠紹追之，斬首十萬，造此城。」

牛欄村，在鬱洲島上。郡國志云：「糜竺放牧之所，今民祭，猶呼糜堆。」〔三〕

東安故城，在郡西八十三里。漢縣，後漢省。

糜竺冢。郡國志云：「刻石爲人馬禽獸之狀，名之爲鬼市。〔四〕」

東海縣，東水路九十里。依舊二鄉。本秦末田横所保鬱洲，亦曰郁州，亦謂之田横島，爲贛榆縣地。宋泰始三年失淮北，于鬱洲上僑立青州，即此地，仍于州北一里置東海郡并縣焉，即今縣；又改爲北海，後入于魏。魏改青州爲海州，仍移理龍沮城，復于此置臨海鎮，尋移東海入鎮城，仍領廣饒一縣。後周建德四年又增置東海縣。隋開皇三年廢東海郡及東海縣，因移廣饒縣于廢郡界。仁壽元年改廣饒爲東海縣。唐武德四年于此置環州，以水環繞爲郡名，領東海、青山、石城、贛榆四縣；八年州廢，仍廢青山、石城、贛榆三縣入東海縣，移縣于廢州城，即今理也。

謝禄山，在縣城西一里。按漢書云：「王莽時，東海徐宣、謝禄等擊王莽將田況，大破之。」曾屯兵于山，因名。

蒼梧山，在縣東北二里。古老相傳此山在海中，〔二五〕後飛至此。

栖雲山，在縣東北四十一里，即巨平山之東嶺。按州舊記：「梁國子祭酒明山賓父僧紹，當齊武帝時，以國子博士徵，不就，遁迹于此。」此山高眇，故號栖雲山。

朱紫山，在縣北五十二里。山有紅壁丹崖，自相輝映，遠而望之，若朱紫，因名。

嚶游山，在縣東北一百三里海中，去崖二十里，高二里。其山周迴浮海中，羣鳥翔集，嚶嚶然自相喧聒。

西捍海堰，在縣北三里。南接謝禄山，北至石城山，南北長六十三里，高五尺。隋開皇九年，縣令張孝徵造。

東捍海堰，在縣東北三里。西南接蒼梧山，東北至巨平山，長三十九里。隋開皇十五年，縣令元暖造，外足以捍海潮，内足以貯山水，大獲澆溉。

廢艾不城，在縣北二十四里。今古相傳田横避難，漢使艾不追横而築，後晉移贛榆縣于此。北齊天保元年省。

贛榆故城，在縣東北五十里青山之陰，故城猶存。郡國縣道記云：「贛榆城，在懷仁縣東北三十一里，〔二六〕一名鹽倉城，後漢改屬東海國，曹魏時省。晉太康中復立，尋又省。隋大業末，臧君相竊據海州，以先有贛榆縣，遂築此城，因取舊名，更置贛榆縣。唐武德八年省。」

吕母固，在縣北三十七里巨平山南嶺上，高二里。按後漢書云：〔二七〕「琅邪海曲有吕母者，子爲縣吏，犯小罪，宰論殺之。母密聚客，得數十百人，入海中，招納亡命，衆至數千，執縣宰，斬之，復還海中。」保此爲固，遂號吕母固。

田横固，在縣東北六十一里小鬲山。孤峯特秀，三面壁立，俯臨深溪，惟有東隅纔近人行，累石爲城。漢書云：「齊王田廣既死，田横代爲王，與灌嬰戰于嬴下，横敗。及漢定天下，横懼誅，與其徒屬五百餘人入海，居島中。」此固即田横所營處也。

謝禄廟，在縣西一里謝禄山南嶺上。本名海祠，後人改之，因名謝禄廟。

堯廟，在縣西北三里謝禄山上。州舊記：「宋泰始七年，刺史劉崇智稱劉氏本承堯後，遂造此廟，以時饗祠。」

由吾大夫廟，在縣北四十里巨平山南。按州舊記：「有道士由吾道營，本沭陽人，精心好道學，窮秘籙，天意人事，無不通。隋文帝時，特徵之，至都，拜諫議大夫。卒因葬焉。」

孝婦廟，在縣北三十三里巨平村北。按前漢書：「孝婦少寡，無子，養姑甚謹。其後姑自經死，姑女誣告吏：『婦殺我母。』吏捕孝婦，孝婦辭不殺姑，吏驗治，孝婦自誣服，具獄上府。于公以爲此婦養姑十餘年，以孝聞，必不殺姑，太守不聽，竟論殺孝婦。郡中枯旱三年。後太守至，于公曰：『孝婦不當死，前太守强斷之，咎當在是乎！』于是太守殺牛自祭孝婦冢，天立大雨，歲熟，因立祠焉。」

大海，在縣東二十八里。南接朐山縣界，北接懷仁縣界，西趣州，〔二八〕往來所渡，廣二十餘里。今按由此渡者，每年七月内不得渡，犯者多逢風沈溺，惟溺所犯之人，餘人皆得免。必公事迫急，先祭請者，亦不爲災。莊子曰：「夫海，千里之遠，不足以舉其大，千仞之高，不足以極其深。禹之時，十年九潦，而水弗加益。湯之時，八年七旱，而崖不加損。」玄中記：「天下之至强者，東海之沃焦焉。沃焦，山名也，在海東面，方三萬里，海水灌之而即消，故水東南流而不盈也。」

縣理城，在鬱洲上。山海經云：「郁州在海中。」「郁」，即「鬱」。水經注云：「朐縣東北海中有大洲，謂之郁州。昔有道者學徒十人，遊于蒼梧、郁洲之上，數百年，皆得至道。其山自蒼梧徙至東海之上，今猶有南方草木生焉。故崔琰述初賦云：『郁洲者，故蒼梧山也。』古老傳言此島上人皆先是麋家之隸，〔二九〕今有牛欄一村，舊有麋家莊牧，猶祀祭之，〔三〇〕呼曰麋郎。臨祭之日，著犂韡，執耕鞭。又言初取婦者，必先見麋郎，否則爲祟。」

宋泰始三年于島南陲築城置青州，即今縣理城是也。

二疏墓。疏廣、疏受，東海蘭陵人也。

于定國墓。定國，東海郯人也。

懷仁縣，西北九十里。依舊二鄉。〔三一〕本漢贛榆縣地，按漢贛榆縣東北三十里贛榆縣舊城是也。無定屬。梁于此置黄郭戍，後魏改置義塘郡，〔三二〕理黄郭城，領義塘、歸義、懷仁等三縣，並理今密州莒縣界。隋開皇三年廢郡，移懷仁縣理于此，改屬海州。

懷仁山，在縣北四十里。其山無草木生。

夾山，〔三三〕在縣西三十八里。左傳謂「公會齊侯于夾谷」，注云：「齊地名。」

劍水，在縣西南八十五里。源從沂州臨沂縣界三崖山，〔三四〕號弱馬溝，東流入縣界。

堯水，在縣西南七十里。源從沂州臨沂縣東經縣八十里入海。

故祝其城，在縣南四十二里平地。太康志云：「在郯東九十里。」春秋定公十年：「公會齊侯于祝其，實夾谷地。」漢以爲祝其縣，宋省。

懷仁故城，在縣西二十三里。按後魏地形志云：「武定七年置，屬義塘郡。」郡縣俱移就高密郡莒縣界内置，在古辟陽城，後廢爲義塘鎮。

歸義城，在縣北二十五里。按後魏武定七年置縣，屬義塘郡，隋廢。

武陵郡城，在縣南五十九里。按後魏志云「武定七年置爲武陵郡」，隋初廢。

紀鄣城，在縣東北七十五里平地，近海，周一里餘。按春秋昭公十九年，「齊師伐莒」。傳曰：「莒子奔紀鄣。」即此地也。

故利城，漢縣，故城在今縣西六十里。後漢獻帝曾于此立郡，宋省。

海曲。按郡國縣道記云：「漢縣，後割屬琅邪郡。」十三州志云：「海曲，在開陽東一百三十里。」蓋在縣西界，與臨沂接境，漢故利城側近是也。

沭陽縣，西南一百六十里，仍三鄉。本漢厚丘縣地，今縣北四十五里厚丘故城是也。宋省，文帝元嘉四年于此立僮縣，屬南彭城郡。梁武帝天監五年復置僮陽郡，領僮縣，至太清三年，地入魏；孝靜帝改僮陽郡爲沭陽，以在沭水之陽爲名，仍于郡東置懷文縣。周武帝建德七年改懷文爲沭陽縣。隋開皇三年廢郡，移沭陽縣入廢郡城中，屬海州，即今理。大業十三年，土人臧君相反于沭陽縣，置沭州。唐武德四年復爲沭陽縣，屬海州。總章元年隸泗州。按縣地雖近海州，塗出陜澤，水陸艱嶮，春冬則水路乾涸，秋夏則霖潦，陸路瀰漫，百姓怨之。咸亨五年又屬海州。

韓山，在縣東北五十里。按州舊記：「韓信爲楚王講武之所也。」

建陵山，在縣西北一百五里。按漢書地理志東海有建陵，景帝封衛綰爲侯，王莽改曰付亭，其縣緣此名。按山南北狹長，有陵阜，緣此名建陵。

句盧山，在縣東六十八里。

碩濩湖，在縣東八十里。與朐山、漣水三縣分湖爲界。

沭水，在城東南七十步。〔三五〕引東流七十里入車路湖。水經注云：「沭水又南經東海厚丘縣。」梁天監二年三月，土人張高等五百餘人相率開鑿此谿，引水溉田二百餘頃，俗名爲紅花水，東流入泗州漣水縣界。

厚丘城，在縣北六十里。按地理志，厚丘，漢舊縣，在郯城東一百里。宋省併入襄賁縣。

陰平城，在縣西北六十里。按漢書地理志稱陰平縣屬東海郡，成帝封楚孝王子回爲陰平侯，又晉武帝封魯芝，皆此城。

下城，在縣南三里。後魏地形志稱梁武帝置僮陽郡，領下城等縣。後郡縣皆廢，而城猶存。

卷二十二校勘記

〔一〕後漢至晉改爲東海國　按續漢書郡國志三爲東海郡。吴增僅三國郡縣表附考證：後漢建安十七年爲東海國，魏初改爲郡，太和末改郡爲國。晉書卷一五地理志下爲東海郡。此載不確。

〔二〕後魏改東海爲郯郡　魏書卷一〇六地形志中：郯郡，晉爲東海郡，「武定八年改」。此「後魏」宜作「東魏」。

〔三〕高齊郡縣俱廢　隋書卷三一地理志下：下邳郡郯縣，「舊置郡，開皇初廢」。則郯郡廢於隋開皇初。

〔四〕于鬱洲更置冀州　原校：「按宋書州郡志序篇云：『索虜南侵，青、冀、徐、兖，並皆不守，青、冀二州治贛榆之縣。』詳此，蓋二州同治也。鬱洲即今東海縣，古贛榆地，今記既云『于鬱洲更置冀州』，又曰『武定七年罷青、冀二州爲海州』，則上文當脱『青州』。東海縣序云：『宋于鬱洲僑立青州，魏改青州爲海州』，言青而不及冀，蓋互舉或脱文耳。『洲』，舊作『州』。」按宋書卷三六州郡志二：青州，「明帝失淮北，於鬱洲僑立青州。」南齊書卷一四州郡志上：青州，「宋泰始初，淮北没虜，六年始治鬱州上。」是宋明帝時青州僑治鬱洲。又南齊書州郡志上：冀州，宋元嘉九年分青州置，「泰始初遇虜寇，並荒没，今所存者，泰始之後更置立也，二州共一刺史。」則冀州在泰始後，僑治於鬱洲，與僑青州同治，故二州合一刺史，迄梁末未改。梁書卷一六張稷傳：天監初，「出爲使持節、散騎常侍、都督青冀二州諸軍事、安北將軍、青冀二州刺史。」魏書卷八世宗紀：延昌二年二月，「蕭衍郁州民徐玄明等斬送衍鎮北將軍、青冀二州刺史張稷首，以州内附。」

魏書卷二二上咸陽王禧傳：子翼奔於肅衍，「以爲信武將軍、青冀二州刺史，鎮郁州。」梁書卷三九羊侃傳：大通三年，「詔以爲持節、雲麾將軍、青冀二州刺史。」此書「冀州」，當脱「青州」，東海縣序云「宋於鬱洲僑立青州」，也脱「冀州」，原校是也。

〔五〕東海　舊唐書卷三八地理志一海州總序作「祝其」，又載：武德四年以東海縣置環州，八年廢環州，「以東海來屬。」新唐書卷三八地理志二及本書海州總序下文、東海縣序同，則武德四年海州無東海縣，此「東海」宜作「祝其」。

〔六〕揚府　「府」，底本作「州」，萬本同，據庫本及舊唐書卷三八地理志一改。

〔七〕皇朝管户主六千八十八　「管」，底本無，庫本同，據萬本、中大本補。

〔八〕闕一作闕　萬本作「闕」，無「闕一作」三字，庫本同。

〔九〕避難居此　萬本同，庫本作「謝病去，遂居此」。

〔一〇〕孟卿東海人以禮學傳二戴　萬本、庫本無。

〔一一〕撰新儀二十卷　「二十」，梁書卷三〇鮑泉傳作「四十」，南史卷六二鮑泉傳、隋書卷三三經籍志皆作「三十」。

〔一二〕徐弘敏　萬本、庫本並作「唐徐有功」，傅校同。

〔一三〕嘗據法廷諍至忠能遠害　萬本、庫本並無此四十二字，傅校删，蓋非樂史原文。

〔一四〕秦始皇立石海上以爲秦東門闕　萬本據史記改爲「秦始皇立石東海上朐界，以爲秦東門闕」。按樂史所據文，實出於漢書卷二八地理志上東海郡朐縣，萬氏妄改。

〔一五〕石伊句等三山　萬本作「盧石、伊盧等三山」，嘉慶重修一統志卷一〇五海州引本書同，又引宋張耒曰：「謂盧石山與伊盧、句盧二山也。」按讀史方輿紀要卷二二海州：盧石山，「相傳韓信爲楚王，鎮於三盧，宋張耒云：三盧者，盧石山、伊盧山、句盧山也。」則此云「石」者，即指「盧石山」也，「石」上宜有「盧」字，萬本、嘉慶重修一統志所引本當脱「句盧」。

〔一六〕伊盧山至故云中盧　原校：「按史記、漢書，伊盧、中盧，皆書作『盧』，而後漢郡國志作『廬』，後魏地形志琅邪郡海安縣有蘆石山，又作『蘆』，傳寫不一。今記所引三山石色黑，因以爲名，則義當爲盧，未詳其説。又中盧在襄陽，非東海之伊盧，顔師古已言之，今記所云盧石在東，句盧在西，故言中盧，遂合襄陽之中盧，于此言之，或今朐山縣之伊盧，自有此名也，當考。」按此言盧石山在東，句盧山在西，伊盧山在中，故云中盧，與襄陽之中盧無涉。

〔一七〕春秋□□□□云此山與郯城相近　萬本、庫本並無四空格，作「春秋云此山與郯城相近」，疑非。

〔一八〕南墜星山　「墜」，萬本、庫本及嘉慶重修一統志卷一〇五引本書皆作「墮」。下「北墜星山」同。

〔一九〕連綿六七里　萬本、中大本無「六」字，傅校删。新唐書地理志二作「環城長十里」。

〔二〇〕廢沂州城至隋開皇四年省　原校：「按宋明帝時，淮北没寇，僑立徐州，治鍾離。泰豫元年移治東海朐縣。又後魏莊帝永安二年，以東泰山、琅邪二郡置北徐州，後周改爲沂州，並見宋、魏、隋史志。詳前後史志，自宋以前，無沂州，今記云『宋泰始三年失舊沂州，五年于朐山東北僑置沂州』，『沂』字疑作『徐』。今記又云『泰豫元年移朐縣就沂州』，按宋志，則泰豫元年移僑立徐州治朐縣，非移朐山縣就沂州。今記又云『後周建德六年改沂州爲朐州，隋開皇四年省』，按隋志，琅邪郡，『舊置北徐州，後周改曰沂州』；又東海郡朐山縣，『舊曰朐，置琅邪郡，後周改縣曰朐山，郡曰朐山』。詳此，則後周改北徐州爲沂州，改琅邪郡爲朐山郡，非改沂州爲朐州也，隋志亦無省朐州之文。按前後文意，皆是誤以『徐』爲『沂』，轉更訛失。今記所引輿地志，未見此書，恐亦舛誤。」按原校是也，本書下文古盧王城條引輿地志云「宋泰豫元年移朐山縣于廢沂州」，也是「宋泰豫元年移徐州治朐縣」之誤。

〔二一〕在今縣界　「縣」，萬本、中大本、庫本並作「郡」，傅校同。

〔二二〕劉晰　「晰」，南史卷二六馬仙琕傳同，梁書卷二武帝紀中、卷一七馬仙琕傳，魏書卷八宣武帝紀、卷四七盧昶傳，資治通鑑卷一四七梁紀三皆作「晣」，疑「晰」爲「晣」字之誤。

〔二三〕在鬱洲島上至猶呼麋堆　「在鬱洲島上」，底本脱，據萬本及嘉慶重修一統志海州引本書補。「今民祭猶呼麋堆」，萬本、庫本作「今民祭酒，猶呼云麋堆」，傅校改同，嘉慶重修一統志引本書作「今猶呼云麋堆」。

〔二四〕鬼市　萬本、庫本作「鬼神市」。

〔二五〕古老相傳此山在海中　萬本、庫本「在」上有「原」字，傳校補。

〔二六〕在懷仁縣東北三十一里　「三十一」，萬本、中大本、庫本皆作「三十」，元和郡縣圖志卷一一海州載同，此「一」疑爲衍字。

〔二七〕後漢書　底本作「漢書」，萬本、庫本作「後漢書」，傳校同。按本書下文琅邪海曲有吕母云云，載於後漢書卷一一劉盆子傳，此脱「後」字，據補。

〔二八〕西趣州　萬本據山東通志「州」下補「城」字，按山東通志不載，不知萬本所據。嘉慶重修一統志海州引本書、讀史方輿紀要海州皆作「西趨州城」，此蓋脱「城」字。

〔二九〕縻家之棣　「棣」，萬本、庫本並作「隸」，疑此「棣」爲「隸」字之誤。

〔三〇〕猶祀祭之　「祀」，底本作「枯」，據萬本及傳校改。

〔三一〕二鄉　「二」，萬本、中大本、庫本皆作「一」，傳校改同。

〔三二〕後魏改置義塘郡　魏書地形志中：「義塘郡，武定七年置，治黄郭城。」領縣三：義塘、歸義、懷仁，皆武定七年置。此「後魏」宜作「東魏」。

〔三三〕夾山　庫本同，萬本作「夾谷山」。

〔三四〕三崖山　「崖」，底本作「峠」，庫本同，字誤，據萬本及嘉慶重修一統志海州改。讀史方輿紀要海州作「嶢」。

〔三五〕在城東南七十步「步」，底本作「里」，據萬本、中大本、庫本及嘉慶重修一統志海州引本書改。元和郡縣圖志海州：沭陽縣，沭水「經縣南十步」。

太平寰宇記卷之二十三

河南道二十三

沂州

沂州，琅邪郡。今理臨沂縣。禹貢徐州之域。星分奎宿六度。春秋時爲齊地。秦兼天下，以其地置琅邪郡，因山爲名也。漢因之，地理志云：「琅邪郡，秦置。」高帝以屬齊。高后七年立營陵侯劉澤爲琅邪王。文帝元年徙澤爲燕王，以琅邪歸齊，更爲郡，領縣凡五十一。後漢以爲琅邪國，以皇子京爲琅邪王。前琅邪郡理在今密州諸城縣是也，後漢領縣十三，京徙都開陽，今臨沂縣界開陽故城是也。後益爲十七縣，六縣在峴山北，十一縣在峴山南也。晉武帝咸寧三年改封東莞王伷爲琅邪王，薨，子恭王覲嗣，薨，子睿嗣。建武元年，睿爲晉王，即位于江東，是爲東晉元帝，于郡城東北隅置發干戍，以南軍鎮之。自永嘉之後，琅邪陷于胡寇，元帝于丹陽江乘縣界別立南琅邪郡。〔一〕至宋武得河南地，尋又没于後魏，莊帝永安二年置北徐州，琅邪郡屬焉。周武帝宣政元年改北徐州置沂州，以州城東臨沂水，因以名之。大業三年改爲琅邪郡，十三年亂離，郡爲徐圓朗所破。唐武德四年征徐圓朗，置沂州，領臨沂、費、顓臾三縣，又置蘭山、臨沭、昌樂三縣；六年省蘭山、臨沭、昌樂三縣入臨沂。貞觀元年省顓臾入費縣，其年省鄫州，以承縣來屬；八年又省莒州，以新泰、沂水二縣來屬。天寶元年改爲琅邪郡。乾元元年復爲沂州。

元領縣五：臨沂，沂水，費縣，承縣，新泰。

州境：東西三百里。南北三百七十五里。

四至八到：西至東京一千里。西至西京一千四百一十五里。西至長安二千二百七十五里。東南至海州二百三十里。西至兖州三百八十里。東南至泗州下邳縣二百七十七里。北至青州四百五十里。西至徐州三百五十里。東北至密州三百七十里。西北至淄州五百三十里。

户：唐開元户三萬七千四百。皇朝管户主一萬五千九百二，客二萬六百九十七。〔三〕

風俗：同密州。

姓氏：琅邪郡六姓：王、顔、諸葛、惠、暢、符。

人物：樂毅，匡衡，東海人。疏廣，字仲翁，東海蘭陵人。與兄子受俱爲太子師傅，乞骸骨歸，羣公祖送東都門。　貢禹，〔三〕字少翁，琅邪人。爲光禄大夫。　管仲，齊相，琅邪人。　丞相諸葛亮，琅邪陽都人。　王祥，字休徵，沂州人。事繼母至孝，天子幸太學，推祥爲三老，北面乞言。〔四〕　王衍，字夷甫，沂州人。〔五〕　王覽，字玄通，祥異母弟，母置酒鴆祥，覽知，取酒去，後賜祥饌，覽必先嘗。〔六〕　王導，字茂弘，覽孫。器識清遠，出入將相。〔七〕　王彬，字世儒，覽孫。　王彪之，字叔武，導從子。諳江左舊事，緘之青箱，時謂王氏青箱學。　王羲之，字逸少，導從子。〔八〕　王胡之，字修齡，沂州人。〔九〕　顔含，　王惠，字令明，沂州人。官太宰。兄鑒，好營田産，惠曰：「何用田爲？」兄怒曰：「無田何由得食！」惠曰：「又何用食爲。」〔一〇〕　王儉，字仲寶，臨沂人。六世名德，爲海内冠冕，拜右僕射，謚文憲。〔一一〕　顔延之，字延年，含曾孫。嗜酒，不檢細行。爲光禄大夫，與謝靈運齊名。〔一二〕　王僧達，臨沂人。〔一三〕　王素，往東陽，隱山中，聞蚿蟲聲，遂爲蚿賦以自况。　王融，字元長，僧達孫。〔一四〕　王彧，沂州人。〔一五〕　王簡栖，撰頭陀寺碑。　王丘，琅邪人。爲黄門侍郎。〔一六〕　顔之推，　顔師古，臨沂人。以功進子爵。　顔真卿，字清臣，師古五世孫。封魯郡公，駡賊而死。〔一七〕　顔杲卿。師古五世孫。攝常山太守，安禄山反，城陷，大駡賊而死。

土産：紫石英，貢；黄銀，〔一八〕綿，絹。

臨沂縣，依舊三鄉。〔一九〕本漢舊縣也，屬東海郡，東臨沂水，因以爲名。後漢改屬琅邪國，晉屬琅邪郡，〔二〇〕後魏改屬郯郡，高齊省。隋開皇十六年于今縣理東二十六里故郚城復置臨沂縣，〔三〕屬沂州。大業三年改爲琅邪郡，縣仍屬焉。唐武德四年改郡爲州，縣仍舊隸。

羽山，在縣東南一百一十里。尚書：「殛鯀于羽山。」注云：「羽山，東裔也。」左傳云：「鄭子産聘于晉。平公有疾，韓宣子逆客，私焉，曰：『寡君寢疾，于今三月矣，並走羣望，有加而無瘳。今夢黄熊入于寢門，其何厲鬼也？』對曰：『以君之明，子爲大政，其何厲之有？昔堯殛鯀于羽山，其神化爲黄熊，以入于羽淵，實爲夏郊，三代祀之。晉爲盟主，其或者未之祀也。』韓子祀夏郊。平公乃間。」地理志曰：「羽山在東海祝其縣南。」今按山高四里，周迴八里，山之東南與海州朐山縣分界。

沂水，東北自沂水縣界流入，經縣東，去縣一里，又西南流入下邳縣界。

温湯水，源出縣東北湯阜下，三泉並導，各爲一池，其沸如湯。

州理城，後魏北徐州城也。莊帝永安二年築，北徐州理之，周武帝改爲沂州，至今不改。

鄅城，在縣東三十六里。左傳定公十年：「叔孫州仇帥師圍鄅。」鄅，叔孫氏邑也。

隋開皇十六年于此置臨沂縣，大業二年移臨沂縣于州理，此城遂廢。

襄賁城，漢襄賁縣也，屬東海郡。後漢獻帝封劉虞爲襄賁侯，改屬琅邪郡。

漢即丘縣城，在縣理東南五十里。春秋之祝丘也，桓公五年城祝丘是也。「祝」與

「即」，齊、魯之音也，其實一焉。漢爲即丘縣，屬東海郡，至高齊省。

漢開陽縣城，在縣北一十五里。即春秋鄅國，祝融之後，邳姓也。昭公十八年，「邾人入鄅」，注云：「今琅邪開陽縣也。」左傳又曰「季孫斯、叔孫州仇帥師城啓陽」，〔三〕即開陽也。漢以避景帝諱，改爲開陽。後漢琅邪王京徙都開陽。漢官儀曰：「洛陽城南面東第一門，門始成，夜有一柱來止樓上，開陽縣上言南門一柱忽然飛去。」即此城門柱也。

王僧辯城，在縣東北五十里。梁將王僧辯屯兵于此。

永嘉故臺，在縣理西南二里。故老言琅邪王睿永嘉中所築。

王導故居，在縣東北三十八里，臨沂故城南三里。導字茂弘，琅邪臨沂人，爲元帝丞相，薨于江東，此蓋其本宅也。

鯀墓，在縣東南百里。按左傳：「鯀死，其神化爲黄熊，入于羽淵。」未詳得有墓否。

晉王祥墓，在縣東北五十里。祥字休徵，臨沂人也。

沂水縣，北二百里。〔三〕依舊二鄉。本漢東莞縣，即春秋莒、魯所争之鄆邑也。文公十二年左氏經：「季孫行父帥師城諸及鄆。」杜注：「鄆，莒、魯所争者，城陽姑幕縣南有員亭，員即鄆也。」俗變其字耳。十三州志曰：「有東西二鄆，魯昭公所居者爲西鄆，在兖州東平郡是也；莒與魯所争爲東鄆，即此縣是也。後魏孝文帝于此置新泰縣。隋開皇四年改爲東安縣，十六年又于古蓋城別置東安縣，而此改名沂水縣。

沂山，在縣北百二十四里。周禮：青州，「其鎮沂山」。郊祀志曰：「公玉帶曰：『黄帝時雖封泰山，然風后、封鉅、岐伯令黄帝封東泰山，禪凡山，合符，然後不死。』天子既令設祠具，至東泰山，東泰山卑小，不稱其聲，乃令祠官禮之，而不封焉。」即沂山也。山之東北四里，又有五壇，是宋武北伐南燕于此立壇，以祭五帝處。

穆陵山，在縣北一百九十里。左傳僖公四年，管仲曰：「昔召康公賜我先君履，南至于穆陵。」伏琛齊記曰：「昔賜履南至于穆陵者，泰山南，龜山北，穆陵山是也。」

大峴山，在縣北九十里。西接小泰山，連崗至歷城，山谷相屬，〔二四〕東至海一千里。宋書：「高祖北伐，慕容超其大將公孫五樓説超：『宜斷據大峴，刈除粟苗，堅壁清野以待之。』超不從，曰：『但當引令過峴，我以鐵騎踐之，不憂不破也。豈有預芟苗稼，先自蹴弱耶！』高祖既入峴，舉手指天曰：『吾事濟矣！』」伍緝之從征記曰：「大峴去半城八十里，直度山十五里，〔二五〕崖坂峭曲，石徑幽危，四岳、三塗，不足過也。」山高三里，周迴四十二里。

雹山，在縣西北二十八里。泰山記云：「雹山出紫石英，好者内朗外明，表裏映徹，形若雹狀，故名雹山，今猶充貢。」苑記曰：「爆山出紫石英。」魏地形志發干縣有峋山。今猶出紫石英，好者歲貢焉。

螳螂山，在縣北百九十二里。水經注云：「螳螂水出魯山。」今按此山與大小二魯山連接，前則平野彌望，清流縈帶，南面有穴若門，直入二十里，可容方駕。遊之清曠，非復人境也。西與新泰縣分界。

沭水，出縣西北沂山南。職方氏：青州，「其浸沂、沭」。在縣北七十里，又東南入于泗水。

巨洋水，亦名巨蔑水。源出縣西北沂山，其水北流經朱虛縣故城西。宋書曰：「高祖北伐慕容超，既入峴，臨朐有巨蔑水，去城四十里。超告公孫五樓曰：『急往據之，晉軍得水，則難擊也。』于是宋前鋒、龍驤將軍孟龍符奔往爭之。」即此也。

縣理城，本漢東莞縣城也，南燕于此置團城鎮，去東安郡三十里。城隍圓，因名團城。隋開皇十六年于此置沂水縣。

漢蓋縣城，在縣西北八十里。本齊邑，漢以爲縣，景帝封王皇后兄信爲蓋侯。後漢屬泰山郡。隋開皇十六年于此置東安縣，屬莒州，後廢入沂水縣。

古長城，在縣北九十五里。東南起自宿州莒縣界，〔二六〕西北二百五十五里，〔二七〕至淄州淄川縣界。史記曰「齊有長城、巨防，以爲塞」是也。

魏曹嵩墓，在縣南一百二十五里。魏志曰：「太祖父嵩，避地琅邪，爲徐州刺史陶謙所殺。」遂葬于此。

費縣，西北九十里。舊十二鄉，〔二八〕今三鄉。古費國也，春秋隱公元年傳曰：「費伯帥師城郎。」後爲魯季氏之邑，僖公元年傳曰：「公賜季友汶陽之田及費。」論語：「季氏使閔子騫爲費宰。」至漢爲費縣，屬東海郡。後漢爲侯國，屬泰山郡。晉屬琅邪國，宋屬琅邪郡。自漢費縣移理祊城，後魏孝文帝太和二十年又自祊城移費縣理于今縣城北四十里陽口山。隋開皇三年復自陽口山移入祊城，今縣理也。自宋至隋，皆屬琅邪郡，大業十三年爲賊潘當所破。唐武德四年重置，屬沂州。

蒙山，在縣西北八十里。高士傳：「老萊子隱居蒙山之陽，以萑葭爲墻，蓬蒿爲室，岐木爲床，蓍艾爲席，衣縕飲水，墾山播殖，著書十五篇，言道家之用。楚王親駕至其門，王去，其妻戴畚挾薪而至，問車迹之多，答以楚王，妻曰：『妾聞可食以酒食者，可隨以鞭捶；可授以官禄者，可隨以鈇鉞。先生受人官禄，爲人所制，妾不能爲人所制也。』投畚而去。老萊追之，遂相從于江南。」劉芳徐州記曰：「後漢承宮躬稼于蒙山。其山高四十里，長六十九里。」今縣北與新泰縣分此爲界。

東蒙山，在縣西北七十五里。在蒙山之東，故曰東蒙。論語：「今夫顓臾，昔者先王以爲東蒙主，是社稷之臣也，何以伐爲！」

浰水，源出縣西南連青山下。〔二九〕左傳襄公十九年：「取邾田，自浰水。」今按水發源自山下，東北流，又折而西南流，入徐州滕縣界。

縣理中城，後魏太和二十年築，以置費縣，周迴二十里，外城即故祊城也。隱公八年，「鄭伯請釋泰山之祀而祀周公，以泰山之祊易許田」。注云：「祊，鄭祀泰山之邑，在琅邪費縣東南。」後移理薛固，周移陽口山南，隋又移入祊城。

故費城，在縣西北二十里。古費伯國也，後爲季氏邑。

故顓臾城，在縣西北八十里。顓臾，風姓，伏羲之後。論語：「季氏將伐顓臾。」魯附庸也。

南城，在縣南九十里。史記「齊威王使檀子守南城，則楚人不敢爲寇」是也。

武城。左傳襄公十九年：「城武城。」杜注「泰山南武城」是也。

南城山。後漢書：鄭玄，「漢末遭黄巾之難，客于徐州」。今孝經序，鄭氏所作，其序云：「僕避難于南城山，栖遲巖石之下，念昔先人餘暇，述夫子之志而注孝經。」蓋康成胤孫所作。〔三〇〕今西上可二里許，有石室焉，周迴五丈，俗云鄭康成注孝經于此。

承縣，西南一百八十五里。舊九鄉，今四鄉。本漢舊縣，春秋時鄫國也。地理志承縣屬東海郡，後漢不改。晉惠帝分東海郡之蘭陵、承、戚、合鄉、昌慮五縣置蘭陵郡，理承城。按此前承縣理，今縣西一里漢承縣故城是也。開皇三年罷郡，承縣屬徐州；十六年置鄫州，以承縣屬焉。大業二年省鄫州及承縣，仍移蘭陵置于廢鄫州城中，屬徐州。大業十三年，縣爲山賊左君衡所破。唐武德四年又于此置鄫州，取隋舊名，又改蘭陵縣爲承縣。貞觀六年廢鄫州，〔三〕縣屬沂州。縣西北有承水，因名。

君山，一名抱犢山，在縣北六十里。述征記云：「承縣君山有抱犢固，壁立千仞，頂寬而有水。此山去海三百里，天氣澄明，宛然在目。山上有池，周迴五丈，深可三四尺，春冬水旱，未嘗有減，若漸穢汚則竭，潔誠祈請則生。上有精廬，每有修定僧居焉。上有地頃餘，昔有隱遁者，抱一犢于其上墾種，故以名山。漢名樓山，魏號仙臺。高九里，周迴四十五里。」

魯卿山，一名季山，在縣東北七十里。季文子相三君，妾不衣帛，馬不食粟。魯人思其遺惠，爲之立廟，山因名。

承治水，出縣西北六十里方山之東。王莽改承縣爲承治，故水有此名。西去縣一里，又南流入下邳縣。

縣理城，即隋鄫州城也。開皇十六年置，大業初廢，武德四年重置，貞觀中廢。

故鄫城，在縣東八十里。左傳僖公十四年：「鄫子來朝。」注云：「琅邪鄫縣也。」又襄公六年：「莒人滅鄫。」後屬楚。漢爲繒縣，屬東海郡。晉屬琅邪國。隋開皇十六年分承立鄫城縣，屬鄫州，大業省入蘭陵縣。〔三二〕唐武德又置鄫城縣，貞觀廢。〔三三〕

蘭陵縣城，在縣東六十里。史記曰：「荀卿適楚，春申君以爲蘭陵令，因家焉。」十三州志云：「蘭陵，故魯之次室邑也，其後楚取之，改爲蘭陵縣，漢因之。」列女傳云：「魯次室女倚柱而嘆曰：『君老，太子幼。』諸女笑之。次室女曰：『君老必愚，太子幼必悖。愚悖之閒，其亂必生。』竟如其言。」次室，即此也。

偪陽城。左傳襄公十年：「公會諸侯于柤，莊加反。〔三四〕晉遂滅偪陽。」杜注：「偪陽，妘姓之國，今彭城傅陽縣也。」晉悼公滅之，以與宋。楚宣王滅宋改爲傅陽。漢爲傅陽縣。

郳城。魯莊公五年，「郳犂來來朝」，附庸國也。

楚荀卿墓，在縣東六十二里。

漢匡衡墓，在縣西北四里。衡字稚圭，東海承人也。

漢疏廣墓，在縣東四十里。廣字仲翁，東海蘭陵人。

漢疏受墓，在縣東四十二里。

蕭望之墓，在縣東五十里。

劉靈墓，在縣東北二十里。

左丘明墓，在縣東北七十里。

王肅墓，在縣東南二十五里。

新泰縣，西北二百六十三里。舊一鄉，今三鄉。春秋時魯平陽邑也，宣公八年：「城平陽。」注云：「今泰山有平陽縣。」漢爲東平陽縣，屬泰山郡。按河東有平陽縣，故此爲東也。後漢省，魏復立平陽，晉武帝泰始中改爲新泰縣，屬泰山郡，後屬東安郡。記云：舊名平陽，泰始中，鎮南將軍羊祜，此縣人也，表改爲新泰縣，屬泰山郡。晉惠帝割屬東安。宋因之。後魏屬東泰山郡，周、齊不改。隋開皇四年屬莒州，大業二年廢莒州，以縣屬沂州。唐武德五年又屬莒州。貞觀八年省莒州，縣屬沂州。

蒙山，在縣東南八十八里。書曰：「蒙、羽其藝。」詩云：「奄有龜、蒙。」皆謂此山也。已具費縣。

具山，在縣東三十八里。

敖山，在縣東十一里。左傳曰：桓公六年九月丁卯，「子同生。公問名于申繻。對曰：『名有五，不以山川，先君獻、武廢二山。』」注「具、敖也。獻公名具，武公名敖，更以其鄉名山」是也。

艾山，一名臨樂山，在縣東北三十里。沂水之所出也。

障山，在縣東北八十里。〔三五〕山上之東側有巨坑焉，〔三六〕東西十丈，南北五十丈，其中出硝石、石腦、炬火等石，居人常採爲貨。

青沙峴，在縣北十里。伍緝之從征記：〔三七〕「青沙峴，玄圃城十里，木皆櫨杏，草多薇絑。音木。」

委粟山。伏琛齊地記曰：〔三八〕「委粟山，孤立如聚粟也。」

卷二十三校勘記

〔一〕元帝于丹陽江乘縣界別立南琅邪郡　宋書卷三五州郡志一：「南琅邪太守，晉亂，琅邪國人隨元帝過江千餘户，大興三年立懷德縣。丹陽雖有琅邪相而無土地。成帝咸康元年，桓温領郡，鎮江乘之蒲洲金城上，求割丹陽之江乘縣境立郡。」則成帝咸康元年于丹陽江乘縣僑立南琅邪郡，元和郡縣圖志卷一一沂州總序作「成帝於丹陽江乘縣界別立南琅邪郡」是也，此「元帝」蓋爲「成帝」之誤。

〔二〕客二萬六百九十七　「七」，萬本、中大本、庫本皆作「六」。又，「百」，庫本作「千」，疑誤。

〔三〕貢禹　萬本、中大本、庫本此上皆列有「王吉，琅邪皋虞人。爲昌邑中尉，與貢禹爲友，世稱『王陽在位，貢禹彈冠』。」傳校補，此蓋脱。

〔四〕王祥至北面乞言　萬本、庫本無。晉書卷三三王祥傳：「琅邪臨沂人。」按唐宋沂州治臨沂，故記以臨沂爲沂州。考沂州，北周武帝末設置，此前無「沂州」；漢魏臨沂在唐宋沂州治臨沂縣北，實是二地，此又混而爲一，乃誤。「天子幸太學」，底本作「天下幸學」，依晉書王祥傳，「下」爲「子」字之誤，並脱「太」字，據以改補。

〔五〕王衍字夷甫沂州人　萬本、庫本無。晉書卷四三王衍傳載，衍，琅邪臨沂人，此云「沂州」，實誤。

〔六〕王覽至覽必先嘗　萬本、庫本無。

〔七〕字茂弘至出入將相　萬本、庫本作「琅邪臨沂人，晉丞相」，傳校同。

〔八〕王彬至導從子　王彬、王彪之、王羲之諸傳略，萬本、庫本皆無。

〔九〕王胡之字修齡沂州人　萬本、庫本無。晉書卷七六王廙傳載，廙，王導從弟，子胡之。按王導，琅邪臨沂人，此云「沂州」，實誤。

〔一〇〕顔含至又何用食爲　顔含、王惠傳略，萬本、庫本皆不列。宋書卷五八王惠傳載，惠，琅邪臨沂人，此云「沂州」，實誤。

〔一一〕字仲寶至謚文憲　此二十二字萬本、庫本皆無。

〔一二〕字延年至與謝靈運齊名　萬本、庫本皆無此二十三字。

〔一三〕臨沂人　萬本、庫本皆無。

〔一四〕字元長僧達孫　萬本、庫本皆無。

〔一五〕王彧沂州人　萬本、庫本皆無。宋書卷八五王景文傳載，景文名彧，琅邪臨沂人，此云「沂州」，實誤。

〔一六〕爲黄門侍郎　萬本、庫本此下皆云「已上並琅邪人」，傅校同。按萬本王導以下列舉顔延之、王僧達、王儉、王素、王簡栖、王丘，皆不注明何郡人，所云「已上並琅邪人」，即指上述六人而言。

〔一七〕顔師古至駡賊而死　顔師古、顔真卿傳略，萬本、庫本皆不列。

〔一八〕紫石英貢黄銀　庫本同，萬本「貢」字注於「黄銀」下。按唐六典卷三載沂、兖等州貢紫石英，元和郡縣圖志沂州：「開元貢：紫石英，黄銀。」新唐書卷三八地理志二：沂州「土貢：紫石。」則底本是。

〔一九〕三鄉　「三」，萬本、庫本皆作「二」。

〔二〇〕琅邪郡　按晉書卷一五地理志下爲琅邪國。

〔二一〕隋開皇十六年于今縣理東二十六里故鄅城復置臨沂縣　「二十六」，本書下文鄅城作「三十六」，云「隋開皇十六年于此置臨沂縣」，又齊乘亦載郚城在沂州東三十六里，此「二」爲「三」字之誤。

〔二二〕左傳又曰季孫斯叔孫州仇帥師城啓陽 按「季孫斯、叔孫州仇帥師城啓陽」，載於春秋哀公三年，無傳，水經沂水注引春秋哀公三年經書「季孫斯、叔孫州仇帥師城啓陽」，是也，此不確。

〔二三〕北二百 「北」，底本作「西北」，萬本、庫本同。元和郡縣圖志沂州沂水縣：「南至州二百里。」元豐九域志卷一沂州沂水縣：「州北一百八十里。」按唐宋沂州即今山東臨沂市，沂水縣即今縣，在臨沂市北偏東，作「西北」誤，據李書、王書改爲「北」。

〔二四〕連崗至歷城山谷相屬 萬本、中大本、庫本皆作「連崗至歷山，城谷相屬」。

〔二五〕直度山十五里 「十五」，初學記卷八、元和郡縣圖志沂州引伍緝之從征記皆作「二十五」，此蓋脱「二」字。

〔二六〕東南起自宿州莒縣界 據本書卷二四載，莒縣屬密州；本書卷一七載，宿州治符離縣，遠處沂州西南，非古長城所起，此「宿州」當是「密州」之誤。

〔二七〕西北二百五十五里 「五十五」，萬本、中大本、庫本皆作「五十」，傅校同。

〔二八〕舊十二鄉 「二」，萬本、中大本、庫本皆作「三」。

〔二九〕連青山 「連」，萬本、庫本作「蓮」。讀史方輿紀要卷三二滕縣：「連青山，縣東北五十里。形如蓮花，亦曰蓮峯山。中有泉，南沙河出焉，即漷河也。」

〔三〇〕蓋康成胤孫所作　「胤」，底本作「徹」，據庫本及太平御覽卷四二引後漢書改。萬本無「胤孫」二字，誤。

〔三一〕貞觀六年廢鄫州　「六年」，元和郡縣圖志沂州作「八年」，舊唐書卷三八地理志一、新唐書地理志二皆作「元年」。

〔三二〕大業省入蘭陵縣　隋書卷三一地理志下：大業初省鄫城縣入蘭陵縣。此當脱「初」字。

〔三三〕唐武德又置鄫城縣貞觀廢　舊唐書地理志一、新唐書地理志二皆載：唐武德四年置鄫城縣，貞觀元年廢。此當脱「四年」、「元年」四字。

〔三四〕莊加反　萬本、庫本無此三字，傅校删。

〔三五〕在縣東北八十里　萬本、中大本、庫本皆無「北」字，同元和郡縣圖志沂州，此「北」爲衍字。

〔三六〕山土之東側有巨坑焉　「土」，萬本、中大本、庫本皆作「上」，此「土」蓋爲「上」字之誤。

〔三七〕音木　萬本、庫本無此二字。

〔三八〕齊地記　「記」，底本作「志」，據萬本、庫本、傅校及太平御覽經史圖書綱目改。按伏琛齊地記又稱齊記，見於水經濟水注及本書卷二〇登州文登縣石橋海神下所引。

太平寰宇記卷之二十四

河南道二十四

密州

密州，高密郡。今理諸城縣。禹貢青州之域。星分婁宿一度。兼得徐州之地。禹貢：青州，「嵎夷既略，濰、淄其道，海濱廣斥。」注曰：「嵎夷，地名。濰、淄二水復其故道，海濱復其斥鹵也。」按今州居海之濱，又得嵎夷之地，濰水出今州壤莒縣界之濰山。又禹貢：徐州，「惟土五色」，皆出莒縣境姑幕故城，兼有青、徐之地也。今州界于春秋時爲莒、魯之地，後爲魯所併。莊公二十九年，城諸及防。按今州理即魯之諸城也，戰國時屬齊。漢文帝十六年分齊立膠西國，都高密。宣帝更名高密國。後漢改爲北海國，屬青州。晉太康元年立東莞郡，屬徐州。後魏延昌中復置高密郡，永安二年分青州立膠州，以膠水爲名也。隋開皇三年罷郡，縣屬膠州；五年改膠州爲密州，取境中密水爲名。大業三年罷密州，改爲高密郡。隋氏喪亂，陷于寇賊。唐武德五年，山東底定，改置密州，領諸城、安丘、高密三縣。貞觀八年省莒州，以莒縣來屬。天寶元年改爲高密郡。乾元元年復爲密州。皇朝爲安化軍節度。

元領縣四：諸城，安丘，莒縣，高密。

州境：東西三百六十一里。南北三百九十里。

四至八到：西至東京一千五百里。西至西京一千八百八十五里。西至長安二千七百四十五里。東至大海一百六十里。南至海州三百八十四里。西至沂州三百七十里。〔一〕北至青州三百三十里。〔二〕東南至海一百六十里。西南至沂州同上。〔三〕西北至青州同上。〔四〕東北至萊州三百四十五里。

户：唐開元户二萬八千二百九十二。皇朝户主一萬四千五十二，客二萬二千二百一十六。

風俗：同青州。

人物：公冶長，鄭崇，高密人。鄭玄，臧榮緒，東莞莒人，號「被褐先生」。隱居京口，以宣尼庚子日生，其日，陳五經拜之，括東西晉爲一書。周澤，字穉都，安丘人。少習公羊嚴氏春秋，教授生徒數百人。嘗卧病齋宮，妻往問病，澤怒其犯齋禁，送獄，時語云：「生平莫作太常妻，三百五十九日齋，一日不齋醉如

泥。」蓋澤累遷太常也。　劉勰，字彦和，莒人。撰文心雕龍，沈約讀而奇之。　劉穆之。字道沖，〔五〕莒人。〔六〕

土産：細布，牛黄，海蛤，出琅邪臺，常以三月候海潮上下方採。已上並舊貢。絁布。

諸城縣，舊十七鄉，今六鄉。本漢東武縣，屬琅邪郡，樂府章所謂東武吟者也。後漢屬琅邪國，晉屬東莞郡，〔七〕後魏屬高密郡。隋開皇三年罷郡，屬膠州；五年改膠州爲密州，縣仍屬焉；十八年改東武爲諸城縣，取縣西三十里漢故諸縣城爲名。大業三年罷密州爲高密郡，縣仍屬焉。

琅邪山，在縣東南百四十里。秦本紀：始皇二十八年，「南登琅邪，大樂之，留三月。乃徙黔首三萬户琅邪臺下，復十二歲。作琅邪臺，立石刻，頌秦德。」臺基三層，層高三丈，在琅邪城東南十里。臺下種衆果樹，上有始皇碑，碑上有六百字可識，餘多剥落，李斯書。臺上有神泉，至靈，人污之，即立竭。漢武亦嘗登之。

四時祠。水經注：「琅邪臺上有神廟，在齊八祠中。」封禪書曰：八神：「八曰四時主，祠琅邪。」漢志「琅邪有四時主祠」是也。〔八〕

膠山，一名五弩山。膠水之所出，在今郡東南九十里。

徐山。三齊記：「始皇令術士徐福入海求不死藥于蓬萊方丈山，而福將童男童女二千人于此山集會而去，因曰徐山。」

大朱山，在州東南一百八十里，鄰海岸。上有秦長城迹存。郡國志云：「晉永嘉末，陳仲舉入此山石室中學道，因僊去。」

柴阜。齊記云：「柴阜榛莽森然，云柴阜。〔九〕即邴原所葬之處。

盧水，出縣東南盧山，亦名久台水。齊記云：「東武城盧水側有勝火木，方俗多爲鋌子，〔一〇〕燒之成炭而不灰，東方朔曰不灰之木。」即此也。

膠水。漢志注云：「膠水東至平度入海。」〔一一〕水經注云：「膠水出五弩山，北經祝兹縣故城。」〔一二〕

古齊長城，在今縣南四十里。東南自海迆邐上大朱山起，盡州南界二百五十里，今古迹依約猶存。史記曰：「齊有清濟、濁河，足以爲固，長城、巨防，足以爲塞。」

秦琅邪郡故城，在今縣東南一百六十里古城是也。曹魏省併東武，後魏復置，高齊又省。按其城約周十餘里，東枕大海。吴越春秋曰：「越王句踐二十五年從琅邪立觀臺，〔一三〕周迴七里，以望東海，死士八千，戈船三百艘。居頃之，以聽賢下士爲名，使人于木客山迎允常之喪，欲徙葬琅邪。允常冢中生熛風，飛沙石以射人，〔一四〕人不可近，越王曰先君是不欲移，乃止。」按郡國縣道記云：「句踐本理會稽，蓋因會諸侯于河，權于此觀望經句時，不應都此，吴越春秋所説近于誕謬。」秦黔陬故城。左傳僖公二十九年：「介葛盧來朝。」即此地也。漢爲縣，廢城在今縣東北。按郡國縣道記：「黔陬，秦新置，〔一五〕在今郡東北一百一十里東陬故城是也。」古介國也。後自此移縣于膠水西，去故城三十里，時人謂之東西二城。其西黔城，在州東北九十五里。高齊天保七年省。地志并修書人以西城爲前漢縣，東城爲後漢縣，蓋誤。漢諸城，漢舊縣，西南三十里。〔一六〕即春秋時魯邑，故諸城。左氏經云：「季孫行父城諸及鄆。」〔一七〕高齊天保七年省。

横縣，漢縣。漢志注云：「故山，久台水所出，東南至東武入淮水。」即今盧水也，源出盧山。其故城在盧山之北，盧水之側，今無城址。

海，在縣東一百五十里。南接莒縣，北接高密縣界。

百尺水，源出東南五弩山之西麓。水經注云：「高密縣有密水也，故有高密之名。然俗所謂百尺水者，蓋密水也。東北經高密故城，南十里，〔一七〕蓄以爲塘，方二十餘里，古所謂高密之南都也，溉田萬頃，〔一八〕散流下注夷安澤。」

縣理東南百三十里濱海有鹵澤九所，皆海潮侵蕩，久成鹹土，以土煮鹽，多收其利。〔一九〕

州理中城，後魏莊帝永安二年築，以置膠州。隋開皇五年改置密州，大業三年改置高密郡，並理其中。外城即漢東武縣也，齊道里記曰：「東武縣本有東武山，忽因三日晝昏，山移在會稽山陰縣，今猶有東武里。」

百尺陂，在縣東南三十四里。中多菱蓮萑蒲，水族生焉，百姓取給。

濰水故堰，在縣東北四十六里。蓄以爲塘，方二十餘里，溉田萬頃，陂水散流，下注夷安澤。今塘堰存焉。

介葛盧墓，在縣東北百里。

公冶長墓，在縣西北五十里。

常山。晏氏齊記云：「祈雨常應，故曰常山。」

安丘縣，西北一百二十里。依舊四鄉。古根牟國城。〔二〇〕漢爲安丘縣，屬北海郡。後漢屬北海國，有渠丘亭，故莒渠丘公所居也。晉屬東莞郡，宋屬南平昌郡，〔二一〕後魏屬膠州，高齊文宣帝天保七年省。隋開皇十六年分昌安縣于牟鄉城置牟山縣，牟鄉城即古根牟國也。大業二年省昌安縣，改牟山縣爲安丘縣，取漢舊名；三年移于漢平昌城内。唐武德六年移于今理。乾元二年改爲輔唐縣。梁開平二年改爲安丘縣。後唐改爲輔唐縣。晉天福七年改爲膠西縣，避國諱。今復爲安丘縣。

鐵山。崔琰述初賦序云：「琰聞比鄭徵君者，〔三二〕名儒善訓，遂往造焉，涉淄水，歷杞焉，過杞都之津，登鐵山以望高密。」

慈阜。晏氏齊記云：「營陵城南四十里有慈阜，魏奉常王修葬于此，俗以叔治之孝，故此丘以慈表稱。」

安昌城，〔三三〕今縣外城是也。

漢平昌故城，在縣南六十里。漢書云：「文帝十六年，以齊悼惠王子平昌侯卬爲膠西王。」此即卬所封侯處。高齊省。

郚城，今在縣西南六十里古郚城。即春秋所謂「遷紀郱、鄑、郚」，注云「朱虚縣東南郚城」是也。漢爲郚縣，後魏于此置平昌郡，高齊天保七年郡廢，改爲琅邪縣。隋大業二年改郚城縣，末年廢。

石泉故城，在今縣西南六十里。〔三四〕漢爲縣，後漢省并入昌安。有濰水在故城西過。

淳于故城，漢縣，廢城在今縣東北。高齊廢。

龍臺城。三齊略記云：「平昌城内有臺，高六丈，臺上有井，井與荆水通，失物于井，或得于荆水。有神龍出入其中，故名龍臺城。」

缾。漢縣，屬琅邪郡，〔三五〕武帝封菑川靖王子成爲侯。舊地理書皆失其所，在今縣南界，與郚城相近。

成鄉，漢縣，後省。按郡國縣道記云：「北海有成鄉，王莽改爲石樂，此成鄉，王莽改曰順成，即明二成鄉，所理各別，舊地理書並不載所在，蓋在今邑北界，與北海成鄉犬牙相接。」

牟山，在縣西南十三里。牟山縣取名于此。

劉山，在縣西南六十里。上有壘，劉裕平燕之日，停軍此山，因以爲名焉。

濰水，南自高密縣界流入，去縣二十里。

漢安丘縣城，在縣西南二十里。〔三六〕即莒渠丘邑也，漢以爲安丘縣。

浯水堰。三齊略記曰：「昔者堰浯水南入荆水，灌田數萬頃。」今尚有餘堰，而稻田畦畛存焉。

漢王章墓，在縣西南六十里。章爲京兆尹，劾奏大將軍王鳳，下獄死。

漢孫嵩墓，在縣西南四十里。後漢書：「嵩字賓石，趙岐逃難，自匿姓名，賣餅北海市中。嵩見岐，察非常人，呼與共載。岐懼失色，嵩曰：『觀子非賣餅者，不有重怨，即亡命乎？我北海孫賓石，闔門百口，勢能相救濟。』遂以俱歸，先入白母曰：『出行，乃得死友。』藏複壁中，岐得出，薦嵩爲青州刺史。」

魏管寧墓，在縣西十二里。寧字幼安，東莞朱虚人也。自黄初至青龍末，徵命十至，輿服四錫，俱不應命。

邴原墓，在縣北五十里。〔二七〕原，朱虚人也。

王修墓，在縣西四十七里。修，北海營陵人也。

莒縣，西南一百九十里。元三鄉。故莒子國也，地理志云：「周武王封少昊之後，嬴姓。」兹輿期于莒，〔二八〕始都計，在今高密縣東南四十里，春秋時徙于莒。隱公二年經書：「莒人入向。」注曰：「今城陽莒縣也。」至莒子朱居渠丘，號渠丘公。成公八年，「晉侯使申公巫臣如吴，假道于莒。與渠丘公立于池上，巫臣曰：『城已惡。』公曰：『僻陋在夷，其孰以我爲虞？』巫臣曰：『勇夫重閉，况國乎？』」九年冬十一月，「楚子重自陳伐莒，圍渠丘，城惡，衆潰，奔莒。戊申，楚入渠丘。楚又圍莒，城亦惡，庚申，莒潰。楚遂入鄆。」注云：「鄆，莒邑也。」莒自初封，傳三十世，爲楚簡王所滅，後屬齊。史記曰：「齊湣王爲燕師所敗，唯聊、莒、即墨三城不下。」漢爲莒縣，地理志莒縣屬城陽國，漢文帝二年封朱虚侯章爲城陽王，都莒。魏明帝以爲城陽郡，莒縣屬焉，而城陽郡徙理東武。晉太康十年割莒縣屬東莞郡，惠帝自東莞移理莒城。南燕録曰：「慕容德以尚書潘聰爲徐州刺史，鎮莒城，又以桓遵爲徐州刺史，亦理此。〔二九〕」宋武北伐，遵舉城降之，尋又屬宋。後魏亦以莒縣屬東莞郡，高齊文宣帝罷東莞郡，以莒、東莞二縣屬東安郡。隋開皇三年廢郡，莒縣屬莒州。大業三年罷莒州，以莒縣屬琅邪郡。唐武德五年重置莒州，莒縣屬焉。貞觀八年廢莒州，以縣屬密州。

濰山，在縣東北三十八里。濰水源出此山。

焦原，在縣南三十六里。俗名横山。尸子曰：「莒有焦原者，廣尋，長五十步，臨百仞之溪，莒國莫敢近也。有以勇見莒子者，獨却行劑踵焉，此所以服莒國也。〔三〇〕」又莊子云：「伯昏瞀人登高山，〔三一〕履危石，臨百仞之淵。」

沭音術。〔三二〕水，經縣東三里，南流入臨沂縣界。

濰水，源出縣東北濰山，去縣八十三里，東北流入諸縣界。禹貢：「濰、淄其道。」淮南子云：「濰水出覆舟山。」皆濰山之異名。

縣理在莒國故城中，城三重，〔三三〕並悉崇峻，唯南開一門。子城方十二里，郭周四十餘里。尸子云：「莒君好鬼巫而國亡，無知之難，小白奔焉。樂毅攻齊，守嶮全國。」列女傳曰：「齊人杞梁殖襲莒，戰死。其妻將赴，道逢齊侯將弔之。妻曰：『如殖死有罪，君何辱命焉？如殖無罪，有先人之敝廬在下，妾不得與郊弔。』公旋車弔諸室。〔三四〕妻乃哭于城下，七日而城崩。〔三五〕」故琴操曰：「殖死，妻援琴悲歌曰：『樂莫樂兮新相知，悲莫悲兮生別離！哀哉，皇天！』既而城爲之隳。」即此城也。

漢海曲縣城，在縣東百六十里，屬琅邪郡，有鹽官。博物志曰：「此地有東呂鄉、東呂里，太公望所出也。」袁宏後漢紀曰：「琅邪呂母之子爲縣長所殺，乃沽酒多買刀兵，少年隨其所乏而與之，聚衆數百人，母自號將軍，攻縣長殺之，以其首祭子墓。其後號曰赤眉，王莽末，兵亂之興由此始也。」今東海縣有呂母固，即舊屯集之所。

漢姑幕城，在縣東北百六十里。故薄姑氏之國。周成王時，薄姑與四國作亂，周公滅之，以封太公。漢以爲縣，屬琅邪郡。姑幕縣東有五色土，王者封建諸侯，隨方授之。即禹貢徐州「厥貢惟土五色」是也。按今青州博昌縣界亦有博姑城，未詳孰是。

故曹公城，在縣南七十二里。昔魏太祖征陶謙，拔五城，略地東海，于此築城。

向城，春秋時向邑，故城在今縣南七十五里。〔三六〕

故高鄉城，漢縣，故城在今縣東南七十三里。晉永嘉後廢。

靈門。按郡國縣道記云：「在今縣西南六十里，〔三七〕當沂水縣東北一百里。有巨平山，在山北浯水側近。」即漢志注云：「靈門有壺山，浯水所出。」其山一名巨平山，一名浯山，一名高原山，〔三八〕浯水源出此山，東北至密州北流入濰。其故城今無址。

箕。漢縣，宣帝封城陽荒王子文爲侯，即此邑。後漢省併東莞，據郡國縣道記引漢志云「濰水北至昌都入海」，又許慎說文、呂忱字林並云「濰水出琅邪箕屋山入海」，又水經注云「濰水出琅邪箕縣東」。〔三九〕今按箕山在今縣北八十里，箕縣蓋因山以爲名。今故城在縣東北一百餘里，其山在濰水之西是也。

椑。漢志注云：「夜頭水經椑南至海。〔四〇〕」又輿地志云：「向水南至海。」夜頭、向水蓋異名，舊地理書皆失其所在，其椑蓋在今縣南七十里故向城。〔四一〕

高廣，漢縣，宣帝封城陽荒王子勳爲侯。其地蓋在今縣南界，已無城迹。

新山，漢縣，漢志注云侯國。其地在今縣界。

昆山，漢縣，元帝封城陽荒王子光爲侯。其地亦在今縣界。

折泉，〔四二〕漢縣，元帝封城陽荒王子根爲侯。漢志注：「縣有折泉水北至莫入淮。」舊地理書並失其所在，蓋今縣東北分流山之北有涓水源，其涓水即古折泉水也。

大海，在縣東八十里。〔四三〕

高密縣，東北一百二十里。依舊二鄉。漢舊縣也，即春秋時晏平仲所食之邑。地理志：「高密，故齊地，文帝十六年分齊立膠西國。」封齊悼惠王子卬爲膠西王，都高密。蓋取縣界密水爲名也。宣帝本始元年更名高密國。後漢以高密屬北海郡，又世祖封鄧禹爲高密侯。宋孝武併入北海，後屬高密郡。高齊文宣帝省高密縣。隋開皇中于今縣東南二十里復置高密縣，屬密州。大業三年罷密州爲高密郡，縣仍屬焉。

大海，在縣東南六十里。

濰水，在縣西南，自諸城縣界流入。昔韓信與楚將龍且夾濰水而陣于此，信爲萬餘囊，盛沙以遏濰水，引軍擊之。信僞退，且追北。信決水大至，且軍半不得渡，遂斬龍且。水去縣四十里，又西北入北海縣界。〔四四〕

縣理漢夷安縣城之東南外城，即夷安城也。史記曰：「晏嬰，齊之萊夷維人也。〔四五〕」漢以爲夷安縣，屬高密國，故城在縣西南四十里。隱公二年，「紀子帛、莒子盟于密」。注曰：「密，莒邑也。」漢以爲高密縣。

龍且城，在縣西南五十里。〔四六〕楚將龍且所築也。

鄭玄墓，在縣西北十里。〔四七〕玄，此縣人也。高士傳曰：「袁紹屯官渡，請玄隨營，不得已，載病至魏郡元城，病篤，卒，葬于劇東。後以墓壞，歸葬礪阜，郡守已下縗絰者千餘人。」礪阜，在高密城西北五十里。唐貞觀十一年詔：「去墓四十步，禁樵採焉。」

膠水，在縣東三十里。

夷安澤，在縣北二十里。東西百餘里，灌田萬頃，民尤賴之，是多豪富。

故柜城，漢縣，後省，在今縣西南二十里故柜城，俗亦謂之王城。有柜艾水，其水東入海，城因名。

計斤城，今縣東南四十里。即左傳所謂介根城，莒始封于此，後徙于莒城。漢以爲計斤縣，屬琅邪郡，有鹽官，即介根城也。〔四八〕

高陽故城，漢縣。漢書：「成帝封淮陽憲王孫並爲侯。」今高密縣西北三十四里有高陽故城是也。一名膠陽亭，蓋漢之高陽縣舊理。

故稻城。漢書：「武帝封齊孝王子定爲侯。」舊地理書皆失其所在，今縣西南故濰水堰之側，昔漢朝于此立堰造塘，溉稻田數千頃，縣因以爲名。後漢省。

萬匹梁。郡國志：「高密縣西有鄭玄宅，亦曰鄭城。玄後移葬于礪阜，墓側有稻田十萬頃，斷水造魚梁，歲收億萬，號萬匹梁。」

廢高陽縣，在縣西北四十三里。齊天保七年置，隋開皇十六年于東界爲時水縣，大業九年因賊破。今爲高陽村。

廢膠西縣，在縣東二十里。隋開皇十六年置，大業九年因賊廢。

卷二十四校勘記

〔一〕西至沂州三百七十里　元和郡縣圖志卷一一密州：「西南至沂州三百七十里。」元豐九域志卷一密州：「西南至本州界二百里，自界首至沂州八十五里。」按唐宋沂州在密州西南，李書、王書是，本書作「西」，不確。

〔二〕北至青州三百三十里　元和郡縣圖志密州：「西北至青州三百三十里。」元豐九域志密州：「西北至本州界一百六十里，自界首至青州一百四十里。」按唐宋青州在密州西北，李書、王書是，本書作「西」，不確。

〔三〕西南至沂州同上　「同上」，萬本、庫本並作「一百六十里」。按沂州在密州西南，此作「西南」是。據元和郡縣圖志記載，密州西南至沂州三百七十里，本書上文所記西至沂州里數同，元豐九域志記載，密州西南至沂州二百八十五里，此記里數誤。本文蓋是上文「西至沂州三百七十里」之重出而誤里數。

〔四〕西北至青州同上　「同上」，萬本、庫本並作「一百六十里」。按青州在密州西北，此作「西北」是。據元和郡縣圖志記載，密州西北至青州三百三十里，本書上文所記北至青州里數同，元豐九域志記載，密州西北至青州三百里，此記里數誤。本文蓋是上文「北至青州三百三十里」之重出而誤里數。

〔五〕字道沖　宋書卷四二、南史卷一五劉穆之傳皆載：「字道和，小字道民。」此「沖」字當誤。

〔六〕周澤至莒人　周澤、劉緦、劉穆之諸傳略，萬本、庫本皆無。

〔七〕晉屬東莞郡　據晉書卷一五地理志下載，東武縣屬城陽郡。魏書卷一〇六地形志中：高密郡東武，「晉屬城陽，後屬。」此誤。

〔八〕琅邪有四時主祠　「有」，底本脱，據萬本、庫本及漢書卷二八地理志上補。

〔九〕榛莽森然云柴阜　初學記卷八引齊地記：「柴阜榛棘森然，故云柴阜。」此「云」上當脱「故」字。

〔一〇〕方俗多爲鋌子　「多爲」，庫本同，萬本作「音曰」；「鋌」，萬本據水經注改爲「梃」。水經濰水注：「方俗音曰梃子。」太平御覽卷八七一：「方人俗音曰挺木。」太平御覽卷九六〇：「方俗音曰挺子。」按「鋌」、「挺」音同，此「多爲」疑爲「音曰」之誤。

〔一一〕膠水東至平度入海　漢書卷二八地理志上：琅邪郡邞下載同，水經膠水注引漢書地理志作「膠水北至平度入海」。按漢邞縣在今膠州市西南，漢平度縣在今平度縣西北，而漢平度正當邞縣之北；漢膠水由今膠州市西南、高密縣東之膠河，北流由今平度縣西之膠萊河入海，則當言「北至平度入海」，此「東」爲「北」字之誤。

〔一二〕北經祝茲縣故城　庫本同，萬本作「北逕祝茲縣故城東」，同水經膠水注，當是。

〔一三〕從琅邪立觀臺　吳越春秋卷六作「從琅邪，起觀臺」。史記卷六秦始皇本紀正義引吳越春秋作「徙都琅邪，立觀臺。」水經濰水注：「琅邪，山名也，越王句踐之故國也。句踐并吳，欲霸中國，徙都琅邪。」通鑑地理通釋卷一〇：「越王句踐欲霸中國，徙都於此，起觀臺於山上。」此「從」蓋爲「徙」字之誤。

〔一四〕允常冢中生熛風飛沙石以射人　底本作「允常冢中生風，沙石飛射，人不可近」，庫本同，據萬本及吴越春秋卷六補乙。

〔一五〕秦新置　「新」，萬本、庫本並作「所」。

〔一六〕西南三十里　庫本同，萬本「西」上有「在縣」二字，當是。

〔一七〕東北經高密故城南十里　水經濰水注：密水「東北逕高密縣故城南，縣南十里，蓄以爲塘。」此「高密」下、「南」上皆脱「縣」字，「故城」下脱「南」字。

〔一八〕溉田萬頃　「萬頃」，庫本同，萬本據水經注改爲「一頃許」。按水經濰水注作「溉田一頃許」。本書下文濰水故堰條亦作「萬頃」。

〔一九〕多收其利　「多」，萬本、庫本並作「歲」，傅校改同。

〔二〇〕古根牟國城　江永春秋地理考實：「宣公九年經：『取根牟。』杜注：『東夷國也，今琅邪陽都縣有牟鄉。』彙纂：『今在青州府沂水縣南。』今按路史，根牟，曹姓，子爵，魯宣公滅之。又按昭八年，『大蒐于紅，自根牟至于商、衛，革車千乘。』杜注：『根牟，魯東界。』彙纂謂在沂水縣南者是也。沂水，今屬沂州府，若青州府安丘縣西南十五里有牟山，隋嘗於此置牟山縣，後改安丘，在青州府東二百里，其地非屬莒，即屬齊，必非魯所取之國。魯大蒐，陳車乘，亦必不能至此。樂史寰宇記謂根牟國在安丘，誤。顧炎武引樂史説，不能辯正，亦誤。」

〔一一〕宋屬南平昌郡　據晉書地理志下徐州後文載，東晉明帝時僑立南平昌郡，宋書卷三五州郡志一：南兗州，永初郡國領十四郡，南平昌郡「今並屬徐州」，同書又載，南徐州南平昌郡領縣四，即安丘等四縣。郡所屬之州，先屬南兗州，後改隸南徐州。其僑地在京口，宋書卷九三關康之傳：「世居京口，寓屬南平昌。」京口，今江蘇鎮江市，當非此處之安丘。宋書卷三六州郡志二：平昌郡，「故屬城陽，魏文帝分城陽立，後省，晉惠帝又立。」郡治安丘縣，即漢晉之安丘縣。魏書地形志中：「平昌郡，魏文帝置，後廢，晉惠帝復。」領有安丘縣，「二漢屬北海，晉屬琅邪。」即是。平昌郡之安丘，在今山東安丘縣東南，正是此處所記之安丘縣，疑此「南平昌郡」之「南」字衍。

〔一二〕琰聞比鄭徵君者　「比」，底本作「北」，萬本、庫本同，據齊乘卷一考證及傳校改。

〔一三〕安昌城　通典卷一八〇州郡一〇：安丘，「古昌安故城，即今縣外城。」按舊唐書卷三八地理志一：「輔唐，漢安丘縣，屬北海郡。乾元二年，刺史殷仲卿奏請治於故昌安城，因改爲輔唐。」唐會要卷七〇州縣改置上同，此「安昌」爲「昌安」之倒誤。

〔一四〕在今縣西南六十里　水經濰水注：「濰水又北逕石泉縣故城西，王莽之養信也。地理風俗記曰：『平昌縣東南四十里，有石泉亭，故縣也。』」濰水又北逕平昌縣故城東。」據本書上文載，平昌故城在安丘縣南六十里，石泉故城又在平昌故城東南四十里，則石泉城應在安丘縣東南百里，不在「今縣西南六十里」。濰水，即今高密縣西濰河，以酈書所記石泉城在濰水東求之，應在高密縣西南濰河東，此載有誤。

〔二五〕屬琅邪郡 「郡」，底本脱，庫本同，據萬本及漢書地理志上補。

〔二六〕在縣西南二十里 「二十」，萬本、中大本、庫本皆作「十二」，按嘉慶重修一統志卷一七一青州府引本書作「二十」。

〔二七〕在縣北五十里 齊乘卷五：「柴阜，密州安丘西五十里，郱原之墓在焉。」此「北」疑「西」字之誤。

〔二八〕茲輿期 「期」，底本無，萬本、庫本同，據春秋釋例卷九世族譜補。

〔二九〕又以桓遵爲徐州刺史亦理此 「桓」，底本作「垣」，據萬本、庫本及嘉慶重修一統志卷一七七沂州府引本書改。又「徐州」，嘉慶重修一統志引本書作「齊州」。

〔三〇〕莒有焦原者至此所以服莒國也 底本「廣尋」以下作「常五百步臨百仞之溪莒國莫敢近者□□□八勇見于莒子□獨却行□□□□□□齊踵」，萬本作「常五百步臨百仞之溪莒國莫敢近者」，庫本同，下尚有「莒勇士登焉。漢志謂之峥嶸谷，俗曰青泥衖。兩峽峻立如衖，故云」二十五字，萬本注云：「原本此下間斷有缺文，多不成句，查别本亦然，姑闕之，以俟考。」今據後漢書卷五九張衡傳注引尸子改補，此文並載於文選魏都賦注、思玄賦注及太平御覽卷四二一，多同稍異，「焦原」，魏都賦、思玄賦、太平御覽皆作「石焦原」，「此所以服莒國也」，思玄賦注作「此所以稱於世」。

〔三一〕莊子云伯昏瞀人　「莊子」，庫本作「列子」。「瞀」，列子卷二黄帝第二同，莊子卷五田子方作「无」。

〔三二〕音術　萬本、庫本並無此二字，傅校删，蓋非樂史原文。

〔三三〕城三重　「城」，底本脱，「重」，底本作「里」，萬本、庫本同。水經沭水注：「其城三重。」齊乘卷四引本書作「城三重」。此脱「城」字，誤「重」爲「里」，據以改補。

〔三四〕公旋車弔諸室　底本「諸」下衍「空」字，據萬本、中大本、庫本、傅校及水經沭水注引列女傳删。

〔三五〕七日而城崩　「七」，水經沭水注、後漢書卷五七劉瑜傳注、藝文類聚卷六三、太平御覽卷四八七引列女傳同，列女傳、文選洞簫賦注引列女傳作「十」。

〔三六〕故城在今縣南七十五里　「五」，萬本同；中大本、庫本作「三」。

〔三七〕在今縣西南六十里　嘉慶重修一統志沂州府引舊志：靈門故城「在莒州北一百二十里，今曰石埠城。」即今諸城縣西北石埠子，不在唐宋莒縣(今莒縣)西南六十里，此當有誤。

〔三八〕高原山　「原」，萬本、庫本同，中大本作「杲」。按漢書地理志上：琅邪郡靈門「有高杲山」。顔師古注：「杲即柘也。」水經濰水注引漢書地理志亦作「杲」，齊乘卷一、讀史方輿紀要卷三五、嘉慶重修一統志沂州府同，疑此「原」爲「杲」字之誤。

〔三九〕水經注云濰水出琅邪箕縣東　按水經濰水篇云：「濰水出琅邪箕縣。」注云：「濰水導源濰山，東北逕箕縣故城西。」本書所引經、注皆不合。

〔四〇〕夜頭水經椑南至海　漢書地理志上：琅邪郡椑，「夜頭水南至海。」無「經椑」二字，乃衍字。

〔四一〕其椑蓋在今縣南七十里故向城　按本書上文向城條載：向城「在今縣南七十五（一作「三」）里」，此「十」下疑脱「五」（一作「三」）字。

〔四二〕折泉　「折」，底本作「析」，據萬本及漢書地理志上、王子侯表改。下同。水經濰水注作「析」，實爲形近而錯出。

〔四三〕大海在縣東八十里　萬本、庫本並無此八字，傅校删，蓋非樂史原文。

〔四四〕又西北入北海縣界　底本無「又」、「北」二字。按唐宋高密縣，即今山東高密縣，北海縣即今濰坊市，地處高密縣西北，濰水即今濰河，自高密縣西北流，逕北海縣東。本書卷一八濰州北海縣：「濰水南去縣界五十五里。」即由高密縣西北入北海縣界，萬本、中大本、庫本並有「又西北」三字，是也，此脱「又」、「北」二字，據補。

〔四五〕夷維　「維」，底本作「濰」，萬本同。史記卷六二管晏列傳：「晏平仲嬰者，萊之夷維人也。」正義：「漢夷安縣，「應劭云故萊夷維邑。」漢書卷二八地理志下：高密國夷安注引應劭曰：「故萊夷維邑。」庫本作「維」，是，據改。

〔四六〕在縣西南五十里　「五十」，元和郡縣圖志密州作「五十五」。

〔四七〕鄭玄墓在縣西北十里　本條下文引高士傳載鄭玄葬於礪阜，「礪阜在高密城西北五十里」，所記里距不同。北堂書鈔卷一五七阜篇引齊地記云：「高密縣城西北十五里有厲阜，鄭康成所葬。」「厲」、「礪」通用，「十五里」與「十里」略同。水經濰水注：「濰水北逕高密縣故城西，濰水又北，水西有厲阜，阜上有漢司農卿鄭康成冢，古碑猶存。」按濰水即今濰河，漢魏高密縣在今高密縣西南四十里，西瀕濰水，酈書云「濰水北逕高密縣故城西」也，隋開皇中徙於今縣東南二十里，唐武德徙於今縣，鄭玄墓在濰水西，正在漢魏高密縣西北十里或十五里，亦在唐高密縣（今縣）西北五十里，所據地理不同，非有差誤，元和郡縣圖志密州載鄭玄墓在高密縣西七十里，亦以唐縣而言，大致相符。

〔四八〕即介根城也　萬本、庫本作「即今根城也」，恐非。